藏蒙旅行記

主編｜張明杰、袁向東　中譯｜洪晨暉、胡稹
導讀｜劉國威

寺本婉雅｜原著

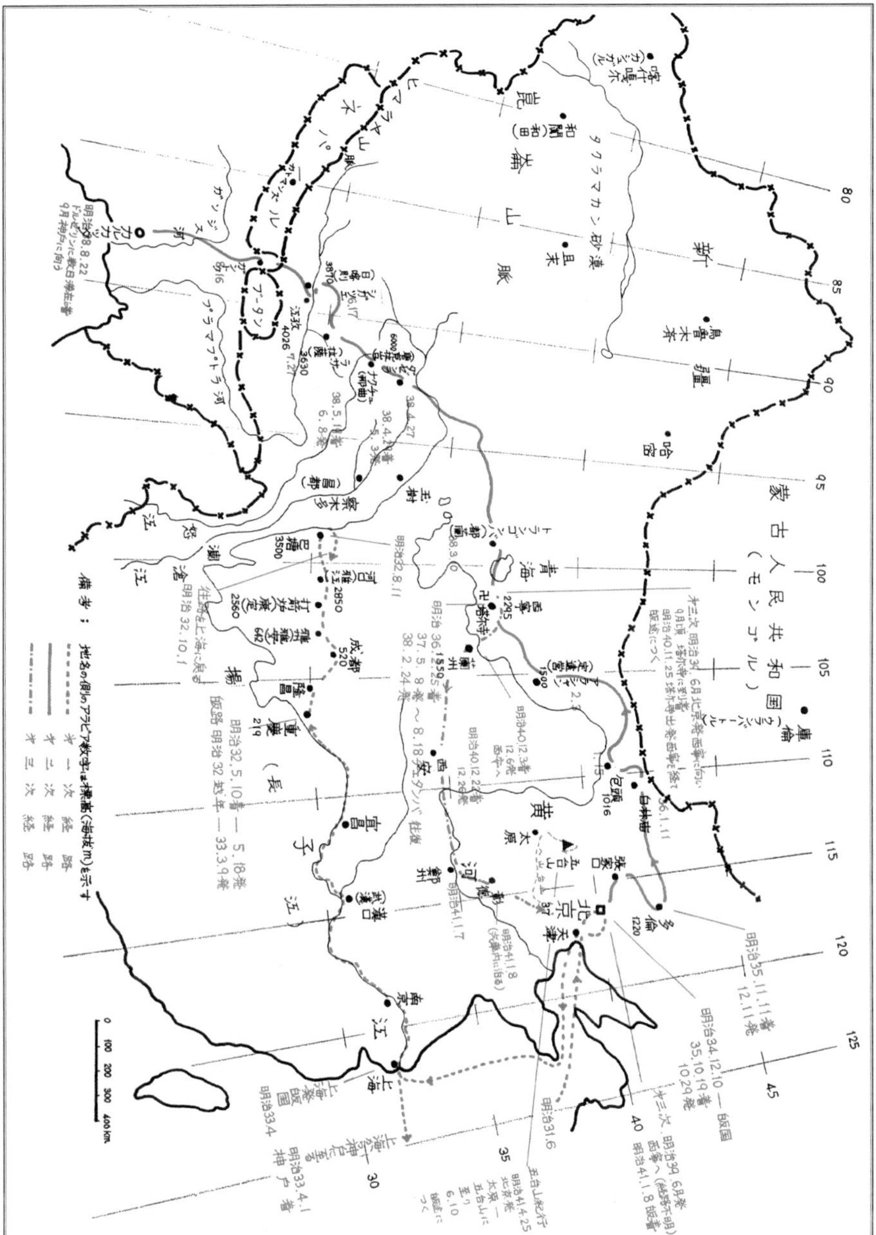

西藏探險足跡圖／矢野光二

（編按：原書為摺頁附於書中，中文版置於文前。）

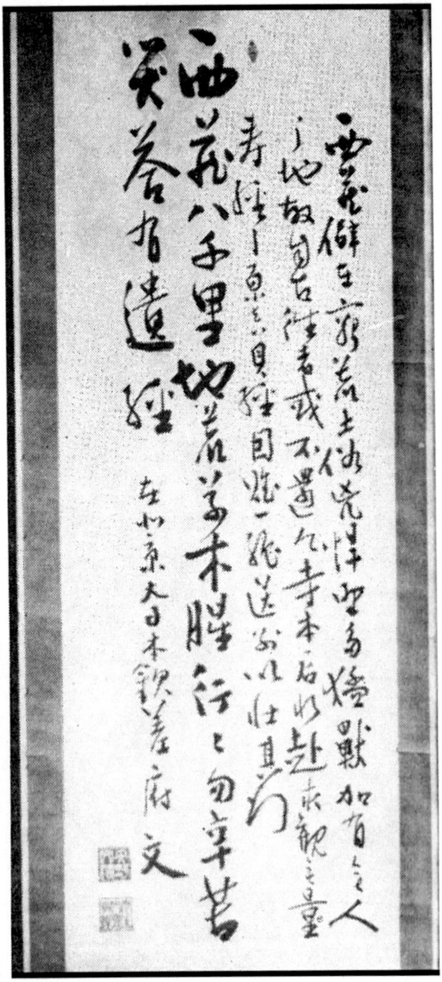

圖1　駐清全權公使矢野文雄（號龍溪）贈詩：西藏僻在窮荒，土俗兇悍，野多猛獸，加有無人之地，故自古往者或不還，今寺本君將赴求觀《無量壽經》之原典「貝葉經」，因賦一絕，送別以壯其行。

西藏八千里，地荒草木腥，
行行勿辛苦，笑答有遺經。
駐北京大日本欽差府　文

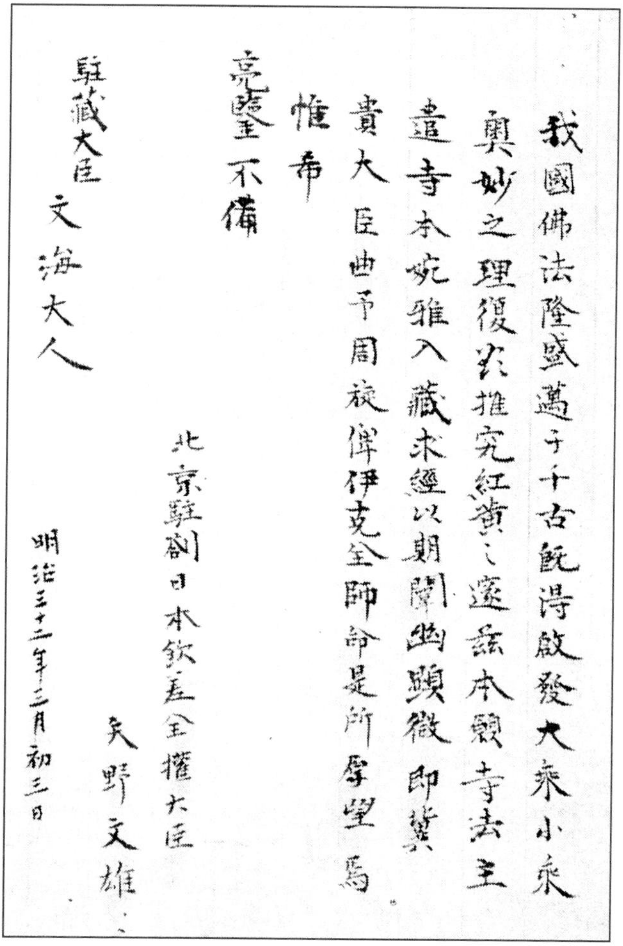

我國佛法隆盛邁于千古既得啟發大乘小乘
奧妙之理復於推究紅黃之邃蘊本願寺法主
遣寺本婉雅入藏求經以期闡幽顯微即冀
貴大臣曲予周旋俾伊克全師命是所厚望焉
惟希
亮鑒不備

北京駐劄日本欽差全權大臣
矢野文雄

駐藏大臣 文海大人

明治三十二年三月初三日

圖2　駐清全權公使矢野文雄給駐藏大臣文海大人的介紹信。

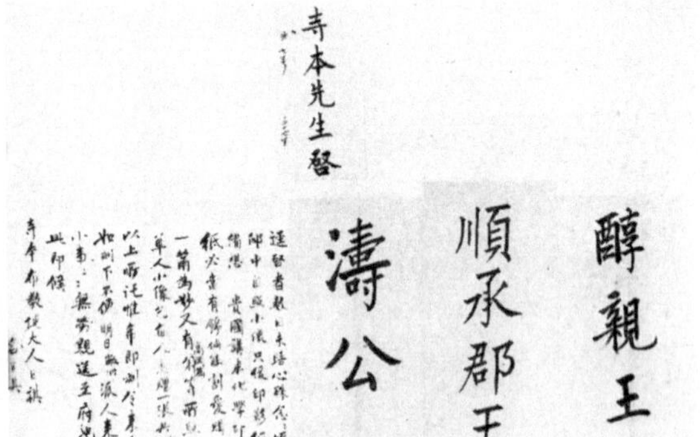

圖3　醇親王所贈匾額，長期掛於書房。

圖4　醇親王所贈條幅。

圖5　醇親王、濤公、順承郡王連署親筆書信。

（兩幅皆紅紙，簽名蓋章後貼於白紙。兩幅題名皆與匾額相同）

圖6　明治三十一年（1898）攝於北京公使館，（為）渡清後拍攝的首張照片。

圖7　明治三十二年（1899）十一月於重慶為西藏巡禮喇嘛攝影。

圖8　明治三十二年（1899）十月於打箭爐為巡禮喇嘛攝影。
（作者原注：圖7、圖8均贈予京都博物館，承該館厚意刊載於此）

圖9　明治三十四年（1901）六月攝於北京。
由華堂張成勳（中）、琴堂張承業（左）二位贈送。

圖10　於同年（編按：明治三十四年，1901）同地（北京）與恩師雍和宮總管林欽尼瑪、學頭沃賽嘉措合影。

圖11 明治三十三年（1900）？（問號為原文所有。——譯注下同）攝於北京。圖中分別是日本派遣軍監督部部長阪田嚴三大佐（中）、醇親王（左二）、鄭永邦書記官（左一）、慶親王（右二）、寺本翻譯官（右一）

（圖11至圖13中的皇族與寺本交情深厚，西藏《大藏經》北京版及其他佛教經典皆由此皇族贈送）

大清光緒二十六年十二月
二日
洵公小像贈
寺本布教使

圖12　明治三十四年（1901）攝於北京。
圖中為洵親王。（右下角為該照片背面標注）

大清光緒二十六年十二
月十二日
順承郡王小照贈
寺本布教使

圖13　明治三十四年（1901）攝於北京。
圖中為順承郡王。（右下角為該照片背面標注）

圖14　與佐佐木月樵（前左，後為大谷大學校長）、曉烏敏（前右）和多田鼎三師（後右）的合影（年月不詳）。

圖15　明治三十八年（1905）從西藏赴印度西姆拉，在和總督寇松爵士會談後，與駐印使館武官東乙彥少佐、東大教授大森房吉博士的合影。

圖16　明治三十八年作者（右）回國後在東京給皇后陛下演講，之後與奧村五百子女史合影（花籃係陛下賞賜）。

圖17　明治三十九年（1906），德國地理學家A.塔菲爾博士拍攝，刊載於該博士所著《我的西藏之旅》（*Meine Tibetreise*）。

圖18　原刊載於德國中亞探險隊隊長、大校兼氣象學家W.菲爾希納博士所著《亞洲風暴》（*Sturm über Asien*）中。

（作者原注：圖17、圖18引自《東洋文庫》藏書。承該文庫厚意轉載於此）

圖19 喇嘛教典籍《文殊師利合贊》（共333頁）（下）和由漢語譯成藏語的有關戒律的經卷上、下卷（各54頁）。明治三十二年（1899）版《能海寬遺稿》第98頁有記載。

圖20 喇嘛僧僧帽（左為新教，右為舊教「格魯巴派？」）及其他用品。

（作者原注：圖19、圖20均贈予京都國立博物館。承該館厚意刊載於此）

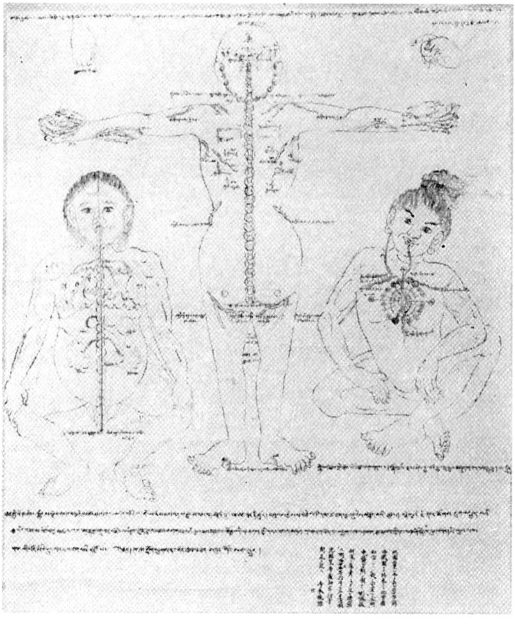

圖21 明治三十五年(1902)雍和宮所藏喇嘛「醫方明」圖三幅中的一幅。

（作者原注：關於圖21，請參見明治三十五年六月二十二日寄給南條文雄師的書信）

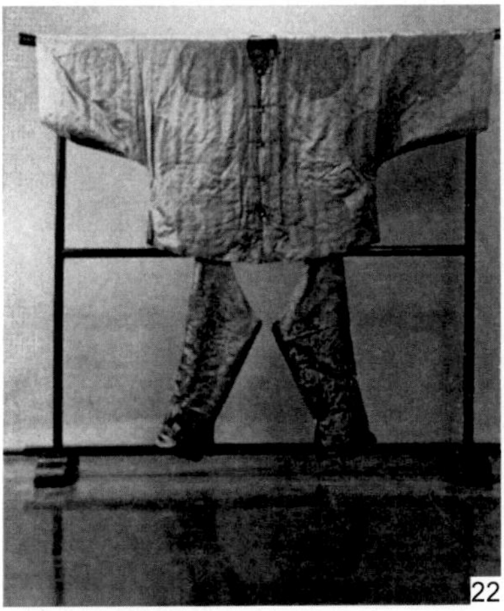

圖22　滿洲旗人服。

圖23　清末清國正規軍的正式服裝。

（作者原注：圖22、圖23係富山縣城端宗林寺所贈。承該寺厚意刊載於此）

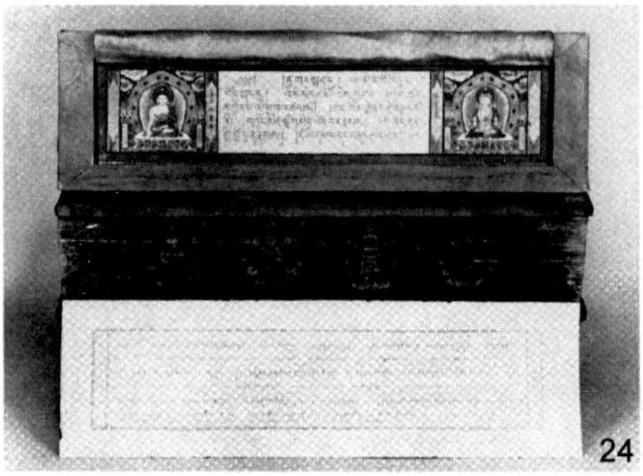

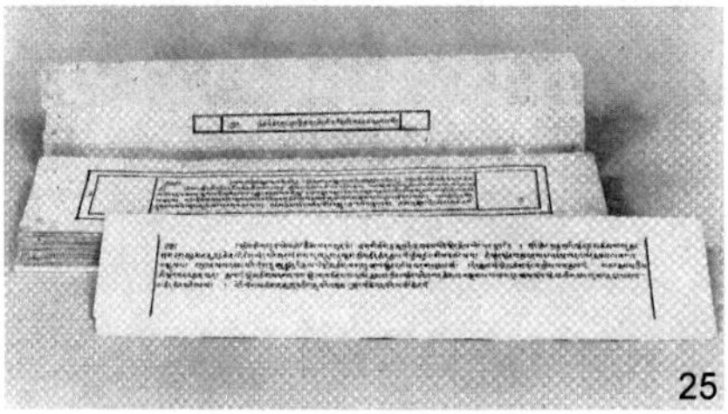

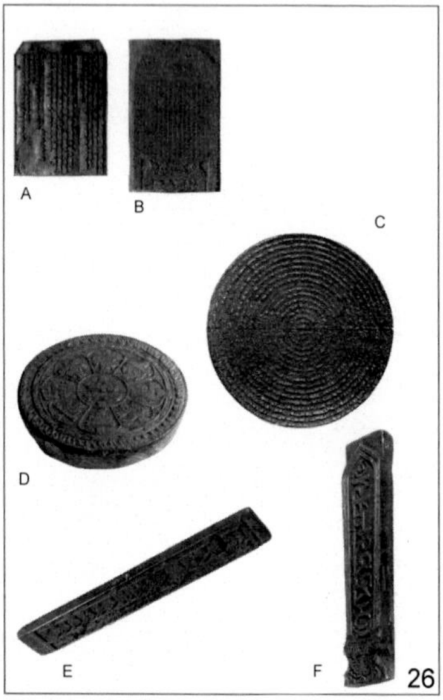

圖24　明治三十四年（1901）帶入日本的經卷。昭和三十三年（1958）由鈴木財團影印發行，共164冊。《甘珠爾部校勘目錄》由大谷大學於昭和五年（1930）刊行；《丹珠爾部校勘目錄》現已刊行第一冊。該大學擬陸續刊行。

圖25　經卷，昭和四十八年（1973）大谷大學所藏《西藏文獻總目錄》在山口益、稻葉正就兩博士監修下，由片野道雄副教授編集刊行。照片所顯示的是《大藏經》之外的藏文典籍之一《玄奘三藏大唐西域記》的藏譯本，屬世界珍本，其他地方極為少見。

圖26　經卷版本

A. 資福院的蒙文、漢文版本
B. 梵文（蘭查體）版本
C. 藏文陀羅尼版本
D. 同C
E. 梵、藏兩文版本
F. 藏文版本

（作者原注：圖21、圖24、圖25、圖26均贈予大谷大學，承該大學圖書館厚意刊載於此）

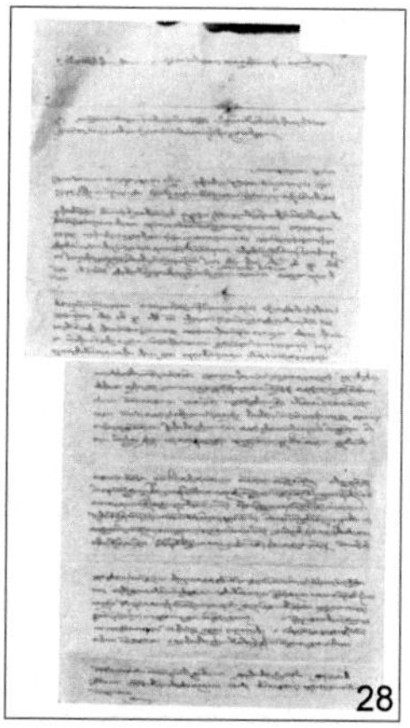

圖27　筆記本。寺本舊日記中鉛筆字跡模糊，不少地方幾乎無法閱讀。

圖28　明治三十九年（1906）十二月十三世達賴喇嘛在青海塔爾寺贈予的藏文文稿，由恩師索帕桑布謄寫。

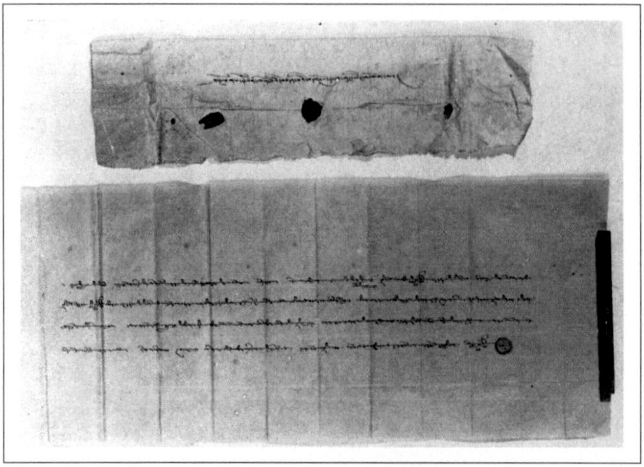

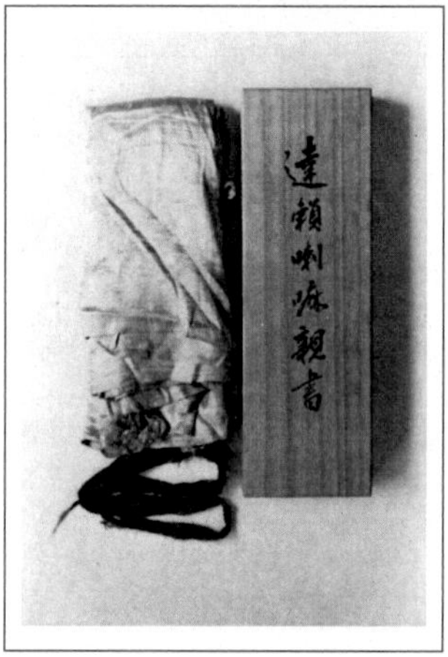

圖29、圖30　十三世達賴喇嘛寫給大谷派本願寺前任法主現如上人大谷光瑩大師的親筆書信和哈達等以及盒子。

（作者原注：承大谷派本願寺「內侍部」厚意刊載於此）

主編序

張明杰

中日交往，源遠流長。千百年間，日本曾視中華為「聖人之國」、「禮儀之邦」。然步入近代，中國卻一變而為日本侵略擴張的標的。在以西學為範本的近代學術的諸多領域，也是日本人著了先鞭。早在清末民初時期，日本的一些組織或個人就深入到中國內陸及邊疆地區，從事形形色色的調查及其它活動，並留下了為數眾多的調查報告、見聞遊記等文獻資料。

僅調查活動而言，既有出於政治與軍事目的的偵探，包括兵要地志、政情民俗、商貿經濟、民族文化、社會風貌等，也有以所謂學術考察為名的各種調查，如考古發掘、民族宗教、地質地理、建築美術等。就筆者所見所知，這類調查文獻大大小小數以千計，僅東北和內蒙古（日本所謂「滿蒙」）地區，就多達兩三百種。若加上那些秘不示人或已焚毀的機密報告等，近代日本人涉及中國邊疆地區的調查等文獻資料，其數量之多，可想而知。

這些邊疆調查及其文獻資料，對於我們解讀近代中日關係，考察日本人的涉華活動及對華認識，至關重要。同時對彌補和豐富中國的邊疆史料，再現邊疆地區的社會風貌及歷史斷面，也有一定的參考價值。

一、軍事偵探

在這類文獻資料中，最早的應屬軍事偵探類。明治政府成立之初，即現覬覦中國之心。早在一八七二年八月，政府就派遣池上四郎少佐、武市熊吉大尉及外務官員彭城中平三人，秘密潛入中國東北地區，從事偵探活動。為掩蓋軍人身分，兩名軍官暫被委任為外務省官員。他們改名換姓，喬裝成商人，從營口到瀋陽等地，對遼東半島及周邊地區的地理兵備、政情風俗等進行偵探調查，翌年回國後，提交了由彭城中平起草的《滿洲視察覆命書》。[1]此乃近代日本人最早的對華軍事調查報告。報告中，尤其提到對遼河結冰與解凍情況的調查，具有鮮明的軍事偵探色彩。

一八七三年後，政府有組織地派遣陸海軍官，分批潛入大陸，從事偵探諜報活動。如一八七三年末派遣以美代清元中尉為主的八名軍官，一八七四年派遣以大原里賢大尉為首的七名軍官等，即早期所謂「清國派遣將校」之實例。這些人名義上打著留學的旗號，其實所接受的指令是「收集情報」，尤其是對與朝鮮、俄國接壤的東北地區和內陸、沿海各省，以及臺灣等地進行調查。一八七五年，日本駐華公使館開始常駐武官，福原和勝大佐上任後，負責監督和指揮在華軍官的行動。一八七八年，隨著參謀本部的設立，以軍事偵探為目的的入華軍官派遣體制得以最終確立，派遣及偵探活動也更為組織化、規模化和具體化。分期分批派遣的軍官以營口、北京、天津、煙臺、上海、

1　《滿洲視察覆命書》原件下落不明，現在看到的是作為附錄收錄於《西南記傳》上卷一（黑龍會編，東京：原書房，一九六九年複製版）裡的同名文本。

漢口、福州、廣州、香港等為根據地，對中國諸多省區進行廣泛而又縝密的調查，範圍不僅僅限於東北、華北、華中及南方沿海諸省，而且擴展到陝甘內陸、新疆及雲貴等邊疆地區。如常駐北京的長瀨兼正少尉曾潛入甘肅區域，大原里賢大尉曾深入到川陝地區，小田新太郎大尉曾入川鄂雲貴地區，從事密探。一八八六年奉命來華的荒尾精中尉，以岸田吟香經營的樂善堂為據點，糾集一些所謂「大陸浪人」，對內陸省份及新疆地區進行偵探調查。其諜報活動後由退役軍官根津一繼承，日後設立日清貿易研究所，後又發展為東亞同文書院，成為培養和造就涉華情報人員之搖籃。在調查和收集大陸情報方面，荒尾精及根津一所構築的諜報網發揮了極為重要的作用。

這些派遣軍官定期向政府及有關組織發送情報，不少人還留下了詳細的偵探日誌、調查覆命書及手繪地圖等。如島弘毅的《滿洲紀行》、梶山鼎介的《鴨綠江紀行》等，即其中的調查報告。後來，參謀本部編纂《中國地志》（總體部，一八八七）、《滿洲地志》（一八八九）和《蒙古地志》（一八九四）等文獻時，曾參考了這些實地調查記錄，部分軍官還直接參與了編纂和校正。這些地志並非普通意義上的地志，而是帶有強烈軍事色彩的兵要志書。而且完成於中日甲午戰爭之前，這一點尤其值得注意。遺憾的是，除部分已公刊的之外，不少文獻已遭人為銷毀，[2]致使今日無從獲知其下落。只是當時的一些手繪地圖等，二戰後為美軍所扣押並運往美國，現藏於美國議會

2　一九四五年八月十四日，日本政府在決定接受波茨坦宣言的同時，下令銷毀所有重要機密文件或資料。當時，僅大本營陸軍部、參謀本部、陸軍省等陸軍中樞機關所在地的東京市谷臺上一帶，自八月十四日下午直至十六日晚，因焚燒機密文件或資料，一直是大火沖天，濃煙滾滾。參見原剛《陸海軍文書的焚毀與殘存》（《日本歷史》第五九八號，一九九八年三月，五十六－五十八頁）。

圖書館。[3]另外，甲午戰爭後，由參謀本部牽頭實施的在華地圖測繪及偵探活動，更是觸目驚心。《外邦測量沿革史草稿》（三卷，參謀本部・北中國方面軍司令部編、一九七九年複製版）、《陸地測量部沿革志》（陸地測量部編，一九二二）、《參謀本部歷史草案》（七卷加別冊，廣瀨順皓主編，二〇〇一）以及《對支回顧錄》（上下卷，對支功勞者傳記編纂會編，一九三六）、《東亞先覺志士記傳》（上中下三卷，葛生能久主編，一九三三－三六）等文獻，可資參考，在此不贅。

一八七九年，東京地學協會成立。它比中國地學會的誕生（一九〇九）足足早了三十年。該協會以英國王立地理學協會為藍本，名義上以「普及地理學思想」為宗旨，實際上則是倡導和實施海外（尤其是中國和朝鮮）「探險」及調查，為對外擴張的國家戰略服務。發起人及中心成員有渡邊洪基、長岡護美、榎本武揚、花房義質、鍋島直大、北白川能久、細川護立、桂太郎、北澤正誠、山田顯義、曾根俊虎等，多為皇親貴族、政治家、外交官和軍人。該協會除直接派人赴華調查，收集情報資料之外，還定期舉辦演講會，發行協會報告，一八九三年與東京大學地學會合併後，以該會的《地學雜誌》作為其會刊逐月發行。

翻檢早期的演講報告，則知多為以中國為主的東亞及南洋諸國或地區的探查。其中涉及中國邊疆的，除上述島弘毅《滿洲紀行摘錄》（一八七九年四月）、梶山鼎介《鴨綠江紀行》（一八八三年四月）之外，還有古川宣譽《遼東日誌摘要》（一八七九年五月）、福島安正《多倫諾爾紀行》

[3] 近年，大阪大學小林茂先生為主的學者及研究人員對藏於美國議會圖書館的這批所謂「外邦測量圖」做了調查和研究。可參見小林茂著《外邦圖——帝國日本的亞洲地圖》（東京：中央公論新社，二〇一一年）和小林茂、渡邊理繪、山近久美子著《初期外邦測量的展開與日清戰爭》（《史林》第九十三卷第四號，二〇一〇年七月）等。

（一八八一年二月）、《亞細亞大陸單騎遠征記》（一八九三年七月）、山本清堅《從哈克圖到張家口・上海》（一八八二年十二月）、菊池節藏《滿洲紀行》（一八八六年四月）、長岡護美《清韓巡迴見聞談》（一八九五年六月）、鈴木敏等《金州附近關東半島地質土壤調查報告》（一八九五年五月）、神保小虎《遼東半島巡迴探查簡況》（一八九五年十月）、《遼東半島佔領地之地理地質巡檢報告》（一八九六年十月、一八九七年二月）等。這些調查報告實施者大多為陸海軍軍官及政治家。可見，該協會自成立之初，就呈露出與國家對外擴張政策相呼應的特徵。

在華邊疆地區從事偵探調查的，除軍人外，還有一些外交官、記者及大陸浪人等。這方面的文獻主要還有：西德二郎《中亞紀事》（一八八六）、永山武四郎《周遊日記》（一八八七）、小越平陸《白山黑水錄》（一九〇一）、植村雄太郎《滿洲旅行日記》（一九〇三）、中西正樹《大陸旅行回顧》（一九一八）、日野強《伊犁紀行》（一九〇九）、波多野養作《新疆視察覆命書》（一九〇七）、林出賢次郎《清國新疆旅行談》（一九〇八）、竹中清《蒙古橫斷錄》（一九〇九）、深谷松濤、古川狄鳳《滿蒙探險記》（一九一八）、星武雄《東蒙遊記》（一九二〇）、吉田平太郎《蒙古踏破記》（一九二七）、副島次郎《跨越亞洲》（一九三五）、米內山庸夫《雲南四川踏查記》（一九四〇）、《蒙古風土記》（一九三八）、成田安輝《進藏日誌》（一九七〇年公開）、矢島保治郎《入藏日誌》（一九八三年公開）、野元甚藏《入藏記》（一九四一）、木村肥佐生《西藏潛行十年》（一九五八）、西川一三《秘境西域的八年潛行》（一九六七）等。

其中，軍人出身、後轉為外交官的西德二郎（一八四八－一九一二），一八八〇年七月從列寧格勒出發，經塔什干、撒馬爾罕等地，進入新疆伊犁，後經蒙古、中國北部邊疆及上海，於一八八一年四月返回東京，歷時九個月，踏查了對當時日本人來說尚屬秘境的俄屬中亞和中國新疆地區。《中亞紀事》（上下卷、陸軍文庫、一八八六）即此次探險調查所得。書中記述了作者所經之地的山川地理、氣候、民族、人口、沿革、物產、貿易、風俗及動植物等，尤其是對中俄邊境地區的實況等多從軍事角度做了觀察和記述。本書是近代日本人最早涉及新疆踏查的文獻之一，在近代邊疆、尤其是西域探險研究領域具有重要意義。

二、所謂「學術調查」

十九世紀九〇年代中期以前，儘管也有部分日本人赴華從事某些領域的考察，但真正的「學術調查」，主要還是在甲午戰爭之後。這裡需要說明的是，近代日本人的涉華學術考察，幾乎都與日本侵略擴張的國策並行不悖，只是有的明顯，有的隱秘而已。有些完全是打著學術旗號的國策調查，有些則是間接服務於國家戰略的越境活動，甚至那些標榜純宗教目的的探險或學術考察，也都與國家的擴張政策有這樣或那樣的關聯。因此，為避免誤解，這裡的「學術調查」是應該加引號的。

甲午戰爭後，出於侵略擴張與殖民統治的需要，日本加緊了對臺灣及大陸地區的調查與研究，一些機關、學校、宗教團體、學術機構或個人也紛紛行動起來，開展實地考察等活動。當時的東京帝國大學、京都帝國大學、前述的東京地學協會、一八八四年成立的人類學會（後更名為「東京人類學會」）、一八九六成立的考古協會（後改稱「日本考古協會」）以及東西兩本願寺等組織和團體即其中之代表。

一八九五年，受東京人類學會派遣，年僅二十五歲的鳥居龍藏（一八七〇－一九五三）前往遼東半島作考古調查，事後，於東京地學協會作了《遼東半島之高麗遺跡與唐代古物》（一八九六年五月）的演講報告。可以說，這是日本人類學或考古學者赴華調查之嚆矢。翌年後，鳥居又先後四次被派往臺灣，從文化人類學角度，對臺灣島及當地原住民作實地考察。一九〇二年七月，為開展與臺灣的比較研究，鳥居又深入到四川、雲南、貴州等地，對苗族等少數民族聚集地，進行了為期九個月的考察。事後，撰寫了《清國四川省滿子洞》（一九〇三）和《苗族調查報告》（一九〇五）等，[4]後者堪稱近代第一本有關中國苗族地區的田野調查著作，至今仍為學界所重。他此次調查活動本身，對當時及後來的大陸民族研究學者也有很大觸動，某種程度上促進了中國學者對西南邊疆民族的實地調查與研究。[5]

一九〇二年三月，身為東京帝大工科副教授的伊東忠太（一八六七－一九五四），為探究日本建築藝術的發源及其與外國的關聯，對中國及印度等地的建築進行長達兩年多的實地考察。他先到北京，然後經山西、河北、河南，西至陝西、四川，再穿越湖北、湖南，入貴州，最後從雲南出境。歷時一年，縱貫中國大陸南北，考察後撰寫了多種學術報告、旅行見聞等。其中《川陝雲貴之

4 鳥居龍藏著《苗族調查報告》，後稍經修改，由富山房於一九二六年出版，書名為《人類學上所見之西南中國》。

5 受鳥居龍藏苗族調查之刺激或影響，國立中山大學語言歷史研究所於一九二八年夏派專員楊志成前往川滇交界開展民族調查，成為漢族學者深入苗、彝等少數民族調查之嚆矢。其調查成果刊載於該所週刊《雲南民族調查報告》專號（一二九－一三二期）。一九三三年夏，中央研究院特派凌純聲、芮逸夫、勇士衡等研究人員赴湘黔交界處之苗疆，對苗族狀況進行實地考察。其成果見於凌純聲、芮逸夫合著《湘西苗族調查報告》（國立中央研究院史語所甲種第十八，一九四七年）等。

旅》、《西遊六萬里》等著述，有不少是涉及中國邊疆的重要記錄。

一九〇二年十一月至一九〇四年一月，工學博士、京都帝國大學教授山田邦彥（一八七一－一九二五）等奉外務省之命，赴長江上游地區，對四川、雲南、貴州及川藏邊境的地質礦產進行調查。回國後，於《地學雜誌》發表《清國四川‧雲南‧貴州三省旅行談》（一九〇四）。但其日記等尚未整理發表，山田即不幸病逝。後由東京地學協會徵得其家屬同意，將日記及當時拍攝回來的照片，稍作修正，以遺稿形式，出版了《長江上游地區調查日誌》（附照片集，一九三六）。日誌中，不僅有所到之地的氣候、地形地勢、水文礦產等的詳細記錄，而且還有大量的測繪地形圖等，再加上一百七十四幅原始圖片，可謂瞭解上述地區地理地貌、礦產資源及風土民情的難得資料。

在言及近代日本涉華邊疆調查時，不能不提到「大谷探險隊」及其它「僧侶」的特異活動。在近代西方殖民主義風潮刺激下，為調查和探明佛教流傳的路徑，同時也是為了呼應日本對外擴張的國策，淨土真宗西本願寺第二十二代當主大谷光瑞（一八七六－一九四八）於一九〇二年至一九一四年間，曾先後三次派遣年輕僧侶，對新疆等地進行探險考察。世間將他們俗稱為「大谷探險隊」。其考察活動除所獲文物外，考察親歷者還留下了大量的紀行、日記等文獻資料。大谷家藏版《新西域記》（上下卷，一九三七）和《西域考古圖譜》（兩冊，一九一五）等，即其中之代表。這類文獻資料具體有：大谷光瑞《帕米爾行記》、橘瑞超《中亞探險》、《新疆探險記》、渡邊哲信《西域旅行日記》、《中亞探險談》、堀賢雄《西域旅行日記》、野村榮三郎《蒙古新疆旅行日記》、吉川小一郎《天山紀行》、《中國紀行》、前田德水《雲南紀行》、《從緬甸到雲南》、本多惠隆《入新疆日記》等。

另外，近代日本開始染指西藏，多次派僧侶等潛入西藏從事調查或偵探活動。如河口慧海（一八六六－一九四五），一八九七年六月從日本出發，經香港、新加坡，抵印度加爾各答。在印度及尼泊爾等地停留準備近三年時間後，於一九〇〇年七月，進入西藏領地，翌年三月成功抵達拉薩，成為第一個進入西藏首府的日本人。他隱瞞國籍和身分，於當地滯留一年多時間，後因身分敗露，於一九〇二年五月底倉皇逃離。兩年後，他又離開日本，於印度、尼泊爾等地滯留近十年後，再度進入西藏地區，並得到達賴喇嘛賜予的百餘函《大藏經》寫本。兩次入藏，河口慧海都留下了詳細的旅行記。第一次入藏記錄《西藏探險記》，是以其口述形式連載於日本報刊的，長達一百五十餘期。後由博文館編輯出版了兩卷本《西藏旅行記》（一九〇四）。該書曾多次再版，使河口慧海的名字連同「神秘西藏」（日本所謂「秘密之國」）一起蜚聲日本。尤其是一九〇九年該書英文版（*Three Years in Tibet*）的問世，更令其大名及西藏之旅享譽世界。第二次入藏記錄《西藏潛入記》和《入藏記》，同樣以報刊連載的形式於一九一五年推出，後輯錄為《第二次西藏旅行記》出版（一九六六）。繼河口慧海成功潛入拉薩之後，接受外務省密令，多年暗地活動的成田安輝（一八六四－一九一五）也在一九〇一年十二月抵達拉薩。因其入藏屬赤裸裸的諜報活動，故記錄其入藏經過的日記，直至他離世五十餘年後才得以公諸於世。[6]

---

6 成田安輝入藏日記，名曰〈進藏日誌〉，刊載於山嶽會會刊《山嶽》第六十五和六十六號（一九七〇－一九七一年）。另外，小川琢治曾於東京地學協會會刊《地學雜誌》發表〈成田安輝氏拉薩府旅行〉（《地學雜誌》第一八三卷，一九三－一九四頁），並配有成田安輝本人當時拍攝的許多沿途風光等照片（《地學雜誌》第一八二－一八六卷，第一九一－一九二卷）。

除河口慧海、成田安輝之外，寺本婉雅（一八七二－一九四〇）、能海寬（一八六八－一九〇一）等也是早期涉足西藏的日本人。寺本婉雅先後三次進入西藏，而且還曾奉軍方之命，於北京從事政治活動，並成功地將兩套貴重的《大藏經》運往日本。他第一次入藏是一八九九年，於打箭爐邂逅同為東本願寺派遣的僧侶能海寬，兩人欲由此進入西藏腹地，但因當地官民阻攔，遊歷理塘和巴塘後返回。不過，能海寬仍不死心，接著又企圖由甘肅、青海遠道入藏，但亦未果，再後來決意由雲南入藏，不料卻在中途成了不歸之客。其入藏記錄有《進藏通信》（一九〇〇）、《能海寬遺稿》（一九一七）等。

寺本婉雅第二次入藏是受政府派遣，於一九〇二年十月從北京出發，經張家口、多倫諾爾、包頭、西寧等地，翌年二月抵著名藏傳佛教寺院——塔爾寺，在當地居留兩年後，獨自進入西藏境地，並於一九〇五年五月抵達其嚮往已久的拉薩，後自印度歸國。返回日本不久的一九〇六年四月，他再度接受政府指令，第三次踏上入藏征途。不過，他這次主要是在青海活動。記述以上三次進入西藏或青海活動的是其《蒙藏旅日記》（橫地祥原編，一九七四；本系列中譯書名作《藏蒙旅行記》）。書後還附錄〈五臺山之行〉、〈西藏大藏經總目錄序〉、〈達賴喇嘛呈贈文原稿〉、〈西藏秘地事情〉、〈回憶亞細亞高原巡禮〉等。除西藏、青海部分之外，尚有不少涉及當時北京及沿途各地政治、外交等領域的史料，是研究日本涉藏史乃至中日近代史的重要文獻。

這方面的文獻資料還有：青木文教《西藏遊記》（一九二〇）、《西藏文化新研究》（一九四〇）、多田等觀《西藏》（一九四二）、《西藏滯在記》（一九八四）等。

日俄戰爭結束後，伴隨著日本殖民政策向中國東北及內蒙等地的重點轉移，各種形式的大陸

「學術調查」更是有恃無恐地開展起來。滿鐵調查部（一九〇七年設立、下同）、東洋協會學術調查部（一九〇七）、東亞經濟調查局（一九〇八）、滿鮮歷史地理調查部（一九〇八）、東亞同文書院（一九〇〇）等國策機構，以及其它一些調研組織等也應運而生。加上原有的那些學校、機關或團體，一時間，對大陸，尤其是對東北及內蒙等邊疆地區的實地考察或研究成為時尚。

前述的鳥居龍藏的所謂「滿蒙探察」即其中之代表。截至中日戰爭爆發，他曾先後十餘次到上述地區從事調查。具體地講，東北九次，內蒙古四次。除一九〇六年前後隨夫人赴內蒙喀喇沁王府任職時的調查之外，幾乎每次都是受組織派遣而為，有些調查是在軍方協助下實現的。鳥居當時率先採用從西方導入的所謂近代科學方法，精心測量，詳細記錄，每次調查均有一定收穫或新發現。如：一九〇五年於普蘭店發掘到石器時代遺跡，於遼陽發現漢代磚墓。一九〇九年調查東北地區漢代墳墓之分佈。一九二八年，於吉林敦化發現遼代畫像石墓。多次於內蒙古地區考察遼上京、中京遺址及遼代陵墓，發現一些包括石像在內的遺物等。對遼代文化遺跡、遺物等的發掘和發現，是他這些調查中的最大收穫。後來結集出版的《遼之文化圖譜》四大冊，[7]雖然只是調查成果的一部分，但足見其研究價值。關於鳥居於大陸的調查足跡，可從以下旅行紀錄中得到探明。《蒙古旅行》（一九一一）、《人類學上所見之西南中國》（一九二六）、《滿蒙探查》（一九二八）、《滿蒙再訪》（與夫人合著、一九三二）、《從西伯利亞到滿蒙》（與妻女合著，一九二九）等。

---

7 鳥居龍藏著《遼之文化圖譜》，又做《考古學上所見遼之文化圖譜》（一至四冊，東京：東方文化學院東京研究所，一九三六年）。

不可否認，鳥居的這些實地調查及成果，在中國遲於日本而導入的某些西方近代學科或領域，有的是先行了一步。今天我們在梳理或講述這些學科史時，也不得不提到他的先行調查和研究。另外，鳥居從調查臺灣時起，就攜帶著當時尚極為難得的照相機，拍攝並留下了眾多珍貴圖片。這些圖像資料在時隔近百年的今天看來，尤為寶貴。[8]鳥居去世後，後人編輯出版的《鳥居龍藏全集》（十二卷加別卷，朝日出版社，一九七五—一九七七），至今仍為學界推崇。在諸多著名學者著作或全集日趨低廉的當今日本古舊書市場，唯獨鳥居的著述和全集售價堅挺，甚至有日益高漲之感。這也從一個側面體現出其著述的學術價值。另外，鳥居龍藏的夫人——鳥居君子（一八八一—一九五九）曾接替河源操子（著《蒙古土產》；本系列中譯書名作《內蒙風物——喀喇沁王府的日本女教習》），於一九〇六年三月赴內蒙古喀喇沁王府毓正女學堂任教。她利用此機會和後來的旅行，對蒙古族歷史文化、社會風習、宗教信仰等，詳加考察，後撰寫《民俗學上所見之蒙古》（一九二七）一書。內容包括蒙古族的語言、地理人情、風俗習慣、遺跡文物、牧畜、宗教、美術、俚語、童謠等，是瞭解當時蒙古地區社會生活及文化狀況的難得文獻。書中還附有當時拍攝的照片或素描插圖兩百餘幅。

東京地學協會自一九一〇年起，又獨自開展了大規模的對華地理調查，耗費鉅資，歷時六年。先後派遣石井八萬次郎、野田勢次郎、飯塚升、小林儀一郎、山根新次、福地信世等地理學者，對中國長江流域及南方諸省區進行廣泛調查。調查的邊疆省份，包括兩廣地區。事後，編纂出版了三

8 就筆者井蛙之見，鳥居龍藏拍攝的大量有關中國的圖片，除臺灣曾出版過一本影像集之外，大陸罕有複製或利用。

卷本《中國地學調查報告書》（一九一七－一九二〇）和《化石圖譜》（一九二〇）。[9]該報告書中既有調查者的「地學巡見記」，又有調查區域的地質、地理、水文、古生物等記錄，內容十分翔實，而且配有很多手繪地圖和實地圖片。

至於前面提到的滿鐵調查部、東洋協會學術調查部、東亞同文書院等國策機構涉及中國邊疆的調查及其資料，更是多不勝數，限於篇幅，在此不予詳述。僅舉滿鐵調查部組織實施的眾多調查中之一項為例。一九二二年五、六月間，受滿鐵調查部之委託，考古學者八木奘三郎（一八六六－一九四二）對瀋陽以南大連鐵道沿線地區進行實地探察，後參考其他文獻，編寫出版了《滿洲舊跡志》（一九二四）。該書對東北地區各時代之遺物、遺跡，尤其是寺廟道觀及其建築等，均做了具體記述和考察，與村田治郎後來編寫的《滿洲之史跡》（一九四四）一起，成為瞭解東北文物史跡的代表作，同時，也為我們研究日本殖民統治時代的實地考古調查提供了一份實證材料。

進入一九二〇年代後期，又有東亞考古學會（一九二七）、東方文化學院（一九二九）、上海自然科學研究所（一九三一）等涉華學術機構或團體誕生，日本對中國邊疆，特別是所謂滿蒙地區的「學術調查」及研究，也進入一個新的階段。其中，考古調查尤為突出。在此領域扮演主要角色的即以東（東京）西（京都）兩所帝國大學考古學者為首的東亞考古學會。該學會憑藉日本軍政界的後援和充足的資金，又打著與中國考古學界合作的旗號，無視中國主權，對東北及內蒙古等地的

9 《中國地學調查報告書》（三卷）和《化石圖譜》，出版於一九一七年至一九二〇年，但其調查時間則為一九一一年至一九一六年。地學調查及撰稿者為石井八萬次郎、杉本五十鈴、野田勢次郎、飯塚升、小林儀一郎、山根新次、福地信世。化石調查及撰稿者為矢部長克和早阪一郎。

古代遺跡，先後多次進行大規模的發掘調查。如：一九二七年濱田耕作、原田淑人等對旅大貔子窩遺址的發掘，一九二八年牧羊城遺址的發掘，一九二九年老鐵山麓南山裡漢代磚墓的發掘，一九三三年旅順鳩灣羊頭窪遺跡的發掘，一九三三和一九三四年兩度對渤海國上京龍泉府（東京城）遺址的發掘，一九三五年赤峰紅山後遺跡的發掘等。發掘後的調查報告由該學會以「東亞考古學叢刊」的形式出版，其中甲種六巨冊、乙種八冊。前者依次為：《貔子窩》（書名副題省略，以下同，一九二九）、《牧羊城》（一九三一）、《南山裡》（一九三三）、《營城子》（一九三四）、《東京城》（一九三九）、《赤峰紅山後》（一九三八）；後者涉及邊疆者有：《內蒙古・長城地帶》（乙種一，一九三五）、《上都》（乙種二，一九四一）、《羊頭窪》（乙種三、一九四三）、《蒙古高原〈前篇〉》（乙種四、一九四三）、《萬安北沙城》（乙種五、一九四六）。另外，該學會還編輯出版了《蒙古高原橫斷記》（一九三七）等調查日誌和研究論集《考古學論叢》（一九二八—一九三〇）等。上述大量調查報告在日本被譽為「奠定了東亞考古學基礎」的重要文獻。

東方文化學院更是由日本官方主導的對華調查研究機構，屬所謂「對華文化事業」之一部分，分別於東京和京都設有研究所。其評議員、研究員等主要成員，幾乎囊括了當時全日本中國學研究領域的權威或骨幹。如：池內宏、市村瓚次郎、伊東忠太、關野貞、白鳥庫吉、宇野哲人、小柳司氣太、常盤大定、鳥居龍藏、瀧精一、服部宇之吉、原田淑人、羽田亨、濱田耕作、小川琢治、梅原末治、矢野仁一、狩野直喜、內藤湖南、桑原騭藏、塚本善隆、江上波夫、竹島卓一、水野清一、長廣敏雄、日比野丈夫等等。若列舉受該組織派遣或委託赴華從事調查研究的人員，僅其名單就需要數頁才能完成。他們的在華調查及成果為數眾多，內容也涉及到方方面面，其中與邊疆有關的調查文獻資料主要有：伊東忠太《中國建築裝飾》（五卷，一九四一－一九四四）、常盤大定・關野貞《中國文化史跡》（十二卷，一九三九－一九四一）、[10]關野貞《中國的建築與藝術》（一九三八）、關野貞・竹島卓一《遼金時代之建築及其佛像》（上下卷，一九三四－一九三五）、原田淑人《滿蒙文化》（一九三五）、竹島卓一、島田正郎《中國文化史跡增補〈東北篇〉》（一九七六）、佐伯好郎《景教之研究》（一九三五）、《中國基督教研究》（三卷，一九四三－一九四四）、駒井和愛《滿蒙旅行談》（一九三七）、池內宏、梅原末治《通溝》（上下卷，一九三八－一九四〇）等。

中日戰爭爆發後，為實現徹底征服中國，進而侵佔整個亞洲及太平洋地區的野心，日本以舉國之人力、物力和財力，投入到侵華戰爭中去。此時，學界及研究界更是身先士卒，主動配合國策，積極參與對華各種調查與研究。先後設立的東亞研究所、太平洋協會、回教圈研究所（以上為一九三八年設立）、民族研究所（一九四三）、西北研究所（一九四四）等國策學術機構，均為涉及中國邊疆調查的核心團體。如：東亞研究所就曾開展過許多涉華邊疆調查與研究，其成果大多成為日本制訂國策時的基礎資料。筆者手頭有一本蓋著「秘」字朱印的《東亞研究所資料摘要》，編刊於一九四二年，是該研究所登錄資料之目錄或簡介。包括「甲、調查委員會報告書」、「乙、本所員調查報告書」、「丙、中間報告、翻譯乃至部分性成果資料等」、「丁、委

10 常盤大定・關野貞合著《中國文化史跡》（十二卷）、關野貞著《中國的建築與藝術》等，已列入筆者另行策劃並主編的《近代以來海外涉華藝文圖志》譯叢系列，已由中國畫報出版社刊出。

託調查報告書」、「外乙、本所講演速記」等，區域涵蓋中國內陸及邊疆省區，另有「南洋、近東、蘇聯、外蒙」等。內容涉及政治、經濟、社會、文化、資源、外國對華投資、黃土調查、滿蒙關係、海南島關係等。其中有很多關於滿蒙及西北回教地區的調查資料。又如：民族研究所從一九四三年成立，至一九四五年戰敗，短短兩三年時間，不僅從事過大量服務於國策的文獻研究，而且還奉政府及軍方之命，對從東北到西南的中國邊疆省區進行了多項調查，其中一九四四年曾組派兩個調查團，奔赴內蒙和新疆等地進行民族宗教文化探查。

以上只是對日本近代涉華「學術調查」，做一簡單而又部分性的回顧和介紹。這類調查涉及面廣，文獻資料浩瀚龐雜，限於篇幅，這裡不可能全面涉及。但從中也可以看出，以甲午和日俄兩大戰爭為契機，為響應或配合對外擴張的國家戰略，日本人的對華「學術調查」逐步開展起來，並日益活躍。二十世紀二〇年代後期，隨日本政府所謂「對華文化事業」的實施和刺激，東亞考古學會、東方文化學院等國策學術機構先後成立並迅速行動起來，尤其是當偽滿洲國建立後，在所謂「滿蒙地區」開展了一系列大規模的發掘調查。侵華戰爭開始後，日本學者更是主動配合國策，奔赴大陸及邊疆從事調查研究等活動，以實際行動實踐所謂「學術報國」。因此，可以說，近代日本人的對華「學術調查」或研究從初始階段即有扭曲的一面，儘管在方法上有其科學的成分，在成果方面也有值得肯定或可取的地方，但是總體上卻難以否定其充當殖民主義生產工具之本質。

二戰後，日本的中國研究學界對其戰前的所作所為，雖有部分反思或批判的聲音，但整體上並沒有做深刻反省和徹底清算，甚至至今仍有全盤肯定或肆意謳歌者。對在這樣一種歷史背景下發展起來的日本戰後中國學研究，我想，在不少方面需要有批判性眼光和謹慎判別、正確對待之態度。對戰前的「學術調查」及其文獻資料這一正負兼有的遺產，更應有這種眼光和態度。

＊本文初稿撰於二〇一一年春，原題〈近代日本人涉華邊疆調查及其文獻〉，現稍作修改。

導讀

國立故宮研究院　書畫文獻處研究員兼科長
劉國威

雖身為藏學領域的研究者，然我因日文素養不佳，對日本藏學界的研究成果相對較不熟悉，然而對此書作者寺本婉雅（一八七二—一九四〇）確是久聞其名，只是過去也僅知道他是日本二十世紀前半葉的初代藏學研究學者，任教於大谷大學，並有藏文文法的相關著作。以前在閱讀印順導師的著作時，當導師探討印度佛教史的相關議題時，常引用寺本婉雅所日譯的覺囊派祖師達拉那他（Tāranātha, 一六七五—一六三四）名著《印度佛教史》（*rgya gar chos 'byung*），而在討論龍樹的中觀見地時，也常引用寺本譯校的《中論無畏疏——梵漢独対校西蔵文和訳》，所以很早就對此位日本學者有印象。但直到此次有機會應邀撰寫短篇導讀，真正讀過他在清末那段詭譎多變的時期多次出入北京、蒙古、青海、四川、西藏等地的回憶記錄，方對其生平有較深入的瞭解。

如果在網路查詢寺本婉雅的生平，中文訊息基本上都抄襲自《佛光大辭典》中的簡短記錄：

「日本西藏學及佛學學者。屬日本真宗大谷派。滋賀縣蒲生郡鏡山村人。明治二十八年（一八九五）九月入真宗大學，三十一（一八九八）年六月退學後遠赴西藏留學，三十二年（一八九九）返日。翌年八月擔任通譯官，服務於北京公使館師團司令部。三十四年（一九〇一）復被小村外務大臣派至西藏留學，十月，入拉薩哲蚌寺研學。於三十八年（一九〇五）五月入札什倫布之僧院，十月，經由印度歸國。三十九年（一九〇六）四月，第三度入藏，研究喇嘛教，四十二年（一九〇九）始返日。返日後，於大正四年（一九一五）二月出任真宗大谷大學教授，同年九月兼任京都帝國大學講師，講授西藏語。昭和十五年（一九四〇）十二月去世，享年六十九。其一生專事藏語佛典之研究，對藏語大藏經之研究貢獻甚大。著有：西藏古代神話十萬白龍、于闐國史、西藏語文法、新龍樹傳の研究等。」這段記載實譯自《大谷學報》第二十二卷第一期，刊行於二戰時期的一九四一年，寺本教授剛於前一年過世，所以是大谷大學基於紀念其人所撰的簡傳。如果看過這部《藏蒙旅行記》，就知道這段簡傳所記錄的內容誤差頗大，或許是「為賢者隱」；也或許是當時二戰時期仍屬軍政府主導一切的非常時期，由於日本政府對西藏的政策轉變，寺本婉雅所屬的淨土真宗本願寺派在二十年前即已受到軍政府警告不得再與達賴喇嘛保持關係，所以大谷大學必須隱去此段事蹟；此外，這本《藏蒙旅行記》其實是到一九七四年方由寺本婉雅之子整理父親遺著而出版，據其子所說：他也是看到這些日記方知其父當年這般「輝煌」的事蹟，所以也頗可能一九四〇年代那時的大谷大學也已不清楚三十餘年前的往事。從此書所記內容可知，以進入西藏核心地區而言（指拉薩與日喀則一帶的衛藏地區，或今日的西藏自治區），寺本婉雅僅第二次赴藏時成功進入藏區，但他在拉薩與日喀則一帶也僅待了不到三個月（一九〇五年五月抵達拉薩，一九〇五年八月底已到印度加爾各答），因此說他到哲蚌寺與札什倫布寺參學實有些過譽，他在西藏語文及文化方面的知識應主要是入藏前在塔爾寺待的近兩年期間而打下的基礎（一九〇三年二月至一九〇五年二月）。一八九九年他第一次欲入藏，打算從四川打箭爐一帶進入，但受當地藏人所阻未成；一九〇六年所謂第三次入藏也僅是為了到塔爾寺與十三世達賴喇嘛會面，之後一九〇八年在五台山與北京與十三世達賴多次見面，並安排西本願寺住持大谷尊由與十三世達賴在五台山秘密會面；一九〇八年十一月十三世達賴赴北京謁光緒皇帝與慈禧太后，不久光緒與慈禧先後過世，達賴即欲離京返藏，據此書記載，寺本婉雅此時實積極遊說十三世達賴訪日，最終未成；一九〇九年返日後就未再赴中國，也不再介入西藏事務，至一九一五年方成大谷大學專任教授。因此《大谷學報》的這段記錄實或有意或無意的隱瞞簡化了寺本教授的「三次入藏」。

不可否認寺本婉雅的入藏帶有政治目的，其實當時入藏欲與達賴政府結交的各國人士不免都有政治拉攏的動機，如一般常提到在十三世達賴喇嘛身邊的所謂俄國間諜喇嘛阿旺・洛桑・德爾智（Agvan Dorzhiev, ngag dbang blo bzang rdo rje, 一八五四－一九三八），作為十三世達賴的政治顧問，他確實是主張西藏與俄國聯合的核心人物，但一般談論這段歷史的人也往往忽略掉他身為布里雅特蒙古喇嘛的出身，對佛教實有深刻信仰，德爾智喇嘛也藉其影響力對其家鄉及鄰近蒙古文化地區的佛教促進重大發展；被尊為「台灣藏學研究之父」的歐陽無畏先生（一九一三－一九九一），當年入藏的初始動機也是基於「經略邊疆」愛國熱忱，即使入藏後真正對藏傳佛教產生興趣，入哲蚌寺出家為僧，但同時也為國民政府做工作。因此，寺本婉雅身為明治維新後的淨土真宗東本願寺大谷派的弘教師，其愛國與弘教雙方面的熱忱自不在話下，從此書內容可不斷看到他的這類看法。

由於寺本在北京、青海一帶所接觸的大多是滿蒙藏的上層人士，所以他所見聞的經驗頗有別於他之前的入藏的河口慧海（一八六六－一九四五）與之後的多田等觀（一八九〇－一九六七），這兩位雖也都與十三世達賴有密切交流，但活動區域主要都是拉薩一帶的藏區，不像寺本主要在青海、蒙谷、北京等地。

寺本婉雅當時欲建立日本與西藏的外交關係，其政治作為與後續影響已有幾位大陸學者詳細論述，不用我於此再加贅言，由於個人主要研究佛教歷史文獻，因此對相關資料較感興趣，於此就書中所提部分獨特內容進行介紹，這或許是一般讀者未注意到訊息。

一、資福寺與黃寺所請《甘珠爾》

寺本婉雅在書中多處提及，他研究藏傳佛教的其中之一動機就是對藏文大藏經的蒐集整理分析，因此頗留心於此。一九〇〇年八國聯軍戰事後，「是年秋，余接受政府命令於北京從軍，開始與攝政王醇親王以及洵、濤兩親王及慶親王等交往，略為國家效力。同年九月十七日獲特別恩准，得以在處理軍務之同時，自由研究軍隊之精神教育與西藏語。為此進入安定門外之黃寺與資福院，一面鑽研喇嘛教，一面做進藏之準備。」他看到寺院內竟然有藏文的藏經文獻《甘珠爾》，大為驚喜。「因而當即與院內住持喇嘛聯繫，終得以將其買下。之後余以榮獲特別恩准，得以研究藏語之因緣將其運回國內。此事終達天聽，命余獻其部分經典於宮內，並製作藏文大藏經目錄。余遵命恭敬奉獻紺紙金泥之《甘殊爾》部與朱印字版之《甘殊爾》部及雜部。嗣後由宮中轉託東京帝國大學圖書館保存。而其餘部分則贈予真宗大學圖書館。」

當然，我們現在知道「朱印字版之甘珠爾部」即康熙二十七年（一六八八）在北京雕版刊印的北京版《甘珠爾》，後藏於「真宗大學圖書館」（即後來的大谷大學），一九五八年由鈴木學術財團將之影印出版，在數位資訊未發展的年代，日本翻印的此套《北京版西藏大藏經》，是學者研究藏文經典的必備參考。

而另一套，則是：「東京帝國大學圖書館所藏部分係余自黃寺購買，乃明太宗為報皇考、皇妣生育之恩，將西藏原本翻刻刊行之複製品，附有永樂八年（一四一〇）三月九日之《御製藏經贊》。之後經一百九十六年，永樂版得以再版，有「大明神宗萬曆三十三年（一六〇五）十二月吉日奉旨重刊印造」序文。此時僅有《甘珠爾》部，而《丹珠爾》部尚未出版。除此萬曆版《甘珠爾》部外，尚有明武宗正德三年（一五〇八）御製抄寫之紺紙金泥《般若經》、《律師戒本經》等，以及其他數部抄經等，總共贈出二百九十三函。」據寺本教授的此段記載，此部即為萬曆版《甘珠爾》，萬曆版雖是永樂版的覆刻，但並不全同，永樂版現僅拉薩色拉寺尚存一部，但學界尋找萬曆版多年，僅數年前於波蘭某城堡偶然發現三十餘函，這是二戰末期德國納粹政府遷移國家重要典藏文物所致，這批不全經函可能也是八國聯軍時期的戰利品。至於明武宗時期的藏文泥金寫本佛經，更是至今未曾見類似文物，明武宗喜好藏傳佛教，因此宮內有不少相關御製器物，如故宮院藏一批正德年間上有梵藏文咒字的瓷器，其他典藏單位也收有正德年間的宮廷御製唐卡，然此時期的御製藏文佛典確是未見。然而不幸的是，寺本教授所收這批典藏於東京帝國大學圖書館的珍貴典籍，在一九二三年的東京大地震中全遭焚毀，現已不存。

二、參與清廷歲末法事

書中記載，一九〇一年一月十六日至二十日（光緒二十七年十二月七日至十一日）期間，寺本參與在養心殿舉辦的佛教法事：「此五日間，紫禁城內養心殿舉行每年一度之法事。當日雍和宮一百零八名喇嘛自凌晨五時即在養心殿誦讀《長壽經》、《白傘蓋經》等。皇帝於初九正午駕臨，拈香禮佛，祈求萬福，諸王百官及蒙古王均參加。其他時日則由諸王輪流代替皇帝禮佛。」

康熙三十六年（一六九七），清廷於中正殿設立掌管宮中藏傳佛教事務的機構—中正殿念經處，自此每年定期在殿內各佛堂舉辦佛事活動。據故宮所藏清宮檔案所述，每年十二月初九，中正殿舉辦遣送白傘蓋大迴避巴陵（此為梵文Balin的音譯詞，即食子供品）的除障法會；皇帝依制須親至中正殿壇城前拈香，向駐京各呼圖克圖供茶，並發放布施。養心殿有皇帝內廷的佛殿，因此中正殿法事亦會在該處舉辦；由於寺本與雍和宮住持阿嘉呼圖克圖（一八七一－一九〇九）交好，因此有此機會入養心殿參加法事。

三、十三世達賴喇嘛與阿嘉呼圖克圖之齟齬

寺本到北京後，即向雍和宮住持第五世阿嘉呼圖克圖學習藏語，建立良好關係，甚至在八國聯軍戰役後應其邀請，阿嘉親自前往日本訪問，並安排面見日本天皇。

十三世達賴喇嘛一九〇四年因英軍入侵，出逃拉薩後，先至蒙古庫倫，後與第八世哲布尊丹巴不和，一九〇六年抵達塔爾寺。寺本在該年十月於塔爾寺謁見十三世達賴，書中也明白記載十三世達賴與阿嘉呼圖克圖間發生不合的經過，此事在二人的正式傳記中均未明述，但可在故宮院藏清宮檔案中得到印證：宣統元年閏二月十二日，西寧辦事大臣慶恕（一八四〇－一九一九）上奏「達賴喇嘛來文以塔爾寺阿嘉呼圖不守清規請予斥革」，達賴控告理由多項，顯示兩人不和已非短期（寺本所述事蹟已是三年前的紛爭，此時寺本已然返日），甚至兩個月後阿嘉因病圓寂，其弟子亦傳言

是達賴下咒所致，直至慶恕介入調查，糾其誣告之罪，且達賴已啟程返回拉薩，此事方息。

書中提到宗喀巴出生於永樂十九年（一四一七），我們現在知道這當然是差了一甲子的誤解，但此錯誤無可厚非，因 寺本引用的是清代漢文文獻，乾隆皇帝就是如此說法；此外，他敘述的乾隆朝漢文藏經與滿文藏經的編纂年代也都有些許錯誤，這也無傷大雅，在那個年代對這些文本的學術考證才剛起步。不過從這一點，也可看出寺本教授重視的是佛教藏經文獻，對西藏佛教的宗派其實並不重視。他在塔爾寺時，對喇嘛的辯經教育並未深入理解，興趣不大，評價也非正面；在江孜附近遇到寧瑪派的在家上師時，縱然周遭藏人對這位上師甚為恭敬，但寺本仍依其外貌判定，給予頗負面的評價。

這類對西藏佛教的偏見或誤解縱有其時代的限制，卻也有個人的民族主義與文化本位偏見，這從寺本教授後來的學術著作也略見端倪，他著重於藏文佛教經論研究，像是翻譯藏文的《阿彌陀經》（這當然與其淨土真宗的信仰背景有關）、《唯識三十頌》、《中論無畏疏》、《異部宗輪論》等，基本上都是藏經文獻；他雖曾與多位格魯派高僧學習，也在寺院生活一段時間，但他對格魯派的宗派內涵看來興趣不大，所以未見其曾引述分析格魯派祖師的著作，遑論他派。

此導讀短文僅是一些心得分享，閱讀過程收穫不少，一方面可與同時期其他入藏的回憶錄相比，從中見其特色，另一方面他所記錄的蒙藏地區史地資料，經百餘年變遷後，許多現已不存，從其記錄可見最後形影，如書中所錄天津的海光寺，北京的旃檀寺、資福寺、闡福寺等，在八國聯軍後均毀，至今不存。其描述除有助考證外，使滄海桑田之感油然而生，不甚唏噓。

譯序

洪晨暉、胡稹

本書是一份自十九世紀末至二十世紀初日本帝國主義為推行其「大陸政策」，企圖染指中國西藏事務，並妄圖將西藏從中國分裂出去的真實紀錄。

記錄者為有史以來第二個進入西藏的日本人——日本東本願寺僧侶寺本婉雅（於一八九九年至一九〇九年在中國活動，曾二度進藏。第一個進入西藏的日本僧人是河口慧海，分別於一九〇〇年和一九一四年二度進藏），記錄的形式為日記。然而從其內容分析，其中不少部分並非日記，即不是寺本婉雅在入藏途中或到達西藏後每日的觀察、思考和行為之紀錄，而是在為出版整理時有意加入的經長時間深思熟慮、為日本的「西藏工作」提出的報告、建議等，或是給十三世達賴喇嘛或清朝地方軍政首腦等的呈文。這些報告和建議等，連同《日記》的其他記述，對當時尚昧於西藏情況的日本有關部門無疑有著重要的政治、經濟、社會、軍事等方面的情報價值，而呈文則多體現了日本的政治野心。因此可以說，日本僧人寺本婉雅不僅是一個當時中國西藏、蒙古自然風光、風土民情等的記錄者，而且還是一個積極為日本開疆拓土的「大陸政策」踐行者。

寺本婉雅於一八七二年以長子身分出生在日本愛知縣海東郡大野村。其父親名寺本惠實，亦為佛教徒，對婉雅的思想形成影響極大，且對婉雅的「探險西藏」工作積極支持，包括金錢資助等，使婉雅得以走上「宗教報國」之路，並在一時獲得極大聲譽。這從日記中婉雅對其母親和妻子很少談及，而對父親卻充滿了感念、關懷之情可見一斑。

也許有人要問，一個宗教人物（包括婉雅的父親等），不在佛堂皓首窮經，行善布施，而是積極「入世」，干預政治，這又為了什麼？

這裡存在兩個原因。一八六七年日本明治維新成功後，新政府實現了「大政奉還」，並欲進行「文明開化」，其結果是在崇神（道）毀釋的同時，還大力引進基督教，打壓和限制了原本處於准國教地位的佛教的發展空間。為擺脫此不利形勢，日本佛教界需要向海外發展。另一方面，日本在維新後經過三十年的發展，國力與維新前相比已不可同日而語，人口也急劇增長，因此在一部分人看來有可能也有必要模仿西方列強向海外擴張，尋求殖民地。於是朝鮮、臺灣乃至中國東北、內蒙地區成為日本首先試圖吞併的對象。之後的歷史事實證明，日本正是按此步驟，一步一步地實現了吞併中國的周邊國家和外圍地區的目的，最終發動了侵略中國內地的戰爭。在此過程中，日本部分政治家和御用學者、包括部分佛教人物可謂老謀深算，費盡心機。他們知道在短期內吞併整個中國並非易事，在分析了「滿洲」、蒙古等各種情況後，又將目光停留在中國的西北部和西藏地區，認為若取得對中國的西北部和西藏的控制權，則北可抗擊俄羅斯的南下，西可迎擊英印政府的東進，並可為自己未來繼續進軍中亞、南亞和從西面包圍、扼殺中國獲得一處前進基地，實可謂一舉多得。因此在明治中、後期，對中國西藏展開工作被逐步擺上日本政界的議事日程。面對日本佛教的自身窘境和上述形勢，素有「愛國護教」傳統的日本佛教界部分人物採取迎合當時日本政、軍方針的姿態想來亦在情理之中。於是就有了本願寺和其他宗派的僧人相繼走上探險西藏旅程的各種故事。

日本部分佛教人物在此過程中充當急先鋒的角色有其「合理性」：首先，日本與西藏一樣信仰佛教，以研究經典的名義派出僧侶與西藏政府取得聯繫「名正言順」，不致遭到西方列強的過分猜忌；其次，因西藏長期閉關自鎖，外界不易獲得其內部信息。對日本佛教界而言，重要的是這些內部信息還包括西藏保存的許多藏譯梵文經典。若進入西藏，獲得這些經典，對理解和求證因佛教在印度的衰亡而難以辨明的許多佛教教義的真諦有著極高的學術價值。日本僧人不能在此方面落後於人；再次，西方人早已開始了在中國和其他國家的布教工作。日本佛教界若不對此展開針鋒相對的鬥爭，則很可能包括日本佛教在內的世界佛教將進一步走向黑暗。面對中國佛教界當時的衰敗，日本僧人意氣風發，充滿了擔當佛教救世主的宏大情懷；復次，當時的日本佛教界認識到，這種拯救世界佛教的使命感的實現，與日本帝國主義的對外擴張息息相關，為此日本需要各種西藏政、經情報等。事實上，以寺本婉雅為代表的日本僧侶的進藏活動正是這種雜有宗教使命和政治使命的綜合體現。但兩相比較，其政治色彩更為濃烈。

有例可證：（一）除日本退役軍人矢島保治郎（一九一〇年至一九一一年和一九一二年至一九一八年二度進藏，曾擔任西藏軍隊的軍事教官）和外務省間諜成田安輝（一九〇二年冒充僧人進入西藏）外，最先進入西藏的大都是日本僧人；（二）由於日本僧人陸續進藏以及寺本婉雅在北京資福寺等地騙走藏譯《大藏經》等，使日本成為除中國之外擁有高品質藏文經典最多的國家；（三）與當時的中國和尚相比，日本僧侶在經受明治維新「歐風」洗禮後素質大為提高。不少僧人原本就接受過漢文教育，並且在學會了一門以上的歐洲語言後還積極學習蒙語、藏語等，因此在走向中國西藏的道路上可以獲得壓倒其他國家、尤其是西方國家人士的優勢。寺本婉雅就是其中的一個「佼佼者」。從寺本未經編輯的原《日記》看，其中「日、漢、藏、蒙、英文字交雜，並混有喇嘛語談之筆錄與金石文字之抄本等」，顯示出其很高的素質和極強的競爭優勢。從已編輯出版的《日記》看，寺本對當時中國大陸佛教界的腐敗和西藏喇嘛教的衰敗痛心疾首，深惡痛絕，對不少中國僧侶的「低下素質」惡評如潮，呈現出一副拯救佛教、捨我其誰的姿態；（四）除了有可稱道的語言天賦和「求道」精神外，寺本婉雅在進藏日本僧侶中的表現還最為突出，即在積極為日本搜尋一切可用情報和接近達賴的同時，極其喜好對人談論政治，對他國事務指手畫腳：

「反觀當前東亞天地，妖雲深鎖，黯淡無光，危急存亡，迫在眉睫。歐美列強各逞虎狼之欲，伸展鷹翼欲將東亞攫入爪中。渠等歐美人自稱白人，跳樑跋扈，視吾等黃色人種甚至不如奴隸焉。而渠等口中常提人道，重視人權，卻對吾等不同人種蹂躪如此，信儒佛之教者豈有不憤慨者乎？貴國、敝國同屬東亞，同權、同文、同教之關係不啻唇齒相依。吾等具有同朋之情，不忍漠然視之。……現今時局艱難，吾等徒然隔岸觀火，心中實有不忍。貴國之存亡關乎敝國之興衰，即所謂唇亡齒寒。敝國諺語有曰：『一劍易折，十劍難斷。』蓋一體同心之謂也。今兩國同心抵禦外患，救現狀於危難，實為容易之業也。僕原不喜口談政事，僅欲盡宗教家天職，恢復東亞宗教，廣播佛陀福音，以警醒國民，為他日有大用。於此闡述卑見十五條，以呈閣下案右：……。」（本書中寺本給四川總督奎俊的信）

「縱令俄國真正之侵略目標不在西藏，但俄國欲通過蒙古、西藏動搖北京政府，趁機達至某個目的，卻為一目了然之不爭事實。有人云我國並非屬意西藏，而西藏又屬英國勢力範圍，故無須加以特別關注，此乃愚人之論而已。俄國在青藏高原往來走動，表明其不久即會侵略蒙古。一旦蒙古發生動盪則將導致北京動盪。北京一旦動盪，則日本不能袖手做壁上觀。重要者乃在於余須繼續做遠距離觀察，以判斷近處海面是否風平浪靜足矣。」（本書之一部分）

「自去冬余來此地後，與渠等往來接觸，盡力聯絡東西佛教，揚日本國威於西藏高原，並促成達賴喇嘛與我本願寺大法主二位未曾謀面之法友相互通信，前後竟有兩次之多，首開日藏關係新篇章。然而達賴屬下俄黨常常從中作梗，認為余乃代表日本宗教界或在轉達日本政府之意旨，設法不讓余與達賴結成親密關係。」（本書之一部分）

「小生受達賴之請託，聊做以上介紹。有關如何獲得日本支持，維護達賴體面，以及西藏善後政策之晤談內容，余將另文詳細彙報，惟願見信後給予渠等會面機會。因藏人未有日人知己，故達賴與其特派使節囑余務必一道同行，以共同謀畫此次清國與西藏之利益交涉事宜。小生擬於七月中旬自本地出發，至北京後與渠等再行商議。有關祕密事件之內容如何商議希請閣下指導。」（本書中寺本給日本駐北京大使館武官、陸軍大佐青木宜純的介紹信）

「小生自去年謁見達賴喇嘛，並收到達賴給東本願寺大谷光瑩法主臺下之親筆書信後，與達賴之關係不斷加深，且與達賴總理堪布（總理大臣）及隆乃欽波（次官）等交往，為開發西藏獻計獻策。達賴及各西藏官員逐漸聽取小生建議，認識到西藏應通過清政府獲得日本援助，方為發展西藏與保護國家之上策，並產生疏遠俄國之傾向。渠等還就近期派出使者前往日本考察宗教、政治、軍事等各種文明制度有過密談。余以為實現此計畫指日可待。」（本書中寺本寄給日本總參謀部次長福島少將的文稿）

從以上引文可以看出，寺本婉雅在當時對政治的關心已大大超過對宗教的熱情。他的說教多充滿同情弱者、與弱者為伍和試圖作為弱者代表「仗義執言」的口吻，其功效自然不薄。寺本婉雅除具有極好的口才之外，還擁有極強的交際能力，這從他得以逐步說服達賴和在本書中記載與當時滿清政府中樞大員的往來酬和情況可見一斑。寺本婉雅甚至可以在八國聯軍攻占北京後陪同滿清政府高官一道遠赴西安恭迎兩宮回鑾，以及策動阿嘉呼圖克圖「訪問」日本，更顯示出其具有高超的政治手段。然而就寺本真正目的而言，他並非完全為了關心中國和建立日本與中國西藏之間的佛教聯繫，而主要是為了離間俄國與西藏的關係，在西藏等地宣傳日本和日本的國力，以爭取獲得達賴及其他藏人的認同，在適當的時候將中國西藏地區納入日本的勢力範圍，置於日本的統治之下。

根據以上引文和本書的其他記述，我們注意到寺本與日本的聯繫對象，除了故鄉和本願寺等外，主要是日本軍方，故可就寺本與當時日本的軍方和外務省（政府）的關係做出推測。我們認為他的入藏活動及此後為接近達賴喇嘛的所有活動，更多是得到日本軍方（總參謀部）的直接支持，其中包括活動經費的提供以及工作指導。而對日本外務省，寺本在較長時間內除了提交必要的工作彙報和尋求有關的外交支持外，對該省的工作熱情和方法似乎並不滿意。雖然在總目標方面二者認識高度一致。

比如，他除了抱怨本宗派外，還含蓄地表露出對外務省不給資金援助而耿耿於懷：「所抱怨者乃我東本願寺志不在此，絲毫不願思及聯繫東亞佛教一事，故儘管余多年至此盡力布教，但竟未給過一分一釐傳教經費，宛如隔岸觀火。……每次歸國皆有多人認為本願寺為余出資，負擔所有往返路費及食宿費用，此乃大謬。亦常有人質問余與本願寺之關係，亦可笑之至。……經費並非由東本願寺支出，亦非由國家以研究費用形式（下劃線為譯者所加）支出，其來源實在難以啟口。……

有人認為余膽識過人，毅力堅強，故福島中將以余志可嘉與東亞問題乃當務之急、不可等閒一日為由，給予些許資金援助。」

有文獻記載外務省曾給自己的間諜成田安輝提供資金（成田與寺本在藏活動的時間大致相同），但根據本書卻未見給寺本經費，這大概是寺本不滿但卻難以啟口的最直接原因。既然其經費不由外務省而由軍方支出，那麼寺本在完成自身目標的同時還承擔著軍方的其他任務也就不令人感到奇怪。寺本在本書中對英屬殖民地印度士兵攜帶的槍支做過記述：槍「稱『Enfield』，五連發，單彈裝填，彈艙在槍身外，體量小於我國製造之同類槍械，似與支那[1]五連發槍相同」。在本書附錄中，寺本〈在日軍總參謀部演講之提綱〉中還提及「軍馬改良」的問題，認為日軍須考慮換用「在寒冷地區使用之馬匹」。此外，寺本還「將獲得之西藏地圖寄福島將軍，參謀本部即以該地圖為基礎製作新地圖」。之後總參謀部東乙彥大佐「遵囑另函寄上西藏地圖與前藏至西寧間各驛站名紀要」給寺本，並擬寄上「標注前藏至打箭爐間各驛站距離之附表」。綜合以上信息，我們認為寺

---

1 就「支那」的詞源有各種說法。現在普遍認同的說法是來源於最初統一中國的秦朝的「秦」（Qin）的發音，此說乃根據明末來中國傳教的義大利傳教士衛匡國（Martino Martini）的記述。後來日本通過漢譯佛典傳入「支那」此詞。平安時代高僧空海的詩集《性靈集》曾用過該詞，由此日本佛教界開始使用「支那」稱呼中國。此後這種稱謂逐漸擴大到佛教以外的領域，鎌倉、室町、江戶時代的日本典籍都有稱中國為「支那」的記載。明治維新後「支那」此詞開始在日本流行。當時中國的正式國號是「大清」，日本政府遵從這一稱謂，但日本民間則將中國稱為「支那」。由於清末一些漢人革命家對「清國」、「清人」的稱謂有抵觸情緒，故對「支那」此詞不但沒有介懷，反而還有幾分感激。孫中山、宋教仁、章太炎、康有為、梁啓超等人都使用過這個稱謂。這說明當時日本使用的「支那」，不但沒有貶義，反而含有對中國的尊敬。然而，以甲午戰爭為界，過去一直把中國奉為上國的日本人開始蔑視曾經崇拜的物件，從而使「支那」此詞染上勝利者對戰敗者的輕蔑色彩。為保留原作的時代氣息，譯者對此詞未作改變，下同。請讀者閱讀時明鑒。

本婉雅不直接承擔外務省下派的任務，他的工作一半出自自身的宗教、政治熱情，一半來自日本軍方的委託，可以說是一名日本軍方派遣到西藏和達賴喇嘛身邊的特殊間諜。他所扮演的角色與本書中記述的在達賴喇嘛身邊的俄國間諜阿旺堪布毫無二致。

再比如，原擬與寺本一道由四川打箭爐進藏的日僧能海寬日後在阿墩子被藏民虐殺，就此寺本對日本外務省日後的態度做過直言不諱的批評：「能海寬持日本領事館護照在日本帝國政府之保護下旅行，且有支那總督之簽字允准。然而就能海君橫死一事，當時日本政府未派員做過任何搜索與調查，亦未向支那政府提出任何交涉，似可謂當時政府機關不將日本僧侶視作本國臣民，採取極為冷淡之非立憲態度。與此相比，德國政府因一名本國傳教士為支那人所殺即一舉占領膠州灣。其政策是否屬侵略另當別論，但德國政府為一國民之安危進行舉國保護一事，證明了日本政府與日本國民對本國信徒虐待之事實。」[2]

又比如，寺本對公使館為自己辦理進藏手續不力也有不滿。在書中，寺本在記述「提出請公使至總理衙門提請理藩院開出但書」遭拒後，又有以下記述：「二日後，公使招余曰：『按二十九年公文通知，難以要求總理衙門開具公函，然作為交換，予已獲得駐藏大臣開出之介紹信。』之後交余一封僅記矢野文雄（譯者按：時任日本駐北京公使館公使）姓名而無官名之公函。余怪曰：『為何不記官名？』答曰：『惟恐事情公開。即令不記官名，渠等亦可詳察。』余對此頗感失望，但夫復何言。」

[2] 寺本婉雅，《西藏祕國之事》（武田長兵衛氏家刊，一九二九年），八一九頁。

此外，寺本與當時日本駐天津領事館領事之間就於中國傳播佛教一事也有分歧。「領事曰：『余承認我國距宗教國家還有一段距離。歐洲各國皆向蒙昧地區派遣牧師，年年不惜投入鉅資，此皆拜政策所賜。為此余曾向政府建議，但懷疑日本僧侶是否普遍具有布教之毅力。總之，宗教僅能作為一種政策加以利用，而未必非信仰不可。』云云。從政治家之眼光來看，此語或無不當。」以上種種信息皆反映出日本外務省和欲放開手腳大幹一場的日本佛教徒之間的觀點和立場的差異。

以上觀點和立場之差異，或許反映的是日本外務省對當時世界形勢的判斷和工作方面的難處。其中最主要的原因，大概就是日、英兩國之間在一九〇二年簽有「日英同盟」[3]。比如在此後當世界形勢已轉為對日本有利之時，日本駐華公使伊集院彥吉於一九〇八年十二月二十六日在給日本外務大臣小村壽太郎的一封密電中還說：「達賴喇嘛來京後，我們利用能接近達賴的寺本婉雅觀察其動靜，並示以懷柔。我們隨時能得到寺本提供的情報。與達賴喇嘛建立關係的想法原出自總參謀部的福島中將。他與西本願寺商量後將寺本用於此目的。在當地由青木（宣純）少將制定具體的行動方針，本館（按：即日本公使館）則是積極協助，並決定在不引起外交麻煩的前提下對寺本進行指導和利用。福島中將的希望是通過達賴喇嘛向我國派遣考察人員，自然地與西藏建立關係……。」[4]想來日本外務省不會將受「日英同盟」掣肘而難以施展拳腳的內情，以及未出經費卻能自由利用寺本（其中當然存在寺本自願、主動地為日本工作的原因）的情況告訴寺本本人。另外

---

3 日本與英國在一九〇二年為牽制俄國所簽訂的軍事同盟。此同盟在日俄戰爭中發揮著對日本有利的作用。於一九〇五年與一九一一年兩次改訂。一九二三年作廢。

4 秦永章，〈一九〇六－一九〇八年日本當局與十三世達賴喇嘛的接觸〉，《民族研究》，二〇〇五年第四期。

站在外務省的立場，我們根據前述信息和本書中的一些其他記述似乎可以隱約猜出，外務省對寺本的直言不諱和張揚自誇的性格大概不會稱心如意。

本書還告訴我們，寺本與十三世達賴喇嘛的關係也並非如寺本所說那般順暢。寺本在塔爾寺初次見到達賴時達賴表現出的拘謹，以及寺本在進藏後或之後在五臺山見到達賴時達賴始終與他保持的一種不即不離的態度（雖然二者關係日後因東本願寺法主到訪五臺山，尤其是達賴喇嘛晉京謁見兩宮時遭遇冷遇後在逐漸改善），與達賴在對待於寺本之後進藏的其他兩名日本僧人——青木文教（一九一二年進藏）和多田等觀（一九一三年進藏）形成了較大的反差。據說青木在拉薩的三年時間「受到了達賴喇嘛和西藏地方政府的優遇。他不僅被安排住在彭康家寬敞的三層小樓上，配備了一名僧官擔任他的家庭教師，還享有特殊津貼」、「他時常有見到達賴喇嘛的機會。」、「生活是非常愜意」的。在歸國前，達賴喇嘛還「在羅布林卡召見青木，授予他『班智達』的稱號」[5]。而在當時日本進藏僧侶中惟一未與政治發生任何聯繫的多田等觀更是不同凡響：是達賴力排哲蚌寺、色拉寺、甘丹寺此三大寺的高僧眾議，將多田安排進色拉寺學習，使其開始了佛教修行生活。「在西藏長達十年的留學生涯中，多田等觀與達賴喇嘛建立了密切的友誼，取得了達賴的信任與深切愛護。」[6]在多田歸國前，達賴向他贈送了許多珍貴的西藏經典和文獻，還再次力排眾議，贈送了一套尚未傳到國外的德格版《大藏經》。據多田說在離開拉薩的前一天，他甚至與達賴一起躺在床

5 秦永章，《日本涉藏史》（中國藏學出版社，二〇〇五年），一七九頁。
6 同上，一九〇頁。

上，交談至深夜[7]。

對比寺本和青木、多田，我們不能得出前者的各項素質弱於後者的結論，也沒有證據可以說十三世達賴喇嘛對寺本的好為人師、處世張揚的性格有所不滿，但從達賴喇嘛在西藏、青海等地是強勢而又詭詐的這一角度出發，我們認為寺本的上述缺點與各種做派諒也不致引起達賴的欣賞。拋開性格的原因不論，上述的待遇差別更主要來自寺本與青木、多田所處的時代背景不同。在寺本與達賴的多次交談中，達賴均希望將話題局限在佛教交流一事，而對政治問題則保持高度警覺並加以迴避。其理由不言而喻。在寺本進入中國活動的期間，達賴對日本及其實力並不瞭解，而且過去在阿旺堪布的慫恿下曾公開出逃俄國，對俄國抱有強烈的幻想，即使後來在與寺本就派遣使者考察日本宗教進行協商時仍腳踩兩隻船，不放棄與俄國的聯繫。達賴對寺本促成自己與日本東本願寺法主的會見也曾一度興奮，對寺本流露出部分真情，但他對寺本的其他打算心知肚明，故一直對寺本的請求游移不決，虛與委蛇。而在青木、多田的進藏年代，國際形勢卻有了很大變化，俄、日實力對比已是「俄」消「日」長。一九一二年青木進藏後，達賴公開表示西藏政府與日本的關係不能單獨局限在與本願寺的關係上，而要發展與日本其他教派以及日本政府之間的關係。一九一六年，為與入藏的川軍作戰，達賴在青木歸國前與其告別時讓侍從退下，告訴青木西藏準備派出特使前往印度，向英國政府購買武器。如果英國因忙於一戰而無暇顧及此事，則擬請英國政府同意西藏向日本購買武器。是時勢的發展讓達賴選擇了日本，然而佛國日本卻令達賴大為失望。因為日本政府在簽定

7 多田等觀著，鍾美林譯，《入藏紀行》（岩波書店，一九四二年），三十五－四十五頁。

「日英同盟」後的二十世紀前二十年，尤其是在一九一一年至一九二〇年之間，對與西藏發生政治聯繫一事採取極為謹慎的態度，對達賴後期希望與日本建立政治關係的建議反應冷淡，有關當局甚至對本願寺提出警告：「今後本願寺也應當停止與達賴喇嘛保持的關係。」[8]

東、西本願寺終究需要聽從當局的勸誡，這讓剃頭匠的挑子一頭熱的寺本感到他十年的辛苦努力為之付諸東流。可以說，達賴前期的預感是正確的，他未對寺本交付真心，而他後期的期待則是錯誤的，他在與大國的博弈過程中始終未能掌握主動，在危急時刻不得已向日本流露出真情，最終無望後只能澈底倒向自己的宿敵——英國。而這一切不知寺本是否知曉和能夠預見，似乎他從頭到尾都被蒙在鼓裡。在日本企圖染指中國西藏事務的過程之中，他憑著一種愛國激情，積極努力地為日本帝國服務，但結果卻讓他心灰意冷。寺本的兒子昌雄在本書序言之一中曾詫異地寫道：「家父不願意過多談及往事，即使我問他，他也只是簡單地回答兩句。在我的記憶之中，他曾數次指著隨意堆放的書籍、經典或原稿說：『無論何種人，能做某些事的都只限於一代人。這些東西在我死後儘快賣給廢品店或舊書店。』這些話實在很奇怪。他為何有此言說另當別論，但從這些話裡可以聽出，似乎他從未想過要讓誰幫他整理遺稿。」其實寺本婉雅說的並不奇怪，他作為日本帝國進軍西藏的先驅之一，費盡周折好容易在成功策動達賴政府向日本派遣考察團一事後竟然遇上西本願寺與總參謀部之間意見未能統一，致使考察最終流產。他沒有臉面再去見達賴了，他更為往日為何忘我工作感到茫然不解。最重要的，是在這之後西藏已「遠嫁」英國，甘當人妾。時隔二十餘年後，

8　青木文教，〈西藏文化的新研究〉，見青木文教《西藏》（芙蓉書房，一九六九年），三七八頁。

寺本婉雅還痛惜地說道：「由於當時的國際關係，日本民族作為世界的救世主，將日本太陽旗插在喜馬拉雅山頂的十年努力和成果，一時全部化為泡影，真是千年的遺憾！」寺本回國之後一直未得到日本政府的優遇。一九一五年，寺本被任命為大谷大學教授，教授藏語和佛學，並被任命為京都帝國大學文科大學（今京都大學）講師，也教授藏語。一九三九年應「滿洲國政府、內蒙古自治政府」的請託建議普及喇嘛教。一九四〇年病逝於日本，再未踏上他朝思暮想的西藏「熱土」。

通過本書我們還可看出，寺本在中國活動期間，除一小部分對自己有所幫助的中國人外，對其他大多數中國人包括藏、蒙人的態度是極不友好和蔑視的，體現出一種莫名其妙的優越感。他時常以「文明人」自居，處處貶損和歧視中國人和中國文化，甚至公然提出要「以強凌弱制服支那人」。比如寺本在參觀天津某寺院時，「有五六名愚僧出來攔住余，原來是索要錢物。……據云九月十七日皇帝將行幸此地，可未見有任何修繕準備，徒見有乞討僧居住。其行動之遲緩，令人驚訝。渠等乞討僧坐待收取參觀費，而余等則一釐不給即扭頭返回。此行動可謂以強凌弱制服支那人。嗚呼！」在當時訪問中國的日本人當中，寺本是惟一公開做出以上表示的；通過本書，我們還可知道寺本是如何善於趁人之危，利用八國聯軍攻占北京之機會，在資福寺騙走了價值難以估量的藏譯《大藏經》，並攜歸日本的。

雖然我們對寺本的政治態度和做派有了以上評說，但客觀而論，寺本的進藏紀錄還是給我們留下了許多反映當時西藏、蒙古的自然狀況、風土人情、神話傳說和政治、經濟制度及寺院制度等的珍貴資料，尤其是當時俄國在藏蒙一帶的滲透及西方列強在當地明爭暗鬥的記述，對我們瞭解當時西藏、蒙古的政治、社會、自然狀況等有著極大的幫助。我們通過本書還可以瞭解到當時中國內地許多政治、社會方面的信息，而這些信息在今天已杳然不可再尋覓。

最後，拋開政治議題，我們還希望對寺本的「愛國」熱情和忘我的「求道」精神給予中肯的評價。因為即便是在今天，徒步或騎馬穿越幾千里無人地帶，不間斷地攀行在空氣稀薄的青藏高原，也不是一件誰都能輕鬆完成並可以忍受的事情。而且在進藏過程中和進入西藏後，寺本是孤身一人生活、周旋在藏蒙地區和藏、蒙人群中間，並要為完成任務苦心孤詣，大費周章。倘若缺乏宗教信仰和熱情以及為日本工作的獻身精神，是根本無法做到像寺本一樣，並創建「功績」的。今天，許多與當年寺本一樣年輕的中國青年正在幸福地學習和生活著，但奮鬥和工作激情卻似乎不如他們的前輩，更無法做到像寺本那樣為了一個目標去奮鬥、去爭取。面對這一現實，也是我們願意將此書翻譯出來並獻給中國人、包括一些中國年輕人的原因。

本書第一章至第三章由福建師範大學日語系教師洪晨暉翻譯，第四章與附錄由福建師範大學日語系退休教師、福建師範大學協和學院外國語言文學系教師胡積翻譯。因原著多採用片假名記述藏、蒙地名，且因譯者雖經多方查找仍無法如願找到正確地名，故對多處地名只能採用（羅馬字母）音譯方式，可能不甚準確，敬請讀者閱讀時留意並批評。另外，原著寫於日本明治時代，在此日本語言由古代日語向現代日語轉換的過程當中，作者囿於當時的人文環境，仍在著作中大量使用了古代日語語體和詞彙。為保留和反映原著的時代風貌，譯者認為以採用清末民初語言進行翻譯為宜並為此做了嘗試。效果如何，不得而知。不當之處也敬請識者批評指正。

二〇一九年七月於福建師範大學

目次

附錄

藏蒙旅行記

緒言

橫地祥原

（一）本書正文部分由寺本婉雅先生遺稿中「大陸時代」（截止於一九〇九年）的日記構成。這些日記乃向先生夫人寺本琴子借出。第一章、第二章是以先生自己修訂的原稿為底本，第三章、第四章乃根據日記原本編纂而成。

（二）本書原則上不特別加注，在文字標記上也不強求統一和改變。例如：地名中有難以核對、推測的名稱；河流名如雅魯藏布江、Kityu[1]等，本書則記載為藏水或Rashironpotyu[2]、衛水等，就如長江又稱作揚子江（揚州、鎮江間的河流）一樣。這是因為編者未親赴實地調查，不瞭解當時與今天做此稱謂的人種為何等情況，不得已僅憑推測所致。另外，文中出現的藏語、蒙語語音也未統一標注為拉薩語音和烏蘭巴托語音。有時也會出現一詞多音的現象，例如「嘉穆錯、Jamuso、Jamutsuo、Gyatsuo」、「Koro、Korro、Goru」等。漢字也一樣，例如

1 原文為片假名「キーチュ」，疑為藏語「吉曲」音譯，後面譯文均直接譯為「吉曲」，不再一一說明。——譯注

2 原文為片假名「ラシロンポチュ」，疑為藏語「札什倫布曲」音譯。後面譯文均直接譯為「札什倫布曲」，不再一一說明。——譯注

「飛雪汾汾」等，就是根據中國字典「汾=紛」而保留使用的。由於文中有許多古文，所以對「送假名」的標記不做嚴格要求。

（三）書後附錄參考文獻，以對正文做出補充。寫作年代順序正確的排列方式應為「七三二一六五四一」[3]。

（四）關於附錄六，承東京大學教授榎一雄先生和東洋文庫東洋學信息中心二瓶幸子先生的大力協助，我們從塔菲爾（A. Tafel）、菲爾希納（W. Filchner）兩博士卷帙浩繁的著作中檢索到有關寺本先生的報導，從中得到極大的便利。在此特向兩位先生表示深摯的謝意。

（五）附錄七刊載了諸尊者寄給寺本先生的書信。此次公諸於眾，未能得到上述尊者的允納。在此特請諸尊者見諒與寬宥。

（六）本書卷首照片原祕藏於各有關機構。此次承允納刊載於此，在此謹表示深摯的謝意。

（七）本書刊載的資料中，除附錄四、五、六外，皆為過去未發表的資料。

編者識

昭和四十八年（一九七三）十一月二十日

---

3 附錄有七篇，這裡的數字或表示第七篇的寫作年代是最早的。餘類推。——譯注

第十四世達賴喇嘛猊下撰寫之序文

已故博學而權威之寺本婉雅先生於一八九八年至一九〇九年遊歷支那、西藏、蒙古各地所做之紀錄，如今由其弟子橫地祥原先生編集出版，聞之不勝欣喜。

其間，博學而權威之寺本婉雅先生亦曾拜謁十三世達賴喇嘛，並於一九〇六年至一九〇八年間擔任十三世達賴喇嘛巡錫五臺、晉謁北京時之顧問。一九〇六年，寺本婉雅先生就當時世界形勢，曾向十三世達賴喇嘛呈獻過富於啟示之報告。

先生回國後，指導並培養了眾多藏語學習者，實乃日本藏學之開拓者。

因有此因緣，故我欣然命筆，為此書作序。

此書之出版，將為日本與西藏結下深厚友好關係，瞭解歷史與現狀，加深相互間理解有極大益處。而此益處，亦為我內心深摯之願望。

達賴喇嘛　㊞

一九七二年五月十一日於聖國印度

序言

日本學界將藏語首次納入正式學科，是距今五十八年前即大正四年（一九一五）[1]的事情。當時開設此專業的有京都的大谷大學（其前身為真宗大谷大學）和京都帝國大學文學部（當時的京都帝國大學文科大學）。這兩所大學的藏語課程都由寺本婉雅先生教授。此前先生身處滋賀縣鏡山，寓居一座鄉村寺廟，時常與農村青年暢談佛理，胸中蘊含和勃發著日本佛教在大東亞格局中的使命感。據我所知，將寺本先生迎入教壇的是南條文雄[2]先生和榊亮三郎[3]先生。

我們至少可以說，京都藏學的發展得益於寺本先生所贈並保存於大谷大學圖書館的北京版藏譯《大藏經》[4]。寺本先生後半生所付出的辛勞，是盡心培養年輕人對此龐大的藏譯《大藏經》的研

---

1 為保留時代氣息，譯者保留使用日本年號，並在此年號後加注西元年份。下同，不一一說明。——譯注

2 南條文雄（一八四九－一九二七），真宗大谷派學僧和梵語學家，號碩果。留英期間跟從F. M.米勒研究梵文佛典，曾任大谷大學校長。著有《大明三藏聖教目錄》（《南條目錄》）等與梵語、佛典有關的多種著作。——譯注

3 榊亮三郎（一八七二－一九四六），明治至昭和時代的梵文學家。自東京帝國大學文科大學（現東京大學文學部）語言學系畢業後，歷任第三高等學校教授、京都帝國大學文科大學文學科梵語、梵文學教授，也是日本關西地區法語、拉丁語教育的先驅者之一，尤其是提倡將梵語學習與法語和拉丁語學習結合起來的先知先覺者之一，著有《梵藏漢和對校翻譯名義大集》等。——譯注

4 亦稱《一切經》，即包含經藏、律藏、論藏之三藏及其注釋書的所有佛教聖典之總稱。——譯注

究興趣。據我所知，先生撰寫許多有關藏學的力作都有此意圖。雖然從該學問的性質上說，其數量並不算龐大，但在藏語佛典的研究業績方面，京都學界之所以能獨放異彩，跟京都的學子們很早就在寺本先生的指導之下，或至少得益於寺本先生，很容易得到親近北京版藏譯《大藏經》的機會不無關係。從這個意義說，寺本先生作為日本藏學的創立者居功至偉。

藏譯《大藏經》中包含東洋學各領域的各種重要資料。迄今為止，國際藏學界對該內容進行研究、調查後已有顯見成果的，不用說就是大、小乘佛教的經典。這些經典與漢譯各經典相比，自有其不同的價值，而且固然也應該成為在研究藏譯《大藏經》時所追求的特色之一。我們見過兩種《大藏經》的譯本，一種是用已達到高度精神文化境界的思想、語言消化、翻譯的漢譯《大藏經》，一種是用僅為輸入佛教而漸趨成形的古代藏語直譯，即所謂對梵語佛典極端直譯的《大藏經》。這兩種《大藏經》標誌著我們對佛教的理解與體會完全不同。只要這些佛教經典在反映印度思想方面具有可回溯的歷史性，那麼，這種極端直譯的藏語經典給予我們的就是其高度的原典性。

不言而喻，藏語經典就是校訂梵文原典時不可或缺的資料。有人說印度佛教經典就是根據藏譯經典而被人們廣泛認識的，這絕非言過其實。

由此可知，作為印度大乘佛教兩大思潮的「中觀瑜伽」[5]理論解釋和有關「因明學」[6]各典籍

---

5 印度大乘佛教分為兩大學派，其一叫「中觀學派」，也叫「空宗」。另一是「瑜伽學派」，亦稱「有宗」。——譯注

6 指佛教用來詮解哲學思想的形式方法，特別在藏傳佛教中是一門重要的科目和論辯的方式。因明來源於古印度的邏輯學說，「因」是指推理的根據、理由，「明」是指知識、智慧，所以因明是通過宗、因、喻等所組成的論式進行推理、證明的學問。從思想上說，因明包括邏輯學和認識論。——譯注

或各漢語、梵語經典未收藏、未發現的「伏藏」[7]開顯思想，就是通過對藏譯《大藏經》的研究而不斷被開掘出來的。

從我國有人視藏學為神祕學問，有時甚至視其為怪誕學問的時代開始，直至藏學草創時期，是寺本先生克服了所有困難，開創了藏譯《大藏經》的「伏藏」開掘大業。

北京版藏譯《大藏經》以正、續編共一百六十四冊的現代書籍形式影印刊行，在滿足日本需要的同時，也滿足了海外的需求，而且其作為二十世紀的出版物，還履行了促進東洋精神文化覺醒的使命。我相信，通過對諸如《甘珠爾》[8]部和《丹珠爾》部的校勘目錄研究，以及《北京版藏譯《大藏經》總目錄・索引》和與北京版同時引進的以藏外典籍為主的《大谷大學收藏西藏文獻目錄》的內容研究，一定會為藏語佛典和東洋學以及傳統的藏學研究領域提供新的資料。

以上追溯了我國藏學發展的源流，其中涉及寺本先生的貢獻，但先生大凡對這種懷舊論調持極端排斥的態度。今天，在以反映先生青年時期遊歷亞洲大陸為內容的日記出版之際，我似乎再一次看到了過去對先生抱有的求道者的形象。

我父親生前曾得到先生的特別關照。在我父親去世的當晚，先生始終冥然正座於正殿的遺體面

---

7 「伏藏」是指苯教和藏傳佛教的教徒在自身信仰的宗教受到劫難時一度藏匿而日後被重新挖掘出來的經典，分為「書藏」、「聖物藏」和「識藏」三種。——譯注

8 西藏《大藏經》分為《甘珠爾》部與《丹珠爾》部兩大部分。《甘珠爾》為正藏，收有經（佛陀所說的話）、律（教規、戒律）；《丹珠爾》為續藏，收有論（聖賢對於經的解釋與闡述）、經的注釋、贊詞等，以及與語言、文學、歷史、醫學等有關的一般論著。此係西藏《大藏經》獨特的分類法，之後成為定式。——譯注

前，其背影至今還縈繞在我腦海之中。

*作者為「日本文化功勳」獲得者、大谷大學名譽教授、文學博士。

山口益

昭和四十八年（一九七三）十一月二十日

值此亡父旅行記出版之際

家父勤於寫作，出版了好幾本書，但不知為何要將旅行記放在最後整理，以致未整理好該書稿就離開這個世界。此後，該書稿布滿灰塵擱置了很長時間，直至這次被本書編輯橫地祥原先生發現並付梓。

至少對我來說，家父是一位平凡而慈祥的父親，以至於我不能相信他年輕時曾去過西藏探險等。家父不願意過多談及往事，即使我問他，他也只是簡單地回答兩句。在我的記憶中，他曾數次指著隨意堆放的書籍、經典或原稿說：「無論何種人，能做某些事的都只限於一代人。這些東西在我死後儘快賣給廢品店或舊書店。」這些話實在很奇怪。他為何有此言說另當別論，但從這些話裡可以聽出，他似乎從未想過要讓誰幫他整理遺稿。

因此，如果亡父看到此書付梓的話，與其說會高興，不如說會驚訝吧。想到這一點，我作為遺屬，真不知該用什麼語言來表達我的謝意。不管怎樣，請允許我藉這個機會，向直接或間接盡力幫助這本書出版的各位先生表示我最深摯的謝意。

寺本昌雄

昭和四十八年（一九七三）十一月三日

第一章　第一次藏蒙旅行日記（東藏篇）

啟程至上海、北京

余立志進入聞名遐邇之世界神祕之國西藏，絕非一朝一夕之念想。許多人對余有此冒險念頭做出種種批評，或曰：「渠究竟意欲何為？」或曰：「渠僅為趕時髦耳，乃一博取虛名之輕薄之徒。」不一而足。此外，尚有更不堪入耳之罵聲不斷傳入余耳中。而余對此種批評則一律不予理睬。為實現余之夙願，余盡心制定計畫，爭取早日踏上所期待之征途。所幸有佛祖保佑與知己理解，最終萬事齊備，時機成熟。余於明治三十一年（一八九八）六月三十日天氣漸趨炎熱時離開家鄉京都。同日午後三時，真宗大學學生及好友齊聚京都車站為余送行。火車噴吐黑煙隆隆向前，諸位好友就此揮手道別。不久，余從車窗向近旁巍峨聳立之本願寺兩殿合掌膜拜。待舉首時，見東山三十六峰綠樹蓊鬱，含情帶愁，似在為余送行。傍晚六時入住大阪上野氏家。家嚴為送余亦來此住宿。余竊為家嚴慈愛之深感激涕零，以至於哽咽。嗚呼！前途茫茫數千里，山海渺渺遠相隔，何時父子再相聚？何況自古以來遠赴西藏能生還者又有幾人？

明治三十一年（一八九八）七月日記

一日 是日因輪船原因滯留大阪。上海棉紗貿易公司大阪分公司負責人高橋氏特為余斡旋諸事，並命人提供至上海後之便利，以為余征途壯行。余僅曰：「大德不言謝。」是日大森治三郎君來訪。當晚殿村平右衛門氏為余舉辦送行宴會。

二日　上午七時二十三分從梅田車站出發。家嚴送行，在火車即將開動時說：「希望早日實現此行目的，平安歸來。」此時余胸口發堵，僅能雙眼凝望家嚴，一時間竟至失語。當余甫說出「父親，您多保重」時，火車已發出轟鳴聲緩緩駛出。嘗聽聞人生之憾事有生離死別，而如今余痛感生離更勝於死別。有人或嘲笑余有婦孺之心，如此傷感不適合冒險。而余認為，古代赳赳武夫在感情方面亦極脆弱，有血有淚之人焉能對此一生之永別無動於衷。家嚴家慈年邁尚在，余縱然此次踏上萬里征途，但務必歸來之念頭亦始終縈繞於胸。余之目的不在於赴死，而在於生還，況且慈祥之父母正在日夜翹盼余之歸來。當余胸中哀愁未平復時火車已到達神戶。海岸邊「熊谷漕運店」乃高橋氏所屬之分店，故在此休息，等待上船。午前十一時，從京都一路相隨之村崗、上山等人到碼頭送行。余承上野氏之厚意，手持二等船票登上「薩摩丸號」客輪。船票二十六日元，於出身貧寒之余而言，實乃極度奢侈，然亦卻之不恭。余將後事拜託於上山、村崗二位，始覺一身輕鬆。但轉念一想，於今僅為面向異域踏出之第一步，能否再次踏上故土不得而知。不過所幸此時壯志與波浪等高。不久，揚帆時刻已到，輪船煙囪長拖黑煙，如含恨抱怨，駛離神戶碼頭。是日「日野號」軍艦靠港，碇泊神戶，似為余遠征祝禱送行。

輪船漸次加速前進，轉眼間左舷可見淡路島[1]，右舷可見沙白松青之須磨[2]海濱，其風光之明媚實為可驚。想到即將孤身一人飄然踏上荊棘叢生之蠻荒之地，不免黯然神傷。午飯後驟感昨夜之疲勞，故睡上一覺。午後五時左右，左舷遙遙可見伊予[3]之今治市[4]。輪船通過今治後，風漸大，浪漸高。

與余同艙室之乘客，一為長崎商人，一為神戶人，似為公司職員，皆俗不可耐，不足與語。是夜月明風清，波光粼粼。余一面逍遙踏步於甲板，一面吟誦詩句。返回艙室後與船客暢飲葡萄酒，一醉陶然，直接就寢，一夜熟睡，不知天明。

三日　午前八時輪船到達門司[5]港，右舷是下關市[6]，左舷即門司市。海峽寬約兩公里，隔岸可遙相呼應。此二市均為海防重地。下關住戶五千餘家，門司次之。巨輪大船皆停靠門司港。今日可見「橋立」、「嚴島」兩艘軍艦停泊於此。聽說同室之一人在下關下船，故託其寄一封家書。輪

1　日本瀨戶內海東部最大的島嶼，與本州以明石海峽、友島水道（即紀淡海峽），四國以鳴門海峽相隔。一九八五年鳴門海峽建橋。屬兵庫縣管轄，面積為五百九十三平方公里。——譯注
2　位於播磨國（今兵庫縣）明石郡東南端。以白色沙灘與青松聞名於世，也是賞月的著名場所。——譯注
3　日本舊國（地區）名，今愛媛縣。——譯注
4　日本愛媛縣東北部的一個市。——譯注
5　原為日本福岡縣的一個市，一九六三年與小倉、若松、八幡、戶畑四市合併成為現在的北九州市，隔關門海峽與下關市相對，之間有關門海底隧道和關門橋。——譯注
6　日本山口縣西南端的一個市，隔關門海峽，與北九州市的門司相對，古時稱為赤間關、馬關，江戶時期「四國艦隊炮擊事件」和中日甲午海戰後的《馬關條約》都在此地發生和簽訂。——譯注

船午前十一時起錨，向久負盛名之玄海灘[7]進發。海浪或低或高，船體忽而似沉入地獄，忽而似躍上高山，於未有坐船經驗之余而言，航海極其艱辛，然而與未來征途之艱難險阻相比，此艱辛豈不輕於鴻毛？隨輪船不斷向前，左岸僅能見到九州山體之背面，右側已是茫茫大海。在船內偶遇一老友——第三高等學校之學生山口牧太郎。余等相互暢談，聊以排遣寂寞。山口氏與余等創辦之佛教中學林國友氏同窗，故更添親切之感。山口氏正在暑假返鄉途中。夜十二時船抵長崎。余等立即乘小船上岸，一同在長崎住宿。

四日　清晨在「迎湖館」沐浴。水不潔，心情甚覺不快。昨夜降雨尚未停息。在旅館臨窗處給親友寫信並寄出。隔壁有四位妙齡婦女與一名男子同宿。兩位女子來余房請余代筆給家鄉親人寫信。究其身分後余得知渠等皆可憐娼婦。據云迄今深陷苦海於廣島，如今正在「轉戰」鹿兒島之途中。其中一位出生於愛媛縣，父親在玉田銅山，信中希望父親同意此次「轉戰」他鄉，並保留十元錢零花。另一位乃廣島出生，父親為小學校長，之後因其去世造成一家四散零落，故淪落於如此可憐境地。雖說作為一項職業，並無高貴卑賤可言，然操此職業（苟有此職業），其人生之悲慘慘莫大焉。世上恐無人欣欣然入此行當，然渠等卻不得已而為之。其心可憫，其身可悲。旅途中聽聞此類慘事，感慨無量，沁心入骨。夜八時雨住，與山口氏到市內丸山公園散步。當晚此市舉辦美國獨立日慶祝活動，洋人居住地上空煙花四射，街道鼓樂齊鳴，熱鬧非凡。據云支那人居住地極為不

7　位於日本福岡、佐賀兩縣以北的海面，西面與壹歧、對馬兩海峽、東面與響灘相連，南面有博多、唐津兩海灣，自古以來就處於連接亞洲大陸與北九州的航路上，冬季因有猛烈的季節風，經常發生海難。也稱「九州灘」。——譯注

潔，但仍有眾多日本婦女嫁與漢人。夜十時，山口氏踏上返鄉道路，余回船上。臨別時山口氏贈詩一首：

送君離思追君飛，古驛關山何日來。
休道一別如秦胡，異日相會鴨水淝。

是日清國軍艦「鎮遠號」停泊於此。

五日　午後六時輪船駛離長崎。海面浪高如山，余暈船不已，在甲板上半爬半走始得以返回艙室。上海法租界「有信洋行」宇木助作氏來余艙室聊天。余無法多語，氏乃告辭。上床入睡後始忘卻痛苦。

六日　依舊風急浪高。余整日躺在床上，好不容易吃完晚飯，但瞬間又狂吐不已。何以風浪捉弄余如此?!

七日　天未亮即感飢餓，一夜空腹加之口渴難當，吃夏季蜜橘始稍緩解。午前十時左右開始海浪一片赭黃，遂知船乃漸近河口。然而海面未見一座島嶼，只見水天茫茫，縹緲悠遠。船隻愈向前，黃色波浪色澤愈深。此乃揚子江下游流水之故。又由於愈近河岸，天氣愈熱，船中寒暑計竟高達華氏八十八度[8]。午後四時抵上海，港口大小船舶形如埦橋，加之支那烏篷船充塞河口，擁擠不

8　以下正文皆為華氏度。不再一一作注。——譯注

堪。船夫或細語喃喃，或大聲喧譁，嘈雜不已。余甫步入輪船棧橋，即有支那人如蟻群般聚攏過來，甚為心煩。「常盤旅館」派人上船迎接。余交託行李於來人後上岸。可上述支那人卻不管不顧，繼續尾隨，並欲強行搬運行李。見此，常盤旅館僕役立即抬腿向渠等一陣亂踢。渠等未做任何抵抗即退下。余嘗聞支那人缺乏自尊，今日目睹，始知此言不虛。渠等眼中僅有私欲而無公德，故如今被文明國蹂躪亦不足怪。

到常盤旅館後先沐浴以洗去乘船之疲勞。晚飯後在一支那男孩引導下到本願寺分寺，遞過介紹信後見到佐野氏。余懇請其允許余在此逗留兩週時間。佐野氏欣然允納，即刻吩咐男孩將余所有行李從常盤旅館取來。余與佐野氏談及宗教，至深夜始作罷。本願寺上海分寺客廳一隅即余之寢室，天氣甚熱，但由於疲勞，余仍得以安睡。

八日　午前六時起床誦經。之後費半天工夫或確認一些須寄往國內之書信，或整理行李。據云去冬真言宗僧侶吉田弘範決心隻身進藏，飄然離開某地後便杳無音訊。聽聞有人與余志向相同，故余暗自堅定信念。午後持大阪高橋氏之介紹信拜訪「鹿島洋行」總裁小野兼基。小野氏頗忙，或因此態度頗為冷淡。余旋即告辭，臨別時渠說：「明日午後回訪閣下。」翌日晚餐後與佐野氏到洋人公園[9]散步。公園規模相較大阪「中之島」公園為小，但清掃整潔，此地之潔淨無出於右。公園建有溫室，培育四季花卉，供遊人春夏秋冬四季隨意觀賞。據云費用由租界之各國居民負擔，故不准支那人進入公園。而支那警察則在公園內值勤，嚴禁本國公民進入。須臾間霹靂一聲，電光閃爍，

9 似為外灘黃浦公園。——譯注

驟雨忽至，四周景象頓時黯然。余等奔入茅屋避雨，見茅屋已有一對西洋年輕男女相擁接吻，其動作頗為猥褻。繼而又進來四名日本水手，見此情景則嘲笑之。瞬間雨停，雇車返回住所。此乃至支那後首次乘坐人力車。

九日　午前八時持戶井田氏開具之介紹信拜訪「東洋雞蛋公司」山田氏。余固為一介書生，然其接待如此冷淡卻令人不可思議。不知海外日本同胞是否皆接受過如此「禮遇」。對此余頗感意外。在該公司付錢購買數枚雞蛋，回來後一打聽時價，方知余購得雞蛋貴出許多。日人之劣根性實為醜陋。

十日　酷暑。租界六名男女來此參拜。佐野氏宣講佛法。平日來此參拜之人數約三十人。據云日本租界男女合計近千人，其中女性三百人左右，多半非洋妾而為女傭，大凡無宗教信仰。偶有佛教信徒，但真宗派以外之信徒罕至其他寺院參拜。

十一日　照例早上六時起床，到佛前膜拜。昨夜松村道通氏發燒嚴重，余按旅途處方使其服退燒藥，似略有效，並取體溫計測其體溫。宛若庸醫，不禁苦笑。

十二日　無事。傍晚小野氏來訪。

十三日　今日亦無事。僅在晚上與佐野氏一道拜訪丸山潤一氏，詢問北京旅遊情況，獲益匪淺。丸山氏乃名古屋人，賜教時親切和藹。

十四日　終日蟄居寺內，氣溫華氏九十六點五度。

十五日　依然酷暑。午後《日本》報社記者小田切勇助氏經小野氏介紹來訪，相約一同前往北京。於余而言，小田切氏乃極好旅伴。丸山氏亦來訪，就北京旅行一事反覆給予建議。余衷心感謝其厚意。

十六日　午後與小田切君結伴拜訪小野氏，享受啤酒與糕點之款待。余未飲酒，只要了些信紙，告辭後到漕運店「榮昌號」購買「新裕號」的船票，欲搭乘招商局班輪到天津。上等艙船票須白銀十兩八錢，換算成洋銀[10]乃「十七元五角」。余等聽從丸山氏建議——不到招商局購票，而或至船上補票或至漕運店購買，會便宜兩三元錢——經過數次討價還價，終以「十五」元購得，並約好明日傍晚上船，後日拂曉起航。據云船票按招商總局統一價格發售，但各船、各漕運店會根據不同人與不同情況，給出之價格有高有低，或按標價出售，或可打六至七折。其真實價格並不固定，不愧為支那做法，頗覺有趣。

十七日　法租界工部局與上海寧波人之間發生糾葛，原因為：法租界地面有一座支那人棺廟，法國領事認為有礙衛生，多年前即要求拆除，但上海道台[11]因循姑息，至今不管不顧，因而法人大怒，派水兵破壞廟牆。是以寧波人群情激憤，聚集一大幫人欲襲擊法租界，形勢極為嚴重。尚且寧波人喜抱團，聚集時極為迅速，且勢力強大。據云寧波人占上海總人口三分之一，約有六十萬人。渠等關閉自己所有商店，實行總罷工。若有寧波人不加入總罷工，則難免自身商店遽遭破壞。寧波人具有獨立精神，大凡經營工商業。此騷動苟長久不克平定，不僅市場將蒙受巨大損失，還將導致商業機構全面停止運轉。然而法人為逼迫道台，僅給其二十四小時時間考慮，使之鎮壓暴徒。而寧

10　幕府末年至明治初期輸入日本的銀幣。——譯注
11　官名，道員的尊稱。始於明代，清朝沿置。——譯注

波人則認為道台處置全然失當，選出三名代表，與之展開激烈談判。棺廟原為支那人放置父母、親戚、故友棺木之場所，喪家於人死後不立即下葬，而是數年間始終將棺木置放此處。此間須通過占卜，算出土地方位與墓地之吉凶後始進入土葬程序，開始建丘造墓。棺廟恰似土築倉房，支那人於其內部四周或中央設壇，壇上放置棺木。貧賤人家因無力築墓土葬，故數十年後仍將棺木置放廟中。隨歲月流逝，棺木逐漸腐朽，屍體腐爛，臭氣薰天，不堪忍受。此有礙衛生之情狀實乃荒謬絕倫，無怪乎法人要大發雷霆。

十八日　午後去取「新裕號」船票。漕運店店主說：「今日無法出發。」余聽後一頭霧水，回來後再度與小田切氏結伴前往詢問理由。小田切氏色厲責問：「汝等收錢在先，違約在後，此乃欺詐行為。」店主大為緊張，倉皇跑至船上後帶回不開船之理由，但余等聽後仍不得要領。余等直接上「新裕號」追問，方得知乃因寧波人騷動而無法按時起航，遂即順路至漕運店拿回購票款。支那政府管轄之招商局做事竟也如此毫無章法，其他部門可想而知。

十九日　午後再次前往詢問班輪起航時間，但仍無從知曉。夜晚山根、卷兩氏來訪。據云二位擬編輯發行《中和時報》，以警醒清國公民。

二十日　今日開航日期仍未定。余已在此徒然耗費三日時間，可笑如此，無以復加。午後有九州人甲斐氏來訪。此人自前年開始即在此地居住，談及我國僧侶毫無朝氣、無所事事之事，後離去。

二十一日　清晨又去漕運店詢問「新裕號」出航時間，答覆為明日淩晨四時。再詢問票價，得知為十八元。余以幾日前在隔壁店鋪購買僅須十五元為由，希望打折，但對方始終不肯降價。離開此店至另一店砍價，卻聽店家說：「『新裕號』已無頭等艙船票，而『盛京號』明日可到，搭乘『盛京號』如何？」事已至此，故只好直接到「新裕號」砍價，船東告知：「中等艙票價十六元。」余問：「能否減至十四元？」最終對方始答應。余購兩張船票，但不可思議者乃交出二十八元卻退回四元，或經辦人將余所說十四元誤聽為十二元。僥倖，僥倖。呵呵！當晚小野氏來此話別。夜九時與小田切氏一道上船。佐野氏等來碼頭送行。

二十二日　「新裕號」拂曉從上海起航。自今日起始吃支那餐。余僅勉強喝下兩碗粥，而菜餚實在無法恭維。午餐、晚餐皆有臭味，無法下嚥。反觀小田切君則食之若素，之後余僅靠西瓜果腹。

余住支那人頭等艙，在甲板上散步時，西洋人恐余步入渠等散步場地，故意暗中設置柵欄，似有拒絕之意。渠等之飛揚跋扈以此為甚。所謂支那人頭等艙乃位於第二層甲板，艙室入口不在左右兩舷，而面對輪船中央。一室有二床，床上無被褥，乘客須自帶毛毯或被褥。夜裡無電燈，僅有昏暗煤油燈。亦無鏡子與洗臉臺。余等使用糕點罐盛水洗臉。水不清潔，卻為熱水，因而心始稍安。輪船亦無餐廳設備，只在左右兩側客艙之過道中央放置兩張飯桌。支那乘客飯後在桌上鋪上草席，當作寢床。有時還充作理髮臺，甚為方便。但此無秩序狀態實令人生厭。菜餚絕不超過三種，早上大抵供應半生半熟之雞蛋，還有豬肉、鴨肉、豆腐乳、油炸豆腐等。

二十三日　今晨浪稍高。過江蘇省進入山東省後氣候發生變化，海青風冷，在船中休息感覺不熱。午後十時輪船駛過山東某海角。看溫度計為華氏八十度，比上海低華氏十五度左右。見清人男女混雜，或撥弄管弦，或嬉嬉然載歌載舞。渠等不亦樂乎？

二十四日　清晨六時起床，不知輪船現在山東省何處行駛。海面水天一線，茫茫無際，遙遠處水波間有白帆飄過。

余如廁時見一支那人先至，嘴裡叼一根煙，其逍遙程度不可測知。據云今晨輪船將抵芝罘，但至午後三時仍未能見到一處島影。在船中無聊至極，況且船未靠泊芝罘，而直抵塘沽。旅順、威海衛皆在吾等睡眠中一晃而過，以致最終未能見到此二座城市，遺憾之至。塘沽濁浪滔滔，海水之黃勝過上海。此地作為城鎮並無特別之處，僅見人家星星點點散布各處。房屋悉用泥巴塗抹，房頂亦以泥土築就。船夫、漁民聚集碼頭，宛如黑人，大都裸體、跣足。渠等用兩端上翹之竹扁擔與繩子以幫人挑貨為業，經常為爭搶船客行李而喧囂不已。停泊此地之船舶較上海為少，以此可推知該地商業不繁榮。海關官員係洋人，檢查乘客行李極為嚴格。此地有炮臺，皆用泥土築屏障。據云當年被英法聯軍摧毀者即此炮臺。塘沽地勢平坦，水上運輸便利，不見一樹，只見牲畜遍布各處，天氣晝熱夜涼。余試以筆墨與鄰室之支那人筆談[12]。渠問：「閣下往何處？」余曰：「往北京。」渠又問：「往北京做何生疆商業？」余苦於速答，面有躊躇之色，故小田切君代答：「日本本願寺特派員寺本上人。」[13]余問：「汝等信仰何宗教耶？」答曰：「儒教。」余曰：「儒教乃一種之學術也，非宗教也。」渠曰：「讀書者仰教孔子、孟子，有兼修佛者。吾不甚信也。」於是余又問：「敝國仰教孔子、孟子與貴國同矣。然至人問安心立命則信仰佛教，國民皆效之。而今日敝國達文

12 原文中筆談無標點符號。譯文中標點係譯者所加。又，原文中個別字詞或反映當時用語，或恐排字有誤，現按原迻譯如上。——譯注

13 指學德兼備的僧侶，或為僧侶的敬稱。——譯注

明之域，能與西洋諸國拮抗，為東亞之文華則由佛教之存也。閣下以為如何乎？」渠答曰：「所論即是。」不愧是支那人，善於當面諛人。

二十五日　午前九時上岸，余讓挑夫將行李挑至塘沽車站，購票後乘上火車約等三十分鐘後終於開車。車軌不正，遍地皆小石子，車體搖搖晃晃。從車窗望去，一片茫茫大平原，無一遮擋物，視野開闊，令人心曠神怡。平原皆沙土，無任何產出，只能種高粱；人煙稀少，房屋皆泥磚築就。據云因降雨少，故無沙土流失之憂。但在茫茫平原上，亦不時可見突起之積土，墳墓是也。

支那火車車體比日本寬，車內安置十二張二人座椅，甲車廂與乙車廂可自由往來，是以所有車廂相通，來去方便。出入口設在車廂兩端，婦女座席亦設於車廂兩頭，宛如日本壁櫥，門上方指示牌貼有「包房」（Couhe）[14]二字。支那無論何處何地皆禁止男女同座，故女乘客宛如身處櫥櫃之中。車站內賣糕點、賣西瓜者可自由出入，未設有特別之站臺設備。由此可推知支那乃何等混亂。火車甫開動，乘務員即來驗票，不久又將票取走，如此可省去下車時驗票之手續。塘沽至天津有兩站，一為新河車站，一為軍糧城車站。午前十一時抵天津，立即造訪領事館，尋找瀧川海軍中佐下屬田山良介氏。渠乃小田切氏之朋友，亦為小野氏之朋友。晚餐後余與中佐等人暢談宗教。中佐乃首次接觸宗教，似有所得，約定調往北京後務必研究佛教。中佐款待甚殷，余因此忘卻旅途勞頓。

二十六日　午前與田山、小田切二位同行，參觀租界與市區。天津建築物總體不宏偉，與上海相比稍顯低矮，髒亂程度更甚於上海，人口號稱百萬，飲用水則取自白河之泥水。租界分為英、

---

14 原文如此。——譯注

法、德、日租界，其中德租界最為繁榮，英國次之。日本租界位於靠近城內之白河下流，頗感寂寥。白河沿岸倉儲地長約三百公尺，進深約一千公尺，呈長方形。領事告曰：「一年以來，各國皆爭其所有，其間紛擾糾結難解，最後竟歸日本所有。」言之暗中略有得意。

二十七日　與小田切氏結伴拜訪領事。不久見到鄭氏[15]。小田切氏詢問租界狀況，鄭氏曰：「租界洋人戰時有六百人左右，戰後達一千人。日人如今僅六十餘名，甚感寂寥。日本商人不來此地經商乃蕭條原因之一。若日本政府不獎勵商人來此經商，則租界之繁榮無從談起。」繼而余談及宗教問題。領事曰：「余承認我國距宗教國家還有一段距離。歐洲各國皆向蒙昧地區派遣牧師，年年不惜投入鉅資，此皆拜政策所賜。為此余曾向政府建議，但懷疑日本僧侶是否普遍具有布教之毅力。總之，宗教僅能作為一種政策加以利用，而未必非信仰不可。」云云。從政治家之眼光來看，此語或無不當。余又問於清國布教之方針，渠曰：「不管是否佛教徒聚居地，皆應儘量購買土地，建學校、醫院等，使清人子弟上學受教育。若此則清人將掌握日語，熟知日本風俗，產生仰慕日本之思想，對日本極其有益。購買土地，可用教堂之名義。一旦擁有土地使用權，則即令清朝被顛覆，亦不必擔心土地被沒收。況且購買許多土地後可讓清人居住，從此徵收之地租亦可充作佛堂之

15　原文未說明鄭氏名字。疑為鄭永邦。鄭永邦（一八六二－一九一六），日本明治至大正時代外交官，出生於長崎，畢業於東京外語學校，曾任日本外務省書記官、日本駐朝使館譯員、駐華使館書記官，精通中文，在近代史上於中日交涉中扮演極具分量的角色。他流利的中文來自其獨特的身世。鄭永邦的先祖乃明末將領鄭芝龍的兒子、鄭成功之胞弟「七左衛門」。七左衛門清初在日本為臺灣鄭氏集團提供海外資助，此後家族逐漸融入日本社會，成為道地的日本人。鄭永邦還曾與吳啓太合編中文會話教科書《官話指南》（一八八一年刊行），共四卷。——譯注

維持費用。如彼耶穌教堂，幾年前一直依賴本國寄來傳教經費，但近年來繁榮昌盛，教堂維持經費年年有餘，反倒寄回本國。就此佛教徒亦可效仿。」

二十八日　午後在田山氏引導下，余與小田切氏結伴參觀天津著名寺院——海光寺。寺院不大，周圍有水溝，門前有民房五、六間，而其背後卻是機械製造廠，煙囪不斷吐出黑煙，大煞風景。田山氏提醒：「快進門。不然許多僧侶將出來擋駕。」果不其然，話音剛落，即有五、六名愚僧出來攔住余等，原來是索要錢物。余進入內殿，渠等亦不強追。廊廡皆塗以朱紅，院內狹小，未有任何景致。寺院屬法相宗[16]，儀軌有如日本天臺宗。據云九月十七日皇帝將行幸此地，可未見有任何修繕準備，徒見有乞討僧居住。其行動之遲緩，令人驚訝。渠等乞討僧坐待收取參觀費，而余等則一釐不給即扭頭返回。此行動可謂以強凌弱制服支那人。嗚呼！

二十九日　自此日至八月三日並無可特別記載之事項。

不過在此期間，余患胃病，胸悶無法進食，整日昏睡在床無法動彈，所幸一兩日後即得以痊癒。余深謝友人之照顧與佛祖之保佑。此間余戲選天津八景，曰：

白河歸帆　海光寺晚鐘　紫竹林夏月　海河浮橋
格琳子堤秋暮　天津城春曉　望海樓暮雪　（今逸其一）

---

16 為中國佛教十三宗之一，日本佛教八宗之一。即以唐代玄奘為宗祖，依五位百法，判別有為、無為之諸法，主張一切唯識之旨之宗派。——譯注

明治三十一年（一八九八）八月日記

四日　午前十一時乘火車前往北京。午後四時到達，雇馬車去築紫洋行。此間道路凹凸不平，馬車左右搖晃，屢屢幾欲傾覆。支那之髒亂於日本屢有所聞，但如今踏上此片土地，其髒亂之狀卻超出想像，深感震驚。翌日拜訪公使館，余介紹自身情況，希望得到公使館大力支持，之後返回。

余逗留北京半年多，其間發生一些小事，但與余之旅行目的無任何關係，且恐流於冗雜，故於此不贅。以下僅摘錄主要事件：

我本山（東本願寺）派遣北方猛、松枝賢哲二氏考察中國宗教。二氏於八月十日來京。余至二氏住所時，二氏正盛裝欲前往公使館拜訪。二氏身著白色棉麻單衣，上套便服，下穿裙褲，故許多清人駐足觀看。北方氏贈余以下漢詩對句與俳句：

展經猿識字，聽法虎知非。
秋風乍起兮，塵土揚千丈。[17]
月莊

月莊乃北方氏俳號。松枝氏則贈余以下七絕漢詩：

17　原俳句為：「秋風や千丈の塵をまきながら。」——譯注百度暑威千丈埃，同人攜進燕京來。
火車不快馬車苦，半日客程驚兩回。
戊戌初秋同客於燕京　錄拙吟一絕
以呈無隱詞兄鑑　　　　　　　　　筌洲

二氏於八月二十三日離開北京。

明治三十一年（一八九八）九月至十二月日記

九月九日　聽聞李鴻章被免職。

伊藤[18]侯爵一行來北京，時值九月十四日。侯爵此次來京，目的在於謁見西太后，以闡述其政治上之巨大抱負，但最終未能達到目的，只是漫遊北京一趟而已。余拜訪侯爵，談及宗教問題，侯爵揮毫贈余以下漢詩對句：

精忠貫日華夷見，氣節凌雲天地知。
春畝山人[19]

18　指日本明治時期著明政治家伊藤博文，後升為公爵。——譯注

19　即伊藤博文。——譯注

九月二十日　林權助代理公使午後六時舉辦自助宴會，招待伊藤侯爵。余與在京日人一同應邀赴宴。侯爵就對清意見發表演說。

九月二十一日　已故石川梧一、尾崎三郎兩氏追悼會於瀧川中佐住處舉行。與會者有青木少將以及大崗育造、公使館員、新聞記者等約四十人。余主持佛事，誦《阿彌陀經》，與會者燒香，獻上供品。儀式結束後，《大阪每日新聞》之安東氏朗誦已故石川氏傳記，眾人追思故人事蹟等。繼而有日本料理款待。拍完紀念照後散會。

九月二十四日　傳聞今日皇帝被西太后幽禁。據云今日就西太后代皇帝處理朝政一事舉辦儀式。由於康有為改革過於激進，為西太后所不容，康黨悉數陷入悲慘境地。據云是日康有為與梁啟超亡命日本。

九月二十八日（陰曆八月十四日）[20]　接上諭，康有為弟康廣仁及四、五名同黨被處死刑。人們對清廷之殘酷不寒而慄。據云康家親戚一族行賄一千兩銀子，方得以討回屍體埋葬。人難得，英傑更難得！然而清廷如此奪去有為志士之生命，果與國家百年大計有利乎！清朝末日亦可憫哉！

九月二十九日　伊藤侯爵一行離開北京前往天津。

九月三十日　風傳康有為逃過酷吏之手，從上海搭乘「肥後號」船前往日本。

今日為陰曆八月十五，中秋節。據云商家有悉數停業、舉辦酒宴之風俗。夜晚與兩三位朋友擬扶（拽）杖登城，但城門緊閉無法進入，乃攀爬側面直立城牆後最終得以登上城頭。城牆寬十二、

20　此日應為「陰曆八月十三日」，史料如此，編輯保留。

三公尺，牙樓寬十八、九公尺，皆以灰磚築就。磚厚五寸，寬一尺，長一尺五寸。城牆上方平坦，適合車馬往來，而如今只聽見繁茂雜草中唧唧之蟲聲。據云內城四周約三十里以上，足以想像北京城乃如何宏偉壯觀。

余等登城四顧時，空中無一絲雲彩，可謂玲瓏月色照衫衣，萬象肅然悲感生。嗚呼千里有來客，恰遇仲秋月分明。此時遙想故鄉，思緒綿綿。俯瞰下方，燕京陷於一片模糊之中。蜿蜒西北者為何山？於指彼問此之間，不覺秋風已襲衫衣。遂下城牆，戴月返回。歸途中聽聞嬰兒啼聲切切漏於戶外。

今日英國公使館書記官夫人與美國公使館某夫人於前門外遭支那暴徒襲擊。恰好來此地之兩名日人亦遭此難。有此類人民之大清王朝亦覺可悲。

十月二十二日　矢野公使今日午後來京。據傳帶來我國政府決議後返日。清朝政局日益不穩，此前各國皆爭先恐後向北京派兵。我國亦有三十餘名士兵入京。

十月二十九日　與二三子[21]一道遊萬里長城，訪居庸關、十三陵，往返花費五日。

十一月三日　遇天長節[22]，應公使邀請，在京日人到公使館集中，祝禱天皇萬壽無疆。白日眾人拍紀念照，入夜有自助晚餐。作為餘興，還有士兵演出。題為《須磨風暴，北京曙光》，共有十幕，乃未曾有之盛會。

21　某日人名字，何人不詳。——譯注

22　二戰前日本慶祝天皇壽誕的節日。明治三年（一八七〇）定名為天長節，昭和二十三年（一九四八）改稱「天皇誕生日」。——譯注

十一月十日　京都學友曉島敏、多田鼎二君贈余以下和歌：

曉島敏和歌[23]：

唐土北京日食現，白晝猶晦怪獸鳴。
深秋怒吼風吹勁，白菊庭前傲然開。
落葉繽紛落葉追，君看唐土有「物哀」。
城中塵土經年積，須以熱血來沖洗。
佛主之光君弘揚，一朝照亮唐土地。
出城君若見紅葉，可知此葉似吾心。

23 以下和歌皆為譯者所譯，但僅為意譯，平仄亦多不協，與真正的詩歌翻譯有很大不同，敬請留意。下同，不再一一說明。曉島敏原歌為：
唐土の北京の空は日蝕し　昼尚暗く怪獣うなる
荒れすさぶ野分の風の強くとも　庭の白菊折れず咲きけり
落つる葉の後を追ひつつ落つる葉に　君唐土のあはれ見つらん
年を経て積もし城の塵埃　血しほをもてこそ洗ふべきなれ
み仏の光は君が光りなり　いざ照してん唐土の闇
城を出て君若し森に紅葉見ば　われが心の真実（まこと）ぞと知れ
幾度か君身を奮はして怒りけん　造りし菊を風の折る見て
おく霜を溶かすべし山を出る日を又黑雲の蓋ひ隱せり
君幾夜ももろこし人と携へて　つめたき風を泣きうらみけむ
時あらば君よ降魔の剣をとれ　とりてふるひて闇照らしてん——譯注

幾度奮身君怒起，只為寒菊遭風折。
東山日出霜消融，長空又為烏雲蔽。
君與唐人幾回夜，同懷怨憤哭寒風。
願君時取降魔劍，閃閃劍光照幽明。

多田鼎和歌[24]：

君住北京明月夜，賞月思人余亦同。
唐都今夜月分明，君余相思共嬋娟。
將亡故國秋來時，幾度君行淚沾衣。
彼此勉勵挽狂瀾，君語何時為國亡。
奮起君亦思報國，受恩豈不與人同？

24　多田鼎原歌為：
君がすむペキンに月のすめる夜は　君もいでて見よわれもいでて見ん
もろこしの都に君の見る月を　ながむればわれ君しのばばや
亡びいく古国の秋にいくたびか　旅の衣を君ぬらしけむ
くづれゆく波かへさんとはげみあふ　人といく日か君やかたりし
異ならぬ恵の御親の子ならずや　君もふるへやその国のため

十一月十三日　深澤君作為外務省留學生長期住在北京，此次被任命為上海領事館祕書官。是以今日為其舉辦送別會，與會者三十四人。余作詩贈君：

相別同是秋月夜，見月君我共相思。[25]

十一月十七日　於林祕書官歸國之際舉辦送別宴會。有詩贈林君：

君種白菊庭院開，花繁不畏狂風來。[26]

十一月二十七日　今日乃真宗開山鼻祖親鸞聖人忌日前夜。遙想京都之本山，今日定有來自世界各國之善男信女跪拜於御影[27]之前。余因受祖師聖人之恩澤方有今日，故在遠隔萬里之異鄉，思之不免感慨萬千。余縱有目標，但至今前途難卜，何時能返回故鄉在御影前頂禮膜拜不得而知。於是披上袈裟，取出父親大人所送佛具，盡心誦經，以表感恩之情。天亮後已是二十八日。與昨夜相同，余又在佛前勤勉修行，追憶六百年前之聖人，不覺淚濕衣襟。余不知何以至此。是夜翻閱谷了

25 原歌為：「別るとも同じ東亜の秋の夜に月見る君や我もしのばん。」——譯注
26 原歌為：「君が植ゑし庭の白菊咲きにけり野分の風はあれまさるとも。」——譯注
27 指神靈或亡人的肖像。——譯注

然氏贈送之《往生要集》[28]。

十二月十三日　天晴風大。據傳今日各國公使夫人（日、英、法、德、美、義、奧七國）會聚英國公使館後一同坐轎進入東華門，之後換乘宮中調配之轎，出西華門後，到西太后常住之儀鑾殿拜謁太后與皇帝。西太后坐上座，皇帝坐於其身邊之玉座。英國公使夫人作為代表致詞後，西太后致謝詞，之後離座，親自將戒指一一戴在各國公使夫人手中，此外，還贈送各種禮物，後離去。復後各國夫人移往別殿參加中餐宴會。西太后不久再次現身，給各位夫人敬上茶果。繼而還有戲曲演出等，惟恐招待不周。各國夫人皆為如此周到之款待深感意外與震驚，滿足之意溢於言表。矢野公使夫人親口告余，西太后絕非一般婦人，惟徵此一事即可明白無誤。

十二月十六日　余與漢語教師王先生談論國事。余執筆曰：

> 東洋維新之際，多取於西歐之法，然歲月已久，講究西法已精，則往往見其弊處，是以今也雖採西法擇其善者而用之，因以得為現在之國力，乃若不然不問其利弊，而一概取之，則恐國家之危頹未可知也。敝國倖免其危覆焉，貴國若採取西法，則宜講究其利害得失，以取捨之，不然則蹈印度之覆轍亦未可知也，我常為貴國憂之。

---

28 日本平安中期佛教書籍，由天臺宗僧侶源信所著，成書於九八五年，三卷十章，引文多達一百一十二部書籍，涉及六百一十七段文字。該書鼓吹念佛修行，試圖向濁世末代的人們闡釋如何前往極樂世界的路徑。十章中最引人注目的是：一是厭離穢土；二是欣求淨土，等等。此書確立了日本淨土教觀念的基礎，對此後的日本社會及文學、藝術等產生巨大影響。脫稿後曾寄往中國。——譯注

王先生曰：

足見先生苦心，是為國為民，著實用力之處，此即聖賢書中所云，擇其善者而從之之意也。我佩服焉。

明治三十二年（一八九九）一月至三月日記

一月二十五日　首次在異鄉迎來新年。雖有不便，但還是吃燴年糕慶賀。午後應公使邀請前往公使館，見到四十餘人，此即所謂官民同慶新年宴會。矢野公使領頭三呼：「陛下萬歲！」之後一同舉杯，盡情歡暢，之後散會。

聽聞理藩院[29]主事榮莖氏即將前往西藏赴任，經過一番奔波，公使總算出面向總理衙門申請，希准余同行。所得回覆曰：「西藏行甚難。甚或吾官吏於途中往往亦有失蹤情形發生。西藏風氣未開，衙門亦不克如意，然不敢拒絕同行，還望三思。」矢野公使亦忠告：「須等待駐藏大臣往來之最佳時期。」然余無論如何皆希望趁此機會完成入藏之心願。

二月十日　今日為清國除夕[30]，街上人來人往。因清人不講衛生，故不似我日人，根本不做大

29 清朝管理蒙、回、藏等少數民族事務的中央機構。——譯注

30 此日應為陰曆新年，下文陰曆新年應為大年初二，不知是否記錯陽曆日期，史料如此，編輯保留。

掃除等，只認為此乃大節日，為年終貨款結算而四處奔走。入夜後街頭仍人流不斷，各家各戶夜不閉戶，掛上燈籠，徹夜忙於新年之準備。時間慢慢流逝，至凌晨三時，四面八方頓時轟轟然響聲震天。此乃爆竹聲。之後大小爆竹聲益發劇烈，宛如子彈亂飛，一時間竟有戰爭打響之感覺。據云清國有此風俗：爆竹聲一響，債權人應立即回家，不再威逼債務人。因此，爆竹聲對債務人而言，不啻為天上福音。

翌日為陰曆新年，雖地隔東西，但人情相同。平日一身邋遢，唯獨今日穿上新衣，得意洋洋在街頭走來走去。有人手持大張紅紙名片至朋友家，逢人即說：「恭賀新禧！」此時各家各戶皆準備停當，等拜年者上門。家中大凡備有柿餅、黃豆、乾棗、花生等，還置有酒菜。新年餃子中放有蔬菜與肉，食之取一年大吉之意。孩子放風箏等與日本毫無二致。入夜後街頭無一盞燈，寂靜不聞人聲。北京城亦太平無事哉。

二月十七日　欣喜異常，父親大人今日寄來極為詳盡之家信。

「雪夜清夢連故鄉。」[31]

二月二十一日　重慶領事加藤氏就成田、能海二氏赴西藏一事，擬通過矢野公使向總理衙門申請護照。余擬藉此機會與二氏同行，故向公使及石井祕書官諮詢。石井祕書官當即以密電照會重慶

[31] 俳句，原句為：「雪の夜の夢は故郷に通ひけり。」——譯注

領事：「此事可行。」

二月二十四日 午後，石井祕書官送來重慶領事回電：「即至打箭爐。」未想余之目的已部分實現。

三月一日 從本山寄來掛號信，內封法主臺下[32]呈送藏王達賴喇嘛之親筆書信。余深感於今責任益發重大。然余就能否完成使命尚無信心。茲抄錄臺下親筆書信以做紀念[33]：

西藏達賴教王獅座下 恭惟教祺安吉，福壽圓滿，易勝額慶。西藏自古佛教盛行，風俗淳樸，惟因山河遼遠，交通不便，未曾聞有敝邦人到境，觀光者少，洵為可憾。本寺茲遣派寺本婉雅，親問教主安好，並究教法之源流，考經文之異同。該員始到貴境，未通人情風俗，而探教求經之業固非容易。如蒙慈航指導，保護遠人，俾伊得窺一斑，則不啻本寺之幸，實斯教之幸也。肅此布懇，並請崇安統希，慈照不戩。

大日本本願寺法王

大谷光瑩[34]

大日本明治三十二年（一八九九）二月十三日

32 古時對貴人的尊稱。——譯注

33 原信無標點，標點乃譯者所加。——譯注

34 大谷光瑩（一八五二－一九二三），明治時期東本願寺第二十二代法主，法名現如，係第二十一代法主光勝之子，其母乃邦家親王之女嘉枝宮，第二十三代法主大谷光演之父。光瑩成為第二十二代東本願寺法主的時間為一八八九年，一八九六年被封為伯爵，一八九八年隱退，將法主職位傳於光演。——譯注

今晚石井祕書官為余舉辦送別晚宴。石井聽取余之志向，熱心為余斡旋諸事，在此深表感激之情。

有關我法主臺下呈達賴喇嘛親書一事，向公使討教後公使曰：「護照不論由總理衙門簽發，抑或由重慶府道台簽發，重要者皆惟於確保路上安全，而呈親書之手續則須另外考慮。」余乃謂公使曰：「若此，則恐無機會由余個人轉奏駐藏大臣，希請理藩院開出致駐藏大臣之公函，以便面奉親書。請公使至總理衙門提請理藩院開出但書。」公使曰：「此似有困難。由明治二十九年（一八九六）林公使在京時期總理衙門公文通知意見得知，去年英人主僕共十五人入藏，遂皆為藏人所殺。是以英國政府照會總理衙門，最終迫使頒發護照之大臣為此事負責。故此後俄國公使申請遊歷打箭爐，總理衙門徵於前車之鑑，不予頒發護照云云。雖說親書不含有政治色彩，而僅關乎宗教，尤其僅關乎同一佛教之事宜，但總理衙門亦未必予以首肯。君若強請，或可獲批，但須漫長時日。而要求不當，則又未必不打草驚蛇，弄巧成拙。此乃余深為掛念之所在。話雖如此，但仍容余與公使館主要成員商議後，再做出確切回覆。」二日後，公使召余曰：「按二十九年公文通知，難以要求總理衙門開具公函，然作為交換，予已獲得駐藏大臣開出之介紹信。」之後交余一封僅記矢野文雄姓名而無官名之公函。余怪曰：「為何不記官名？」答曰：「惟恐事情公開。即令不記官名，渠等亦可詳察。」余對此頗感失望，但夫復何言。

三月二日、三日　兩日皆應邀參加送別會，對諸君之深厚情意深表感謝。其重要者乃矢野公使、瀧川中佐諸位舉辦之送別會，以及山本氏等二十餘名好友為余舉辦之盛大送別會。記此作為紀念，以表永誌不忘。

三月四日　午前九時終於離開北京。守田大尉騎馬作為青木少佐之代表、中川醫學學士作為內田氏之代表，以及其他好友皆來為余送行。回想在北京已有半年時間。在此期間，余得到諸位好友之熱情接待與積極斡旋，未想到能獲得此次機會，聊以略微排遣平生之苦悶。而此僅為序幕，前途如何？乃悲劇耶？喜劇耶？此時余不管不顧，一任佛祖保佑。余再度歸返此地時，不知山河是否仍將熱情迎接余乎。

矢野文雄公使贈詩送別：

西藏八千里，地荒草木腥。
行行勿辛苦，笑答有遺經。

橋口太郎壽君亦贈詩一首：

看破須彌如芥子，蔥嶺鴨水入同舟。
送君一喝不言別，欲問如來如去遊。

三月四日、五日　兩日逗留天津，等待去上海之班輪。諸好友交替為我斡旋。此時大雪紛飛，寒風刺骨。

三月六日　午前自天津車站出發至塘沽，午後搭乘「通州號」輪船。由於船、貨原因，未克立即起航。

三月八日　午後四時，輪船終於自塘沽徐徐開出。

此前余於北京期間，就布教一事略有考察。之後就對清布教政策向石川參務闡述余之意見概要。附錄如下：

石川參務閣下：

余多年胸懷大志，為入藏探訪兼考察於東亞大陸布教傳道之事，孑然一身踏上萬里征程，現人在北京。聽聞閣下亦在靜觀東亞局勢，謀略海外傳道之宏大計畫。竊以為以閣下之高超手腕與滿腹經綸從事此般事業，不僅可圓滿成就偉業，亦可期待佛光熠熠普照東亞大地。余雖不才，但亦有此般宏願。如今余親赴海外，身臨其境於實地調查，思想上略有變化自不待言，且深感於海外布教不可一日苟且，而益發必要。

在此向閣下吐露余之意見。或有不遜之嫌，然倘若閣下能體察余之微衷——余亦身懷憂法愛國之志，不甘落於人後，因而不咎余罪，能諒余意，則余之榮幸無復有加。

閣下，先允准余就東亞形勢做出觀察。

自從烏雲現於遠東大地之後，各國列強紛紛張牙舞爪，大顯鯨吞之勢，現正虎視眈眈意欲見機行事。早先渠等以東亞均衡為名，三國聯盟，逼迫我歸還遼東半島。之後於舌根未乾之際，又強占威海衛、東京灣、膠州灣，雖說口腹暫飽，但絕不以此干休，一旦時勢發生變化，即猛然起身撲食，不待我復言之。此時冥頑不化之清國國民亦日漸不滿列強之處置，對其萌生嫌惡憎恨之念，於悟出渠等不可信任之同時，亦似有警醒之意。另一方面，清國似在仰慕日本之深厚情誼，產生親近日本之感覺，醒悟到欲永久解決東方問題，必須與日本攜手，以日本為領導，以日本為文明典範，引進日本文物制度，糾正本國弊政，孜孜不倦進行革新。戰後清國國民之對日思想，已自開始時之厭惡感情向今日以日本為惟一文明指導者與好榜樣之情勢轉變，且此傾向日益顯現。將此視為清國已瞭解日本之善意當無大謬。

反觀清朝政府，無日不彈劾上奏，立論者諤諤，期盼為國家昌盛起用人才，罷免不賢不能之大臣，以打破時弊。皇帝似又再起，大力進行各項改革，建武備學堂、工藝學堂及各類學校等，銳意革新。在政治、教育、兵制上皆取範日本，選拔優秀學生赴日留學，痛感培養人才與國家改革已日益成為當務之急。正當此時，聖學會主席康有為慨歎戰後內憂外患交織，危及國家前途，故毅然決然走出茅廬，伏於闕下，九次上書皇帝，力說清國革新乃當務之急，並向全國二十一省發出檄文，促使有志之士奮起。據云斯會基礎穩固，全國各地無不有會員。上海自不待言，於我國神戶、長崎亦有眾多會員。斯會主張以儒教統領帝國人心。雖云兩千餘年間各朝各代有盛衰興亡，但清國以儒教為國教，且為立國之本，亦不無道理。然滿洲、北京以南，可以儒教統一，而蒙古、西藏等西北地區，喇嘛教尤為興盛。冥頑無知之蠻族，果能容忍異教乎？尤其回教勢力亦不可侮，更何況佛教作為一大勢力亦處於牢不可破之境地。清國改革難乎哉！

如今俄國貪得無厭，日漸南下，占領旅順，掠奪蒙滿兩地北方；而長江一帶沿岸則落入英人之手。據傳皇帝與太后因此意欲遷都陝西。若以今日形勢進展判斷，清國將陷入為各國瓜分之境地，最終被四分五裂亦未可知。所幸此事尚未發生，但各列強為此發生爭端，早已歷歷在目，前景不難推知。世界風雲已然匯聚於東亞上空，疾風迅雷俄然捲起山雨，此況未必久遠。密雲低沉，光影慘澹，此乃當今老大帝國之現狀。

原本支那人，包括滿人、蒙人，皆為見利而動、因勢而趨之人種。此事徵於歷史亦明白無誤。各朝各代雖有變遷興亡，但其人民皆對此隔河觀火，眼中亦無社稷興亡，僅因利而動，見勢而趨，似不解君臣之禮。較之於我邦，實有天壤之別。君乃永久之君，臣乃永久之臣，千秋萬代君臣之道井然有序，毫不紊亂，此乃我國國體冠絕世界之原因所在。支那人專私利己，似出於天然稟賦。若以利誘之，渠等將不分歐人、美人、日人，甚或俄人，一切皆可服從。國家如何、政治如何，非渠等所問，忠孝、節操、信義等更不在渠等心中。若可獲利，當奴隸亦可。支那人即另一種猶太人。所謂「有水有土即為我家」一語，即可說明渠等心性之真相。吾人不幸，不得不斷定當下之老大帝國正處於各國爭鬥之修羅場中。清國與我國脣齒相依，其一波搖動，則我受其影響巨大。思之不免寒心。

再反觀宗教。支那雜然可數之教種繁多，但無一為生命所依之宗教。由此言之，可謂當下之清國全無宗教亦不為過。佛教已然衰頹，澈底腐敗，全無匡救之希望。四處寺院雖存，但空留形骸。伽藍巍峨聳立，境內寬闊，儼然一座小城，然僅可藉此追憶古代佛教盛世之餘韻。加之僧侶不學無術，令人驚駭。解文字、通數理之僧侶，其寂寂然不啻為寥若晨星。渠等以誦經為惟一之能事，其餘則無事可做。通商口岸或都市中僧侶，皆以占符弄咒籠絡愚民，喝酒吃肉乃平常之事，調戲醜婦為渠等惟一娛樂，不行慈悲，不念社會救濟，寺院成商店，緇徒變商人，乃社會對渠等之通常評價。相較都市之寺院，村落寺院殿堂更為宏大。一寺少則十人，多則六十人，僧侶群居，從事農田耕作。住持擁有大量田地，宛如大地主，而其他僧侶則似長工。寺院之富裕或貧窮，不在於佛教之繁榮與否，而在於農耕收穫之多寡。是以荒廢之寺院亦不在少數。試踏入此類寺院一看，眾僧如餓鬼乞食，合掌以索要為常事。與其曰其心醜陋，毋寧謂其可悲可憫。眾多僧徒中偶有能解文字者，但除詩書之外，全然不知佛教法理。嗚呼！往昔智者[35]、荊溪[36]、曇鸞[37]、善導[38]等大師輩出，積極闡發佛理，光照東亞萬里，如今其餘影安在？渠等亦乃愚頑小民，徒為白人蹂躪，國家將傾，宗教之光將滅。渠等如今於黑暗世界中彷徨，作為友邦之吾等焉能不為之哭泣。日本佛教所負支那佛教之處頗多。源流雖遠在印度，但佛教之東進，支那其為先驅。無論經文，抑或傳道，日本無不仰賴自支那直接引進。日本佛教即支那佛教也，日本自支那接受之恩惠最大。每當思此，

35 智顗（五三八－五九七），南朝陳隋時代的高僧，世稱智者大師，是中國天臺宗的開宗祖師。——譯注

36 湛然（七一一－七八二）的別稱，唐代天臺宗的高僧。——譯注

37 曇鸞（四七六－五四二），中國南北朝時北魏弘傳淨土教的高僧。——譯注

38 善導（六一三－六八一），唐朝專弘淨土法門的一代高僧，淨土宗的實際創始人，被尊為淨土宗第二代祖師。臨淄人，少年出家，看見西方圖，頗有所感，夙期往生淨土，受戒之後和妙丹律師共讀《觀無量壽經》，曉得此經的觀門是解脫生死之法。——譯注

我等佛教徒於情豈能漠然置之？論國，同為東亞國家，人種相同，文字相同，宗教亦同，其他各種風俗習慣亦多半略有相似。老大帝國之一張一弛豈可謂與我無關？既然同說佛祖慈悲，則我等佛教徒奮起，恢復清朝之佛教，豈非我等天職？縱觀支那異教徒之布道狀況，渠等傳教士孜孜不倦，勉力布教，大有可感之處。渠等足跡踏遍支那二十一省所有窮鄉僻壤，無一處不設立教堂，窮盡一切方法、手段，教化蠻民不止。對渠等傳教士之獻身精神，無人不產生崇敬之念頭。渠等傳教之後，必通商貿易，不斷獲得巨大利益。渠等國家致力於利用宗教，收攬未開化之人心。對此，吾等豈可不深察之？而我當局於今逐漸視宗教為包袱。為啟蒙未開化之民心，不可不依賴宗教力量。宗教力量乃懷柔民心不可或缺之良藥。曰利用宗教，並非全無語病，然余深信若改說善用宗教則無大礙。

以上闡述支那現狀之一斑與我等佛教徒之責任。恐稍顯冗長，於此僅就對清布教之政策試述概略。[39]

有關海外傳教方法，毋庸置疑其旨趣與內地自有不同。首先，應探明斯國風俗人情習慣，隨機應變。基督教於我邦傳教之失敗，源自不通曉我國上下情況，此點足以為戒。更須注意者乃人選問題。與其選派有學識之人，不如選派能吃苦耐勞、忠誠信仰之人。海外傳教之困難實超出想像，何況進入未開化地區以當地土著為傳教對象。倘若退縮於些小困難，立

---

39 原著在此之後有兩句話，係原作者和原編者就書寫問題和原稿缺漏所做的說明：附言曰：「四十四頁後半開始至四十五頁之大部分黏貼於繕寫本中。」原編者曰：「其行數二十六行——（一行二十七字共十二行正反兩面稿紙）部分內容被剪切，無從查起。」——譯注

即返回內地，則傳教絕不能收其效。苟缺乏永久居住之決心從事傳教，則決無豐碩之成果。當下在日之外國傳教士，一、二十年長期居住者不乏其人。據云有人甚至在日居住五十年。吾等佛教徒孤陋寡聞，尚未聽聞有此等耐力與勇氣，豈不遺憾?!

如今當務之急乃在清國布教，促使佛教徒奮起正當此時。布教之樞要，亦不可缺少通曉大勢之眼光。通曉大勢即瞭解國情之捷徑。老大帝國之魚肉正置身於列強刀俎之上，其處境比危如累卵更岌岌可危。廟堂上，正激起革新浪潮，草莽中，志士熱情愈加熾烈。內憂外患紛至還來，前途上空孕育何種風雲？此時最重要者，乃喚起清人之同情。而欲達至「工善」，必獨依宗教之力量。此時論述對清布教之政策，不無「六菖十菊」[40]之感，然今按「此時無聲勝有聲」之成語，余斗膽冒犯尊嚴，陳述卑見如上。若有幸承蒙採納，則不獨為余之喜悅，亦為傳教事業之巨大喜訊。不遜之罪，尚祈寬宥。時下天氣漸寒，閣下為法亦請多自珍攝。

頓首

40 按照日本習俗，五月五日端午節須擺插菖蒲，六日則為多餘。同樣，九月九日重陽節須擺插菊花，到十日菊花已屬「過氣」，故此日語成語的意思為「時機已晚」。——譯注

自上海至打箭爐

三月十三日　午後終於到達上海。照例挑夫又皆聚攏過來爭挑行李，喧囂不已。余欲乘車去本願寺分寺時，走來一無賴漢，手扼車轅，強要金錢。余乃大喝一聲，而渠尚不離去。一時間其他支那人蜂擁而至，亦喋喋不休強要金錢。余極為不快，叫來英租界巡警始得平安離去。自此投宿分寺做短暫停留。二十天後通過朋友深澤君介紹，見到文廷式[1]先生。

文先生近日自北京逃至上海，受到領事館保護，現隱居於旅館。似乎此前先生聽深澤君說余欲前往西藏，故託深澤君贈余《升恭勤公藏印邊務錄》二卷。余與先生素昧平生，卻接受如此厚遇。因不堪暗中歆慕，故託深澤君通余心意，以致有今晚之相會，大有一見如故之感。先生眉清目秀，隱然有溫厚篤實之風，乃氣宇軒昂、難得一見之君子，且博學多識。據云讀破《大藏經》，精通佛

[1] 原作此後為引注，現改為腳注：文廷式，清萍鄉人，字芸閣，號道希，自號純常子，光緒進士，授編修。德宗超授侍講學士，以勸後變法褫職。戊戌後，流徙江湖以死，工駢體，文辭超拔，意境尤高，詩備各種（體）（《中國人名大辭典》，商務印書館，一九二一年（譯按：此段引文似為日本出版社所加，不像此旅行記原語。出版年份由譯者所加。下文與後文同，不再一一說明））；文廷式，江西萍鄉人，咸豐六年（一八五六）生，光緒三十年（一九〇四）卒。著《雲起軒詩文錄》若干卷、《雲起軒詞鈔》若干卷（見蕭一山《清代學者生卒及其著述表》，北平：中華印書局，一九三一年）（渠自明治三十二年（一八九九）歲暮逗留日本數月）。

典，篤信佛教。職乃侍講學士，作為太傅歷事三代。此時正值國家危難時刻，先生挺身而出，舉起革新大旗，引領天下。然不合天時地利，因康有為黨徒頓遭挫折，氣運陡然受阻，文先生亦成為沒落之人，空有遺恨之淚，在此隱身避世。推想志士胸中，不免可悲可歎。余先謝贈書之意。先生不談時局，而多談宗教。英雄胸中亦有閒情逸致乎？今摘錄部分談話內容如下（問者為文廷式先生，答者余也）[2]：

問：貴下考求藏中*番[3]語否？

答：僕暫住北京，從蒙古喇嘛少學西藏語。然彼喇嘛是蒙古人，而僅誦讀西藏《喇嘛經》，未能熟番語。由此我雖習之，只不過其日常之語而已。

問：貴國有三論宗、寶藏論否？

答：有其書而無其宗派。

問：朝鮮有稱法眼宗者，貴國有之否？

答：無之。

問：願聞密宗與誦唱兩種學問。

答：僕未聞稱唱宗者。不知是如何宗教耶？

---

2 原文標點不清，部分標點為譯者所加。——譯注

3 *番：蕃或吐蕃，同西藏。——原注

問：英人言，佛教分大乘、小乘、喝捍[4]三種。喝捍，尼乾子所傳。未知喝捍，塗灰外道之類否？抑喝捍即阿含之轉音。願見教。

答：不知喝捍是何者。僕不能言也。

問：藏經有《尼乾子受記經》。知是否？

答：未見。

問：貴宗派是何宗派乎？

答：淨土真宗。

問：淨土教支那甚也。淨土經因念佛得往生，就是與貴宗有何相異乎？

答：淨土真宗者日本親鸞聖人創開之。非傳於支那之宗派，淨土教及淨土真宗往生之業，雖共由念佛而不同其信心獲得之要領，淨土教為因口稱念佛得往生，以偏重稱念之功力，淨土真宗則以聞其名號信心歡喜為往生之業，毫不要稱念之功力也。是兩宗之所相異乎。雖共因他力念佛，一待來迎而重稱功德，一不來迎而重現當所益。淨土教尚有他力中難行，淨土真宗絕對之他力而不許難行也。兩派之異燎如睹火矣。

此時暮色蒼茫。余定於今晚乘坐「大井丸號」前往漢口，因時間緊迫故起身告辭。文先生一再挽留：「與君初次會面，再談論一刻以慰藉各自心情。一別如秦胡，請享粗疏晚餐。」於是與文先

---

4 國名。《大唐西域記》曰：「喝捍國，唐言東安國。」——譯注

生及其子嗣、弟子等圍坐一桌，談笑風生，和氣藹然，溢於廳堂。同為天涯異鄉之客，在此不期而見，肝膽相照，豈非佛之所謂因緣乎？文先生曰：「君食肉否？」余答：「僕敢拂先生好意乎？此又符宗規也。」先生聽後怪問其故。曰：「請稍待之。食後願告其詳。」不久晚飯結束。

余曰：我淨土真宗以真、俗二諦為其宗體，而其真諦者由佛智、他力、信心決得是也。其俗諦者，世俗一切業務即一念之反影而佛恩報謝是也。克實言之，禮拜佛前即是真諦，退去佛前即是俗諦，只因心中之性體，何論外形真俗哉。開祖親鸞聖人深得彌陀、釋迦二尊之本意，以始顯揚二諦法門於日本焉。開祖依斯深妙之法，自許肉食妻帶示現末世凡夫之標，聖人自稱非僧非俗矣。何言捨家棄欲即是佛教哉。往生之業成便了，則帶妻吃肉以跪佛前，何是為障耶？推知淨土真宗之深意也。

文氏曰：肉食妻帶之事鳩摩羅什實知此義，且曰不破無法為釋祖第一義諦。

問：法華龍女成佛必轉男身，此義是權是實？

答：此論為難關，今言其梗概乎。

法華自稱實大乘驕他家，然龍女成佛即是菩薩之化身，而非五逆十惡凡夫也，化身易成佛而五逆凡夫五障女人難為往生焉。法華雖談龍女化身成佛，未談五障三從女人成佛，則法華雖屬實大乘，然未言五乘齊入之妙義，豈是可得誦絕對圓滿之實大乘哉？淨土真宗則不然，因彌陀他力本願，故不選男女善惡，殊有女人成佛之別願，則知是不言真實之教而何耶。

問：華嚴宗則一真法界萬象相融廣，屠兒即時成佛。又賢愚因緣住波斯，匿王弑及得佛超度，即證上乘似五逆十惡之女人亦可成佛。特不敢以私意說之，乞賜教。

答：華嚴理事無礙之，談則過教理深妙，而末世凡夫容易不能解。其理只上根者可證，極惡最下之凡夫，何可得證乎？斯念佛門則聞其名號即得往生焉。念佛真宗即頓教中頓教也。如華嚴豈可得言絕對頓教哉？

問：重己靈與藉佛力，兩義是極相違處，以是觀之，貴宗派以淨土為重，實兼禪家之直指心源也。一切惟心故不必來迎，此意僕深然之。支那此時專以念佛往生為主，於接引後生之道實多欠陷，願大和及諸同士心廣藝慧燈於此土矣。

答：我本願寺深感東亞時局也，發憤以欲傳道佛教於貴國焉。今在杭州、蘇州、南京等各要所，各設開學堂而教養育才，又遣僧一意專心布教，則是非有他意矣。

文氏又曰：此事僕久向貴國領事言之，今果得諸名宿，來振佛學，實合愚意。云云。

討論漸入佳境，竟不知時間流逝。看錶已近九時，遂告辭，急忙返回分寺，立即整理行李後搭乘「大井丸號」。佐野、小野、小田切、橋口諸位皆來送行。乃於船中與各位同吃橙子後告別。橋口君即吟一詩贈余：

原文標點不清，部分標點為譯者所加。——譯注

羨君鐵腳本健全，愧我今為著鞭先。
枉將橙子休饒舌，同咬東海大井船。

溯長江而上

輪船抵漢口時已是三月二十四日午前七時。余宿於「東肥洋行」。老闆北緒氏迎迓甚殷。與余同船之呂某贈余一詩，據云渠與家父曾同在橫濱領事館供職。

君是蓬瀛小謫仙，同舟共話作前緣。
駕言遊覽諸名勝，漫道中原無聖賢。

三月二十六日　離漢口前往宜昌。船票十四元。沿岸一帶無起伏之丘陵，原野平坦，一望無邊。麥苗油菜青黃，白帆穿梭其中，人行其間宛如處身畫中。此航程中途不停靠任一港口。

三月二十九日　午前八時抵宜昌，宿於「大方客棧」。與其他支那旅館相比，此旅館似稍清潔。旅行者除攜帶寢具外，還須攜帶坐墊[1]，因行李既大且重，故官吏富商必帶上隨從。從隨行人數之多寡可識別其富貴貧賤，故有人以攜帶物品之多誇示於人，似毫不考慮旅行方便與否。客棧先

1　此生活習慣恐日本人特有。——譯注

問行李多少，之後再選客房引導顧客。窮者多人共居一室，富者則任意獨住一間。因房間與膳食不同，房費亦有差別。據云宜昌之風俗習慣為一日兩餐，分別於午前十時和午後四時開飯。此一帶魚類眾多，但至今未上桌一回。據云自長江捕獲之鯉魚有三尺以上，但味不鮮美。

宜昌位於長江北岸，乃通往重慶之重要港口，來自上海、漢口之貨物皆在此裝卸，輪船亦以此為終點。城內人口稠密，商業繁榮，洋貨店、雜貨店比比皆是。此地有數名洋人，乃郵局工作人員，關稅亦由英人控制。目前只有數艘支那船隻來往於此。據云日本大阪商船公司亦自今年四月起開始營運。

當地人一般居住於未開發地帶，思想幼稚，一見似為質樸，但仍具支那人作風，利欲薰心，生活水平普遍較低，此或為貧民過多之故。且此地另有奇俗，人們多半在水上生活。有大船巨筏之人家大抵舉家住在船上，享受一家團圓之樂。陸地無家而又無船之貧民，則尋求老朽不堪之廢船，舉家浮泛於江岸碼頭附近生活。據云此類貧民或為挑夫，或為縴夫，於今得以勉強維持生計。縴繩皆以竹製作，由此可知此地盛產竹子。

明治三十二年（一八九九）四月至六月日記

四月二日　離開宜昌。往來峽江之船僅有兩種，一曰「跨子船」，一曰「搭荷船」。跨子船即客船，形體小，船中擺放椅子，稍作裝飾。官吏富商包租一船，而一般旅客則須同乘，因此船票極為低廉。跨子船速度快，十四、五日即可達重慶。船隻大凡堅固，乃為適應激流飛湍而設計。而去重慶之搭荷船則取決於風力與人力，其中尤須借助人力。拉縴時除船員外還須叫來貧民幫助。此類貧民中多以拉縴為業。余乘坐之船隻稱「玉恩號」。船客中有一人叫楊臣正，略通文字。余與渠同起同臥，同吃同飲，以致異鄉人可握手言歡。楊氏本四川天全人，今居山東某城，不幸喪父，現護其靈柩返回故里。渠身居異鄉三十年，此時故鄉山川景物盡收眼底，始喚起兒時點滴記憶，對余傾吐懷舊之情。楊氏研究地學甚為勤勉，蓋因乾隆年間有六圃先生[2]此人，於占卜墳地時，相信因山勢與水脈不同而墓有高低貴賤之分，故跋涉山川，研究地理，首創地學。所謂地學，本非西洋地理學之稱謂，而僅指選擇墓地之學問。其尤崇山中之凹穴，因其地勢種類分為貴賤，以此作為墓地。此即地學之起源。余見其書，不過以五行之理為基礎而演繹之，奇說滔滔，泷來講去，竟成此二卷地學書，絲毫未論及精神之問題。余逐漸問起楊氏心靈修養問題，且示其忠孝有世間與出世間二途，進一步又談及佛教，將蓮師[3]〈白骨〉一文翻譯後示渠。渠感泣不已，悔恨自己直至今日方聽聞此教，曰「因君高說始得以瞭解之」，並賦長詩一首贈余：

生年不滿百，常懷千歲憂。朝營與夕貫，擾擾意何求。

加言小兒女，衣食未全周。衣豐食既足，尚無田與疇。

2　即沈鎬（一六四九－一七二六），安徽人，以博學鴻儒而贏得進士功名，曾出任四川省屏山縣知縣，著有《六圃地學大全》、《四民便用字韻》等。——譯注

3　又稱蓮花生大士，據傳乃湖中一朵蓮花神變化生，生卒年不詳。蓮師曾是一位印度神祕密續上師，在藏傳佛教中極負盛名，僅次於釋迦牟尼。九世紀時蓮師跨越喜馬拉雅山到達西藏，在當地建立佛法，除將當時所有的佛經、密續典籍和大部分的經典都譯成藏文外，還為許多具緣弟子傳授「內密三部」等法教。——譯注

田疇滿阡陌，屋宇未重修。貪心常不已，妄年永無休。
浮生寄一世，適意幾宜猷。此身非金石，焉能長壽留。
嗟彼草與木，一歲一春秋。春榮或秋萎，歲歲轉腴油。
人生如掣電，混同朝露浮。一逝長已矣，那復歎荒丘。
言者增悲慨，值者淚潸滂。何不委此心，狀舒任自由。
奚不屏此念，坦情與悠悠。意欲喚世人，立命於斯求。
我欲泛滄溟，衝波到瀛洲。東瀛多仙佛，瞻拜與誰儔。
伊誰登彼岸，導引上瓊樓。俯仰襟懷闊，無復等沙鷗。
乾坤一回首，五洲任遨遊。

詩後另有識語：

同車暢談，忽睹盛書，誦閱之際，不禁感慨。又見朝營夕賈者忙忙無休。因用君書之意，以作首句，然實古詩句也。信筆草草續成。此篇一以志感，一以志別，亦以藉之枕云爾。即乞哂教為幸。

平平子　未定草

此外，余等又談論時事，論及東亞亂局。渠亦慷慨之士，似就本國前途大為憂慮。余等抵重慶翌日，渠來領事館告別，贈余一書，就余西藏之行有所建議。亦可見渠至誠之心。乃錄於下：

僕固有心人也，愧無才耳。目下時局之變，早於十數年前，已逆料之。現雖至如此，全謂再數年後，尤不若此之甚也。刻下日本與我國和盟，共保東亞百年之全計，余未知其許將安出也。今於川省、西藏探聽西人消息，然其所探之意自必有所專屬，若泛而探之，則西人明索纏土，其無謙隱，人民共知，毋待探也，故知其必有專屬者。僕雖有心好事，然自幼至今，因公私多忙，實無暇顧及於他務，故一切情形只聞其大概，莫知其詳微。今與先生同舟共語，莫非有緣，朝夕請教，受益良多，誠不易之良會也。得聞海外之勝，風土之美，覩聽之餘不禁嚮往之至。又自恨年年以來遭際不辰，以致索然憂興，加以扶柩在途，心無他念，日孜孜於尋葬之一書，遂使少求教，益甚為悵也。承示葬書不精，僕非不信，奈我中華自歷朝歷代以至於今，未有不以生養死葬尊為至重至大之事者也。故僕之此舉乃萬不容緩之事也。然而聚會雖久，離別有時，前路匪遙，行將與君別矣。意恐於重慶分手之後，彼此天涯海角，隔阻難通，又不知能否相晤於何時何方。思及於此，彌深惘然不快也。昨聞先生云於重慶只六、七日，即將前赴成都，於成都不知能延幾時可至打箭爐，自打箭爐又不知能由天全經過否。如能經過，則我當掃灑以待也。夜坐無聊，但聞河吼舟人靜，故書此以詢之。尚祈一一見示為幸，並將所訪之事不妨告我一人，他人不得知也。僕若有可為力代勞之處，無不盡心也。縱不能為，亦必祕而不宣，將來得常相聚，彼時再表心曲。僕於八、九月間將回轉，蓋因山東尚有兄弟妻子若干人也。然無父母即鮮牽戀，驅東馳西可以逐風附驥，堪隨鞭鐙矣。

臨歧匆匆，未盡所言，後會有時再拜暢敘之。

於時五月十日朝到著重慶之際

五月十八日 離開重慶。領事館員武田、中村、酒井、中條諸氏皆送余至西門外。前夜領事及諸氏特為余舉辦隆重之送別會，同志成田君亦為余多方斡旋，不勝感激。之後道台派來兩名士兵，以做護衛。出西門外，見墓碑纍纍，使遠征之我生出無窮感慨。從兩路口行五里至浮圖關，此關為重慶三要隘之一，人口稀少，商業皆無。城入口有孝悌貞節牌坊，右側石面刻有佛像。道路寬一、二公尺，悉鋪以碎石。此地土質為黏土，為防降雨泥濘地滑而鋪也。行十里至石橋鋪，行十五里至黃泥岩，又行五里至上橋。此間三度攀爬山坡，雖不甚險，但坡頗長。長江一帶不見松樹，來此地始得以見之。丘陵間處處有水田，牛多，據云用於耕作。牛體大，毛帶灰色，感覺恐怖。

時值五月，男女老少混雜一處插秧，與我邦插秧情形無異。

是日宿於巴縣城中一客棧。

五月十九日 凌晨五時出發，行十里至亮風鴉吃早飯。降雨，取出雨衣披上。路人見余風俗怪異，不過又稱此雨衣便利。余乃穿草鞋翻山越嶺。

行十里至白石驛，再行十五里至白水岩，又行十五里至走馬關。路旁有煤山，質甚佳，惟採掘方式原始，僅供附近山村使用。行五里至老關口，有城牆。城內僅剩兩戶人家。再行十五里至來鳳驛，又行八里至石道橋。因今日下雨感覺疲勞，不得已乘轎。途中無客棧。

再行六十[4]里至丁家岩，仍無客棧。此時換乘馬匹到馬方橋，始走進客棧。此間之二十里，余乃生平首次騎馬行走，下坡時惟恐墜馬，汗流浹背。

五月二十日　過小安場、大安場、茶店場，自瓦紙鋪至永川縣，投宿於此。此間路程四十五里，途中苦力屢屢落在余身後。

茶店場位於山丘上，人口雖少，但附近市場生意紅火，其中鴉片買賣似最為興旺。

五月二十一日　凌晨四時半離開永川縣。縣城內各街區皆設柵欄，有人值守。余大聲叫喚，使渠等起身開門。昨日，余所住客棧前方聚集一批巫教教徒，渠等敲鉦、擊鼓，吹笛等，老幼相雜放聲歌唱，直至深夜。據云如此喧囂可行巫術。巫教教徒乃道士演變而來，如普通支那人纏有辮髮。其崇拜對象乃畫軸中所畫之道士一類人物，祭拜時焚香燃燭，口中念念有詞。此亦迷信之一種。

余經過涼水井、琵琶灣、田壩子。此間里程十四里。沿路各村口皆有觀音廟。觀音乃坐姿，雙手置膝，持花瓶。從此地一直向前似皆崇拜觀音。自雙眼橋至黃葛樹十三里，路旁有觀音廟，竹林繁茂，白晝亦顯昏暗。此時忽聞咿呀聲，怪而趨前一看，原來是私塾先生召集一批七歲至十三歲之兒童，教渠等朗讀《孟子》、《論語》等。先生僅要求渠等死記硬背而已。據云學會朗讀四書五經，需要十二、三年時間。

---

4 原文如此。從常理判斷不致有此速度，疑為六里。——譯注

今日頗難得，路上遇見一位僧人。入夜宿於烘糕鋪。

自離開重慶以來，官府派遣兩名士兵隨行保護。雖曰士兵，但空有其名，一副流浪漢裝扮，與賤民無異。渠等頭戴一頂插有少許紅雞毛之圓錐形帽子，既不佩劍，亦不攜槍，僅帶一把雨傘。按此地習俗，每日須給每人一百文錢。倘若不給，士兵則主動來要，毫無愧色。因途中跟隨無益，故至浮圖關即打發渠等回家，可渠等不從。到巴縣時，其中一名返回。另一名曰：「我將離去，請給酒錢。」余堅決不給。離開巴縣第三日，又有兩名士兵跟隨。一名長瘡，余無法靠近，故強行趕走。另一名跟至永川縣後始離開。在永川縣又有一名士兵跟隨，至榮昌縣始回。繼而又有兩名士兵跟隨。此二位一前一後，貼身保衛，若正面來人，即大聲叱喝，使之避開。到城中人員密集地方，則更顯威風，旁若無人，進茶店喝茶似不付錢。而余則自己飲茶，之後前行。若進入飯館，渠等不顧先前已有顧客圍坐桌前吃飯，大聲叱喝，使渠等將座位讓於余。顧客皆唯唯諾諾，按士兵所說而為，不知為何如此順從，或為其質樸性格所使然。但無論如何皆可謂衙門勢力過於強大，驅使國民陷於卑躬屈膝之境地。

五月二十二日　從烘糕鋪出發，經過板橋、白土地二村落至榮昌縣。此間距離為十里。此縣比永川縣大，人口約一萬，商業興旺。西北門外有河，流速快，寬約百公尺，可通船。一小時後至蒙子橋，六十餘戶人家。此地附近有煤炭。行二十里至澆煙房，到九嚴後投宿。

五月二十三日　離開九嚴到石燕橋。此地乃一城邑，五百餘戶人家，經營苧麻之買賣，生意興隆。

自永川縣經榮昌縣至隆昌縣之間，許多婦女不纏足。下層社會婦女在炎熱夏天亦赤腳闊步行走，但亦有纏足婦女，不可一概而論。余騎馬自九嚴至隆昌縣三十五里地一口氣到達，為此苦力遲到良久。

在隆昌縣接受護照檢查，兩名士兵在此交接。又走三十里，抵銀象街，住一宿。此一帶房屋多為木構建築，其建築手法粗糙。男女服裝多用藏青、淺黃、白色等棉布，幾乎無人穿絲布服裝。除富豪外，少有人穿鞋。有兩家客棧，一官營，一民營。官店大，房費高，民店小，價低廉。房內備有馬桶，臭氣薰天。客棧皆僅供米飯，菜餚須自辦。吃飯極便宜，一次三十文足矣。糕點類比飯錢貴。

五月二十四日　至內江縣，投宿於此。有兩三個村童拾馬糞。今日所經之處為：行二十里至太平鋪，行十三里至雙鳳鎮，行十七里至涼水井，行十五里至碑木鎮，該地沿河有舟楫之便，乘船而下三十里可達內江縣。縣城沿河而建，有兩萬多人家，街道較整（清）潔，有砂糖釐金[5]局，但不知此地屬砂糖集散地還是屬產地。此地亦生產橙子蜜餞，一斤八十文錢。在此有小官吏檢查護照。

五月二十五日　雨，道路極泥濘。經溪橋、太和渡、史家街、石溪鋪、銀山鎮、金柴鋪、蓮池鋪、唐明渡至資州後投宿於此，共計一百一十里。其中銀山鎮最大，有五百多戶人家，多以賣豬肉為生。余經過此地，見一老僧身著黃色法衣，頭戴六角帽，直立庭中誦經。原來店前有一觀音像。此非作為裝飾，各家店前無不如此。說支那宗教僅為迷信巫術絕不為過。沿路有巨石之處必刻有佛像，焚香點燈。此亦非來自信仰而出於現世幸福與利益之考慮。除去迷信成分，可謂支那人毫無宗教觀念。是夜知縣陳德董氏遣使慰勞余。

5　十九世紀中葉至二十世紀三〇年代中國國內貿易徵稅制度之一。最初是地方籌集餉需的方法，又名捐釐。——譯注

五月二十六日 微雨，經雙石鋪、金帶鋪、石子嶺、石橋鋪至五里店後宿於此。共計六十二里地。

今日所經之處山路崎嶇多丘陵，有水田亦有旱田，主要種植麥、豆類。途中見山羊穿過墓地。山羊發出悲鳴聲，似在呼朋喚友。

五月二十七日 烈日炎炎，加上一路丘陵起伏，無樹木且無清水，行路極為艱難。余揚鞭策馬狂奔三十里。

今日所經之處有：新添鋪、南津驛、老君鋪、飛江鋪、礦成鋪、資陽縣、石梯鋪、清泉鋪、臨江鋪，共一百零三里。在資陽接受護照檢查。

五月二十八日 騎馬至資州[6]縣，在茶店休息。前方有基督教美以美教堂。遣僕人去教堂問傳教士在否，回覆不在，故寫一信，表示慰問後離去。教堂在資州城外，原不過為城外一小房子，擺上桌椅即成教堂。此類傳教士之勇氣與熱情給予余莫大刺激。資州在河南岸，人口約二萬，離九曲鋪兩公里左右。自龍橋鋪至資州十里之間乃一大平原，一條河水奔流而過。今日經過石甕鋪、花鹿鋪、新市鋪、龍橋鋪、簡洲、九曲鋪、赤水鋪，前進八十里。

五月二十九日 行經赤水鋪、石盤鋪、南山鋪、茶店子、柳溝鋪、山泉鋪、龍泉驛、界牌鋪、大面鋪，共九十里。自南山鋪至山泉鋪四十五里地間有龍泉山脈橫穿而過。高山聳立，直逼雲天，給人以縹緲輕揚、羽化登仙之感覺。下龍泉山，可見一大平原，一望無際，浩浩渺渺，僅有幾處茂

---

[6] 今四川資中、資陽兩縣均是古資州地。資州作為蜀地在民國及民國前一直是一大州，至今已有三千多年歷史。——譯注

密樹林點綴其間，與我國武藏野[7]景象兩相彷彿。此地有如此豐饒之沃野，想必成都城將更美好。

五月三十日　是日行程僅三十里。余進成都城，經過紅鸞鋪、山河鋪、牛市口、東門口，宿於東門北打金街「萬有官店」。過去加藤領事、成田、能海、井戶川諸位皆曾住過此店。進店後立即讓夥計將成田氏委託轉交之書信交江瀚[8]氏。而後江爾鵬[9]、陳崇功[10]二位來訪。此二人略通日語。余暫逗留此地。

六月一日　江瀚氏來訪。氏乃三聖祠[11]管長[12]，亦為四川總督奎氏之文膽。吾等從時局談及宗教，余示以與文廷式之對談，氏大喜而歸。翌日贈余如下書信：

> 昨接
> 高談，深以為快，但瀚學儒三十餘年，尚無一得，復何敢論禪道耶，然大師所謂真理即

7　日本關東平原西南部洪積臺地，綿延於東京都中西部至埼玉縣南部，過去平原多雜樹林。也稱武藏野臺地。——譯注

8　原作此後為引注，現改為腳注：江瀚，字叔海，福建長汀人，咸豐二年（一八五二）生，現年（一九三一）八十歲。著有《慎所立齋稿》、《北遊集》、《東遊集》、《詩經四家異文考》一卷（收於《晨風閣叢書》）、《論孟講義》一卷（見蕭一山著《清代學者生卒及著述表》，北平：中華印書局，一九三一年）。

9　江瀚之子，即江庸（一八七八－一九六〇），字翊雲，晚號澹翁，福建長汀人，出生於四川。近代法學家、社會活動家、文化名人。一九〇一年赴日本留學，一九〇六年畢業回國。——譯注

10　陳崇功（？－？），重慶人，一九〇五年結束在日本研習造紙技術後返渝。——譯注

11　在今成都市青年路附近，曾為紀念劉備、關羽、張飛的祠廟。附近還因此建有三義宮，是老成都有名的劇場。現三聖祠、三義宮均不存，僅存三聖祠街名。——譯注

12　管長，佛道等一宗一派之長。——譯注

一，誠見到之言。瀚嘗聞之，大聖大賢大菩薩，皆以救拔群生為第一義，尋常聞見，瀚國學佛者只談向上，身即向下，實是謗佛謗法謗僧耳，豈能平地撒手乎？有聞少許法持少許[13]或做少許善事，便又自謂清淨，橫謗大手眼、大行願人，其實只成就得個慳貪而已，又何嘗識毫釐清淨法耶？不審師意以為何苦，尚冀進而教之。承惠靈藥，感謝之至。外寶丹一枚，容轉呈奎制軍，當同深銘戟也。長途惟珍重千萬，遙祝福星，不盡縷縷。

陰曆四月二十五日

江瀚

再拜

寺本和尚法座

余逗留成都期間，曾就時事問題有感而發，鋪陳一文呈奎總督。此乃旅途中匆匆一揮而就，不成句之處頗多。原為漢文，今譯為日文錄於此，乃旅途中一笑料耳。

謹呈四川總督奎大公閣下：

竊聞閣下近日不幸為二豎[14]所侵，身臥清褥，不可自由起居。人生之難，病難最大。佛

13 此「少許」或為衍字。——譯注

14 指生病或病魔纏身。典出春秋時代晉景公於病中做夢，夢見病神化作兩名豎（童）子的形態。兩名童子見神醫來後，一鑽入膏

說所謂生老病死，乃難中第一是也。生而為人，豈有不恐此難者耶？大公閣下身居要職，日夜見萬民辛苦，孜孜增進福利，為民憂而憂，為民喜而喜，似父君於赤子，是以庶民景仰大公亦如思彼師父。而今尊體不例，無法親政，庶民聞之無不悲傷。天有日月之蝕，人又誰無此難？

反觀當前東亞天地，妖雲深鎖，黯淡無光，危急存亡，迫在眉睫。歐美列強各逞虎狼之欲，伸展鷹翼欲將東亞攫入爪中。渠等歐美人自稱白人，跳樑跋扈，視吾等黃色人種甚至不如奴隸焉。而渠等口中常提人道，重視人權，卻對吾等不同人種蹂躪如此，信儒佛之教者豈有不憤慨者乎？貴國、敝國同屬東亞，同權、同文、同教之關係不啻唇齒相依。吾等具有同朋之情，不忍漠然視之。

僕今次來遊貴國北京，考察宗教風俗人情，並獲得總理衙門慶親王允准，今年二月自北京出發，欲遊歷貴州、雲南、西藏，現在至成都。當下正值東亞多事之秋，僕之漫遊事出有因。大凡國家盛衰存亡皆無不與政治宗教消長有關。而政治宗教之消長發達則無不與人文是否開化有關。未見人智開化而政治宗教衰頹，亦未聞政治宗教興盛而國家陷於危亡。尤其宗教之影響涉及國家盛衰之情形絕不鮮見。想來政治之樞要乃正確制定法律經濟各種制度，而宗教之樞要則不然，乃在於支配人心精神，給予人們以幸福安寧之感。前者有形而後者無形。一為解決現世問題，一為解決過去、現在、未來三世之大問題。可謂謀國利、求民福，

上，另一鑽入膏下的故事。參見成語「病入膏肓」。——譯注

二者為一，但其方法則異道歧途。詳細敘之，則政治司掌人之行動，宗教指導人之精神。二者關係猶如鳥之雙翼，車之二輪，不可缺一。國家亦然。自古以來，決無有政治而無宗教之地，亦未聞只有宗教而無政治之國。二者互不可分，其關係昭然若揭。故二者若日益完善發達，則國家興盛指日可待。核照貴朝康乾盛世，並深加鑑察，其事理炳然洞若觀火。僕乃方外之徒，談論政治並非僕之本意，然一瞥貴國佛教，如今衰頹破敗，毫無昔日大觀，僧徒現狀實不忍言之也。佛教已蕩然掃地出門，惟有巫祝餘毒盛行。加之近年外教頻頻傳入，以利食民，以利誘人，以鄙教人。而愚民則多趨之若鶩，不遑識別是非善惡，醉心於泰西者滔滔不絕，無不儘然。亦有人孤陋寡聞，膽小如鼠，局蹐於小天地中，不知宇內大勢，墨守成規，徒然排斥泰西事物，一概視之為蛇蠍。此二者皆未得中庸，如此則徒於國家有害而無益也。此時須注視世界大勢，擇善去惡，取長補短，將此運用於國家建設，豈不為國家當務之急耶？亦豈不為當政者所盡報國盡忠之義務耶？故須先謀改善政教，勉力開啟人智。開啟人智在於設學堂培養人才。若人智開，政教機構完備，則何患時局？東亞問題亦可渙然冰釋。然不開人智，不為政教之改善，徒流於因循守舊，左支右絀，以此對抗世界大勢，而欲治理國家，豈不等同於緣木求魚？

此就歐美列強經營東亞之計策略陳述一二。渠等先派傳教士收買人心，而此並非一日之功，故必派兵以充其欲。俄之於西伯利亞、滿洲，英之於威海衛、香港、長江一帶，法之於四川、雲南，德之於山東，皆極好事例，不言自明。尤以俄之於東亞最為恐怖。僕嘗讀俄史，其先帝亞利山大王有曰：「上帝命予統一世界。」渠夜以繼日，孜孜不倦經營東亞，尚致力於西藏於此有年。西藏人民冥頑無智，如達賴喇嘛卻喜之有狀，與之結交，忘己職責，益發陷於邪路，大法日衰更不以為意。吾等豈能不為之慨歎。余惟西藏位於貴國樞要西陲，一旦出事，將何以治之？於今不為之計，日後必噬臍莫及。嗚呼！歐美列強概莫能外。於今如不斷然實行革新，何日得以行之？我大法主於此亦有所觀，思派大批僧侶前往貴國，開設學堂，培養人才，即於上海、杭州、蘇州、南京等中樞要地開創其業。渠於此別無他意，蓋因與貴國關係唇齒相依。貴國倘有厄運則頃刻嚴重波及日本海岸，故以上建議僅出自友邦情誼，欲定東亞百年之大計耳。然須辨明者，乃我本願寺與貴國寺院旨趣相異，其系統源於皇室，所受尊崇與信任甚篤，目的在於教導全國信眾，而信眾亦仰其為活菩薩，稱之為「善知識」。此實為精神世界之法王也。敝國政教關係似應如此。自古以來，兩國僧侶相互交通往來，文物大開。尤其貴國所來之人，皆獲得各朝大臣厚遇，遂留身日本，於唐宋以來歷史不遑枚舉。此亦豈非同文同種同教之故耶？而其往來交通之情，實有骨肉親情所不可及之處也。吾人之所以深為感激，又豈為偶然乎？現今時局艱難，吾等徒然隔岸觀火，心中實有不忍。貴國之存亡關乎敝國之興衰，即所謂唇亡齒寒。敝國諺語有曰：「一劍易折，十劍難斷。」蓋一體同心之謂也。今兩國同心抵禦外患，救現狀於危難，實為容易之業也。僕原不喜口談政事，僅欲盡宗教家天職，恢復東亞宗教，廣播佛陀福音，以警醒國民，為他日有大用。於此闡述卑見十五條，以呈閣下案右。此番聽聞閣下貴體欠安，感慨轉深，此並恭奉靈藥，量甚少然效驗如神。僕於北京奉呈王公大臣，皆得稱靈妙。僕雖意切，欲馳跪高堂，恭呈左右，然因上下分殊，禮所不允，實以此為恨。於茲斗膽介於江師大人獻上，乞請勿疑速服用。望神佛照鑑，病速痊癒。僕未習貴國文字，冒瀆尊嚴為甚，尚祈倖免其罪。惶恐頓首。

明治三十二年（一八九九）六月三日
光緒二十五年（一八九九）四月二十五日
寺本婉雅拜

總督　奎俊大公　臺前

附錄卑見十五條如下：

一、確立皇室基礎，立萬代不易之基；
二、改地方制度為中央集權，使政權出於一途，靈活行之；
三、明確司法、立法、行政三大職權，防其混亂，明確大臣、官吏職權；
四、起用人才，淘汰無能官吏。去除繁文縟節，以簡易為旨；
五、改變舊有兵制，效法歐美制度；
六、鋪設鐵道，方便通商（開設自成都至重慶、自雲南府至重慶、自成都至西安府之鐵路）；
七、改舊有幣制為官鑄，去除私鑄惡幣；
八、開鑿各省礦山；

九、締結中日同盟，制定百年大計；
十、開放言論自由，廣發報紙雜誌；
十一、開設大中小學堂，廣泛教育子弟；
十二、設專門學堂，選拔英才，以應對當務之急；
十三、選拔有為青年，使其留學海外；
十四、調查人口戶籍，查清生產、冠婚、死亡等情況；
十五、改革儒佛道現狀，清除其弊害。

余於成都期間，招江瀚老爺及其二位公子爾鵬、爾鶚以及王、佟、周、陳、徐、李諸位懇談。據云諸位皆從成田、井戶川二氏學過日語，故對日本抱有好感。二、三日後獲接總督回信：

敬覆者：前奉惠書，並拜靈藥之賜，感甚謝甚。來教勤勤懇懇，指畫周詳，不惟見臺端願力之宏大，而一片愛我中國之苦心所提撕警覺者，殆直同我佛慈悲矣。惟十五條中有能見諸施行者，有辰下情形尚辦理不到者，謹當黽勉圖之以副雅意。裁覆稽遲，尚乞厚宥。此頌

禪祺

奎俊　頓首

六月十二日　離開成都，至新縣驛投宿。今日所經之處有：過族橋、雙流縣兩驛站，行程九十里。

六月十三日　至新津縣。曉來降雨，路滑屢屢欲顛躓。苦力笨拙行走不快，尤好鴉片為甚，往往偷閒至鴉片館貪眠。投宿後亦心為鴉片所奪，不整理行李，實為不堪調教之人也。此地有天主教堂，其結構如商店。附近還有廟宇，安置地藏菩薩，廟外有宏偉紅牆，環繞一周以做壁障。與成都以東寺廟大異其趣，又與我國寺院稍相似。

六月十四日　過功州、楊場抵卭州後投宿，行七十里。是日烈日炎炎，行路艱難。可見西山一帶遙遙出沒於雲間。是日傍晚略有感冒。

六月十五日　自卭州東門出發，行四十里至太塘，又行五十里抵百丈驛投宿。夜來降雨，屋漏雨水滴，潺濕被褥，移床三次。

六月十六日　清早苦力來要錢。從成都出發時余已預付定金一吊錢，而後又給九百文，故呵斥使其離開。蓋渠為購買鴉片也。余步出客棧行五、六百公尺，回頭一看苦力未跟來，怪而尋彼卻不見蹤影。余再次返回客棧檢查箱子，詎料鎖已被毀，代以麻繩縛之。從外表看箱蓋可開閉自如，似無任何異樣，但打開一看，方發現在上海兌換之一百九十五兩銀圓已不翼而飛。「誠然不可大意！」驚嚇之下急忙追趕之，但終無渠蹤跡。因此另雇一苦力，行四十里抵名山縣投宿。城外麥田青青，雲雀天空長鳴，牛羊漫遊田野。

六月十七日　行十里至奠安橋，再行五里至金雞閣後進茶店休息。店裡賣粽子，三角形，與故鄉粽子相同。余心中無比懷念，作歌一首：

燕子飛來去，哺育雛鳥忙。[15]

行三十里後渡一河，水流甚急，蓋岷江支流也。日暮進入雅州[16]，懷揣成田君致此地陳老爺、成都陳先生致何春林氏之介紹信巡訪何氏。承何氏厚意住宿彼家。雅州約兩萬戶人家，乃一大都市。可驚者乃此地有許多藥材店與錢莊，亦有一棟耶穌教堂，教堂寫有「無論何人皆可免費治療」之廣告。此方法最為適當。十七、十八日兩日逗留於此。據云成田君介紹之陳老爺已故去。余受何氏照顧無微不至，在此深表謝意。

六月十九日　出西門沿河行二里後渡河。雨後水位上漲，水流湍急，余幾欲跌入水中。是日始聽蟬鳴，蟬聲與潺潺溪流聲相鳴和，令人心涼氣爽。

行四十里至老君鋪，有五、六十戶人家。自此往右可至盧山靈關，往左可至始陽。行五里多至功村，再上一陡坡，於日暮時分至始陽後宿此。此間有十五里地。始陽約有四百戶人家，多飯館。

六月二十日　從始陽出發，越二嶺，至天全州投宿，僅三十五里。途中苦力怠惰，一再勸說亦不前行。若生拉硬拽，恐如前日又將逃走，故不得已隨彼心願。投宿客棧須自備大米，故此日購買上等白米，一升約合日幣十五釐。天全位於河之北岸，西北方向群山環繞，無城牆，約五千戶人家。城內東西向僅有一街，兩側多商賈。乃通往打箭爐之要地，設有州廳等。是日遇見一位押至天

15　原歌為：「燕飛び去り飛び来り、雛鳥をはぐくむ。」——譯注
16　今四川省雅安市。——譯注

全、身縛鐵鍊之貧僧。沿路有人叫喊：「囚和尚！囚和尚！」余頗覺可憐。四月乘舟過峽江時與楊氏同船，聽聞渠乃此地人。既為奉柩而歸，則恐尚未到達此地，故放棄探訪，深以為憾。

六月二十一日 早起出西門，行一里許過鐵索橋。自此道路通往山谷，有「重巒疊嶂白雲起，無一鳥鳴山更幽」之趣。然而道路漸次崎嶇狹小，益發險峻，最終只能披荊斬棘，寸步向前。腳下溪水滔滔，宛若銀河，白浪啃噬巨石，飛沫碎似珠玉。行人一步踏錯，只能落入千仞谷底。此間清涼山風時而吹過翠綠山嶺，令人忘卻苦熱。百合花臨溪開放，奇香馥郁。是日行程六十里，夜宿「Tsushikuwan」。沿溪有五、六戶人家。

六月二十二日 清晨有微雨。行五十里至上沿壩，宿此。沿溪有五、六戶人家，乃一寒村。

六月二十三日 山路之險甚於前日。行四十五里，宿於「Tsubeikan」。此乃山村，有四、五戶人家。細雨飄零，寒風蕭蕭，無法安眠。自天全運往打箭爐之茶葉最為粗劣，葉如四角柱子，分揀後以竹繩打包。包約長五尺、厚四寸，長方形，送往打箭爐。挑夫力大者可運七、八捆乃至十捆。山路險峻，可想渠等如何辛苦。

六月二十四日 到名觀山，行程三十里，足證山路之險峻。余路過溪谷中一山民屋前，見一少女正在看護患病之老嫗。老嫗對余喃喃有詞，但語言不通，不知所說為何，不由生起同情之念。

六月二十五日 從名觀山出發，至瀘定橋，宿於此，行程八十里。從雅州至此悉沿溪流而行。一路過山澗，攀陡坡，愈走道路愈險，愈攀山嶺愈高，走至此處已是約七千尺之高山絕頂。自此往西南下山，山岳已遠走他方，放眼望去，四周廣闊無邊。瀘定鐵索橋橫跨大河[17]東西兩岸，橋邊有三百戶人家，設有雅州分府。橋乃康熙三十四年（一六九五）建造，長三十一丈一尺，寬九尺。東岸有聖廟，又有康熙帝題寫之瀘定橋紀念碑。兩岸皆有觀音閣。此河源於松藩，於蠻箐中[18]匯合大金河、小金河，南流後經上下魚[19]到此地。此段距離約二千里。又南流至沈邊，轉身東流經清溪縣至南境峨邊廳與北境嘉定府城，其西面與雅州河匯合，然後東入岷江。過去宋太祖與吐蕃劃定邊界時，曾以玉斧比畫此河為界，曰：「自此以西非吾有也。」

六月二十六日　至瓦寺溝，宿於此，行程六十里。河水從瀘定河西境流來，濁浪滔滔。岩石背陰處美麗牽牛花盛開。途中有一茶店，進店休息時見一旅客帶兩名隨從進來。余一見即知渠乃外國人，遂遞上名片，詢問渠姓氏與職業。渠不解英語，但由隻言片語可知渠系法國傳教士，居於瀘定橋之橋沙壩，現從打箭爐返回。由此可見，法國乃如何積極經營四川。

六月二十七日　至打箭爐，做短暫停留。其間致信軍糧府[20]劉大人，請求會見。見劉大人後要求配備馱馬與民工，渠爽快答應。之後軍糧府官吏來，傳劉大人旨意：「有關介紹當地喇嘛一事，

---

17 指大渡河。——譯注

18 從甘南到松潘、茂汶雪嶺，直到青城山、天彭山，再抵成都西境，這一廣大地域統稱為岷山，又統稱為「蠻箐中」。參見《地理今釋》（《李白集．上安州裴長史書》王逸注引）：「西南走蠻箐。」——譯注

19 指康定縣魚通地區。魚通在康定縣折多山以東的大渡河沿岸，自古有上、下魚通之說。上魚通為今天的金湯片區，包括現在的金湯鄉、三合鄉和捧塔鄉；下魚通為今天的姑咱鎮以及大渡河沿岸的時濟、舍聯、前溪、麥崩等幾個鄉鎮。——譯注

20 清雍、乾時多次對藏用兵，因苦於糧運困難，曾於打箭爐、理塘、巴塘、昌都、拉里（嘉黎）、拉薩等處建設糧臺，辦理運輸。乾、嘉以後遂於各地常設流官，照料差務，稱「軍糧府」。清末民初，始悉改為府廳。——譯注

因目下大喇嘛已去西藏，不在本寺，故無法滿足閣下意願。云云。」

在此邂逅能海寬君。君作為本山留學生，為入西藏比余遲離開日本，之後溯長江直接到此。余乃初次與君相見。

清代方積[21]曾在打箭爐深處名曰魚通之地寫過吟詠塞外之雜詩：

平沙漠漠草芊芊，落日牛羊萬幕煙。
亦有參差樓觀影，大都臨著白雲邊。
虎革熊絨席地鋪，韜韜劍矢望塵呼。
分明手版層層遞，五尺紅綾淡墨無。
明妃孤塚草青青，貴主荒墳問杳冥。
聽說蓮花身不化，佛燈深處坐娉婷。
平蕪初長馬初肥，大小傳呼曉合圍。
羌女能唱羌婦舞，夜深燈火載態歸。
玉馬銀獐隊隊馳，瓊花瓊樹一枝枝。
遙憐小市淮南雨，正是梅黃欲摘時。

21 方積（約一七六三—一八一四），字有堂，安徽定遠人，清代官吏，善用兵，後遷布政使，積官四川二十餘年。——譯注關接松維書不扃，河山滿眼舊龍庭。
劇憐鐵馬金才侶，都誦尊王答聖經。

自打箭爐至巴塘

明治三十二年（一八九九）七月日記

八日 離開打箭爐。軍糧府劉大人派出文官武官各一名做余護衛，並贈牛馬各兩匹。察木多[1]官吏與余同行。出南門後行二十里，經大雲山西麓溪流轉西南，又行二十里宿於折多[2]。此地有四五座碉房。所謂碉房，即以花崗岩壘砌、內部塗以泥巴、屋簷平坦以木材橫列、上面鋪就沙土以防漏雨之建築，其形狀通常為正方形，但亦有六角形。此外還有其他形狀，並不一致。富裕人家蓋有二至三層，貧窮人家僅有一層。碉房樓下養牛馬，樓上住人。四面雖為石牆，但內部皆使用巨木。此一帶山嶺無可用之樹木，故欲建造大房，須從數百里外將木材運來。碉房結構外觀與洋房無異，四處皆開小窗取光。離此地十里外有溫泉，旅客至此皆去彼處洗浴。溫泉後面有山，樹木蓊鬱，幽邃閒寂，洗浴後可一解長途勞頓。余等赴溫泉途中見有商隊露營。商隊養六、七隻藏獒，以防盜賊

1 今昌都縣，位於川藏邊界（舊城名，清代康地四大呼圖克圖駐地之一，故址在今西藏昌都縣，地當四川、雲南、青海入藏孔道，置遊擊等軍職司巡防，糧員司糧運。一九一二年改置昌都府，一九一三年改縣）。——譯注

2 折多山位於四川省甘孜州境內，海拔四千二百七十公尺，是康巴第一關。——譯注

與護身。見余等來，商人以繩拴獒。既如此余等則安心通過。詎料此時忽有一獒奔來咬住能海君。能海君驚倒。余欲救之，但因人略在獒身後，故無法如願。一商人見後急趨而至，懲罰藏獒。其餘五六人亦跑來，似有歉意，然語言不通，就此作罷。余等乃放棄洗浴，返回碉房，檢查傷口後發現脛部兩處被咬，所幸不深。余為能海君塗上事先準備之藥膏，並綁上繃帶，做急救處理。是夜二人談及前途，相視惘然。

九日　一早出發，過溪澗，一路亂石橫斜，加之昨日所見之商隊又牽牛拽馬堵塞道路，且有猛犬護衛前後，故余等難以靠近前行。渠等蕃人回身見余等後，笑而低頭，似在施禮。或蕃人猶知守信義？路旁繁花盛開，紅黃綠紫，不知其名，似暗自向行人獻媚。或花無心？或人有情？余怪之而不得其解。行五十里至山頂，漫山無樹，瘴霧濛濛，寒氣逼人。只見蕃人商隊已解放牛馬於路旁，正在生火煮茶休息。此時恰有一藏人攜槍佩劍經過余等面前。渠面黑被髮，赤足而行，裝扮怪異，令人恐怖。打箭爐空氣稀薄，使人呼吸急促，至山頂後此情形益發嚴重。不適應此地氣候者皆氣喘吁吁，行走艱難。跟隨文武官員之馬夫亦臉色蒼白，面孔變形。牛馬亦呼吸急促，疲勞不堪，故余等稍作休息。山頂路旁有碎石堆，插有許多寫有藏文之小旗，或為行路者祈禱安全之意。一路處處散落牛馬骨骸，惡臭撲鼻。下山路陡，四周群山綿綿，不見人家，至此始有被劫之虞。數百隻牛馬或嬉戲於原野，或靜臥於水邊，實為天然良好牧場。見此光景始明白「逐水草而居」為何意。行二十里，宿於瓦提茄。此地有兩座碉房。余等住處乃漢族人士兵家庭。此地及其以西地區不使用銅錢，而悉用印度盧比。傍晚有雷雨，入夜仍未停。

十日　雨尚未停。自此地開始地勢稍平坦，見大批牛羊馬群歡快奔馳。沿途有三三兩兩人家。

行三十里至阿娘壩，再行十五里至瓦切，宿於此。余等以針線代替房費，並於投宿前必問是否有藏獒。若有則令其用鐵鍊拴住後再進入。然而即令有鐵鍊拴住，有時藏獒見到陌生旅客亦有撲來欲咬之勢，其可怖有如獅子。

十一日 雨。宿於東俄路[3]。當地藏人男女皆赤腳，婦女步行之快有如奔馬。此地土壤肥沃，青草萋萋，乃良好牧場。溪谷兩側有田畝，種植麥豆。是日正午前至此地，自此不遠之「高日寺山」林深樹密，晝猶晦暗，行人稀少，盜賊橫行，土司亦無能為力，且氣候極其寒冷。此時士兵來告，曰衛兵不欲前進，故決定停留半日。取出溫度計一看，華氏六十二度。之後察木多制臺[4]來此，宿於鄰家。余等每經過一處藏人村落，必犒勞衛兵與烏拉[5]，給渠等茶葉、藥品、辣椒、香煙等代替房費。

十二日 離開東俄路，行十里過山澗，至「山根早山」，見有一戶人家。又登山行十里，斜坡陡峭，霧大不辨咫尺，穿多件衣物仍感寒冷。取溫度計一看，正好華氏五十度。此地稱此山頂為「高日寺尖」，山頂土地平坦，約一平方公里，水草繁茂，流水潺潺，野牛成群。據云眾多喇嘛居此。下山四十五里區間，山路崎嶇，大樹夾道，老杉直立，枝繁葉茂，實乃恐怖區域。余途中下馬解手，突然馬匹逃逸，奔向溪谷，三人拚命追捕，但難以抓到，為此竟花費一個多小時。又行四十里後投宿八角樓。夜裡吃麵。此地有喇嘛寺，據云有十五、六名僧侶。

3 即康定縣新都橋鎮，是川藏南、北線的分叉路口，亦稱「東俄羅」。——譯注
4 明清時通稱總督為「制軍」、「制臺」。——譯注
5 西藏民主改革前為官府或農奴主服各種勞役的農奴。——譯注

十三日 離開客棧沿小河西進。道路或向左或向右，行走四十里至中渡汛，時值十二時三十分。中渡汛乃一河口，位於雅礱江東南岸。東北、東南方向皆有群山環抱，河水流經此地，與東面來自高日寺山之支流匯合，流向西面後又成為金沙江[6]之上流，再遠則成為金沙江之下流。中渡汛位於其交匯點，西與理塘土司、東與明正土司為界。

此地有四、五十戶人家。漢人住山下，藏人住山頂。「外防委員」賈慶年（打箭爐軍糧府所屬官員）送酒、雞、蛋與小童來，供余等食用與差遣。余等則回送茶葉、砂糖。此地有包裹牛皮呈橢圓形之小船，其內部細木材縱橫交錯，外部則貼有牛皮，以一槳即能在急流中靈活操控，來往於中渡汛之間，不用時可背負回家，亦可稱奇。

十四日 因烏拉不在，故逗留一日。拜訪「外防委員」賈慶年氏，與其商量派遣護衛一事。賈慶年氏乃決定派兩名護衛跟隨余等。

十五日 午前八時出發，渡河，因水流湍急，為驅動小船竟須十一人幫忙。此時有兩三名喇嘛，或搖動轉經輪，或敲打小鼓，專心誦咒。渠等乃巡禮者，除身背食物，手持劍矛之外，再無攜帶其他物品。余等沿溪流向西南方向前進，上岸後前方巨石滿地，蔦木交錯，無路可走，舉步艱難，行四十里宿於麻蓋宗。

十六日 拂曉烏鴉在枕邊叫喚不已，使余想起故鄉。出發後一路地勢稍開闊，但雜木繁茂，令人擔心強盜出沒。一行人相互警戒，小心通過。行十里來到一平坦開闊處。又行四十里至箭子灣。

[6] 原文為「大江」，恐有誤，疑為「金沙江」，此處譯為「金沙江」。——譯注

再行二十里至博浪土。從河口跟隨之兩名士兵在此地返回。途中時而突降霰雪，漫山白雪皚皚，呈現一派奇觀。走小路，沿小河行走二十里至西俄路投宿。

十七日 昨日降雨，溪水暴漲，橋樑沖毀，無法牽馬下山，故在烏拉山頭逗留一日。當地風俗景況猙獰可怖，尤以婦女披頭散髮為甚，有如鬼神出世。渠等頭戴銀蓋，細看背後有細小髮辮下垂，身上前後左右皆掛滿長串珠寶首飾，自肩上曳下，手戴戒指。入夜後寒氣逼人，須生火提高室溫方可就寢。白晝僅華氏六十二度。

十八日 午前八時立即從西俄路上山，漸次到達一千尺高度。山上冷暖交替，加上樹木茂盛，虻蠅麇集於馬前，令人甚為不快。又見山羊成群，望去白茫茫一片，似在蠕動。夜晚投宿咱嗎拉洞。是日行程四十里，費時四小時。晚飯吃日本料理。

十九日 行程六十里，宿於火竹卡。

二十日 過無量河橋，沿溪流左岸行走二十里，再轉向西南在丘陵行走八里到達山頂。只見群山巍峨，山頂殘雪皚皚，夏季仍極寒冷。山麓乃平原，東西綿延數十里，有一大牧場。牛羊馬萬餘頭。自此地又行走五里，投宿理塘。

理塘有三百餘戶人家，藏漢雜居，喇嘛僧有三千餘人，皆住大昭寺（過去稱「惠遠廟」）內。此寺位於北方丘陵上，有城郭，兩扇大門金碧輝煌，令人炫目。街道南北走向，通往寺門。藏人普遍以糌粑為主食，亦吃牛羊肉。清人雖娶藏人為妻，但其妻在語言風俗上仍保留藏族習慣，宗教亦保持喇嘛教不變。清人崇拜「天地君親師」以及財神、福祿神等，若生男孩，成人後則讓其穿清人服裝，而生女孩，則使渠保持藏人風俗。房子低矮且極端污穢，大小便皆在屋外解決。藏人大凡跣足而不洗浴，起居悉於土地之上，罕有寢具。睡覺時拉長衣服包住脛足，和衣即可入眠。婦女頭髮自中間向左右兩側分開，再於其後結為一束，任其長垂。亦見有人將前髮垂至鼻處。

理塘住有軍糧府官員一人，統軍府官員一人。軍糧府管理喇嘛寺，統軍府管理漢兵與土司。漢兵有五六十人，土司有正、副各一人，駐於街道下方管理藏民。據云至去年（一八九八）為止，前後四年間漢藏居民相互爭鬥，各有勝負，漢兵死亡三百人，其中凍死為一半。當地喇嘛風紀最壞，三千喇嘛群居一處，多如乞丐，遊手好閒，放蕩不羈，披頭散髮，著紅褐色袈裟，跣足遊逛，實不忍見之。然而第六世達賴喇嘛竟然出自此地。如今之大喇嘛四十七歲，三年見一次僧眾，平日隱居，不見他人。喇嘛一年之經費與食物皆來自距理塘七八里處之領地，渠等使役三百農戶，向其徵收年貢。斯寺院領地還擁有許多產金之礦山，但喇嘛嚴禁開採，當地人只能在河邊與丘陵一帶挖掘少量黃金。喇嘛允許清人開墾此附近一帶平原，以期收穫部分麥、豆、蔬菜等，但嚴禁大規模耕作。是以藏民習慣於傳統之天然放牧，而毫無以此獲利之念頭。故理塘除畜牧業外，無一作物生長，皆仰賴外部供應，物價之高可想而知。當地人私藏沙金，用來交換洋人銀圓，交換後可購買茶葉、棉布、針線、首飾、馬鞍、牛肉等，亦可購買雲南大米，一盧比可買八斤，相當我國兩升多。偶有精白米賣，一盧比可買四斤，相當我國一升多。

此時廓爾喀（尼泊爾）貢使在此地已逗留月餘。斯使團一行有兩百餘人、馱馬五百匹，自光緒十九年（一八九三）離開本國，於去年十月從北京返回時路過此地。據云前後七年其旅途經費皆由衙門支付。一行中廓爾喀人五十七名，途中死去十七名，據云多死於水土不服。其餘多為藏人，護送之清人有十七、八名。尼泊爾作為獨立國家乃世所皆知，但於明代時尼泊爾王與當地酋長開啟戰端，因當時駐藏之明軍支援酋長，致使尼泊爾王戰敗，於是有遣使支那，結束戰爭一事。廓爾喀人風範、動作皆與泰西人無異，篤信佛教，外貌淳樸。據云從此地赴拉薩須四個月，現逗留於前藏[7]，待明年開春時回國。又據云按規定貢使每十年派一回。

數日來持續降雨，河水氾濫，無法騎馬渡河，加之廓爾喀與察木多官吏同時到達此地，故牲口不敷使用，致使余等在此空等兩週。此前，余等一到理塘即向軍糧府長官熊廷權說明情況，請求提供烏拉，但熊廷權王顧左右而言他，不給予通融，實為遺憾。逗留期間閒來無事，故於某清晨去溫泉。溫泉位於理塘以西十五里處，從岩石中湧出，溫度華氏五十七度。此地有三座房子，三間溫泉浴室，還有一座喇嘛寺。至打箭爐後幾近一月未入浴（一次），而今日洗去一身污垢，通體舒爽，如同脫胎換骨。余給管理員三碗麥粉、三顆紐扣作為洗浴費，事後竟然換回若干牛奶。

余等至理塘時，有一喇嘛飄然來訪。名貢嘎澤欽，五十二歲，語言雖不通，但頗顯親切敦厚。之後渠常拿來糌粑、青菜等，與其他喇嘛相比當有天壤之別。故余等贈其一尺多長、有「南無阿彌陀佛」名號之掛軸。渠見後一臉喜悅，表示感謝。掛軸背面記有：

大日本帝國本願寺僧

明治三十二年（一八九九）七月三十一日　能海寬

7 西藏舊分康、衛、藏、阿里四部。清雍正年間劃康部寧靜山以東地歸四川省，以西與衛部合併稱前藏，藏部稱後藏。前藏包括拉薩、山南等地區，以拉薩為中心。後藏以日喀則為中心。——譯注

光緒二十五年（一八九九）六月二十七日　寺本婉雅

贈理塘喇嘛

貢嘎澤欽和尚

喇嘛禮儀、風範之惡劣已如上述，但此地屬喇嘛管轄，故其權力極大，而如今軍糧府等亦可謂有名無實。一如前述，余等請求提供烏拉，但轉而一想無法辦到，故決定自己出錢雇傭。軍糧府官吏與七、八名喇嘛商談之後，一同來到余等住所，曰四名烏拉須付六個大洋，還須給喇嘛酒錢。若辦不到則不提供烏拉，語氣頗為強硬。由此可見喇嘛之德行如何。以下為理塘及其附近之喇嘛寺名稱（括號內表示其所在地）：

長青春科兒寺（理塘）　大喇嘛堪布居所

金剛寺（理塘）　工噶里寺（工噶）

工沙寺（牟納）　陽頂寺（烏巴）

空沙寺（上俄洛）　三配林寺（鄉城）

納吐寺（八壩）　幫補寺（烏巴）

桑登寺（喇爾布）　立禪寺（喇嘛埡）

乃吉策巴寺（上牟納）　麻糖寺（埡壩）

登沙寺（下牟納）　中角寺（中壩）

明治三十二年（一八九九）八月至九月日記

八月三日　烏拉突然來到。於是余等立即整理行李上路。行六十里至塘頭，欲求宿時被告知：尼泊爾貢使一行恰好與余等同行，其先遣隊已占領所有客房，加之同行者近三百人，故房間不足，在野外還搭起三、四十頂帳篷。余等請求店主無論如何須分給一間客房，但店方不予聽取。正在余等因未預備帳篷而走投無路之際，渠等一行人中有一喇嘛（於理塘獲得余等贈送「南無阿彌陀佛」掛軸之喇嘛）盡其所能勻出一頂帳篷給余等，實可謂因緣。然而帳篷過小，且帳頂處處破損，若遇颳風降雨，則不免成為落湯雞，故將所帶之油紙鋪在帳頂，並將行李堆放於前後左右，再裹上毛毯，勉強度過一夜。凌晨寒風凜冽，白霜一片，有炊煙縷縷，升上天空，數百隻牛馬嘶鳴於曠野之中，彷彿身處軍營。

八月四日　足踏殘月出發，越黃土岡，坡陡峭，多沙礫。山頂稍平坦，有火山噴發痕跡，岩石帶炭色。亦有湖泊，蓋火山噴口也。山上既無樹又無草，亦無鳥獸，人跡罕至，滿目荒涼。余等提防強盜來襲小心通過。行四十里至乾海子。只見雪山橫臥面前，似在顯示其屹然凌雲之勢。又行十里至濫泥壩。路上多蚊蟲。自此開始沿溪流行三十里至爾塘，宿於此。夜裡因蝨子騷擾無法安眠。當地人要求先交部分房費，甚狡猾。

八月五日　拂曉聽聞淅瀝聲響，起床出門一看，白雪紛飛，滿山銀裝素裹。可知此地海拔有一萬七八千尺。是日行程二十五里，至「喇嘛了」，宿於此。

八月六日　為更換烏拉逗留一日。「喇嘛了」位於河之右岸，地勢稍平坦，遠處山岡不見樹木。有五六十座碉房。當地人溫順，但似乎貪婪風氣亦蔓延於此。物價奇高，乃理塘之兩倍。五個雞蛋須半個大洋。酥油亦同。或碧鬍子（？）[8]一行曾在此逗留一日，物價即變為如此高昂。由此足以推測沿途土著隨歲月流逝將趨向狡猾。此地無喇嘛寺。

八月七日　烏拉丟下牲口先走。余親自趕馬前行五里，遇見二位準備登山之巡禮喇嘛。余給一個大洋委託渠等代牽二馬。上坡為五百尺，下坡為三百尺。前面因大雪山橫亙，故只能迂迴下山。行二十里至二郎灣投宿。前述廓爾喀一行又已占據房子，故借一帳篷住一宿。極冷。雪山頂上有喇嘛寺。據云冬季有雲南一帶之信徒登山。

八月八日　由於總與廓爾喀一行同行，故無店可住，不便之處難以言表。乃出五個大洋買頂舊帳篷。余委託兩名喇嘛趕馬南行十里，越過山丘來到一平地。又西行五十里至三壩，宿於此。照例在帳篷裡過夜。晚飯後藏民聚集余等帳篷周圍，饒有興趣地向帳內張望，最後拿來酥油、糌粑與余等交換針線等物品，頗為有趣。有一清國婦女，三十五、六歲，儀表舉止粗俗，從理塘隨廓爾喀一行來此。據云欲去西藏，但又不知尋找何人。此前在「喇嘛了」與余同住一個客棧，今日因無客房，居然不請自來，同喝茶同吃飯不算，最後竟鑽進余等帳篷，就此睡下。渠似自始至終一人旅行，既無行李，又無寢具，僅帶糌粑與酥油，意氣風發策馬奔馳，其風采乃男兒所不及，頗有異樣感覺。三壩位於雪山背後，二郎灣則橫亙於前。

八月九日　一早出發，催促馱馬登山。山勢崢嶸，行三十里至大所山頂。之後朝西下山行十

---

8 原文如此，不知何意，或指前述尼泊爾貢使一行？「（？）」為原文所有。——譯注

里，因道路險峻，故人屢屢欲從馬上墜下。行四十里至松林口吃午飯，之後朝正北走二十里，路稍平坦，但森林茂密遮住陽光，白晝亦顯昏暗。眺望左右兩側山勢巍峨，四處杳無人跡，只聽見嘴腳皆紅、通體發黑、類似烏鴉之鳥兒在鳴唱。入夜宿於大朔。大朔西面群山聳立，南北方向有開闊平原，東面森林密布，山麓有人家，溪水咚咚作響。傍晚，一名喇嘛將馱馬繫於帳外，烏拉則將其餘三匹馬牽走。余去支那人房間，返回後欲準備晚餐時發現少一匹馱馬，故怪而問喇嘛，答曰不知。余四處尋找未果，就寢時仍惴惴不安。三更時分，帳外溪水沉靜，草木收聲，細雨蕭蕭，寒氣逼人，不覺夢醒。忽聞帳外有奇怪聲響，但因天黑、篷低無法看清外面情況。余屏息靜氣拉長耳朵傾聽，似乎有人將靠近帳篷之行李偷去。余遂躍然而起，一面大喝呼喊：「能海君，起來！起來！有賊！」一面飛奔至帳外，但此時人影早已不知所蹤。隨後檢查行李，發現僅能海君之斗笠與毛巾被偷，所幸其他東西皆在。

八月十日　夜裡降雨，水流入帳篷內濡濕衣物，因無法煮茶，故僅就水吃糌粑。馱馬未回，頓感運輸行李不便。昨天所雇喇嘛，一懶惰，一稱病，總落在身後，能海君怒而懲罰渠等。而從理塘跟來之一名士兵又極任性，總與支那人同行，終日不見人影，見馱馬丟失亦態度漠然。能海君見此，又掄起拳頭猛擊渠頭部。渠則撿起大塊石頭，做出欲抵抗之架勢。眼看一場悲劇即將發生，余擋在二者之間，曉諭士兵後終於平息此事。事已至此，喇嘛與士兵三人今早終於不告而別，令余等更感痛苦，但余等無理由因此停止腳步。余另租一馬，使其馱上行李於午前十時余出發。租馬費為三個大洋，而自此地至巴塘僅有兩日路程，卻被索取自理塘至巴塘之租金，但亦無他法。從大朔起開始登山。山頂有火山噴發之痕跡，且有殘雪堆積。行三十里始至山頂。山頂陡峭筆直，火山石散落四處，故只能下馬行走。行四十里至邦叉木（《能海寬本》寫作「奔察木」）。又走三十里抵小巴衝，宿於此，此地有八、九座碉房。從山頂至此，一路上懸崖峭壁高千丈，亂石巨木縱橫，溪流之湍急幾與瀘定河無異。余心想今晚又要露營，但所幸在大朔雇傭之烏拉敦厚能幹，經其斡旋後終得以與廓爾喀一行同住一家旅店，與藏人一家共入夢鄉。此家庭有一嬰兒，全身一絲不掛，光溜溜睡於灶旁。據云藏族有一習俗，婦女分娩後須讓嬰兒裸體一週，白日則曬太陽，此或使嬰兒健康成長所為。是日余等催促馱馬過小路時與廓爾喀一行相遇，當穿過渠等馱馬，走過兩三百公尺後回頭一看，發現綁於行李上之能海君藏刀丟失。乃藏人等抽走刀身。藏人之壞，以理塘烏拉為甚[9]。

八月十一日　午前七時半從小巴衝出發，有烏拉拽牲口大可放心。下坡沿溪流走四十里，一路路面平坦，天氣晴朗，氣候宜人。午前十一時至巴塘。

八月十三日　至軍糧府，面見糧臺[10]武文源通報入藏目的，申請配給烏拉與衛兵。渠爽快答應。余等於七月八日自打箭爐出發，二十日至理塘，八月三日自理塘出發，十一日至巴塘，此間費時一月有餘。而如今又無烏拉，徒然在此停留。其間雖一而再、再而三地追逼軍糧府，但遲遲未有解決之跡象。余等起初相信渠等說詞，認為可以早日通過此地到察木多旅行，卻不曾想原有之喜悅心情如今已轉為仇恨。此後土司告余：「無法配給烏拉，且吾等不希望外人入藏，不如返回打箭爐。若同意返回，則可派出烏拉。」其勸誘之情十分懇切。然而，余等曾抱定決心，無論途中遇到

9　原文如此。根據上文，可知藏刀乃廓爾喀人偷去，但將此帳記在藏人烏拉身上，似與邏輯不合。——譯注
10　清代管理軍餉及各種軍需的機構。——譯注

多大危險，即令橫屍道旁，亦要達至入藏目的，故又與糧臺商量。糧臺告曰：「本臺無法派出烏拉，請自行雇傭。若需要，本臺可發出路票。」[11]嗚呼！如今已是進退維谷。進，無烏拉無馱馬。退，已嘗盡千辛萬苦來到此地，此時再腆著臉皮折返回去，的確遺憾至極。余以為所謂遺憾，即此時遇上此事。此前廓爾喀一行曾到土司處誹謗余等乃洋鬼子，故當地人與喇嘛亦嫌棄余等，稱余等為洋人，故不派烏拉，的確亦有為彼言所惑之一面。余等一直盼望某日即可從此地出發，可未想在此已逗留一月有餘，而前途更加黯淡。「花開有風雨嫉妒，裝扮又豈可無駒？」即使有幸得以與廓爾喀一行同行，亦勢必在四處被渠等稱作洋鬼子，招致各地土著嫌惡。而此嫌惡將比巴塘有過之而無不及，乃洞若觀火之事。余等乃外國人已日益為藏人所知。按渠等習俗，但凡見洋人進藏，則立即殺戮，故余等生命將遭受渠等荼毒亦不言自明。嗚呼！行路難！行路難！但眼下首要任務乃準備牲口。

陣雨落山路更遠，眺望巴塘夏月時。[12]

一個月後[13]，軍糧府來人召喚，余二人出去迎接，來人告曰：「江卡士兵帶文件來此，言明拒

11 一種證明身分的通行憑證。清代《新疆紀略》有云：「設遊擊一員，稽查往來路票，彈壓地方。」——譯注
12 原為兩首格式為「五、七、五」的俳句：「夕立や　山にかかりて　道遠し」和「夏の月　眺め　くせる　巴塘かな。」——譯注
13 即到了九月。

絕洋人入藏之理由。」並出示彼文件抄本。此後仍不斷有江卡士兵來此，拒絕余等進藏。至此，余等既無法又不可從巴塘前進一步，多年之心血毀於一旦，其速度之快比水中泡沫消失得更為迅速，此時再無任何比喻可形容此時灰心喪氣之狀態。據推斷，似因廓爾喀一行紛傳，眾人乃始知余等為洋人，又似因軍糧府將消息通知江卡，余等方有今日。若入藏之目的全然不可實現，則如今再停留此地無益。而懷有同樣目的之成田君亦必將與余一樣，以日人為名被一路護送至此，最終遭受同樣命運。若此則不如在渠未到此地之前儘快離開此地，將情況通知渠，乃最為有益，故余決定暫時返回打箭爐。然而能海君卻決定從巴塘去阿墩子、維西、中甸[14]，在彼處過年，若有機會則去印度。兩人各自定下進藏之方法，並通知軍糧府。最初渠等答應派衛兵將余等自小巴衝經Yape根[15]送至中甸，故余等決定十月一日從當地出發，並各自為此做好準備。

但至九月二十七日，守備守都司來二人，曰：「自巴塘至中甸，一路群賊出沒，多有危險，故未必能護送汝等。因此，最好先返回理塘，再從理塘去中甸。」但同時又說不准從中甸赴雲南。因此余等到軍糧府見武文源，責問渠為何屢屢毀約。渠無法作答，倉皇逃匿。余等身處異國他鄉，無任何權力，對此亦無任何辦法。支那官吏之無責任感態度，實令人無語。吾等只能相互對視歎息。若吾等自行攜馬而來，在最初軍糧臺答應入藏之時即立即穿過巴塘，則如今已在遠方某地亦未可知。然自打箭爐出發以來，余等或因烏拉問題為當地土司所阻滯，或被問及有無路票，最終成為

14　即香格里拉。——譯注

15　原文為「ヤーペェ根」。——譯注

廓爾喀一行流言蜚語之話題，在逗留此地兩月後，竟然蜚聲江卡之遙，以致有人從彼地來，通知洋人不准入藏。或許余等自打箭爐出發時所做準備有誤。又或為余等輕鬆入藏之機會尚未來到。此時「梅花傲雪發清香」，而余等入藏行動卻不得不到此結束。

九月二十九日 夜，余強忍淚水寫下二句：

江卡喇嘛以及土蠻拒余入藏實為遺憾
壯志未酬誓再幾度長征直至大門洞開

以下附文乃江卡土司就拒絕余等入藏致巴塘軍糧府之信件，可詳細說明當時情況，故附錄於此。

大皇上委命王法王子剖立：

武大人臺前，為具夷稟事，江卡滿康僧俗眾人等為具稟事。緣近聞得巴塘現抵有洋人二名，由省隨帶路票欲要進藏等語。小的僧俗人等現已議結阻滯我等界內，不能前進傷害黃教佛門。外國之人一概不前行。自今以前外國洋人及教民人等若要進藏之人，均已阻攔，並所行各事均所共知，想必巴塘有案可查。至今該等雖帶有路票前來，我等萬不能叫他前行一步。盟誓是實。

武大人乃是管轄地方官掌，如何向他人吩示，尚祈早為吩示施行。而該人等不聽吩諭，任意前行者，其時或好或反，無怪我等乎。

光緒二十五年八月　日[16]
交界僧俗眾人等同具

對此軍糧臺武文源回覆如下：

爾滿康僧俗人等具來票帖，本府已接看過了。洋人二名欲進藏朝佛，本府早已阻攔他不准進去。爾等既又具稟前來，本府再行吩示洋人急速轉回可也。爾等各安住牧，不得多事。此喻。

八月十四日諭

巴塘之見聞

以下乃逗留巴塘之見聞：巴塘三面環山，位於東北、西北以及東南三個方向組成之三角形底部。巴楚河由北往南、宗曲河由東往南流到巴塘匯合後，再流九十里在竹巴籠與金沙江匯合。夏季

16 原文缺日數。——譯注

氣溫高達華氏八十三、四度，低則六十二、三度，一月中有半月降雨，雷鳴不斷。蓋自大所（大朔）山頂至此約一百一十里間，坡道陡峭，有四千一百尺，比理塘低一千一百尺，幾乎與打箭爐等高。其溫暖不因緯度低，亦不因位處南方，而似因地勢較低。有三百餘戶人家，房屋皆以木材為「骨架」，塗以泥巴為「皮肉」。樓閣較宏偉，紅土牆面，結構與洋樓相似，外觀美麗，為理塘所不及。

有喇嘛寺，稱丁林寺，金碧輝煌。寺內面積四萬餘平方公尺，現有一千七百名喇嘛。東邊山麓亦有一喇嘛廟，有數十名喇嘛守護。又有聖廟、城隍廟，皆寬闊疏朗，乃清人所建。每年農曆二月至四月期間，定居此地之清人通常在聖廟演戲。有軍糧府，有正、副土司。正土司管理喇嘛，副土司管理百姓與烏拉。巴塘清人多於理塘，百姓皆溫順，未有理塘之惡劣風氣。土司及烏拉不受喇嘛管轄，故喇嘛性格亦稍溫良恭儉。

此地土壤肥沃，盛產大麥、青稞、蔥、茄子、辣椒、蘿蔔、黃瓜、南瓜、桃、葡萄、梨、松茸等，大桃乃此地特產。畜牧業不發達，以麵類、糌粑為主食，亦吃牛肉、豬肉和羊肉。此類物價與理塘大致相同。還有超過一、二尺之河魚，味道清淡。松茸非產於松林，而產於槙山，味美與我國無異。所有蔬菜皆可與茶、鹽等日用品交換，購買麵類則須使用銀圓。此地牛皮質量上乘，藏靴只須三個大洋即可買到。大米乃從雲南輸入，色紅且軟，以臼將其搗成碎片，味則不美，一盧比可購得六斤左右，換算後即用六角日元可購買兩升。鹽乃從距竹巴籠約七日路程名曰「鹽井」之地方輸入，有紅、白兩種，皆粗大質次，混有沙石，煮後變色。海產品之海參、海帶、魚翅等則由成都、打箭爐運來，自然價格高昂。所用火柴乃支那製造。淺黃色、白色棉布由打箭爐輸入，價高，一盧比僅能買六尺（約兩公尺），但銷路極好。珊瑚則從印度加爾各答進口至西藏拉薩，之後再流入此一帶，用於製造念珠、首飾。

物價大凡隨打箭爐向內地深入，交通日益不便而呈現逐漸上漲態勢。巴塘之物價乃理塘之一點五倍，為打箭爐之三倍，差別極大。理塘、巴塘、打箭爐等地官吏有以使用洋傘暗自驕榮之情形。支那南方地區大量進口洋傘，但成都附近一帶則較少見。從我國進口之雨傘六角至一元，商人以追求廉價為主，故質次雨天難以使用。貿易商須注意此點，一旦建立信譽，則容易獲得無限財富。毫無疑問，若我國貿易能延伸至巴塘，則必將獲得巨利。

巴塘盛行喇嘛教，男女老幼皆信仰之，晨昏必誦經，祈禱虔誠。支那人本不信喇嘛教，但到此地後大都轉為信仰，生病時亦請喇嘛祈禱。蓋巴塘、理塘之漢人，大都娶藏人為妻，將家計委託於妻子，故逐漸也隨妻子信仰喇嘛教，但渠等並不拋棄過去之孔教，似乎同時信仰孔教與喇嘛教。普通喇嘛與藏人以及支那人皆為現世利益而祈禱，似乎毫不關心來世之精神問題。由此不難推知喇嘛教之教理與經書、現世問題之相關程度。巴塘與理塘之喇嘛數量相差兩倍，即理塘有三千七百人，而巴塘僅一千七百人。如前所述，理塘喇嘛風紀敗壞，性質惡劣，衣著較美，似乎乞丐打扮之喇嘛不多。反之，巴塘喇嘛穿著簡樸，儘管土地肥沃，但乞丐打扮之喇嘛較多，其性格溫良恭儉，或出於缺乏土地權益之緣故。理塘之地方管轄完全操縱於喇嘛之手，其權威極高，而巴塘喇嘛則全然相反，故收入極少，普遍貧困，惡喇嘛少。

巴塘與理塘之男女於習俗、髮型上略有不同。理塘男子極少像支那人那般將頭髮梳成碩大髮辮，垂在背後，而大都蓬頭散髮，從不梳頭，任其糾結一團。婦女多留瀏海，於腦後編織數條辮子垂下，頭上插銀盤，並不美觀。巴塘男子如支那人，剃去頭部四周頭髮，將中間頭髮用藏青色粗繩編起一條粗大辮子垂在背後，其與支那人之區別僅在於髮辮之粗細與衣服是否有領子。藏族婦女將頭髮左右分開，以黑絹線編起粗大辮子，垂在背後。理塘婦女用紅色粗棉線，而巴塘婦女則用黑色細絹線或紅色細股線綁紮頭髮。

巴塘曲藝風俗之一端略記述如下：每年九月四日至六日，喇嘛照例皆要舉辦戲劇演出（陰曆八月二日至四日，藏曆八月一日至三日）。人們在距巴塘郊外六百多公尺之巴楚河河畔搭起帳篷，跳「喇嘛舞」。此三日間，巴塘之清人與藏人緊鎖門戶，男女老少皆盛裝出外看戲。而實際上在此三日之前，即有人用驢馬運送食品，搭帳篷等，終日不回家。演出時，軍糧府、丁林寺大喇嘛、正副土司和一千多名喇嘛在劇場四周各帳篷中觀看表演，而一般百姓則在其外圍各自搭起帳篷，占好位置。若無空地，則在河畔樹蔭下或草地上安營紮寨，煮飯時大鍋小灶，炊煙嫋嫋，盡情享受一年中之歡樂時光。而所謂演出，只不過是單調之手舞足蹈。「演員」多半高聲吟唱喇嘛經或咒文，每唱一咒文，即上下前後舞動手足，將身體從左向右旋轉。舞蹈時乃多人圍成一個圓圈邊跳邊轉。有單人舞，有雙人舞，也有五、六人之集體舞。多人舞蹈時有一人領唱咒文，以此定調。誦經時用太鼓，稱為「銅鼓」，而鉦則用於伴奏。舞蹈與伴奏皆千篇一律，毫無樂趣。單人舞蹈時舞者手捧咒文，一頌一咒，且唱且跳。多人舞蹈須待領唱後始跳，但亦有人不合節拍。謂之曲藝確為曲藝，但與日本曲藝相比差別甚遠，不愧為蒙昧戲劇。劇場附近有一碉房，乃喇嘛之廚房，現兼做後臺。許多小喇嘛將酥油茶倒入黃銅鑲邊之黑桶後，分別提到看戲之喇嘛身邊續茶。帳篷中無數喇嘛身穿污穢袈裟，跪坐在草地上。少年喇嘛在前排，之後是老喇嘛，以此為序。各自面前擺有木碗與糌粑，皆默默觀看演出，看去與五百羅漢毫無二致。丁林寺大喇嘛亦來觀劇。其五十四歲，白髮瘦體，與眾喇嘛同穿紅色袈裟，兩三名侍僧侍奉在旁。

再記述服裝。傳統藏服乃以藏紡、類似棉絹混合之布料製作。男人穿褐色內衣，外套一件無袖、類似支那男裝之坎肩。貧窮人家婦女穿藏紡棉布褐色衣服；中等家庭婦女穿支那紡織之藏青色棉布衣服；富裕人家婦女則穿毛料蔥綠色厚衣服。因毛料衣物乃進口商品，故罕有人穿著。藏婦腰部右側垂掛一條絹線製作之長瓔珞，上面綁有一個類似印章盒模樣之腰包，放有針線等小件物品。平日跣足奔走之藏婦，惟在看戲時穿嶄新長靴。靴底為牛皮製作，靴面塗成白色，踵部至脛部乃用紅白藍色棉布製作，外表華美，猶如西洋長靴。男子內穿白色棉內衣或藏式褐色內衣，外套一件稱為「木布製」之褐色帶領子長袍，形似日本服裝。此袍頗長，夜晚可做寢具，故白天須用繩子別在腰間。男子與喇嘛一樣，大凡袒露右肩。

余此次旅行前擔心水土不服，故攜帶許多藥來此。自打箭爐至巴塘每日皆下痢，服藥即痊癒。余投宿之客棧有一藏婦，照顧余惟恐不周，某日來，說牙疼給點藥。余給膏藥，似為有效，自此許多藏人男女皆來討藥，最終竟有人邀余把脈。余不勝驚訝，未想到自己能迅速成為一名醫生。渠等因此拿來黃瓜等醬菜贈余，以表謝意。余以為苟欲於異國布教，略懂醫術將起較大作用。

某日余拜訪在巴塘之法國傳教士堂保祿氏。據云該氏在瀘定橋居住七年，三年前來到此地，去年重建教堂時曾捐銀一萬餘兩。除一名漢人、一名藏人是天主教徒兼僕人供使喚外，此地目前還未有一名信徒。又云教堂數十年前即已有之，但後來被百姓焚毀，以致該氏被送回打箭爐。如今教堂招牌尚未掛出，此乃慮及藏人心情之使然。教堂乃正方形，邊長為十四、五平方公尺，藏洋合璧結構。余深感在此建教堂並非一件易事。

九月中旬，某夜裡發高燒在床上呻吟。夢裡回到遙遠故鄉，正待叫一聲父親大人時從夢中醒來。當時夜半三更，秋月皓皓直射客棧窗口，滿目淒涼，感慨無限：

夜呼家父夢醒時，獨寐旅床秋月明。[17]

---

17 原文為「五、七、五、七、七」格式的短歌：「ああ父とよぶ声たかし　夢さめば　独り旅寐の　秋の夜の月。」——譯注

自巴塘至歸國之前

明治三十二年（一八九九）十月日記

一日　終於離開巴塘，踏上返鄉路途。古人云：敗軍之將不言勇。余亦不喜就此贅述，以下僅記述所至之主要地點及其他事項。

四日　從三壩出發登上丘陵時，因馬驚後仰，余倒栽蔥落馬，所幸無傷。

八日　抵理塘。理塘人當街小便，極不衛生。

二十二日　至打箭爐。擬次月二日離開此地前往重慶。能海君因計畫再次入藏，故停留此地。送君至城外，余與患難與共之好友話別返回日本，心中戀戀不捨，九曲迴腸。

明治三十三年（一九〇〇）一月至四月日記

一月　在重慶過年時，逗留打箭爐之能海君寄余一首〈元旦歌〉：

舟在浮雲何需楫，來來去去全憑風。[1]

余和詩：

乘雲流水難由己，到岸花繁有我身。[2]

又作俳句一首：

雪日有旅人，野外節孝坊。[3]

三月九日　終於離開重慶，踏上回國路途。於朦朧春月，棹長江之水，與花都巴蜀告別，有三種深刻之悲傷：

無功而返千秋憾，欲止船行月夜花。[4]

1　原文為「五、七、五、七、七」格式的短歌：「浮き雲にのりおる船のかぢならぬゆくもかえるも風のまにまに。」——譯注

2　原文為「五、七、五、七、七」格式的短歌：「雲にのり水に流るる身のはては花さく岸につくよしもがな。」——譯注

3　原文為「五、七、五」格式的俳句：「雪の日や旅の野に見し節孝碑。」——譯注

4　原文為「五、七、五、七、七」格式的短歌：「遂げやらでやむなく帰る憾みかな船も進まず花の月夜に。」——譯注

三月十八日　至宜昌。

四月一日　至上海，宿於本願寺分寺。

四月十一日　至神戶。年邁父母特來迎接。余深感父母之慈愛充溢全身。

第一次旅行日記就此擱筆。

追記

於巴塘遭遇康巴藏人拒絕入藏後期待再行壯舉，暫返日本。此時上海《每日時報》（*Daily News*）聽聞此事，在十二月二十日對余等西藏之行做以下報導。洋人之猜測令人捧腹大笑〔明治三十三年（一九〇〇）正月抄錄於重慶〕：

The Japanese and Tibet

Some times ago I told you of an attempt about to be made on the part of two Japanese"bonzes" to reach Lhassa. They have now retuned to"Ta-chen-lu", after expending nearly two months in Pa-tang where the Lamas effectually barred the way across the frontier. Disappointing to the Japanese; characteristic of the Lama. One of the"bonzes" will remain in Ta-chen-lu while the other goes to peking. Presumably to procure power from the suzerain China to force himself upon his co-religionists, Query is it religions fervor or political enterprice? There are those who affirm to be the letter.

日本人與西藏[1]

日前，余曾報導有兩名日本「和尚」企圖前往拉薩。在逗留巴塘近兩個月後，渠等欲穿越川藏邊境時被喇嘛堅決攔阻，眼下已返回打箭爐。喇嘛之執著性格使日本人極度沮喪。其中一名「和尚」決定繼續留在打箭爐，而另一名則決定去北京。蓋去宗主國支那獲取同宗信者之援助，以增強其信心。問題乃渠等此行究竟出自宗教信仰抑或政治目的不得而知。須知渠等欲進入西藏時曾攜帶經批准之公函。

在重慶交付之護照內頁有以下內容。能海君或持相同護照。若此，則知會北京政府即可查詢能海君之行蹤。

> 大日本欽命駐紮重慶管理通商事物領事官加藤為給發護照事，照得日清通商行船條約第六款，內載日本臣民准聽持照前往中國內地各所遊歷通商。執照由日本領事館發給，由中國地方官蓋印。經過地方如飭交出執照，應隨時呈驗無訛放行。所有雇傭車船人牲口裝運行李貨物不得攔阻。如查無執照或有不法情事，就近送交領事官懲辦。沿道止可拘禁，不可凌虐。等因現據我國人寺本婉雅、華音得拉磨托嚴阿稟稱欲由重慶前赴四川、雲南、貴州及西藏等處遊歷，請領護照前來，據此本領事查該人素稱妥練合行，發給護照，應請大清各處地方文

1 由譯者翻譯。——譯注

武員辨驗照放行，務須隨時保衛，以禮相待，經過關津局卡幸毋留難攔阻。為此給予護照，

須至護照者。

此照給寺本婉雅　收執

明治三十二年（一八九九）五月

給

光緒二十五年（一八九九）四月初八日

大清欽命署理四川分巡川東兵備道監督重慶關兼辦通商事宜　夏加印

限回日繳、銷[2]

2 以上護照內頁文字原無標點。現有標點係譯者所加。——譯注

第二章　第二次藏蒙旅行日記（蒙藏篇）

在記述第二次西藏旅行之前，有必要先列明第一次入藏失敗後發生之主要事件，並表明二者之前後關係。

明治三十三年（一九〇〇）四月回國後余暫居故里，等待時機。其間清政府再次籠罩於一片慘澹風雲之中，此即「庚子事變」（義和團運動）。此事變於世人記憶猶新，故在此無須詳說。但余因此接受官府之命從軍，於同年八月十九日匆匆離開京都赴北京，至北京後立即被編入日軍第五師團。此間余依然不忘入藏，等待時機毋庸再言，更不敢懈怠從各方面對西藏開展研究。

明治三十四年（一九〇一）一月二十二日，收到能海君於前年臘月二日從重慶寄來之信件。此信寄京都後又轉至余案前。信中曰渠至甘肅、西寧等地，擬從新疆入藏，但亦未果。此次又返回重慶，計畫從雲南入藏。余衷心祈禱能海君身體康健。

之後余想，西藏喇嘛苟能訪問日本，於將來頗有益處，故與日本各要人共同策畫，熱心奔走，終於達至目的。七月二日，余與北京雍和宮活佛阿嘉呼圖克圖[1]、堪布[2]喇嘛熬色爾甲木錯（西寧人，自幼遊學西藏，去年[3]六月被西藏達賴任命為雍和宮藏僧學校負責人），以及楊喇嘛、巴達

1 指時任駐京呼圖克圖之阿嘉五世羅桑丹貝旺秋索南嘉措。阿嘉呼圖克圖（一八七〇－一九〇九），郭密人，受封札薩克達喇嘛，藏傳佛教高僧、雍和宮著名活佛。當時「訪問」日本時間長達月餘。阿嘉呼圖克圖是塔爾寺內地位最高的活佛，清代七大駐京呼圖克圖之一（前十三世系追認活佛）。阿嘉，藏語為父親。阿嘉活佛即宗喀巴的父親轉世，現傳至第八世。——譯注

2 原為藏傳佛教中主持受戒者之稱號，相當於漢傳佛教寺院中的方丈。其後舉凡精通經典之喇嘛，且為寺院或札倉（藏僧學習經典之學校）之主持者，皆稱「堪布」。擔任堪布的僧人大都是獲得格西學位的高僧。——譯注

3 指一九〇〇年。——譯注

噶、大空、阿喇嘛、支那人劉明琨[4]、何鎮卿八人離開北京，自大沽乘「高砂丸號」輪船直接前往日本。十二日到達京都。之後到東京觀光考察，受到各方面歡迎。此事從當時之報導可以知曉，亦受到在野政治家之意外盛大歡迎，因為此舉不單純為一個宗教問題，還包含關乎蒙古、西藏未來之政治意義。活佛去東京後余突然生病，無法自由行走，呻吟於淺草分寺病榻。是以八月上旬活佛回國時，本山命余護送活佛一行返回北京，余只好請求松江君代為護送。有關當時喇嘛活佛與東本願寺法主臺下之對談，可通過新聞報導瞭解一二，不可謂之無趣。

【原編者注：此原稿以下兩頁缺，或貼於已燒毀之正稿上。】

[4] 此人除為畫師外，具體事蹟不詳，恐非歷史著名人物。——譯注

啟程至北京

明治三十四年（一九〇一）十一月至十二月日記

十一月二十七日　午前六時離開京都，踏上第二次西藏探險旅途。雙親、胞妹三人送余至神戶。十一時半乘上「玄海丸號」輪船，在甲板上耽擱片刻，離別時互道珍重後心中難以抑制悲痛之情。之後，父母、胞妹戀戀不捨乘上小艇離去。余揮帽目送小船消失在波浪之間，胸中又充滿訣別之情。胞妹滿含淚水回望余，父母則背對輪船，一眼皆未回望。然而此時余可揣測父母心情，心潮難以平靜。若非四周有人，余必定盡情痛哭一場。

屈指算來家父已六十有六，家母亦五十有九，皆屬老人。且余僅有一個胞妹，並已出嫁，家中無一人可照顧老人。嗚呼！老父老母此後當如何生活？既無法投靠寺院，亦無可仰賴之家產，而自余前往西藏探訪至今又已近五年，前途茫茫，再須幾年不得而知。余常想，苟余有兄弟，則不會有如此苦惱之問題。不過余堅信不疑，佛光定將眷顧吾等貧窮親子，給予吾等慈悲與救濟。離別悲傷，而佛祖不棄，余在心中默默唱名[1]。

「為法為國，永葆健康。不達目的，永不回國！」想起家父臨別最後之告誡，余胸中又鼓起勇氣，全身充滿力量。

十二月　船過釜山、仁川，後向芝罘行駛時來到一望無際之黃海海面。此日已是十二月五日。回想往日，日清戰爭[2]時此處艨艟戰艦曾急馳往來，硝煙彈雨籠罩大海，無數生命葬身海底，對此豈能毫無感觸?!何況當時狂風大作，掠過船舷，怒濤如山迎頭襲來，雨霰交加，天空陰沉，烈士隨時將光榮慘死。於是余進艙默默誦經，哀悼幽魂。入夜有數位熟人來余艙室，談及宗教，甲論乙駁，難有結果。余沉默傾聽。爭論漸入佳境時激浪開始翻弄船體，一波打來，似高過山頂，一波退去，如跌入地獄。平日不信佛祖地獄，動輒恃才傲物之人，此時亦為眼前恐怖景象所震懾，其陰鬱心靈開始由暗變明，金光閃爍，甚至有人口中喃喃口誦佛祖高名。想必緣於佛光暢通無阻，普照四方，即令冷酷之人心如頑石，遇此光後亦可即刻心懷溫暖，可親可尊。

乘客中有一人攜帶兆民居士[3]之著作《續一年有半》，自輪船離開神戶起即洋洋自得，誇示說兆民與其信仰完全相同，但見到今晚輪船搖晃，如樹葉浮沉於波濤之間，臉色始變蒼白，一如死

1　口唱佛祖名號。——譯注
2　即甲午戰爭。——譯注
3　即中江兆民（一八四七—一九〇一），日本思想家，一八七一年留法，歸國後提倡民權論，參與創立自由黨，任該黨機關報《自由新聞》主筆，在日本第一次大選中當選為議員，曾翻譯盧梭的《民約論》等，著有《一年有半》、《續一年有半》等，顯示出其無神論和唯物論的思想。——譯注

灰，臥床靜聽眾人宗教論戰。忽然，渠自上層鋪位將其視為金科玉律之《續一年有半》扔出艙外，大聲叫喊：「予相信予之心靈有了微妙變化，還相信佛祖確實存在。」聽後舉座驚歎，議論因此停止。此實乃航海中之快事一樁！

十二月七日　在芝罘上岸。

十二月九日　至大沽。

十二月十日　經天津第三度進入北京，自此開始居住於雍和宮，在彼處度過明治三十四年（一九〇一）之歲末。

明治三十五年（一九〇二）一月至二月日記

明治三十五年（一九〇二）元旦　余將家嚴照片置於佛壇一旁，點燈焚香，身披袈裟恭誦經文。此寺喇嘛謂慶祝新年，做各種菜餚款待余。而余則默默為父母祈壽福後方進膳。

一月七日　前年夏天六月，因時局有變，皇帝被迫駐蹕西安府。如今動亂止息，與列強亦冰釋前嫌，因此於一月七日，駕龍輦率諸大臣風光返宮。

一月八日　夜，使者送阿嘉活佛至蒙古後返京。渠云活佛有微恙，預計二月可回山。余之入藏事宜須等活佛回山後方可計議，故請在寺院等待。渠亦談及離京前往蒙古、察哈爾[4]途中之艱難：大雪淹沒雙足，曠野白雪皚皚，不見一樹，亦不見炊煙，惟有寒風凜冽，凍瘡滿面。加之馬賊出

4 原為中國的一個省，首府為張家口，一九五二年廢省後被分別併入內蒙古自治區與河北、山西兩省。——譯注

沒，侵擾行人。活佛自日本返蒙期間亦遭此難，但活佛威猛，獨自打倒四、五個馬賊獲得平安。由此可以想見行路之艱難。

一月十四日　接家嚴書信，得知一家平安無事，頓感一身輕鬆，作歌一首：

春意盎然夜，家書至夢窗。[5]

一月十五日　過去長期以來學界就有否藏語與蒙語（抑或滿語）之喇嘛教經典《甘珠爾》與《丹珠爾》一直存在疑問。余在「庚子事變」時發現有此類經典後帶回國內，一部收藏於宮內省（委託東京帝國大學保管），另一部收藏於我東本願寺（現由巢鴨真宗大學保管）。如今《甘珠爾》經有藏語版已廣為人知，但是否有蒙語版藏經尚不清楚，故余擬趁此機會加以確認。

十五日午後來到北京城西華門內大黑神[6]廟。該廟去年夏天倖免於義和團戰火，完好如初。建築物僅正殿一棟，不大，內部乾淨整潔，建於何時不得而知，但從院內無石碑此一點看，可知皇上還不曾到此巡幸。院內以磚石鋪地，不起塵埃，較乾淨。正殿外匾額乃御筆題寫，但不知為何朝何

5 原文為「五、七、五」格式之俳句：「家信来て夢まどかなり春の夜。」——譯注

6 即大黑天（梵語Mahakala，藏語Gonpo），又意譯為大黑、大時或大黑天神等，或者直接音譯為摩訶迦羅、莫訶哥羅、瑪哈嘎拉等。該神本是婆羅門教濕婆（梵語Shiva或Mahesvara，即大自在天）的變身，後為佛教吸收而成為佛教的護法神，特別在密宗中又成為重要的護法神。藏傳佛教認為大黑天是毗盧遮那佛（梵語Vairocana，藏語nam par nang zhe，或稱為大日如來）降魔時呈現出的憤怒相貌。大黑神具有戰鬥神、廚房神、塚間神與福德神之四種性格。——譯注

帝之御筆。進入殿內，可見四尊釋迦牟尼木像，極其高大。東室有三尊大黑神像，貌似韋陀天，有威風凜凜之感覺，與我國所崇拜之大黑神之溫柔態貌完全不同。

中間之大黑神兩手緊握骷髏狀塔，足踏二名印度模樣男人，左側之大黑神手中握劍，足踏象首人身之異人。三尊大黑神像皆雙臂單面，左像足踏之象頭人身異人手握老鼠與蘿蔔，其殘忍、憤怒及威猛諸相貌中實帶有殺戮之氣，與我國大黑福神截然不同。蒙語稱中間之大黑神為白大黑（Chiagan Mahakala），左側之大黑神為黑大黑（Hala Mahakala），右側之大黑神為紅大黑（Pin Mahakala）[7]。此外殿中還有「Bajurabairaba」與「Yamantaka」[8]等神像。北京僅此廟喇嘛誦讀蒙語經文，故理所當然喇嘛為蒙（古族）人，現住有四名喇嘛。余於實地親手查閱之經典多有殘缺，所見者有以下蒙語經典，即《大般若經》、《第二大般若經》、《第三大般若經》、《般若經》、《戒行經》、《諸品經》、《大寶積經》、《華嚴經》、《祕密經》等。

一月十九日　明治三十四年（一九〇一）十一月發行之《帝國東洋學會會刊》第一期刊有〈寺本氏之藏經發現〉一文：

大谷派能海寬、寺本婉雅二氏曾立下進入西藏、研究佛教之宏志，相伴踏上赴藏旅途，但因故返回。能海氏現改變路線，尚在另一進藏途中。寺本氏於去年義和團事變時作為翻譯

7　原文無蒙語音譯。以上乃根據原文片假名羅馬字音譯出。——譯注
8　日語辭典不收此二詞彙。不知何神。——譯注

官至北京，得以在公務之餘從事斯道之研究。經百方搜索，終於在北京資福院[9]發現西藏經典，將其彙報於大谷派本山。同年十月，同門兄弟大谷瑩誠[10]大師率南條[11]、白尾諸氏走訪北京駐軍，親睹全部藏經。其目錄現在有關人員手中，當下正處於調查階段，尚無法公開，整理後當有進一步之公告。發現如此稀有之經典，乃寺本氏多年殫精竭慮之結果，余等最為感謝。自此該氏入藏之意彌堅，發誓寧死亦欲遂行心願。寺本氏朝思蒙古大漠，夜夢西藏白雪，引導不出雍和宮大門之喇嘛，使之沐浴日本文化之陽光，其功不可謂不大。寺本氏近來又欲依靠此宮喇嘛達至入藏目的，情況似朝向可易於解決之方向發展，屆時東西未知之梵語經典亦有可能為寺本氏進一步發現。如今許多原典在印度消失，且中國亦無，探尋之惟一希望即在西藏。

余等為學術期盼其儘快成功。

讀此文，余深感汗流浹背，發誓不達目的絕不罷休。時值一月十九日午前，余借阿嘉活佛房室抄錄此文，以鞭策自己。

---

9 資福院與西黃寺毗連，寺址在今北京德勝門外黃寺大街路北，其前身是崇國寺，始建於元至元二十四年（一二八七）。清康熙六十年（一七二一）由外蒙古哲布尊丹呼圖克圖重加整修，康熙賜名「資福院」，成為蒙藏地區來京喇嘛的駐錫場所。民國後逐漸蕭條，今已不存。——譯注

10 大谷瑩誠（一八八七－一九四八），淨土真宗派僧人，真宗大谷派同門兄弟，東洋學者。東本願寺第二十二代法主、大谷光瑩（現如）次子。一九四四年任大谷大學第十三任校長。——譯注

11 即南條文雄。——譯注

一月十六日至二十日（陰曆十二月七日至十一日） 此五日間，紫禁城內養心殿舉行每年一度之法事。當日雍和宮一百零八名喇嘛自淩晨五時即在養心殿誦讀《長壽經》、《白傘蓋經》等。皇帝於初九[12]正午駕臨，拈香禮佛，祈求萬福，諸王百官及蒙古王均參加。其他時日則由諸王輪流代替皇帝禮佛。按慣例，若阿嘉呼圖克圖活佛從蒙古回錫，則由活佛作為導師親率諸喇嘛進宮主持法事。今年活佛不在，余未能隨活佛參拜皇帝，並觀察宮中情況，深感遺憾。支那自古佛教始於宮廷，而後傳至民間，其順序與我國相同。若我佛教徒可接近宮廷，則極易在東亞扶植佛教。所謂「上行下效」之現象以支那人為最。苟得以染指支那宮廷，則我國布教必取得重大進展。

一月二十日 向那桐[13]大臣上書懇請面謁，內容如下：

琴軒大人鈞鑑：

自東京晤後，閣下英旋，一路福星為頌。弟刻下重遊燕郡，秉大法主之命，會通亞東佛教，以聯宗風，並擬欲拜謁，乞示及日期，即可恭聆教言。此請

勳安。仰惟

光照不佽

12 指陰曆十二月初九，即西曆一月十八日。——譯注

13 那桐（一八五六－一九二五），字琴軒，葉赫那拉氏，隸屬內務府滿洲鑲黃旗人，晚清「旗下三才子」之一。光緒十一年（一八八五）舉人，歷任內閣大學士、戶部尚書、外務部尚書、編纂官制大臣、曾辦稅務大臣、總理各國事務衙門大臣、軍機大臣等。——譯注

日後接回信，曰擬二十四日會見。

一月二十四日　是日，余至大臣官邸拜見，首先闡明：應慎重考慮京師大學堂擬聘基督教傳教士為教師一事。因為此舉同支那國教與皇帝大典圓鑿方枘。又因學生接受外國宗教薰陶，畢業後走上仕途，必將醉心歐美，輕侮支那固有國教與傳統思想。由此產生之嫌惡心情必將排斥原有習俗，最終導致上下思想之衝突，猶如我國維新後帶來之各種弊害。此點須從眼下預先引起關注。又如教科書，重要者乃不憑依外國宗教，須以發揮本國固有精神為宗旨進行選擇。進而又提出忠告：開設王公、貝勒、貝子等皇親、貴族子弟教育學堂時，亦應注意不聘用此類傳教士。去年義和團事變，蓋有遠因近由，但外國宗教與支那人心不符，引起民族情感反抗，亦為其原因之一，故敬請三思。據云，支那基督教總宣教士主管李提摩太[14]向外務部建言，擬於山西開設大學堂，請求十年間支付九十萬兩白銀，最終竟獲得首肯。此乃何等愚昧之舉！清國當權者之無見識以此為甚。但那桐大奸若愚，謂予尚不知大學堂章程，故無法曰可行與否，謹領尊意。如此敘談，不覺時移，之後返宮。

雍和宮及北京喇嘛寺各喇嘛，按慣例須於陰曆正月初一至十五與陰曆十二月二十六日至二十九日兩度到皇宮中正殿參拜，每日皆自清晨開始誦經至正午。法事結束後皇帝或獎賞貂皮二十四張以

14 李提摩太（一八四五—一九一九），英國威爾士人，基督教傳教士。清同治八年（一八六九）受浸禮會派遣來華傳教，廣交官府，結識李鴻章、張之洞、左宗棠、丁寶楨等清廷要員。自十九世紀八〇年代初起，宣傳變法。清光緒十二年（一八八六）在北京、天津等地推行「興學」計畫。光緒十六年（一八九〇），由李鴻章推薦出任天津《時報》主筆，條陳新政，鼓吹改革，引導中國走「印度化」道路。在維新運動期間，和維新派康有為、梁啓超等人接觸頻繁，利用清政府賠款創辦山西大學堂。著有《七國新學備要》、《泰西新史攬要》、《新政策》、《西鐸》、《留華四十五年記》等書。——譯注

及袍料、茶葉等，或賜予銀糧，喇嘛則分別作答禮頌文，以表謝意。據云，活佛在京時由其彙集頌文後親呈皇上，但若活佛不在則不通過理藩院之手，而由喇嘛各自奏頌，故喇嘛人人意氣風發。以此足以窺見支那政府對蒙古、西藏政策之一斑。順便一提，中正殿掛有達賴、班禪以及章嘉呼圖克圖之畫像。元旦時皇帝向此類畫像行禮膜拜。又據云達賴、班禪以及章嘉呼圖克圖在京時當與皇帝互相施禮。

二月十五日 接福島少將[15]以下信函。蓋余曾向該將軍請求撥給照相器材。

敬啟者：伏惟貴體益發康健。藉此信遙祝貴夙願日漸達成。申請照相器材一事已悉，經詳加研究，認為此類器械將使愚昧之野蠻人驚駭，以致對閣下之動機產生懷疑，故斷然不可攜帶。此覆，敬希關注。

順頌 近祺

安正 拜

明治三十五年（一九〇二）三月日記

二日 自蒙古來二喇嘛，乃阿嘉呼圖克圖弟子，曰：「活佛有恙，暫不回京，擬乞假至十

15 即時任日軍參謀次長之福島安正，後拔擢為中將。——譯注

月。」余聽此消息愕然歎息，暗地裡淚水在眼中打轉，嗚呼！入藏時機尚未至矣！遺憾之至。渠等乃於十三日前自多倫諾爾匯宗寺出發，今日抵達。途中經風吹日曬，皮黑如漆，宛如羅漢。入夜後大雪紛紛落下。去年夏天八月，阿嘉呼圖克圖甫從日本歸山即引起俄國關注。因有所圖謀，俄國遂決定邀請阿嘉訪俄。俄國駐北京郵政局局長某某（蒙人，出生於已劃歸俄國版圖之土地，在北京居住三十年）親切會見阿嘉，傳達俄方意圖，二度邀請阿嘉「務必一道觀光」。當時阿嘉活佛未敢首肯：「縱令給予數千萬兩銀子，吾亦斷然拒絕。吾乃身負支那皇帝賦予之重要使命，除此之外絕無赴國外之念頭。」據云某某知其意志堅定，不可動搖，故之後亦不再來。昨夜阿嘉弟子悄悄告余，當時他在門外，以上皆為偷聽而來。

余自去年十二月起在此居住，即為探聽活佛動向積極活動，但無法打聽到任何消息。昨夜阿嘉弟子自蒙古來，稟報活佛須至十月方能歸山，另一弟子則告余前述情況，並曰絕不能走漏風聲。蓋某某得以接近活佛，乃拜其堂弟王喇嘛（此乃另一王喇嘛）之賜。王喇嘛住在活佛屋後，常常受俄人唆使，明裡暗裡為俄國賣命，隔三岔五出入俄公使館。渠與局長某某同為蒙人，受俄人甜言蜜語誘惑，最終為局長成功牽線搭橋。余訪問王喇嘛兩三次，然渠極畏懼余而不至尊敬，乃居心叵測之小人。

十日 接參謀本部東大尉信，同時還收到西藏地圖。據云前年余將獲得之西藏地圖寄福島將軍，參謀本部即以該地圖為基礎製作此份新地圖。

敬啟者：昨日奉寄書信，想必當與此信同時送達。

遵囑另函寄上西藏地圖與前藏至西寧間各驛站名紀要。標注前藏至打箭爐間各驛站距離之附表原擬一併寄上，但竊以為無大用處，故不寄上。

若有其他需要，請勿客套儘管提出。

此次旅行前途輝煌，尚祈貴兄身體康健。

專此奉聞，並頌旅安。

二月二十八日
東乙彥　拜上

二十七日　接南條博士回信：

敬覆者：二月四日大札於同月十四日拜讀。承蒙多方賜教，不勝感激。爾後幾近四週未有音信。今日獲藤岡勝二氏二月二日寄自德國柏林之書信，其中詢及寺本君現狀如何，云小生與寺本氏皆苦於無由通報各自居所，故消息不通，僅遙祝寺本氏得以再次獲得入藏途徑，以遂其願。又云藏語研究於我邦之興起乃額首可慶之事。如今蒙語、滿語於我邦知之者無，而當地則有，毋寧為憾事。余擬近日覆彼信。除知會尊臺住址外，亦擬同時寄出附有尊臺所撰序言一書。想必藤岡氏亦當大為滿足。貴序言所述蒙語經典一事，有如奇聞趣事。今後尚祈不斷通報情況為盼。能海氏處如今仍無任何消息（後略）。

三月十三日夜　陣雨如注
南條文雄

明治三十五年（一九〇二）五月日記

一日　家嚴來信，督促勉勵余：西藏探險結束，歸國前應至歐洲漫遊。余感慨萬分。

三日　調查建築與宗教關係之工學博士伊東忠太氏來訪，就喇嘛教教義、佛像造型、五輪塔之起源、支那宗教之現狀與宗派，以及北京西北臥佛寺等建築提出質疑。據云博士擬上五臺山調查，之後再回北京。博士說五輪塔或為日本所獨有。余答：「日本式五輪塔於余遊歷過程中未曾見過。」並闡述印度塔、西藏塔與支那塔之異同以及有關日本塔之拙見。余曰：「從真言宗之地、水、火、風、空五大意義考慮，恐於空海時代已有五輪塔。」博士答：「鐮倉時代之前未見此類塔形。」余曰：「在遊歷中余亦未見過此類塔形，但見有西藏塔與之相類。因經典中談及建塔之方法，故塔起源於印度不言自明。支那無此類塔，而在我國與西藏卻能見到，實屬奇異。」並就當下支那宗教余之所知傾囊相告：支那宗教即支那人所謂之禪宗，分為五宗，即法眼宗、雲門宗、溈仰宗、臨濟宗、曹洞宗是也。其中以臨濟宗與曹洞宗居多，其他三宗甚少。而其臨濟、曹洞二宗與日本現存之二宗旨趣相異，乃淨土宗與禪宗合二為一，而且比例為七淨三禪，屬混合宗教。「坐禪觀法」[16]乃禪宗之根本，而支那禪宗則全為「念佛禪宗」，毫無坐禪觀法之規定。其所依經典乃《金

16 觀法即觀想真理之方法，為佛教一般之實踐法門。——譯注

剛經》。作為其精神修養之教理雖使用《宗鏡錄》，但更多使用《地藏經》。以今世經濟生活為人生第一要義，缺乏來世之觀念。對常以過去作為人生規範之漢民族而言，使用祈求今世之經典不足為奇。故「一切皆空」、「真如寂滅」之教義不為現代漢民族所喜愛。其雖使用《金剛經》，但不以之作為觀法修養之食糧，只不過欲憑依念佛誦經之功用祈求淨土而已。故信仰對象不似日本禪宗，非屬意釋迦牟尼，而屬意彌勒佛與觀音勢至。原本禪與念佛達其教理極致即合二為一。支那現代禪宗恐亦包含此類意義，然其教理儀式摻雜禪三淨七之宗教方式，而且其淨土亦與「西鎮兩派」[17]之教義相異，全然不顧信念如何、觀法如何，以「口稱念佛」契合佛意，自認為可滿足其所依求。加之誦讀各類咒語，如《首楞嚴經咒》、《韋馱天咒》、《華嚴念佛》（慈雲之《小淨土文》）、《尊勝陀羅尼》等，想必接受喇嘛教之影響無疑。其中亦使用喇嘛教教義中不可或缺之「七珍八寶」[18]。喇嘛教雖也誦讀許多咒語，但其咒語似僅限於「不翻」[19]之內容。支那現代禪宗

---

17 指日本淨土系宗「西山派」和「鎮西派」。——譯注

18 「七珍八寶」是藏傳佛教中常見的吉祥圖案或供具。「七珍」指：金輪寶、主藏寶、大臣寶、玉女寶、白象寶、勝馬寶、將軍寶；「八寶」為：法輪、寶傘、吉祥結（又稱「盤長」）、右旋螺、蓮花、宅瓶（又稱「罐」）、金魚、寶蓋，含有佛法無邊，如願吉祥之意。——譯注

19 「翻」即翻譯。此處的「不翻」似指由唐代玄奘法師提出的「五種不翻」的內容。具體指在將梵文譯成漢文（文言文）時，遇五種情形不進行意譯，而保留其原音，即進行音譯。即：（一）為祕密之，故不翻，例如經中諸陀羅尼，係佛之祕密語，微妙深隱，不可思議，故不以義譯之；（二）多種含義，故不翻，例如「薄伽梵」一詞，兼具自在、熾盛、端嚴、名稱、吉祥、尊貴六意，故不可任擇其一而譯；（三）此方所無之，故不翻，如閻浮樹產於印度等地，為中國所無，故保留原音；（四）順古之，故不翻，例如阿耨多羅三藐三菩提，意指無上正等正覺。然自東漢以降，歷代譯經家皆以音譯之，故保留前人規式；（五）為存尊重之心，故不翻。如般若、釋迦牟尼、菩提薩埵等，一概不譯為智慧、能仁、道心衆生等。此乃因前者能令人生尊重之念，後者則易招致等閒視之而輕賤。——譯注

是否亦沿襲此風？若此，則其並未踐行「瑜伽觀行」或「瑜伽觀念」，即令喇嘛教亦未真正施行「瑜伽觀念」，而陷入瑜伽咒語式誦讀之念佛主義中。在讀誦「大乘咒力圓滿」即可悟道之思想指導下，宗喀巴[20]之「觀念禪定主義」似亦漸漸發生變化，「坐禪觀法、不立文字」之教義在支那現代禪宗中亦僅留有痕跡，支那禪宗已陷入「口稱念佛」與「咒語詛誦」之神祕泥沼。由此，支那現代禪宗已成為在禪淨合一之基礎上，又接受喇嘛教影響之奇特宗教。

宋代禪宗積極踐行達摩禪宗之真意，故當時宗教意義從堂塔伽藍可見一斑，建築皆有瀟灑、樸素之風，了無奢華之態。至明清，禪宗一改往日之風，「不立文字」之豪放粗獷特色淡薄，於其教理日漸神祕之同時，又恰逢喇嘛教之異常興旺，不免受其影響，故教理儀式益發繁雜、神祕，過去之萬事皆空變為現世祈禱，口稱念佛。隨咒語詛誦之日漸神祕，其儀式亦益發華麗，以致其建築亦有表示崇高之意。因此，明清時期建築完全改變宋代形制，極盡華美。由此可見喇嘛教乃如何影響本土佛教，其勢力又如何偉大。與此同時，還可見禪宗乃如何違背達摩之本意，呈現出何種嬗變之奇觀。

八日　歸錫蒙古多倫諾爾滙宗寺之阿嘉呼圖克圖遣使返京。儘管阿嘉有意今年返回北京，但病

---

20 〔藏〕Tsong kha-pa（一三五七—一四一九），西藏佛教僧，黃教派（黃帽派、格魯派）開山鼻祖，名洛桑・塔庫帕（Blo Bzang Grags Pa），漢名為宗喀巴，出生於青海省宗喀（現湟中縣西寧市附近），故有「宗喀巴」之謂。十六歲時來到西藏中部，主要跟從薩奇亞帕教派（紅教派）的蓮達瓦學習「中觀歸謬」論證派教義，繼承十一世紀阿奇西亞的宗教理念，在尊奉密教的同時，嚴守十二世紀西亞奇亞修里巴德拉的戒律，當時改革已趨墮落的西藏佛教。其特點是嚴格遵守戒律，保持修養，禁止喇嘛結婚。一四〇九年，在拉薩以東四十公里之處建立「歡喜寺」，並以此為本山。著有與顯教教義有關的《菩提道次第論》和與密教教義有關的《祕密道次第論》等。——譯注

未痊癒，加之居於甘肅西寧府[21]之老母自上月來亦有微恙，其兄特意來到多倫諾爾，央請阿嘉前往西寧探望老母。阿嘉雖為活佛，但親子之情與凡人無異，更何況其為以孝順事親為宗旨之佛教徒。據云阿嘉擬待病癒後返回西寧，並給余帶來口信：歸省時擬另擇時間，派使者邀余共赴西寧。若同意，可事先整理行裝。預計陰曆十一月左右從蒙古出發，前往西寧。余聽此言，欣喜雀躍，不知所以。

同日接家嚴寄來之書信，信中飽含慈愛之情。讀之更加感慨無量：

直披如下：得知身體康健，極為欣慰。家中平安無事，汝可放心。所望者乃汝常來信，以通消息。聽聞今年一年間皆逗留北京，此亦為愚父所望。可先於北京研究蒙古、西藏學問後再行入藏，之後回國。即令耗費六、七年時間，亦請成就吾兒宏志為盼。切勿掛念家中，即令家中遇有難事，京都方面亦皆有熟人。所擔心者乃吾兒不管往西往東皆為外人，諸事難辦。家中有親戚，有吾兒，愚父亦康健，萬勿牽掛。並請吾兒自珍。

四月二十六日

愚父

21 北宋崇寧三年（一一〇四），取「西平安寧」之意將原鄯州改為西寧府。明初改為西寧衛，清雍正二年（一七二四）又改為西寧府，屬甘肅省。轄境相當今青海省日月山以東，茫拉河及黃河以東青海省東部地區，領西寧縣、碾伯縣、大通縣。——譯注

十五日　今日乃陰曆四月初八，亦為釋尊生誕日，支那民間皆於此日舉行盛大儀式。北京西直門外萬壽寺每年皆舉行浴佛會，焚香祭拜。在此前數日「禮部衙門」即貼出告示，布達大眾：

四月初八日為佛道日，是日不宰殺、不理刑名，除知照各衙門遵照外，為此示仰示軍民人等，一體遵照勿違。特示。

此夜，雍和宮喇嘛亦進殿修行，以表虔誠。由此可知，支那宗教雖為佛教，亦即國教，但不論喇嘛教，抑或禪宗，悉置於政府控制之下，並非自由信教。惟可取者乃支那自古即允許各種宗教自由傳道，放任民眾各取信仰。耶穌教、回教等夙已進入支那，但支那從未採取抵制政策，而允其各自自由傳道，甚或有時往往還採取保護政策，已為唐代以來歷史所證明。近世以來，對外國宗教保護自不待言，各朝各代，尤以現清國為例，其國教為喇嘛教，佛教則為一般國民之宗教，而儒教則不作為宗教看待，僅作為修身養性、培養人才、錄用官吏之不可或缺之工具，致使人民宗教信仰益發向現世生活方面傾斜，以致喪失對來世之進取之心。此乃佛教不振之原因。雖說孔教道德之說在開化支那民族方面功不可沒，但似乎又使其人民陷入保守主義。佛教亦逐漸遠離人民思想，傾向於今世祈求，亦成為不爭之事實。漢民族雖在外部敬仰孔教，但畢竟僅以此不能滿足人類固有之追求宗教之精神需求，故須在內部信仰佛教，使之形成一股牢不可摧之勢力。此乃政府為何定佛教為一般國民信仰宗教之原因所在。

《大藏經》[22]經版

藏語、蒙語、滿語《大藏經》經版過去皆保存於旃檀寺以北之闡福寺，義和團事變時因法軍焚火而歸於烏有，令人扼腕。乾隆皇帝於古稀之年始計畫刊行漢語《大藏經》，直至八旬高齡此計畫方告大成。此空前偉業可謂此後各朝各代所不可企及，卻因此使佛教蒙受一大打擊。譯自藏、蒙、滿三語《大藏經》之此刊本，以《西藏經》為基礎，同時又參考以往漢譯藏經，經幾度對比校勘修改後方成為一部有益、可靠之藏經，其或與西藏原有《大藏經》相比，謬誤更少，可謂一大珍典。而固執於異教徒觀念，燒毀如此珍貴寶典之法兵，實乃野蠻之至！如今除西藏外，其他地方皆無《大藏經》經版，更何況蒙語、滿語之《大藏經》經版！嗚呼！此乃佛教可悲可歎之事。每當思此，余胸中即湧起無限感慨，只能獨自朝天默禱。而掌握此鑰匙之機會如今就在眼前。五月晦日記之。

大清《大藏經》經版今藏於雍和宮以東之柏林寺，倖免於義和團之難。雍正皇帝生前曾慨歎唐宋明歷代藏經中多有乖謬，故提議訂正改版，將明藏未編入之雜部五十四種共計一千一百二十七卷一起編入。此《大藏經》於乾隆二年（一七三七）三月二十一日開始重（新編）修，其中收有雍正皇帝《御製重刊藏經序》（雍正十三年（一七三五）二月初一日），並記載攝摩騰[23]、竺法

22 《大藏經》，亦稱《一切經》，即包含經藏、律藏、論藏之三藏及其注釋書的所有佛教聖典之總稱。漢語《大藏經》今稱《中華大藏經》。以下用語各自不同，如「大清三藏」等，其實指的是同一本經書。——譯注

23 高僧，全名迦攝摩騰，迦攝即迦葉，意譯飲光，摩騰意譯大象，中天竺（古印度）人。擅長禮儀，解大小乘經典，常以遊化為己任，係最早來華傳法的高僧。——譯注

蘭[24]隨漢明帝派遣之求法大使蔡愔等至洛陽，翻譯《四十二章經》，且將眾多梵本祕藏於洛陽蘭臺石室一事。雖說此事已經歷漫長歲月，但可肯定梵本埋於支那洛陽，若發掘該地，尋得蘭臺石室，則可便於搜鑿該梵本。惟恐年深日久，洛陽幾經變遷，蘭臺石室是否殘存仍有疑問，須有人到實地調查。

若考清雍乾時代佛教狀況，則可知當時高僧之輩出，無一不與《大清三藏》重刊有關。此乃遵從帝命，網羅國內碩學，使其為藏經改訂出版此一堪稱文學宗教偉業嘔心瀝血之結果。僅須一瞥參與重刊校正之眾多高僧大名，即可知曉當時佛教繁盛如何，亦可便於研究當時何宗何派最為興盛，於何州何派最得人心。故須研究《大清三藏聖教目錄》卷末記載之五十名高僧校訂者與其宗派及所在地域之關係，以及何派最為興旺。校訂者中大名反覆出現之高僧，有超盛、超廣、自塏、海寬、源滿、源潰、本成、超鼎等。詳細情況可參見該目錄。尚須注意者，乃校閱官中有「校正梵字咒語佛像總管西蕃學臣工布查[25]」。此人豈非西藏經典調查大員[26]？此經典或為與喇嘛教「救度佛母」[27]有關之經典？因編入《大清三藏聖教目錄》之一千一百餘卷經卷中有許多經典題寫「佛母[28]如何

---

24 高僧，中天竺人，六十七年與迦攝摩騰一道來中國，在洛陽白馬寺翻譯《四十二章經》。自言誦經論數萬章，為天竺學者之師。——譯注

25 即今稱《中華大藏經》的總校閱官。清代法式善《陶廬雜錄》卷一記載：「雍正十三年，欽定大清三藏聖教一部。總理藏經館事務為莊親王允祿、和親王弘晝。校閱為校正梵字咒語佛像總管西番學工布查、原任巡撫鄂基、侍讀學士梁詩正。總率為僧超盛、超廣、自塏、汝寬（海寬之誤？）以下五十一人。」——譯注

26 原文如此。——譯注

27 亦稱「度母」或「多羅菩薩」、「多羅觀音」，源自梵文Tara，藏語稱「卓瑪」，指可為人指點迷津，保駕護航，直至生命終結將人送往極樂世界的女神。參見《國際君友會佛教經典》「度母」詞條釋義。——譯注

28 有以下幾種意思：（一）指釋尊的生母摩耶，或養母大愛道。（二）喻「法」為佛母。因佛以法為師，從法所生，故稱法為佛

如何等」字樣。又或為《大清三藏聖教目錄》當時未刻意將藏語經典編入，但因元明以來喇嘛教之譯本多流傳於民間，故不知不覺在重刊《大清三藏聖教目錄》時一道加以編入？余無暇將藏語「Tanjyuru」（譯按：丹珠爾）、「Kanjyuru」（譯按：甘珠爾）與明清《大清三藏聖教目錄》用語進行對比，故無法在此斷言某事，但根據此類說法，或可知二者間存有某些聯繫。因時間關係擬改日再談此事。如下所示，若分類比較研究《大清三藏聖教目錄》，則可就清代佛教之興衰與宗派做出推論，當否暫且不論。

清代佛教七宗派	高僧人數
賢首兼慈恩宗	十七人
賢首宗	十三人
臨濟宗	十八人
曹洞宗	二人
臨濟兼南山宗	二人
臨濟兼賢首宗	二人
天臺宗	一人

母。（二）指般若波羅蜜。因法（諸法實相）即佛母，所以也可以說與法不二的「般若」是佛母。此處似為第一種意思。——譯注

宗派、地區與僧數之關係於此不贅。

明治三十五年（一九〇二）六月至七月日記

六月二十二日　光緒皇帝按慣例為夏至禮拜於凌晨四時前往安定門外地壇朝拜，於五時行幸雍和宮。此時數百士兵開道於前，王公大臣扈從在後，隊列威嚴，悠然進入宮院。此前眾喇嘛已列坐於法輪殿，二品頂戴以上喇嘛則列隊於門前，林欽喇嘛等五、六位高僧出外遠迎後與御駕一道進宮。進宮後由八名喇嘛前面開道，其中二人手提香爐引導。御駕一進宮院，又有八名喇嘛入列在前引導。後面有兩三位大臣扈從。皇帝直接從該宮西面進入宮內，首先至雍和殿參拜，在佛前三拜叩頭。此時四名扈從喇嘛在殿外大聲誦讀咒文。禮拜結束後陛下走出殿堂。眾喇嘛隨其後，先在殿外繞行，之後與等在殿後之八名開道喇嘛一起，如先前一般引領陛下至法輪殿。一小時前即列坐於此之數百名喇嘛至此齊聲誦讀短篇經文，讚美皇帝乃佛陀轉世。與此同時，陛下面對釋迦佛像拈香三拜叩頭。若呼圖克圖在宮，則渠當先向陛下敬獻哈達。皇帝親手接過後應施一禮再回獻給呼圖克圖。據云，陛下與活佛之間相互奉獻哈達儀式結束後，活佛亦當回施一禮，並迅速登上高床打坐，徐徐開口誦經。此時陛下則緩慢向佛像靠近，拈香三拜叩頭，以表誠意。然而今年活佛不在，故無法看到此類儀式，實感遺憾。法輪殿儀式結束後，皇帝又在喇嘛引導下至殿後之彌勒堂。至此禮拜儀式全部結束。此後皇帝從東口進入華園，於便殿[29]休息，用早餐。一小時後，當聽到皇帝擬歸幸

---

[29] 正殿以外的別殿，古時帝王休息消閒之處。——譯注

之聲響，守在外庭之王宮大臣即列隊奉迎。陛下從華園出來乘上御駕。肅親王在轎旁扈從徒步送至門前。之後一行人等又與來時一般，莊嚴肅穆返回。余始見支那皇帝龍顏，欣喜萬分。

皇帝陛下今年龍壽整三十三歲，龍顏蒼白，血色似不佳。龍顏稍長，下唇稍突出，眼稍大、高鼻，容貌與其弟醇親王不相上下，中等身材，似比三弟洵親王低矮。氣色不佳恐因內憂外患頻起，有諸多政事令天子煩惱，誠為可憐之至。皇帝陛下敏捷聰慧，前幾年提拔重用康有為，實屬英明果斷。然余今日親見陛下行狀，加之聽聞有識喇嘛之批評，不免有些失望。按慣例，歷代帝王應提前一日行幸雍和宮，宿於華園，詢問蒙古、西藏以及喇嘛等情況，或閱覽佛書，以此暗地觀察藩政，瞭解理藩院各官員之在職行為。而當今陛下不願事此，來宮後僅在便殿休息，對雍和宮不做任何詢問，亦未有任何觀察。余乃外人，雖無法瞭解雲深霧鎖之宮廷情況，但以此似可推測當今皇上對國政之態度。更有傳聞，曰陛下近來不喜親政。果如此耶？噫！此乃西太后時代哉！

七月二十日 余自去年六月開始翻譯藏語《阿彌陀經》，今日脫稿。余不顧瘟疫猖獗，終得以平安完成此事。此乃佛陀冥助。余為藏語《阿彌陀經》譯經寫譯序如下：

此藏語《阿彌陀經》原本，乃於明治三十三年（一九〇〇）夏義和團事變從軍時獲得研究藏語之特別恩典，受贈於雍和宮事物總管諾木汗・林欽尼瑪。當時軍務繁忙，僅譯序言而已。去年十二月再次渡清，來此宮繼續研究藏語，但因種種障礙，無暇翻譯全文。而今既決定於今秋自蒙古多倫諾爾出發，穿越茫茫沙漠，經青海赴西藏，則務求在此前完成全文翻譯，以此向識者請教，對宗教研究亦有所助益，是以匆匆執筆，終至完稿。

原本乃直接從印度語譯為藏語。有據為證：尤在首卷處一一列舉印、藏兩語經名，如「印語如何」、「藏語如何」。卷末印有「西蕃經廠，欽依，皇壇掌壇尚膳太監弟子王成謹發誠心印造佛說阿彌陀經，專當祐當今聖主聖躬萬歲天下太平，吉祥如意，萬曆歲次己未夏吉日刊造」字樣。還刊有梵、藏兩語對譯後序。其文意明瞭，故在此不贅。

又，翻譯此經時，曾與南條博士所著《梵文阿彌陀經講義》對照，發現梵、藏兩文一致之處甚多，而姚秦羅什所譯《佛說阿彌陀經》次之，與唐玄奘所譯《稱讚淨土佛攝受經》多有不合之處。其章段分節亦與梵文不合，現按原本文意譯出。書中標注為「印度語」者，則選藏語、梵語使用，書中標注為「藏語中漢文」者，則按原本小句譯文原樣抄錄。又在原文右側附上各字意譯，在左側用片假名逐字標注原詞讀音。不採用意譯而採用直譯，乃為方便他人瞭解其文法結構與梵文之異同。

翻譯此經時，所附南條博士所著《梵文阿彌陀經講義》之處甚多。記於茲，以表對博士之謝意。

明治三十五年（一九〇二）七月二十日

於清國燕京雍和宮活佛阿嘉呼圖克圖府

寺本婉雅

七月二十六日　因已定下今秋待阿嘉活佛得便後即入藏之計畫，故有事返回本山商量，於今日踏上歸國之途。

明治三十五年（一九〇二）八月至十月日記

海上旅途一切平安。

八月二日 抵神戶。

八月五日 至京都，先探望父母，見父母身體康健，心中洋溢喜悅之情。與父母談及此番事情[30]，父母亦大喜，認為此乃極好機會。

逗留日本期間，余偕父親至藝州宮島參拜並觀賞日本三大勝景風光，後又在明石[31]舞子公園[32]之青松下踏訪白沙後返回京都，以做今生永別紀念。之後去東京淺草拜訪新法主臺下，彙報在北京之情況。在東京短暫逗留期間，亦與人商量諸多事宜。

九月底 接雍和宮信函，此乃關乎阿嘉呼圖克圖邀余來京之書信[33]：

寺本先生大人閣下：於中曆八月二十一日申刻佛爺派來（之）劉喇嘛並博爾濟。有佛爺之兄由西寧來接。佛爺的僕人二個，馬五匹，駝二個。

---

30 指前文「已定下今秋待阿嘉活佛得便後即入藏之計畫」。——譯注

31 日本兵庫縣南部城市，隔明石海峽與淡路島相望，地處交通要地。「明石之浦」以白沙青松名聞遐邇。——譯注

32 位於日本明石海峽大橋靠近神戶一側的臨海公園，乃著名風景區。——譯注

33 此信多有不合漢語語法之處。恐手民誤植、漏植、多植所致。標點為譯者所加，（）內字恐多植。——譯注

閣下見信速來北燕，以便西遊也。大致來人住十餘日，置買物件也。現北清惡疫全無，氣候良。又乞前函求

閣下探息。

或招服藏經一事俏過西京，祈為致意為何？順候

尊堂老大人安康

閣下　百善　　晉卿　寄

活佛送來五匹馬、二匹駱駝，已至燕京，等余前去。得此消息，余一刻未有猶豫即回家與家嚴告別。

十月十一日　自神戶出發，離開故土。透過薄靄遠望風光明媚之舞子公園，憶及今夏與家父一道遊玩之情景，胸中不免湧起無限感慨。此夜弦月高掛天空，秋氣肅殺，舷側波濤洶湧。

十月十五日　風伯並未息怒，龍神亦愈加狂暴。輪船躲進木浦[34]海面之島嶼後拋錨。

十月十九日　至北京，拜見內田公使，並拜訪其他朋友。為做旅行準備，余在京逗留一週多時間。

---

[34] 木浦（Mokpo），位於韓國西南部全羅南道的城市，是韓國重要的貿易港、漁港和商業都市。其海面多島嶼。——譯注

自北京至青海

明治三十五年（一九〇二）十月二十九日　午前十時自雍和宮出發，踏上第二次西藏探險征程。同行者前來迎接。渠等乃活佛之兄阿氏與劉喇嘛，以及新被活佛任命之執事王喇嘛及弟子，共五人。眾多喇嘛送余至門外。余特地與去年來此宮時對余特別關照之王喇嘛強巴大師告別，約定再會時間後著鞭向前。一行人穿過平坦田畝，經過人煙稀少之寒村，於午後一時至清河。此時余突然想起，此地亦遭團匪危害，當年余曾救當地富豪某某於危難之中。但為趕路，無暇重溫此段舊情。風起沙揚，無法睜眼，但余仍頻頻揚鞭策馬前進。午後四時至沙河鎮，立即投宿旅店。是日行程四十八里。

十月三十日　晨起出發，見有山脈在淡藍霧靄中蜿蜒向東，此即萬里長城北關口。午前十時至南口。有兩百餘戶人家。此地作為支那北大門之鎖鑰，與蒙古交界，乃支那幾千年興亡盛衰之分野，禍源亦從此處進入，亦為清、蒙兩國邊境互市之小集散地之一。又行二里多地至居庸關。此關自一二四五年起耗時三年建成，乃成吉思汗第二子窩闊臺汗次子庫騰汗[1]下令修建。元至正五年

[1] 據維基百科，庫騰汗（一五二〇－一五五七），名達賚遜，蒙古大汗，察哈爾第二任可汗。阿剌克汗博迪的長子，一五四七年

（一三四五）九月重修，以條石建券門，石面刻滿佛像及藏、八思巴[2]、畏兀兒[3]、西夏、梵、漢六種文字，南北兩門上部皆刻有金翅鳥（迦樓羅[4]）圖案，兩側刻有喇嘛教之「七珍八寶」。半圓形券門頂部刻有喇嘛教之五部《曼荼羅經》，兩側刻有十尊佛坐像。

【原編者附記：明治四十一年（一九〇八）《燕塵》雜誌及之後《史學雜誌》第二十卷第三—十二號、《曼荼羅》雜誌第一卷第一期對此均有詳細解說。】

自居庸關始乃山岳地帶，從西北方向延伸至此之山脈變為斷崖，之後又突起奔向東南，至山海關入海。明朝修建之萬里長城即扼於此東西山脈相連之峽谷之上，蜿蜒綿長，與秦始皇修建之張家口長城相連接。

行數里可見一處人稱「彈琴峽」之名勝，乃古代楊貴妃月下弄琴之古蹟。峽谷位於兩山相鄰之溪谷斷崖處，上有觀音廟，東西兩側有彈琴之孤亭，攀岩可上。谷地有潺潺流水，可想像古代之清幽深邃。而如今谷底已變為馬與駱駝穿行之道路，過往之旅人、馱馬與駱駝僅可在此掬水潤喉。

繼位。故原文此處敘述恐有誤。——譯注

2 元朝第一代帝師八思巴以藏文字母為基礎創製的蒙古新字，後人稱為八思巴字。——譯注

3 元朝西北族名稱，即維吾爾人。——譯注

4 〔梵〕Garuda，印度教的神名，乃傳說中的巨鳥，常食龍（蛇），身載維修奴（Visnu）太陽神。古代漢族人音譯為「迦樓羅」，亦為佛教所採用。——譯注

自南口始山勢險峻，車馬難行。寒林處炊煙升起，頻頻掠過黃色柳條，似在訴說暮秋悲情，令行客感慨萬分。余於明治三十一年（一八九八）曾到此地遊覽，今日又經此地。故無論何地，一度經過，下次必再次踏足，似為吾之命運。就此打住。午後四時半至長城關口。門上匾額題有「北門鎖鑰」。確乎哉！古代北狄逞威侵入支那時，此長城的確起到有力之防禦作用。此長城雖為明萬曆年間所建，但整體上乃秦始皇以後各朝各代相繼而建，絕非某一朝代產物。見其磚形之不同即可明瞭其建築年代有異，現長城乃將孤立中斷之長城連接之後方有今日規模。入夜至關口腳下「岔東城」，宿於此。此城周長一萬五千餘公尺，門額題有「岔東雄關」四字。有六十多戶人家。是日行程九十五里。

十月三十一日（陰曆十月一日）星啟程。鈴聲叮噹之駝隊綿延十數里，皆為運送牛羊毛皮而來。一行人手持火把向前。寒風中火把照亮黑暗之前進道路。

自岔東縣至榆林驛有二十五里地，萬里長城至此結束。榆林驛四周約一千公尺，城牆傾圮，磚瓦剝落，城址僅存明代風貌。繞城南向西走可見一片榆林，榆林驛由此得名。林間散落些許茅屋。從此行二十五里至懷來縣。縣城東西長三百公尺左右，城門匾額依稀可辨寫有「寅日朝暉」四字。此城建於明萬曆四十年（一六一二），現有五、六百戶人家，亦有蔬菜、水果集市，乃一貧寒城鎮。再行三十里至土木鎮，但無法知曉城內居民人數。穿過沙塵，午後四時抵沙城。一條小河從榆林驛自東往西流過此平原，至懷來縣後河身變寬，潤澤此一帶荒涼大平原，成為其灌溉、耕作之生命之河，亦成為附近寒村數千民眾之飲用水源。此河向西南流至宣化府南邊與黃河匯合後進入陝西省。

沙城晚鐘在荒涼寒村響起，一股悲哀之情油然而生。

明治三十五年（一九〇二）十一月日記

一日　拂曉自沙城出發，寒氣逼人。至城門三個關口，分別喚起門衛開門。出城後一路平坦，土地稍肥沃，皆開發為田畝，種植蔬菜、黍、稗等，民房亦漸漸稠密。行二十里至新保安。保安有新舊兩處，新保安府與沙城相比人口稠密，但亦不過八百戶。從新保安走二十里至雞鳴縣。該縣城位於雞鳴山麓，邊長各約四百公尺，恐為長城至此最富裕之城市，乃雞鳴山麓土地豐饒之故也。有河，稱洋河，自西面宣化府流經此地，繞過雞鳴山麓後流入田野，再往南與黃河匯合。雞鳴山旁有兩處遠古居民窯洞，據云洞頗深。沿洋河堤壩行走，再穿過河流，可見一片沙原，綿延四十里，寒村散布四處。再行二十里至宣化府，宿於城外。

宣化府城與其他城池相比規模頗大，面對張家口，築有城牆，南北長七、八百公尺，可防外族來侵。城內有道台、府縣等各衙門。城雖大，但空地多，因前面有張家口，故商業不大繁榮。只不過因有衙門，故人口稍稠密。余等宿於城外回族馬車旅店，故無法詳細觀察該城。

二日　午前七時自宣化府出發。府城以西乃遼闊沙原，行二十里見洋河（？）[5]自西流來穿過府城南面。余等沿河西行，據云河面平日較窄，但雨季時則波濤滾滾，溢出河床，堵塞道路。自此三十里道路多岩石，行十五里過乾田河畔旱地小道，午後二時至張家口。

張家口山脈南北走向，望山乃張家口之西面屏障，亦成其最北面之關口，秦始皇修築之舊萬

5　「（？）」為原文所有。——譯注

里長城即通過此地。此長城與八達嶺長城在結構與材料上皆有不同，此長城之城磚乃採用古代製法之「布製磚」，有明顯布痕，其形制亦與明朝磚無大差異。而城牆地基則利用天然地勢，於其上砌築城磚。張家口距長城下方十餘里地，河口之洋河自西北向南流經宣化府，與流自遙遠西北蒙古草原之東洋河匯合後進入直隸[6]，成為黃河之下游。張家口平原地區寬二十里，東西長十里，水流亦經過新河口，與其他縣相比，灌溉便利，田地精耕細作，土壤肥沃，種植麥子、玉米、青菜等，人口稠密，故成為北方蒙漢邊界之要地，既成為向蒙古輸出貨物之集散地，又成為自蒙古輸入皮毛等產品之商業重地。約有兩萬戶，五萬多人，商店鱗次櫛比，車馬駱駝往來頻繁，煙塵升騰，喧囂嘈雜。羊肉、牛肉等肉類可直接滿足北京地區之需要，羊、駝毛皮等則通過洋人出口國外。輸入之物品主要為磚茶。如今俄人已在此地開三家商店，在漢口則設立工廠，向蒙古出口之磚茶皆由俄人壟斷。清人在出口羊、駝毛皮之同時，還進口棉花、綢緞、洋貨等雜貨。普通蒙古百姓乃將牲口趕至此地，與日常用品物物交換後再返回家園。而商家皆清人，無一家蒙人商店。蒙人自古以來即為游牧民族，至今亦無人開鑿水源，耕種土地，實為令人悲憫之野蠻人種。義和團事變後，俄國開始關注此地，將大庫倫[7]、多倫諾爾至張家口作為要地，擬鋪設至北京之鐵路現已完成測量工作。又如電線杆，自北京至此地已架有三條線路，擬再從此地至大庫倫架設三條線路。雖然俄國向清政府申請鋪設張家口至北京之鐵路，但由於其他各國紛紛阻攔，故此事並不順利。但無論如何，俄國皆不

6 今河北省。——譯注

7 即今蒙古首都烏蘭巴托。——譯注

會放棄長期以來以張家口為中心經營蒙古之計畫。清政府亦較早開始在此地設立處理洋人事務之衙門，但在義和團事變後又另設一洋務局，使之處理與洋人之交涉事務，從而帶動一系列改革：改革以往兵制，設立警察局，建立兵警聯防制度，配備約一個中隊人數之巡捕人員。據云，此乃四川前總督奎俊胞弟劉某所為。渠通曉西洋情況，提出自強變法需要改革。該巡捕制服之設計亦出於易為洋人辨認之目的，特地於肩上標明「Police of Mongol or Police of Kalgan（蒙古或察哈爾馬隊）」。由此可見其主要目的何在。

三日　自張家口出發，經過望山山麓。自此開始三十里間丘陵南北交迫，降雨時雨水沖刷山體沙礫，自然形成一條道路。此一帶有漢人建小屋在此居住，周邊土地悉被開發，種有麥、粟等。離張家口後日漸接近蒙古，隨之地勢逐漸升高，放眼望去乃一片荒涼高原。

朔風愈颳愈大，拍打臉面感覺生痛。又行十五里至黃花岳山腰，宿於一貧寒人家。家中漢人有妻子與三個孩子，生活極其貧困。見余等到來，主婦黑瘦之臉盤露出異樣笑容，迎迓甚歡。主人則吸食鴉片，而孩子正身裹毛皮，恬靜注視父親之舉動。室窄，除有十幾平方公尺之土坯地外環堵蕭然。余喝過帶沙石之稀粥後就寢。是夜月亮西沉，星光閃爍。

四日　清晨六時啟程，向東前進。此一帶為海拔五千尺乾燥高原臺地，有登高後不知高山為何之感覺。放眼望去，不見岩石，只見一片黃草與紅土，土地似豐饒。自古以來，習慣游牧生活之蒙人因悠然自樂，不喜開墾土地，故就此放棄自然資源。近七、八年來，漢人開始移居此地，人數逐年增加，如今於至多倫諾爾三日左右之路程之內，四處皆可見漢人小土屋。漢人至此遼闊平原，須向張家口衙門繳納若干錢款後方可在衙門指定地點開墾。不喜漢人移居至此之蒙人亦無可奈何，只能旁觀漢人開發。蒙人想法過於單純，之所以其不喜漢人移居至此，乃因畜牧需要幾十里之豐茂草地，而如今漢人開發，草地逐年減少，牛、羊、馬已喪失飼料。然而，如今由於漢人移居開發，渠等可自由購買粟、黍、麵粉，吃到過去無法吃到之食物，得以滿足食欲，心中略有便利之感。儘管漢人逐年移居至此，但欲開發數千里之廣闊草原，獲取無限利益，苟無幾百年時間絕對無法辦到。若各國皆在此地鋪設鐵路，以收無限利益，則蒙人必將沐浴於文明恩澤之中，荒漠草原亦將較快得到開發。加之蒙古特產，諸如獸皮、獸骨若得以進一步銷售，則可進口日常生活必需品，改變以往游牧習慣，適應開化文明生活，逐漸開發人智，脫離蒙昧境地，進入光明文化世界。是日行程三十里。午前十一時至Shabarudai，宿於蒙人帳篷。此家主人名塞列，乃當地富豪，但頗有樸實之風。雖然其蒙古包後面住有移居此地十年之久的漢人，但塞列依然不改舊態，絲毫不習漢人風俗。據云活佛每次來往北京時皆來此地，在其蒙古包旁占地住宿。塞列因招待過活佛，故活佛弟子於來往北京途中亦皆到此投宿。今日余等宿於此亦因此緣。余下馬車後被引入蒙古包內，但無原來想像之不衛生感覺，反而覺得比漢人家庭更為潔淨。蓋余有先入之見，認為迄今住慣漢人凌亂之房間，故此次西藏、蒙古之行仍須居於骯髒污穢之場所，而未想到不講衛生之蒙古人家，卻比漢人家庭令人心情愉悅。

蒙古包

蒙古包直徑六・三四公尺，從外部看似為高四、五公尺之圓形吊鐘，直立於地，頂高八尺[8]，

8 明治維新後日本尺長度與中國無大差異，故此文前後兩個高度不一致，不知以哪個高度為正確，或作者心中另有其他尺度。下

四周以羊毛氈覆蓋。頂部中央有細長木棍向四周放射伸開，如同撐開一把大傘。包內以兩根方柱或細小原木支撐天窗（此風格僅限於多倫諾爾一帶）。包頂處有兩個五尺見方之木框嵌入兩柱之間，平面交叉，一個作為煙囪，一個作為採光使用。

自天窗即木框向四面伸出之細木棍如同傘骨，毛氈則裹於木棍之上。支撐地面兩根柱子間之正方形木框內放有三足鐵製支架，人們以此支架燒牛糞煮茶，並可取暖。天窗四面各罩有二點七公尺大小之毛氈。蒙古包內四周擺放箱櫃、家具等。入口處開有高四尺多、寬三尺之「門洞」，夜間自外部蓋上毛毯即可抵禦風雨。蒙古包外部周圍培有一尺高左右之牛糞，亦可抵禦風雨侵襲。余等在木框內燃燒已乾燥一年多之牛糞，在狹小場所並枕就寢。而渠等在如此狹小之空間四周還須擺放所有貴重家具，使原本就顯狹小之帳篷內部益發狹小。而且此一「房間」既為寢室，又做餐廳、客廳，方便至極。睡覺時無被，僅蓋一張毛皮，焚燒牛糞即可安然就寢。蒙古包不大，一是由於狂風劇烈，一是由於燃料缺乏。若帳篷過大，則取暖困難。蒙古包之所以較小，與其說因為生活困難，毋寧說因為要適應氣候風土。其貧富差別體現於飼養牛羊馬之數量多少。然而初見蒙古包者，雖說難以區別孰富孰貧，但仍可通過所擁有蒙古包之多少來區別貧富。亦即中等富裕階層以上蒙人，除擁有蒙古包「寢室」外，還會另置蒙古包倉庫與蒙古包廚房，少則兩三頂，多則五、六頂。各種「房屋」與所居住之帳篷形狀大同小異。

文的門的高度也令人生疑。——譯注

畜牧法

蒙人春夏秋冬四季皆從事畜牧業。渠等清早即與牛羊一起漫遊山野，當夕陽西下時則一面放歌馬上，一面揚鞭追趕數千隻牲口，悠悠然返回家園。春光明媚時節，渠等安坐青草地上，仰望藍天，夢想繆斯女神。即令夏季驕陽似火，亦會晨踏月光，夕披星辰，呼喚牲口歸返，絲毫未有懈怠。

而至滿山遍野一片金黃，白鶴鳴叫長空，氣候轉為涼爽之秋天，牛羊已日益肥壯，渠等此時又會歌唱豐年，徐徐為入冬做好準備。至冬日則閉門不出，可謂有上古遺風。其畜牧方式並無特別之處，不過為自然放養，無春夏秋冬之別，皆放牛羊馬於山野。青草叢生之處與細流蜿蜒之地即為良好牧場。渠等東奔西走，馳騁於廣袤數百里草原，所到之處皆為大好天地。渠等從未設置柵欄，亦無須置備廄房。花香鳥鳴之溫暖春天自不待言，而至朔風凜冽、白雪皚皚之冬季，亦不鋪一張草席，不建一堵牆壁，以抵禦北風。可憐數百隻牲口在風雪中挨凍，夜裡悲鳴聲常劃破幽暗長空。此時牲口又僅能等待太陽光照，以冰冷之鼻尖，尋找些許乾草充飢。苟遇嚴寒，牛犢倒下，小羊死去，則不在少數。渠等之畜牧法可謂自然放養。余頗納悶，在以慈悲為懷之喇嘛教盛行地區，蒙人卻對此無動於衷，日夜見此慘狀亦絲毫不怪。

至黃昏，渠等則將由山野趕回之牲口固定於蒙古包四周，使之休息。具體言之，即在其外部地面打下一尺長之木樁，以麻繩或毛繩連接，綁縛牛、馬，使牛、馬圍成圓形或半圓形，將山羊、綿羊等納入其中，以防其逃逸。牛、馬恰似羊之衛兵。如此圍成數十列，亦可防止深夜狼群襲擊。狼群來襲，不僅可致羊群死亡，牛、馬、駱駝有時亦會深受其害。蒙人懼狼尤勝於懼盜馬賊。據云蒙古狼極少害人。

五日　降霜。因無車，休息一日，並受到款待。主人略通俄語，據云曾去過大庫倫，略有文明開化之風。其母曰，欲使一子當喇嘛，屆時送孩子至北京後其教育問題則有託於汝。入夜享用酒菜。

六日（陰曆十月七日）　午後三時半出發。途中有賊人出沒。據聞近幾天已有數十人被劫掠，故吾等一行人均攜帶武器裝備，警戒前行。當地人忠告：午前恐遇賊人，故最好在午後至夜裡行走。余等帶上帳篷與糧食，按北斗星指引行走五十里至Ariha，搭起帳篷，沐浴在月光下貪睡一夜。

七日　微霜染草，感覺寒冷，一行人煮磚茶暖肚子。見有人僅用一瓶水漱口、洗臉、洗手，其髒無比，野蠻習俗暴露無遺。此地有蒙古包七、八頂。午前十一時朝正北方向前進。寒風捲起沙塵，心情極為不快。有牛不黑不白，數千頭成群結隊移動。行六十里至Porisomu[9]喇嘛廟。此廟一百餘平方公尺，有大殿、鼓樓、鐘樓等，巍然屹立於遼闊草原。廟中常住五十餘名喇嘛，據云乃當地著名寺院。廟四周有二十戶左右蒙漢人家。余等自廟宇右側走過，往東北方向前行。途中處處可見寒村，翻越幾座小山岡，於午後三時至Porisomunoru，卸下行李，使牛吃草充飢，並搭帳篷煮茶。此處有兩戶蒙古人家。

余等旅行一日僅吃一餐，晝夜兼行，其間於午後喝兩次茶。通常吃一把小米即可充飢一日。沿路無水無柴，故須帶水、牛糞與糧食，不便程度無以言表。Porisomunoru以東十里處有南北走向之山脈，山上無樹，乃童山，適於天然放牧。自Shabarudai至此全為草原，平坦如砥，土質為沙

9　何廟不詳。——譯注

土，宜於耕作，但無灌溉之便。然而掘地六、七尺可獲得水源，雖不清澈，但可做飲用水。另在Porisomu喇嘛廟以西十數里山丘腳下有小湖，極遠處即可望見清澈之湖面。湖畔有農家六、七戶，此時炊煙嫋嫋升起。午後五時離開Porisomunoru，行二十里見有丘陵。下丘陵再行數里，來到一條大車路前，此大路東面通往Tamunoru。又行十五里有左右岔路。向右行十里有一戶窮苦人家。又行數里後搭帳篷宿營。在此大路上行走四百里後可到達Uranoru。

八日　清晨煮茶喝糌粑一碗。午前八時出發，一路平坦。自Porisomunoru向東綿延數十里之山脈至北邊與小山岡相連後，又形成方形大草原。幾個村落散布其間，以畜牧為生。此丘陵腳下有大溪流，長五里餘，寬半里，現已冰凍，小鳥嬉戲於上。行五里至Haragantai。此乃附近一帶之地名。昨日經過之Porisomu喇嘛廟至Haragantai有六十里路。Haragantai與Porisomu喇嘛廟東西六十里地之間，盛產漢人稱為胰子[10]之牲畜胰臟，據云年年向北京大量輸出，用於製造肥皂。此地有兩三戶蒙古人家，屋前有小湖泊，屋後倚靠丘陵，好一片天然牧場。午前十一時離開此地，行四十里，午後二時至Uranoru。有五、六戶蒙古人家，屋前有眾多湖泊匯聚，適於牲口飲水。此地皆為童山，無一樹木，野獸甚多。據云當地人常在原野放火以捕獵野獸。此日余等自早上即看見遠方有蒙人放火捕獵，但至傍晚卻仍未到達彼處。暮色降臨，余等終於接近火源地，略微可聽見牧童揚鞭趕牛之聲音。皓月當空，夜裡十時宿營。

九日　霜降原野，更加寒冷，足趾受凍有痛感。余於車內睡覺時忽聞一聲轟響，故驚起踢開毛

---

10 這裡所說的「胰子」指豬、羊等的胰臟。——譯注

毯衝至外面，只見活佛胞兄阿哈氏見山羊（其實既非黃羊亦非山羊，而是一種叫「山驢」之野羊）成群結隊逍遙自在，故而開槍為行旅解悶。因未射中，故無罪小羊倖免於難。蒙古冬季原野上野獸成群，有時會在眼前穿過，但蒙人通常不捕捉。家中牲口少或有槍之人偶爾捕之，但少之又少。而狼狐皮毛可作為渠等禦寒衣物，或可售往北京作為裝飾，故較多捕之。

午前九時出發往北行走。一路平坦，車道寬廣。行十五里至Torohotonko，在此休息吃午飯。此地雖為無人區，但或為行者方便，竟然掘有一口井。旁邊有一破舊帳篷，有一蒙古狗守衛。想來主人到遠山近郊放牧，渠之帳篷恐為臨時搭蓋。前面有小山相連，附近一帶皆泥土地，無沙礫、岩石。夏草枯萎時竟有三尺長高。按慣例，每次休息時皆須在近旁拾牛糞以取暖。午後一時整理行裝上路，行六十里至Betoriya廟。有喇嘛居住。余前去拜訪，但無人應客。戴月再行十里，至Kachiruwosa遼闊草原宿營時已是夜裡十二時。今日一日之間穿越茫茫草原，白晝與野獸為友，夜裡以北斗星為伴，足踏濃霜前進，不知其終極地為何也。此時心情可用「心中玲瓏無一物」形容。皓月當空聽牧童歌唱，確有世外桃源之感。豪言壯語不我欺！

十日　午前八時往東北方向前進。前方丘陵連綿。行四十里至Tera，有一廟，稱Terasomu，乃新廟，正方體，各邊長為三十六、七公尺，瓦屋紅牆，有三棟，在曠野上獨放異彩。廟後有一童山聳立，附近有一寒村，三十餘戶人家。余等搭帳篷後吃午飯。當地一位老喇嘛來訪，徑直拿出鼻煙壺遞給余。余因未有思想準備，故未回贈禮物。老喇嘛不可思議，又將鼻煙壺遞於另一人面前，問此喇嘛是何人也。同行者答曰：「渠不知蒙古風俗。」一老喇嘛似啞然，喝碗茶後乘馬飄然離去。一行人中劉喇嘛為向活佛報告余之到來，故先行離去。余等在此地逗留一夜。

十一日　午前九時抵達多倫諾爾活佛別墅，在此做短暫逗留。略記錄見聞如下：

【原編者按：原本並無至十二月七日之記載，故以原日記補充如上。】

多倫諾爾廟住有一千名喇嘛。每年理藩院平均付給大小喇嘛五、六十兩銀子，擁有眾多弟子之大喇嘛得以自行開支，培養徒弟。按慣例，大喇嘛除獲得理藩院之給銀外，另一項收入即普通蒙人之施捨。從活佛別墅向西行走兩日左右，另有一喇嘛寺，稱Abugasomu，住有八十人。據云，活佛三弟Shaburon乃該寺主管。蒙古幾無女喇嘛及其寺廟。僅在哈羅哈（大庫倫）有一座女喇嘛廟，但建築為蒙古包，故女喇嘛極少居住，大抵居家修行。

蒙人稱藏人為「唐古忒」[11]，稱漢人為「Irigon」，自稱「蒙古渾」[12]，稱蒙古為「Mongol」。

此時附近村落蒙古婦女等或乘牛車或騎馬來，欲向活佛獻禮。渠等面帶驚訝走進余房間。余半帶玩笑畫下婦女肖像展示於渠等，渠等嬉笑盈盈。

察哈爾外八旗之一之鑲旗（即Korikoho）所在地塞罕諾爾（良海之意）乃蘇打產地。湖深不過五、六尺，多為二、三尺。早春二月湖冰未融時湖底會產生結晶體，其質地透明，浸入水中如油脂有黏糊感，化水變色後略有臭味。彼地由鑲旗蒙人管理。蒙人購之運至張家口售予漢人。漢人將其

11　蒙語稱青藏地區及該地藏族為「唐古忒」或「唐古特」。清代文獻常用此稱。——譯注

12　蒙語中「人」讀作khun，k不發音，hun讀作「渾」。——譯注

放入鍋中煮沸，形成四方形固體後售至北京，用於生產肥皂、製作豆腐等。自此地至塞罕諾爾須走四五日。

多倫諾爾位於上都河以北一百三十里處。其以西八十里有「松乃滿寺」。過去有一百零八座寺廟，但如今已然衰頹，廢墟不存。

阿嘉呼圖克圖稱其所在地區為Ihorutoruko（二個滿）。因其別墅後方三百餘公尺處有兩座南北相對之尖頂山坡。據云乃以沙土堆於平地而形成。

一山坡上立有旗杆，掛滿印有喇嘛經文之布條。岩石間有一古樹，一人無法合抱，枝繁葉茂，歷經風霜數十年不倒。二個滿即阿嘉住地，位處東西八十里、南北一百里草原之中央，四周群山環繞，猶如天然城郭。其中間凹下，數千匹牛馬遊動於此大草原。Porogasumanga村位於東山山麓，Korro村在其北方四里處，以西三里有Obo村，皆以畜牧為生。此遼闊豐美牧場乃支那皇帝賜予阿嘉之「朱印地」。此牧場東面丘陵腳下有三處小湖泊，清水蕩漾。「二個滿」南面有兩處串湖，可見牛羊在湖畔嬉戲。

阿嘉擁有一千五百匹馬、六百頭牛、一千頭羊，皆為私產，估計價值可達十萬兩銀子。

多倫諾爾阿嘉住地以南八、九十里處有漢族村落，稱Hotowa，以耕種為業，信奉天主教，有洋式教堂一棟，常住兩名俄國傳教士，其中也有人信奉喇嘛教。故喇嘛教徒嘲笑渠等為「二帽子」。此綽號原為對信奉外國宗教、裡通外國之清人之蔑稱，意為一人頭戴兩國帽子之人。

西寧有許多苯波教[13]徒。蒙古亦有些許。渠等垂長髮於身後，與喇嘛教徒大異其趣。蒙人不信此教，而在從西藏來蒙古之人群當中略有人信此，多在外八旗鑲白旗部。若有人掠奪渠等物品，渠等即會念咒，詛咒掠奪者必死，並相信物品會歸還。蒙語將苯波教稱為「Sangasuba」，俗語則稱「長毛」。

察哈爾外八旗位於多倫諾爾西南方向，距此有三、四日路程，總兵力共有一萬餘人，皆蒙人。內、外八旗以張家口為界。各旗兵員各不相同，約八百至一千人。兵器皆為火槍、矛刀，不適於實戰。各旗皆有「昂邦」（都統）統管。八旗頭領均為一品頂戴，其次有「甲喇」一人，「阿爾・甲喇」一人（各為五品頂戴），以此管理一旗。「甲喇」和「阿爾・甲喇」均為滿語，「昂幫」蒙語讀作「Saeta」。即「頭目統領」之意。

總而言之，外八旗有名無實，不適合作戰，毋寧說乃一群散兵游勇更為準確。前年義和團事變，一萬有餘之八旗兵到張家口外沙巴爾臺進行防禦，但遭遇僅二十餘名義和團團員即倉皇逃走。蒙人原具有剽悍勇猛之性格，但因明、清兩朝在政策上厲行崇尚喇嘛教，一家人三分之二成為喇嘛，斷絕蒙人繁衍途徑。加之政治腐敗，野蠻制度依然存在，絲毫未能使人民安居樂業，致使遼闊草原人煙稀少，約每二百平方公里[14]僅有一人居住，村落之貧寒實令人可憐。因此蒙人由剽悍變為溫順，威猛變為狡猾，畏懼死亡，大禍臨頭僅會戰戰兢兢逃避。此等惡習風靡蒙古之後，蒙人除崇

13 即苯教，又譯棒教、本波教或黑教等，原流行於西伯利亞、中亞、東西突厥、蒙古、西藏高原、中國東北等地，而主要發達於西藏西部，特別是象雄（Shanshun）地區。在佛教傳入西藏之前，屬流行於西藏的巫教。——譯注

14 原文為「五十日里平方」（日本一里約等於中國的八里）。——譯注

尚喇嘛教外，不知外界尚有何物。渠等更無社會公共觀念，以能得一日之安為安，僅希望子孫繁衍，瓜瓞綿綿。將此等人民，尤其是遊民組織起來，使之攜帶舊式武器而形成之士兵，一旦遭遇手持新式武器之暴民，迅疾望風而逃亦在情理之中。然若善加訓練，將來亦不難有望形成一支強大軍隊。

余十月二十九日離開北京雍和宮，來到多倫諾爾阿嘉別墅住下已有二十餘日。此間恰遇「祖師聖人[15]忌日報恩法會」，故在一個六、七平方公尺大小之蒙古包內進行十七日修行。房門污穢不堪，余穿鞋坐於氈上，坐臥起居悉在此中。灰塵堆積有一寸之高，無洗手之盆，無漱口之碗，更何談焚香拈花？余僅從僕人長子某喇嘛手中得到一炷香，之後小心翼翼將本尊安置在寶蓋上，開始誦讀《報恩經》，以略表心意。蒙僧始聽日本佛教徒誦經時曾抱有各種想法，其中有人在余甫誦經時即唱出「唵嘛呢叭咪吽」六字真言。每日余甫結束修行，即向聚攏身邊之蒙僧與俗人宣講漢、藏兩經之同一意義，並講述漢魏、六朝、唐、宋、元、明期間高僧來往日本之故事。蒙人聽說有日本一國，乃前年義和團事變以後之事。而當余說起歷史人物，譬如元朝成吉思汗，蒙人一般不大熟悉，但當余說我國甚或三歲孩童對成吉思汗知之甚詳之時，渠等皆非常吃驚，難以置信異邦人居然熟知本國帝王。余在修行前後還誦讀藏語《阿彌陀經》，以表示其與漢譯同義。繼而又力陳如今喇嘛大都懈怠懶惰，有人雖稱大喇嘛，但只不過無意義誦讀藏語經典而已，而且僅以誦讀固定偈文或讚歌為常例，少有人誦讀《甘珠爾經》，故罕有人辨識佛教精義，不！甚或喇嘛教精義。此乃當下喇嘛

15 即前述親鸞聖人。——譯注

教衰頹，不如往年之原因所在。總而言之，喇嘛教有如我真言宗，不外乎體現「父母所生之身是大覺位」之「即事而真」之深意。無論轉世，抑或輪迴，皆為「同一不異」之意。因彼能以「前知不迷」之「證知」普渡眾生，故可幾度轉世，前佛現後佛，後佛現未來佛身，永劫轉生無窮，此畢竟來自眾生輪迴之無際。若一切眾生輪迴苦界乃無限永劫，則佛身轉世亦可無限無涯。喇嘛教徒過去尊重七佛，不外乎亦蓋出此意。雖云釋迦稱「往來八千次」，善導大師乃彌陀化身，亦當與此轉生同義。世間論者設喇嘛教轉世說，不外乎乃宗教相續上之一種宗教政策，故在宗喀巴之前當無轉世之說，且改革者宗喀巴自身亦不提倡。及至達賴與班禪世代交替時有「靈童」[16]出現，其為識者，可通一切。有論者云，此乃以彼臨終遺言決定繼任者，使之為前者化身之政策，云云。然此說似有一理，而未窺喇嘛教之堂奧。按密教教理，尤為號稱博識善知之偉人提倡「父母所生之身乃佛身」之原理，又使之成為現實中實現之一種習俗。因此如論者所言，彼又豈非因襲欲維持世襲制度之教權政策而產生之一種習俗？謂此制度之設立乃為維持喇嘛教教權，其罪在未窮盡密教教理。其實，此原理當由古老之信仰，即在現實中可獲得密教教理之意義——「事當即身」此一信仰而發生。如今已無人欲實現此深意，徒然拘泥於教權之世襲遺風，亦無人理解釋尊之真言真意，喇嘛僅無意義誦讀咒語，並以此為能事。未曾讀《大乘經》，無救濟身陷苦海之蒙人之念頭，彷徨於醉生夢死之中，亦絕非佛教徒之轉世靈童。渠等聽之，驚訝於日本佛教徒比蒙僧更多智慧，日本佛教如今已繁榮昌盛。以上由二十七日、二十八日「祖師忌日法會」之談話整理而成。

---

16 原文為「遺弟」，指大師死後留下的弟弟或弟子。但從前後文及西藏佛教史來看，似為「靈童」。——譯注

此地自十一月十二日始降雪以來，每日暖多寒少，雖說時有寒風呼嘯，耳朵生痛，但總體仍顯溫暖。蒙人云今冬比去冬溫暖，並面帶憂色說如此氣候將發生瘟疫。然而不論晝夜，但凡寒風從西邊吹來，天空即轟然作響，其聲可怖。若不戴帽子走至戶外，則立刻耳朵結冰，面頰發紫。寒風凜冽時甚或一秒鐘即可將鬍鬚凍成冰條。然於陽光普照、無一雲彩之好天氣時則如今日般溫暖。夜裡則又不然。半夜醒來，脖頸觸碰被子，感覺猶如觸碰一冰凍固體。此乃呼氣接觸被頭遇冷結冰而致。如今尚未進入陰曆十二月，但溫度計已經常顯示氣溫在冰點以下。在七、八平方公尺大之蒙古包內燒牛馬糞，僅能溫暖面部，而背部則須披上一床毛毯，且須如貓或蝸牛一般蜷縮一團，方可苦度一夜。若夜裡出去小解，兩三分鐘後即被凍傷。

此地尚有西太后兩牧場。一處位於此地以西八十里處，稱「西大布蘇」，一處位於此地以東八里處，稱「東大布蘇」。兩牧場各有馬七千匹，牧人各七十人。「哈達圖鄂諾爾」距此地五里，德勒蘇特伊河距此地十七餘里。自此往北走約一日可到達「羊群牧場」，有五萬隻羊。乃皇上領地也。

多倫諾爾廟乃二寺合一，住有一千名喇嘛。甘珠爾諾木汗[17]今年五十，管理此地。阿嘉所在廟宇蒙語稱「呼和蘇默」，即匯宗寺。另一廟蒙語稱「錫拉蘇默」，即善因寺。

北京西四牌樓護國寺裡有巴克巴喇嘛使用之帽子、木碗、靴子、袈裟、佛具（護法佛，即坐騎像，土製，蒙名稱「Borupechoechon」）等。據云皆在義和團事變中遺失，該寺由皇帝直接管轄。

17　何人、何職務皆不詳。——譯注

自Shabarudai至Uran、Oriko六十里，至Tekontoko四十里，至Into十里，至Tontoramasomu十里，至Chohorato十里，至Kashato二十里，至Torekusho四十里，至Gegenfure一百二十里，共約二百一十里路。騎馬快跑須一日，慢跑約三日。此間蒙古人家稀少，時有漢人出沒搶劫，故蒙人畏走此路。但至阿嘉別墅通常以走此路為便。

據云，自張家口至多倫諾爾亦可經由通往Maryanro之獨石口、Kihiro、山海關到達。此路當再做詳查。

入藏證明申請書

松井代理公使閣下：

此次應約跟隨阿嘉活佛自蒙古多倫諾爾經西寧再經新疆進入西藏。因於寒冬旅行，故有可能四肢凍傷或遇馬賊橫行遭遇迫害等。為保護生命安全，防範危難與不測，阿嘉已就此親自謀畫，務使一行有始有終順利進入西藏。望公使據此向阿嘉開出一份證明書為盼。專此奉聞，並頌鈞安。

明治三十五年（一九〇二）十一月十六日

於蒙古多倫諾爾

寺本婉雅

關於探訪西藏時借用武器之申請

代理公使松井慶四郎閣下：

余擬於今年十二月二十日跟隨阿嘉呼圖克圖大師踏上探訪西藏旅途。因前年義和團事變，故當下仍有殘匪於途中四處橫行，使用精銳槍械逞威掠奪，給行人帶來危難不在少數。去年十月廿六日曾為護身借用舊槍一支（江南製造局生產，五連發），然因彈藥（單發）爆炸反衝，致使撞針退後以致後膛開放，甚覺危險，其結果乃借出後卻無法使用。是以再次申請借出國產八連發或五連發槍兩支並彈藥三百發以上。另函附有阿嘉呼圖克圖致公使求助信一封。敬希照准。專此奉聞，並頌鈞安。

明治三十五年（一九〇二）十一月十六日
於蒙古多倫諾爾
寺本婉雅

十七日 阿嘉因恐十二月從當地出發後路上寒冷而受凍害，故要求公使開具證明書，以避免日後彼此間出現問題。余託擬回京之王喇嘛帶上以上兩份申請書，並順便託其給總寺、無盡燈社[18]、家嚴及內堀氏各寄一信。王喇嘛擬於明天十八日從當地出發前往北京。

18 日本的出版社，位於京都，創建於一八九五年。——譯注

三十日 清晨使者來，將俄國皇帝信函呈送阿嘉。信函主要內容為：聽聞阿嘉呼圖克圖乞假三年歸省西寧。若有意順便前往俄國觀光，則俄國極表欣慰，屆時擬前往北方大庫倫迎候，亦可到南海旅順口等待，悉聽尊便。敬希垂覆。云云。

此信由現居於俄屬布里亞特、受俄帝之託之堪布喇嘛以藏語書寫並寄出。然書信並不記載俄帝姓名，僅寫「寄自布里亞特」，致「多倫諾爾喇嘛寺」。前些年活佛訪問日本時，該喇嘛即自西藏至印度，並經海路來北京，傳遞俄帝信息：「至日本觀光後亦請光臨俄國。」

明治三十五年（一九〇二）十二月日記

七日 跟隨阿嘉活佛至多倫諾爾喇嘛廟遊玩。清晨風輕日暖，九時自阿嘉別墅出發，向東北方向前進。一條車轍直通多倫諾爾，由此可知車輛來往頻繁。行三十里後山岳稍顯逼仄，地勢逐漸升高，路旁散落兩三座小屋，自多倫諾爾返回時在途中遇見五、六名蒙人。又行三十里見一孤村，有兩三座蒙古包。阿嘉進包內休息。余先行一步，至傍晚寒氣頓生，甚感足底疼痛。加之拂曉僅吃麵一碗，至此滴水未進，故口渴難耐。午後六時至查干布魯克，有寒舍五、六家。是日行程一百里。入夜月光皎潔，蒙犬吠聲響徹野，益發顯得寒冷。余等先至此地後搭起棉布帳篷，收集附近牛糞點燃後等待阿嘉到來。不久阿嘉到達，甫坐於帳內毛氈坐墊後即開始誦經。弟子於其左右焚香兩支。念經過程中隨從無法忍受嚴寒，故跪坐於前面聊天。阿嘉於念經時一面讓弟子搓揉頭部與背部等，以祛除騎馬勞頓，一面繼續徐徐念經。從我國眼光看來，阿嘉作為最高領導者，即一位活佛，或讓弟子揉肩，或讓弟子在一旁隨意聊天等，實乃有損尊嚴之舉。阿嘉念經時弟子在一旁揉麵準備晚飯，並在前面架起大鍋，放入冰塊煮茶，待阿嘉念經結束後即獻上奶茶。之後隨從各自從懷裡掏出木碗喝茶，並將類似小米之稗類炒粉裝入盆裡拿出，在活佛面前肆無忌憚專心填飽肚子。余恐失禮，開始時未吃任何東西，後經活佛勸說乃遵命喝茶。是夜余等在後面帳篷度過。

八日　霜降，一地雪白，地面出現龜裂，由此可知寒冷程度。今日首次吃到小米肉粥。十一時離開查干布魯克向東前進。山岳連綿不斷，地面乃細沙土質。此地以東產灌木，可用於燃料或圍籬笆。活佛勸余騎馬，故余今晨始騎。午後四時抵匯宗寺。

此地有匯宗寺（古廟）與善因寺（新廟）兩座廟，匯宗寺屬阿嘉所有。阿嘉官舍位於寺廟東面，寺廟規格高於善因寺。善因寺乃為章嘉呼圖克圖而建，阿嘉官舍緊鄰該寺後。另有稱為「格根」（Gegen）[19]之十三名活佛住此，但據云眼下已去西寧或西藏，不在此地。洞闊爾呼圖克圖官舍位於善因寺旁。在眾多官舍中章嘉官舍排名第一，阿嘉次之。而阿嘉另有其他建築，有正殿及兩三個佛殿，猶如一座分寺，然在外僅有官舍而無其他建築。此乃阿嘉為掌印呼圖克圖之故。

匯宗寺御製碑碑文如下：

我國家承天順人，統一寰宇，溥[薄]海內外，悉賓[悉]臣。自大祖大宗握樞秉軸，駕馭風雲，蒙古諸部，相繼效順。曁干[於]朕躬，克受厥成，前所未格，罷[罔]不思服。惟喀爾

19 格根（gegen），為蒙古語「光明者」之義。多倫喇嘛廟中另一部分佛教建築是「十三處轉世活佛倉」（寺院），每一處寺院居住一位活佛，分別來自西藏、尼泊爾、青海、蒙古各地的高級僧侶，具有代表一方的意思，接受章嘉活佛的管理。——譯注

喀，分部最多，而又[最]強盛。朕綏德輯威，薰陶漸革，二十餘載，七家之眾，既震旦予[且豫]，咸來受吏。乃除其頑梗，扶其良弱；錫之封爵，界以上疆[疆土]；朕親北巡，以鎮撫之。干[於]康熙庚午之憂[秋]，大宴賚於多倫諾爾。四十八家名王君長，世官貴族，靡不畢集。拜腸[觴]起舞，稽首踴躍。蓋至是而要荒混同，中外一家矣。酺賜既卑[畢]，合辭請曰：「斯地川原[源]平衍，水泉清溢，去天閒芻牧之場甚近。而諸部在瀚海龍堆之東西北者，道里至此，亦適相中。而今日之筵賞敷錫，合萬國以事一人，又從古所無也。朝[願]建寺以彰盛[成]典。」朕為之立廟一區，令各部落居一僧以住持。朕或間歲一巡，諸部長於此會同述職焉。至於今又二十餘年[載]矣。殿宇廊廡，鐘臺鼓閣，曰[日]就新整。而居民鱗比，屋盧[廬]望接，儼然一大都會也。先是寺未有額，茲特允寺僧之請，賜名曰「匯宗」。蓋自寺木[蓋四十八家]，[家]各一僧；佛法無二，統之一宗。而會其有極，歸其有極。諸蒙古格宇侯變[恪守候度]，奔走來同，[猶]江漢朝宗幹千[於]海，其亦有宗之義也。夫是為之記，以垂永久云。20

20 以上抄文多有舛誤，正确的匯宗寺御製碑原文如下：「中國家承天順人，統一寰宇，薄海內外，悉賓悉臣。自太祖太宗握樞秉軸，駕馭風雲，蒙古諸部，相繼效順，暨於朕躬，克受厥成，前所未格，罔不思服，惟喀爾喀，分部最多，而又最強盛。朕綏德輯威，薰陶漸革，二十餘載，七家之眾，既震且豫，咸來受吏。乃除其煩梗，扶其良弱；錫之封爵，畀以疆土；朕親北巡，以鎮撫之。於康熙庚午之秋，大宴賚於多倫諾爾。四十八家名王君長，世官貴族，靡不畢集。拜觴起舞，稽首踴躍。蓋至是而要荒混同、中外一家矣。酺賜既畢，合辭請曰：『斯地川源平衍，水泉清溢，去天閒芻牧之場甚近。而諸部都在瀚海龍堆之東西北者，道里至此，亦適相中。而今日之筵賞敷錫，合萬國以事一人，又從古所無也。願建寺以彰成典。』朕為之立廟一區，令各部落居一僧以住持。朕或間歲一巡，諸部長於此會同述職焉。至於今又二十餘載矣。殿宇廊廡，鐘台鼓閣，日就新整。而居民鱗比，屋廬望接，儼然一大都會也。先是寺未有額，茲特允寺僧之請，賜名曰『匯宗』。蓋四十八家，家各一僧；佛法無

康熙三[五]十三年（一六九四[一七一四]）五月初一[日]

聲聞居遠（碑文後方寺廟匾額，乃康熙帝親題）

手抄善因寺碑文至半，因天黑無法全部抄錄。又因時間倉促，上述碑文亦難免有誤字、漏字。

多倫諾爾地形南北開放，東北有山峰形成一屏障，距寺廟約三里。七海[21]（多倫諾爾）位於該山山麓，深一丈有餘，多河魚，冬季結冰可自由行走。康熙帝相中此地建廟，恐因與其他部落相比，此地地形開闊，有水利之便，且為四十八個部落大王所在之中心，來往交通便利，故此後成為僅次於北方大庫倫之一大城邑。居民多為陝西省人，以回教徒居多。回教寺廟巍然聳立於城邑南端。儘管喇嘛教盛行，但漢人絲毫不被同化。渠等掌握蒙人全部日常必需品之供應，故蒙人須付出高價方能購得物品。

多倫諾爾城區位於寺院以南約六百公尺處，小河由東至西沿城區流過，人口五萬，四千住戶。有提督衙門，五百名擁有新式武器之士兵駐紮於此。另有四處官衙，皆屬宣化府管轄。人口稠密，土屋多，瓦房少。此城全為兩大寺廟開設而興建，其中皮草、棉花、粟麵類等商店規模最大，亦可通郵。

二，統之一宗。而會有其極，歸其有極。諸蒙古恪守候度，奔走來同，猶江漢朝宗於海，其亦有宗之義也。夫是為之記，以垂永久云。清康熙五十三年五月初一日。」——譯注

21 蒙語「多倫諾爾」即為七個湖泊的意思。——譯注

十一日 離開多倫諾爾滙宗寺踏上歸途。再次返回查干布魯克投宿。余等宿於一民房。房傾門破，寒風從縫隙吹入，肆意襲擊余等。此屋主人乃漢人，十三歲即到此地居住，已有二十餘年，以販馬為業，遠銷馬匹至上海，有時獲巨利。渠讚賞上海之繁華與洋人之信用，將妻兒留在多倫諾爾，雇傭蒙人尼僧與少女幹活。某少女將雪中拾取之牛糞放入爐中，使余等感到溫暖。

十二日 清晨該少女見余修行，向喇嘛問其緣由，並勸余觀看渠擠牛奶。余站立少女身旁，少女則不時觀看余衣服、物品等，悲戚戚說：「我蒙古無此美麗物品。」少女之心令人憐憫。是日途中在一民房休息後返回阿嘉別墅。

阿嘉呼圖克圖之壽誕

陽曆十二月十九日（陰曆十一月二十日） 今日乃掌印呼圖克圖阿嘉大師壽誕日，多倫諾爾附近村莊男女老少冒嚴寒前來祝賀。有頂戴藍白等色官帽之人，亦有盛裝女人，參會者一百餘人。其中亦有暫宿於此、為余等近日向西寧出發時送行之人。附近喇嘛亦來參拜，平日寂寞之寒村頓時變為小型都市。午前十一時阿嘉盡情享受眾人膜拜。此時阿嘉立於客廳門前，眾人列隊，魚貫走至阿嘉面前獻上哈達。阿嘉右手持二尺左右之木桿，桿頭垂有瓔珞[22]，以左手撫摩各信眾頭頂一次。參拜信眾獻上哈達後退至五、六公尺開外，又行叩頭三拜禮。每拜一次後皆須直立，將雙手合掌放置額、唇、胸前，以表示身、口、意三業[23]，此後再伏地叩首，行所謂叩首禮。如此三番方為禮畢。

22 原文為「堆塊」，查無此語彙，疑為瓔珞，可垂下。——譯注

23 佛祖將所有行為歸納為「身、口、意」三類。「身」指身體的行為、作為；「口」指言語；言語是口的行為；「意」指思想、

而對其弟子及僕役，阿嘉則伸長手指撫摩叩頭者之頭頂。此乃最為親近之意，渠等以此為最高恩典，感激不盡。僕役乃附近村莊之男人，每當阿嘉有活動時招之即來，供其驅使。渠等除每天吃兩三餐飯外，未接受任何報酬，終日心甘情願接受驅使而毫無怨懟之色，以能接近阿嘉、與阿嘉談話為無上榮光，並將此認為自己享有之至高恩典。因此今日對常伴阿嘉左右供其驅遣之僕役而言，能參與壽誕大會，自然會誠心誠意祝福阿嘉。阿嘉甫念經時，渠等即在外面等待經聲傳至門外，伏地行叩頭禮，可見渠等對阿嘉崇拜之程度。尤為阿嘉兄弟，認為阿嘉乃此世界最為尊貴之人，比一般信眾更加尊敬阿嘉，專程從遙遠之西寧到此迎接，雖常與阿嘉交談，與阿嘉共諧謔，但從不與阿嘉共餐，亦不同屋共寢。渠等雖為兄弟，但似乎皆視阿嘉為天神化身，顯示出誠意與尊敬。故渠等兄弟亦不知曉近日前往西寧之時間，僅相信阿嘉乃無上尊貴之佛爺，阿嘉之一言一行皆神聖無比。宛如德川幕府時代我本願寺法主與信徒間之關係。此地雖為野蠻之地，但亦能感受宗教感化力之偉大。

聽聞阿嘉擬出發，篤信喇嘛教之富裕蒙人獻上駱駝，或一頭或三頭。亦有人獻羊。作為回禮，阿嘉給予渠等數張護身符，且附上一張字條，曰：「予將誦讀『Roma Nigumenga』[24]，為汝等祈冥福。」所謂「Roma」，即《救度佛母二十一經》，亦即「白多羅」觀音咒文。「Nigumenga」為一千遍，即誦讀一千遍「Roma經」。

「Roma（救度佛母）經」僅為四、五首頌文之片段。渠等聽後欣然而歸。其中有人獻給巡禮

見解；所有一切思想和見解是心裡的行為。——譯注

24 原文為片假名「ロマ・ニグ・メンガ」。——譯注

團每人一兩或五兩銀子，但通常僅收到護身符。護身符分為護身之符、除病之符、育兒之符、飼養牲口之符、祈求路途安全之符等，未有定式。

因前往西寧之時間臨近，故有人在別墅西面搭起帳篷，擺放百數十件行李，拴好五、六十頭駱駝與數千馬匹，日夜匆忙，準備終告停當。此時各種行李雖已備妥，但十一月十八日前往北京之使者尚未歸返，向我公使館呈報之阿嘉親筆信，以及余將伴隨阿嘉前往西寧、希望公使館借給快槍二支之申請如何回覆皆未知曉。加之慶祝阿嘉壽誕，故不得不推遲一日出發。翌日又因逢凶日，故須再推遲一日。此時仍未有使者消息，故決定無論如何皆應於明日出發，使者若返回當可趕上隊伍。

二十一日 離開多倫諾爾前往西寧。拂曉起床，用駱駝搭載數百件行李後各自騎上馬或駱駝。阿嘉騎馬，待一行二十三人到齊後自多倫諾爾阿嘉別墅出發。附近村民與官吏多前來跟隨隊伍送行。此時眾人翹首以待、前往北京之使者大阿[25]喇嘛策馬奔來。使者報曰：「北京之事均已辦妥。」阿嘉聽後莞爾一笑。又據報：阿嘉及余寫信給公使申請借用之武器已從駐屯天津之秋山司令官處特別運出。並告：臨時代理公使松井慶四郎寄給本願寺執事之信發出後，有關余個人情況之證明文件已按格式撻本寫好帶來。

行三里路後宿營。因須在數月間用駱駝搭載繁重行李，旅行四千八百里，故在開始時只能先行走數里，之後漸漸增加里數。此乃考慮使用馬、駱駝之安全，且已成為一種習慣，如此方能經受長途旅行。一行人至宿營地後立刻將行李從駝背上卸下，使其在原野休息。通常阿嘉之蒙古包皆位於

[25] 原文如此，前文敘述乃王喇嘛，此時又為「大阿」喇嘛，疑為同一人。——譯注

一行人帳篷東面前方，其平時使用之行李由兩名俗人管理。按常規，其行李應放在蒙古包前方，其自用車輛放在蒙古包右方，兩名僕役與僧廚喇嘛則住於其後方之帳篷，以便活佛使喚。阿嘉胞兄負責管理上述人等。余等每七人一組，分別在距其帳篷後方十四、五公尺處分左右搭帳篷住下。余被分至左邊帳篷，劉喇嘛乃主管。右邊帳篷住有阿嘉胞兄，其作為主管負責管轄各組。此時每三組各殺一頭牛供旅途中食用，食用時摻入麵粉、稗粉。阿嘉不吃牛肉，故帶羊肉。各帳篷配一銅鍋、一茶臺與一水桶，供烹調使用。一行人抵達此地後，附近蒙古男女或有地位、有官職人等，多聚攏來給阿嘉行叩首禮，還獻上銀子或羊以表敬意。阿嘉接受叩禮時間並不固定，故侍者無法告知何日何時可以接受叩禮，而往往等阿嘉有事外出，方告訴眾人今日不便接受叩禮。時常有人終日等待亦無法行叩禮。余曾見某盛裝婦女空等一日竟無法實現願望，只能悄然歸去。余不敢隨意指責此類毫無規律、蒙昧未開之風氣，但不得不承認最主要原因乃渠等將阿嘉奉為超人化身。

應阿嘉邀請，西寧塔爾寺曾派來一位老喇嘛使者（六十五歲）。其精神矍鑠，乃壯年人所不及，性格溫順而道心堅定。該使者與余自多倫諾爾始即晨昏同起居，朝夕共念經，從未有間斷。渠云自己七十歲，將壽終正寢，並似乎已預知自身命運，一心不亂，誦經不懈。余等一行人出發時均騎馬或乘駱駝，惟渠曰余有祈願，毅然牽駱駝行走十五里，一路不停念經，邊撚佛珠邊遠離眾人步行。其風格與節操卓然超拔，猶如鶴立雞群，豈不讓人心生歆羨？從此地開始，渠與去西寧之另一喇嘛同住一小帳篷，堅持長途步行。有一少年被指派為該二位老喇嘛之僕役，在後跟隨。少年之活潑令人喜愛。黃昏後眾人帳篷一如既往方形鋪開，並於其左、右、後三方拉起繩索，綁上駱駝，以防盜賊。是夜寒氣逼人。

二十二日　三時晨起，溫度計顯示為華氏零下十度。四時半整隊出發。途中厄魯特鑲白旗副頭領出迎，欲宴請阿嘉。行二十里至厄魯特。此地乃鑲白旗副頭領領地，有十幾戶蒙古人家，乃家族聚居。副頭領姓名為Chokutomumanrai，其子息亦為喇嘛。余作為一行人中之貴客被特邀至家中。此家庭乃世襲當差（官職），有子息四人，孫兒九人，擁有九座蒙古包。鑲白旗有一千士兵，亦兵亦農，即一面駐屯，一面放牧。其衙門位於此地以北六十里處，該地有鹽湖，周長約五里，水淺。衙門不管，任由蒙人隨意取之。據云鹽質好，色白，但產量低。

副頭領次子Bato喇嘛特以羊皮製假面具，作為防寒用具贈余。余深表感謝。今日給北京公使館鄭書記官寄去一信，另向家嚴及兩三位好友通報余之近況。

二十三日　西行十里至Tabuntorokai（五頭），有五、六戶貧寒房舍。此地往南有連綿小山。南行三十里至Bainboruka，時已正午，有五、六座蒙古包，山脈呈南北走向。三位正黃八旗官吏前來慰問。此地乃正黃旗駐地，有五品以下官員住此，黃旗兵有一千人。青八旗位於此地以南。當地有十六、七名婦女前來向阿嘉叩頭行禮。在此地可見些許富人，但衣衫襤褸者居多。自多倫諾爾向西走，地中沙石漸多，畜牧亦不發達。入夜降雪。

二十四日　飛雪吹入帳篷，寢具悉變白色，身體宛如横臥於白雪之中。蒙古之雪花呈細粉狀，不似我國呈牡丹狀、花狀，飛落時朦朧一片，咫尺不辨。今日為阿嘉誦經日，故眾人燃起少許牛糞取暖，蜷縮在帳篷內休整。駱駝則全身掩埋於雪中，僅露出頭來，宛如岩石蹲踞。因不堪忍受深夜寒冷，不時發出陣陣悲鳴聲。

二十五日　沿西南前進，嚴寒中眾人皆毫無聲息。余為繫帽帶，甫脫手套後手指即凍傷，頓時失去知覺。皮靴內穿三雙毛襪，靴外再套上毛靴，但仍感覺腳趾寒冷。眉毛、鬍鬚悉數變為根根銀針。行四十里至一喇嘛廟，廟名Hanahata。十幾名喇嘛列隊門前，吹喇叭行歡迎禮。再行五里至Chaganponpa宿營。此地有七、八戶村民，有人送羊慰問。男女數十人前來叩頭。有八旗衙門，木頭建築，葺瓦，在此地頗為罕見。

二十六日　沿路向西南前進，一路平坦，有民房散落道旁。越過一小丘，可見遠山在天際線上自東向西延伸。行四十里至Borukutai，有六、七戶蒙古人家。當地人半數與多倫諾爾地區人種相同，亦與我國人種相似，另半數身材高大，面部扁平，鼻如蒜頭，口唇厚實，眼球圓大，容貌頗為醜陋，二者明顯不同。其或為韃靼人？據同行者曰其與藏人相似。然非也。又據熟悉當地情況人士所說，渠等屬此地以北之Karaha人，其後裔多去北京[26]。或此說法靠譜。

降雪後反覺溫暖。一路沿車轍向西。行四十八里至Tarabakai。此地有一鑲黃旗官邸，有蒙官出迎。

二十七日　殘雪覆蓋道路，余一行人僅憑凹凸之車轍感覺向西行走。群山自西向東延伸，山高不過四百尺，地質為花崗岩，無一樹木。行四十五里至Hoiruhata（二石）。先搭帳篷，後拾牛糞，煮雪水泡茶暖腹。

每日因宿營時間較早，同行者中有人想學日語，故余教渠等。渠等對日語感覺稀奇，亦掌握極快。附近四處有民房。每當有官吏或其他人來慰問，同行者即向官員等介紹余，並講述日本佛教如

26 此句原文意思為「擬去北京」，在此語境中頗難理解，恐手民誤植，現暫按以上意義譯出。——譯注

何如何，日本乃如何強大。且因阿嘉佛爺曾到日本觀光，日本乃「親交國」，故渠成為阿嘉弟子，親如一家，等等。蒙人聽後皆覺稀奇。恐過去說起外國人，渠等僅知有俄羅斯，此次乃首次聽說還有日本此國，且與自己同種同教。又，若宿營地附近有民房，必有許多男女前來行禮叩頭，其中尤以婦女為多。此乃男人白晝出外放牧不居家之緣故。兒童中男女容貌皆與我國相似，皮膚細嫩白皙，而長成後則變為醜陋，蓋出於土地寒冷、狂風劇烈且無法沐浴之故。今日亦不例外，又有六、七名婦女前來叩頭。另有位盲人喇嘛由家人牽手徐徐走來。眾人向阿嘉行禮，而盲人對此則毫不知情，不脫帽，僅直立焦急等待。待施禮結束後家人告其緣由，盲人頗覺遺憾，用雙手觸摸阿嘉蒙古包外側，並將頭觸靠在氈布上悄然離去。余見後頗覺可憐。

二十八日 無風，天氣暖和。今日乃親鸞聖人忌日。因早起匆忙出發，故未誦《報恩經》，只能在駱駝上默默心中誦經。想來去年今日在北京雍和宮，而今年今日卻在塞外朔北雪原，心中豈無感慨？自古未聞我國人進入蒙古，宣講佛祖福音，然不知是否如來引薦，余始得以與蒙人朝夕相處，談論佛道，傳播真宗教法，辨別其與喇嘛教之異同，使渠等瞭解日本亦有佛教。此全為佛祖冥佑使然，念此不禁感激萬分。

沿西面山峰前進，十二時至Orantorokai（黃頭）宿營。有五、六戶蒙人家坐落於小山腳下，牛馬正在尋覓雪中枯草。

二十九日 降大雪。翻過三座山嶺抵達Orusutai（沙地）。有五、六戶人家。照例得以進屋取暖。

三十日 送行至此之人們今日返家。夜裡僅剩下一行人之四頂帳篷，外加阿嘉自用帳篷。規定今夜開始各帳篷輪流值班，以防盜賊。今日向西北方向前進，行二十里可見山脈綿延東西，雄渾壯闊。再行十里見電線杆架設南北。此乃連接張家口經大庫倫至俄屬領地之電杆，既高又大，且為雙線。由此可見俄國經營蒙古之用心。行十五里至Arushanto。北山山麓有規模宏偉之廟宇，稱Kushisumu。有二百名喇嘛，屬張家口衙門管轄。廟旁有七、八十戶人家，漢人移居此地從事買賣。從此地至張家口有五十餘里，須走五日方可到達。自黃頭至此地勢逐漸升高，空氣乾燥，氣候變化無常。畜牧業似不如東部發達。

三十一日　今日向西南方向前進。車轍通往西面，但不見人煙。行五十里至Chamiobujo（道院），有四戶貧寒人家。八、九名男女前來叩頭。途中缺乏燃料與飲用水乃旅行困難之一。

明治三十六年（一九〇三）正月日記

元旦　晨五時離開「道院」向西北方向前進。一行人在無人區以腳撥開大雪奮力行走，於正午抵達Ihoosu。途中可見兩塊七、八平方公尺大小之岩石兀然坐於丘陵之上。在蒙古草原見此巨石實屬罕見。此地有一小廟，稱Pushirito，住有十餘名喇嘛。附近未見有人家，但不知何時竟來十餘名男女行叩禮。此時溫度華氏零下二十度。

余晨起端一碗熱水洗手、漱口後，徐徐誦讀〈正信偈〉[27]。余自計畫探訪西藏以來已有五年時光，常在異國他鄉迎來新年，不知何時方可報答父母大恩。未能有暇侍奉盡孝於父母膝下，實乃悲傷至極。然我父子乃方外之徒，歲無吉凶，月無禍福，常懷如來普濟眾生之同一心情，無論是否共

[27] 日本淨土真宗創始人親鸞著，見於《淨土文類聚鈔》中，由六十行一百二十句組成。——譯注

同迎接新年，亦不缺父子親情。此五年中從未有一回與父母共同迎接新年，余亦毫不後悔。然而人皆有凡夫之情，今晨修行時，父母與胞妹之音容笑貌彷彿現於眼前，余心中湧起無限感慨。經歷五年之艱苦辛酸，今日終漸有成果，在積雪深厚之蒙古草原，在帳篷裡，在淚水哽咽中，光明前景似乎逐漸可辨，不由感到一種難以言喻之喜悅充滿心頭。余思此想彼，立下以下誓言：

願佛祖保佑實現我之心願；
願佛祖使我成為三界偉大導師；
願佛祖保佑在我實現願望之前父母安然無恙；
謹向無始無終、不生不滅之覺者[28]阿彌陀佛祈禱。

二日　冒雪向西南方向前進。行四十里至Uchurushanda（尖泉）。此地僅有獨屋一棟傲立山頭。今晨十匹良馬不知所蹤，或為盜賊所偷。因當值者存在過失，故渠等分頭尋找，然未有任何蹤跡。但不久在南邊發現那些馬匹，故派人牽來。一行人喜色滿面。

三日　沙礫多，草少，無人家。行三十里至Kapuzeru廟。廟乃藏式，方形塔樓，白堊燦燦，規模宏大，邊長四十三、四公尺見方，住有一百餘名喇嘛。此地實乃草原仙境，斷絕塵緣，可謂修道之好場所。行十里至Bainsento，有三戶蒙古人家。此附近一帶丘陵岩石嶙峋，層疊互現。

28 〔梵〕buddha，指自覺及覺他，在覺、行兩方面皆完滿的、已悟出真理之人，即佛陀。——譯注

四日　極寒冷，取出溫度計一看，竟達至華氏二十七度。駱駝一面發出悲鳴聲一面前進。路上有喬木，兩人環抱有餘，枝繁葉茂，垂向四方。每日所見山岡、丘陵悉為童山，不見一木，但想來此地過去當為樹木繁茂之處。有此景象不外乎乃游牧民亂砍濫伐之結果，亦足以推知過去蒙人移居此地，牧業乃如何興旺發達。午後三時，於行走五十里後抵達Puronkeairo。

此地婦女風俗與蒙古東部婦女稍有不同，其服裝與男子相同，穿「Kanzeru」[29]，繫吊帶，頭飾比東部婦女小，不垂至腦後，兩頰亦不垂掛珊瑚飾品。其耳環大，呈圓形，乃青玉、珊瑚製作。婦女頭髮分為左右兩半，在腦後盤成一束，呈圓環狀，頗簡單。少女與漢人男子相同，辮髮，戴耳環。蒙古東部婦女帶官帽，帽乃滿洲風格，而此附近一帶婦女則戴與喇嘛及一般游牧民相同之防寒帽。往西行走，所見男女服裝皆為藍紅色棉布裝。此乃生活水平低下所致。

五日　途中無人亦無路，終日迷路於山中，方向或南或北，有時在白雲深處見到點點黑影，疑為蒙古包，但策馬至前一看，乃巨石默默起伏於雪中，故屢屢為此失望。夕陽西下時在某山頭搭帳篷度過一夜。漫山無水，亦無燃料。煮雪泡茶充飢。是日行程六十六里。

六日　北風吹雪，來勢洶洶。六十餘頭駱駝無法正面，只能傾斜身體向前，宛如一隊騎兵在遼闊草原演習，途中有時陷入冰河之中。此時一行人為駝隊之通過大費周章。北行十五里見有一獨屋，故上前詢路。又向西行五十五里至Kuitokuchaganhariyoshi。此地有四、五座蒙古包。照例在此融化冰雪煮茶。然雪水夾雜沙土，呈紅色，甚污濁。若在平時此水無法入口，但因口渴，此時已不

29　查無此語彙，不知為何服裝。恐為「坎肩」或夾袍。——譯注

遑選擇水之好壞。

七日 終日行走於高原。Hachihito山嶺相較四川省大象嶺天氣更冷。行五十里至「希拉穆仁」廟[30]。廟位於山麓，規模宏偉，方形藏式土樓，有兩座三層樓閣，住有一千名喇嘛。廟前及四周皆建有城郭，中間設蒙古包。希拉穆仁河（黃色之河）由西向東流淌，廟因此得名。行五里至山頂搭帳篷。因缺少燃料，有喇嘛騎駱駝冒雪折返五里路討要牛糞。旅途之艱苦，未身臨其境者難以知曉。

八日 終日行走於山上，不見人家。狂風嚴寒，難以忍受。一位喇嘛臉鼻凍傷，露出紫斑色。余等帳篷昨夜擔任放哨任務，其中一人凍傷，苦不堪言。經數人看護敷藥，漸得以痊癒。午後三時抵Kashonosu，有三戶貧寒人家，在此汲井水得以煮茶。此日途中見一座小廟，廟名不詳。

九日 今日天晴，行十里下山。草原一片遼闊，山峰已然不見。再行十五里見有三座漢（族）人土屋，其主人經營買賣。再行二十里抵Chaganhosho（白坡），有兩三座蒙古包。四名婦女前來叩頭。夜間有狼襲擊牲口。阿嘉用我國公使館送來之槍支將其擊退。渠可靈活使用槍支，令人驚歎。

明治三十五年（一九〇二）十二月二十一日自多倫諾爾出發至白坡，里程共計九百五十七里，費時二十日。

十日 天晴無雪稍暖，寒暑計顯示為華氏三十二度。一路沿車轍前行。往西南方向行走四十里可見三座蒙古包。又行二十里下高原，遠眺西南方向，群山連綿，自南向北聳立雲端，其間黃草與

30 即普會寺。「希拉穆仁」蒙語意為「黃色的河」。該廟建於清乾隆三十四年（一七六九），清廷賜名「普會寺」，位於希拉穆仁河邊。——譯注

殘雪斑駁點點，別有畫趣。行五里見一蒙古包，討要牛糞被拒。乃因無多餘牛糞給予。又行五里至Harutere投宿。有貧婦二人前來慰問，故得以詢問此地地名。余清晨未小解，故到帳後解決，見十五、六公尺開外有一黑影，比人影高，似有人騎於駱駝之上。余怪而近之，黑影即向西邊馳去。幻影最終消失。恐故鄉出事。此並非迷信。記此，以徵於後日。

十一日　過山谷向西南方向前進。行二十五里抵「Haraka」。南北走向與東西走向之山脈在此會合，形成僅東面豁開之三角地帶。山麓有Bataharakasomu廟[31]。此廟頗著名，有三座殿堂，大殿面闊、進深皆為二十一、二公尺，雙簷屋頂。有樓閣，有山門，有法輪殿。大殿宏偉壯麗，似與整體建築風格相符。其餘二殿係後期建築，與支那內地建築相似。據云住有一千名喇嘛。全廟面積四萬多平方公尺。八大呼圖克圖之一錫埒圖呼圖克圖在此住持。廟屬歸化府管轄。廟以東三百公尺左右小河對岸有四家漢人店鋪，除出售粟粉、麵粉、酒類、糕點等日用品外別無他物。廟以西一望無際，地質比Bainsento以西土地稍好。行十五里抵Rasuku。一路走來因缺草不足以餵養牲口，故休整半日讓牲口充飢。有男女十八人前來叩頭。滿洲朝陽縣以東Aruhoruchin之Hansomu廟六位喇嘛為去西寧朝拜在此相遇。渠等帶來八頭駱駝。據云自Bataharakasomu廟至歸化城[32]有五百餘里，須走五、六日方可到達。

十二日　清晨五時起床，向西南方向行走二十里。寒月皓皓，駝影清寒。一路無水。行三十里

31　疑為內蒙古自治區包頭市「五當召」（廟）。蒙語「五當」意為「柳樹」，原名巴達嘎爾召，藏語「巴達嘎爾」意為「白蓮花」，「召」為「廟宇」之意。——譯注

32　即呼和浩特市舊城，是一座有四百三十年歷史的塞外名城。——譯注

抵Sarra，有五、六名婦女前來叩頭。

十三日　冒寒風向西南方向前進，一行人鬚髯皆白。行四十里至一片平坦曠野，牛羊四處遊蕩，野馬嘶鳴於晨風。此景象在我國無法見到。西行三十里抵Shiyaruhotaka。此地牧民與東部牧民相比，容貌醜陋，鼻子向上，下唇渾厚，口大頰高，眼睛呈金魚狀。女牧民中多尼僧，服飾與男子無異，僅髮型略有不同。有男女數人前來叩頭。

十四日　晨起仰望天空，寒月皎潔，照耀白雪，亮於白晝。行二十里，過Chaganhoninchiyoro（白羊石）時見有一戶蒙人家。又翻越幾座丘陵，向西北行走二十九里至Orito。西南方向遼闊，一望無際。行三十里抵山澗無人溪谷Orontai。取溪水飲用。

十五日　西行二十里後山麓相連，河流眾多。岩石為雨水沖刷皆精赤條條。河流自北向西南流淌形成黃河上游，進入陝西省與幹流匯合。南行二十里，略微可見山麓有一小喇嘛廟。再行三十里下山，途中遇見甘州[33]商人牽駱駝送羊毛至北京、天津。據云平日須經歸化城，但因近來盜賊成災，故於去年十二月中旬自甘州出發經此地再往張家口。一行人抵Borutokukorro（灰練河）夜宿。阿嘉及其二弟捕獵黃羊吃。

十六日　沿灰練河行走十里見有一小廟，稱Hariyotaisomu（海臘寺）。灰練河河身乾涸，沙土堆積，芳草萋萋，此乃好牧場。河寬一里餘，自北流向西南形成黃河上游。行三十里越山嶺、渡溪流至一廟宇前。廟稱Ihoborokosomu（大泉寺）住有五、六十名喇嘛。廟前有Ihoborokokorro（大泉河），河

---

33 今甘肅張掖。——譯注

畔種楊柳，為廟宇增添韻致。在蒙古能見此景致實乃稀罕。沿大泉河行十里抵Oranfurenesomu（紅圓寺）前。寺位於山麓，由藏式小碉房構成，有蒙古包十幾座，眾多男女前來叩頭。

十七日 取道西北，行十五里見有一小廟，稱Rontaichinsomu。此地稱Harutoro，有兩戶漢人經營買賣，兼種稗、粟等。地質為泥土地，一種稱為Torusu之野草（類似我國芒草）高一丈五、六尺，四處蔓延，而不生長普通青草，故適合飼養牛、羊、駱駝，但不適合養馬。土地比東部肥沃，若開墾得當必將獲利。漢人聰明，以小廟為幌子，一面做生意，另一面開墾種植。蒙人若能效仿亦必能獲大利。此處山頂無樹無草，然原野上樹高三丈有餘，枝葉繁茂，儼然一片蔥鬱森林。行四十五里抵Haimemuchi。照例有人前來叩頭。渠等頭觸阿嘉帳篷或車輛，行叩頭禮。

十八日 披星戴月向西北方向行走三十里進入大草原，最終不見車轍，迷失於茂密雜草中。大路以北山嶺向西延伸後成為丘陵，而南邊一帶則成為無邊曠野，灌木雜草叢生，蒙古包、漢人房屋掩隱在草叢之間。西行四十里抵Sorensomu廟所在地。廟為藏式白堊土樓，位於丘陵斜坡，規模小，據云有二、三十名喇嘛。

十九日 向偏西北方向前進。此地河灘一片，枯草蔓延。行三十里過Oranhon，Hoirubokudoora山巍然屹立於平原，數百里遠即可望見。據云遷居此地之漢人逐年增加。渠等除種植粟子、蔬菜外，還飼養雞、豚等。行二十里抵Tahoru、Horumokuchi，見有漢人家。渠等在耕作之餘，還做粟子、糕點、酒類、大豆、砂糖、雞豚生意。據云自Hairimuchi[34]至此以西一帶為鄂爾多斯地區。此

34 此地似應與前文「Haimemuchi」相同，疑為手民誤植。——譯注

地至歸化城有十日路程，氣候溫暖如春。近年來降雨多，農作物收成不好。

二十日　月下迷失於草叢之中。恰好有當地少女騎駱駝經過指路，一行人深表感謝。行四十里至Sharatabasomu廟。寺廟位於山麓，有十數間僧房。行十里至Chaganerusu（白砂），有數戶漢人家，邊耕作邊經營生意，出售粟、豆、酒、砂糖、糕點等，其價格昂貴，酒一斤兩文錢，麵粉二十三斤一兩銀子，比多倫諾爾約貴兩倍。今日正值蒙古焚火節，故早早宿營做肉包吃。據云白砂至山西省保德須十日路程。上文已屢有記述，余等一行甫宿營即有許多男女前來叩頭。渠等至帳篷時，若余等正在吃飯，則會圍坐在火旁凝視，直至余等結束用餐。若有剩餘飯菜，余等會將其盛在用過之木碗給渠等。渠等亦不辭讓，而是有給必接，不用筷而直接用手抓食。不嫌棄吃剩飯剩菜，不講衛生以此為甚。此乃蒙古一般風俗。

二十一日　西行二十里見路旁有一小廟，稱Kushinsomu。又行三十里見有五、六座蒙古包，散布於沙原之上。又見巍峨高山山麓有一白堊廟宇，人稱Berukusomu。再行十里抵Sanchentache。余欲取食拿出木碗時發現其已有兩三處裂痕，盛茶水則漏，已不敷使用。上次余入藏自四川打箭爐出發，至Chieto山時亦發生日本帶來之木碗破裂之事，而後至巴塘即不幸被拒絕入藏。今日木碗破裂預示何種命運？余不得而知。值此命運分歧點上余仍大步向前，呵呵！

二十二日　向西南方向行走二十里，此時四面已不再有群山遮蔽雙眼。走進一望無際平坦沙原，行四十里見有一廟，人稱Moringensomu。有十幾名喇嘛居住，乃大廟。廟附近有漢人移居至此，亦農亦商。照例有眾多男女前來叩頭。今日溫暖，駝背汗濕。

二十三日　清早四時半出發。狂風捲起沙塵，天空灰暗，寒氣逼人。行十里後朝暉始升離雲間，見有車道通向南方。向偏南方向行三十里抵新地。山西、甘州一帶漢人遷移至此，從事農業。移民逐年增加，現已形成一小村落。此附近一帶平原經開墾後成為農田，人們開溝設渠，以圖灌溉方便，農業生產頗有秩序。地質為黏土，與北京城外田畝同樣肥沃。畦畔樹多。漢人蓋土房，以粟、稗、黍等外殼為燃料做飯防寒。房屋頗多，有一百餘戶，故取名「新地」。離此向西行走十里，見路旁有漢人家。又北行十里宿營。此地稱Kondi，即鄂爾多斯與「阿拉克謝」[35]交界之地。

二十四日 取道向西南方向前行二十里至平原。又西行十里，見山峰自西向北延伸聳立於沙原之上，將廣漠沙原南北隔斷。再向西北行十里至阿拉克謝邊界。從Kondi至此海拔兩百尺。既無水喝，亦無草料。一行人飢寒交迫，牲口亦疲乏不堪。在何處宿營？若往北邊，則有連綿不絕之山岳南北隔斷此曠野，無法輕易越過。若往南邊，則有一望無際茫茫沙海。一行人不知如何是好。問同行者有否水路，答曰不知，故無論如何須向有水方向前進。於是西行。一行人腳踏煙塵升騰之沙原，眼望烏鴉在空中盤旋，策馬狂奔。眼見有漢族商人自山西省至蘭州經商，在此搭起帳篷，帶有數十頭駱駝。於是立刻上前詢問是否有水，答曰有井水。一行人聽後始眉頭舒展。蓋當地人為方便旅行者而掘此井。余等汲水入桶後攜帶前行。行三十五里至Chaganchiyaruka宿營。此地土質稍白，井深，故有此名，但無馬駝可吃之普通青草，僅稀疏生長一些高尺餘、類似杜松的寒帶小樹。從Kondi至此路旁多有纍纍駱駝屍骨。或方斃命數日，血流滿地，或被野獸撕咬，四肢散落各處，見後令人心酸。恐因馱載大量貨物，經過數月旅行疲勞過度，而至此無食無水之地，終於轟然倒下。

---

35 即「阿拉善」，下同，不一一做注。——譯注

在此遇見蘭州行商，渠等以駱駝自天津洋行運送洋布、綢緞、雜貨，經北京、張家口再通過塞外運至蘭州。乃歸化城人氏，一年運送一次，以此為業。一頭駱駝之運費自天津至蘭州須十八兩銀子，一百頭駱駝則須一千八百兩，可謂一筆巨大費用。由此可知此乃極大買賣，同時運輸業亦不可輕視。渠等一行二十人為一組，人人皆攜帶槍支。據云渠等陰曆八月離開天津，翌年二月上旬抵達蘭州，途中耗時半年之久。與人約定若委託運輸之物品丟失，必須賠償相應損失。

二十五日　向西南方向行走三十里，見有兩座蒙古包，有人放養駱駝。再南行五里抵Horusutei（葦），有一獨屋，地裡長蘆葦，有井水，可求得一口清水。離開葦西行二十里，見有一山峰巍然聳立於雲端，山稱Narinseron。山以西約三里處有兩座小山，呈赤褐色。山麓有小廟，稱Aigoisomu（洞廟），據云有著名佛像。又行三十里抵Uchirurinchiyakuto宿營。此地乃無人沙土高原，因有當地人稱為Chiyakuto之羊齒植物——類似Moroki之高約一丈六尺之寒帶樹木，故有此地名。用此樹木做燃料煮茶喝後得以禦寒。

二十六日　四時半出發，披星戴月跋涉高原，日出後始知迷路。此間已行走二十里，隨即轉向南方，在沙地行走二十里始見車轍通向西南方。路旁有一戶貧寒人家，放養十幾隻羊與駱駝。行四十里抵Oreosu（高水）。因此地地高乾燥無水故有此名。時值下午五時，共計行走八十里。此附近一帶乃高原，估計在海拔四百尺以上。井旁有廢棄碉房，無人居住，現井水已發臭不可飲用。然因無其他水源，故只好汲此煮沸飲用。同行者說阿嘉亦喝此水。因無草，故取樹木細枝餵駱駝。在此高原發現有蜆子等貝類動物，想來古代此地乃河川。又處處可見當地人稱為Hotsueru（蘇打類礦物質）之白色黏土。當地人以此洗滌衣物等。

二十七日　余等逐漸從高原下來，寒冷不斷加劇，鬚髯變白，足趾疼痛。行五十里至無人區Toirumuboroka。路旁有井水，遇見在此放牧馬駝之旅行者。一行人在此地宿營。今日乃支那十二月三十日，即除夕，蒙人亦有送舊迎新之習俗。

二十八日（蒙古元旦）　今日行走四十八里抵Ohoteboroka。因係元旦，故早早露營。喝茶休息後，一行人至阿嘉面前行三拜叩頭禮，並獻上哈達，恭賀新禧。阿嘉兄弟亦與眾人一道向阿嘉三拜叩頭。余獻上哈達時阿嘉即連聲說「恭喜！恭喜！」並與余交談。過後向同行者打聽，方知在叩頭時交談屬特別禮遇。一般王公叩頭後阿嘉方與之交談。一行人及阿嘉兄弟須三拜叩頭後退出房外，繼而再進入房內獻上哈達。此時阿嘉端坐一旁，用手接過各人獻上之哈達後用右手指在各人頭上點觸一下，一言不發，更何況交談。一行人禮畢後，阿嘉對兄弟說「恭賀新禧」，致以新年之問候，眾人亦曰「恭賀新禧」，而後至各帳篷拜年，喝茶飲酒、吃糕點後方才離去。各帳篷內頓時喜氣洋洋，平日眾人畏懼阿嘉呵斥，只能在暗地裡喝酒，而今日卻可以公然舉杯，肆無忌憚，入夜則放聲歌唱蒙古歌曲。此時當地一對夫妻相攜前來行叩頭禮，應阿嘉提議，夫妻二人對唱。余雖不懂歌詞意思，但可聽出乃蒙古民歌，音調高亢，缺少變化，罕有低音、中音。畢竟渠等生活在遼闊無人曠野，為抵抗狂風，自然須發出高昂之聲調。蒙人皆將今日視為好日子，騎上特為新年準備之良馬，盛裝至遠近親友家中拜年回禮。主人皆厚待客人，或勸酒將人灌倒，或自己狂喝。若醉倒，深夜即於主人家留宿亦無妨。在土地遼闊、人煙稀少之蒙古，平日男女社交機會極少，只有在新年方能與平日疏隔之戀人相會，增長親密關係。亦即男女相互接近多於新年之際進行。他人對此並不非難。如此情形一般延續半個月或一個月。然而進入二月，此類情形即消失殆盡。渠等正月之食物，一般為肉包、牛奶、牛奶豆腐、麵條以及無鹽之牛羊肉、牛奶酒、燒酒，除此以外別無他物。一年歡樂盡在此間。

當地人對蒙古王公、貝勒、貝子行禮時僅跪雙腳，使頭稍向前垂，與支那最高禮儀相同，而絕不似對呼圖克圖那般行叩頭禮。王公等人對呼圖克圖亦行三拜叩禮，與一般人無異。此乃對至高無上之活佛表示尊崇。

此地有稱作Chiyaka之兩株巨樹，枝幹繁茂，歷經百十年風霜，乃平原上一大奇觀。當地人與旅行者將繩子繫於巨樹，掛上哈達或駝毛，以祈求來往之平安。樹旁有一小噴泉，流出後匯成湖泊，水中含Hotsueru（蘇打），呈不透明狀，帶些許酸味。或此附近一帶乃蘇打產地之緣故。入夜後各帳篷依舊放聲高唱，盡享旅途新年歡樂。

二十九日　昨夜將駱駝放養於曠野，凌晨有三頭不知所蹤，天亮後各人分頭去找，但終無下落。午前八時啟程，向西南方向前進。因風和日麗，故余感覺毛帽之重。行二十五里至一無名地宿營。途中遇見自北京歸來之西藏喇嘛。據云渠等之所以不取道支那內地或歸化城，而欲通過此草原，一是因為在內地各驛站牲口開銷大，二是因為歸化城附近盜賊橫行，恐被劫掠，故須如此繞道而歸。今日乃親鸞聖人忌日。自多倫諾爾出發至今已過四十天，余蓬頭垢面，與當地人無異，故從行李中取出剃刀剃頭，之後念經感謝佛恩。阿嘉特賞賜兩塊糕點。

今日亦於拂曉出發，迷路向東誤行十里，日出後始發現駱駝腳印乃通向南方，故又向南方進發。駝蹄沒入沙中，行路甚難。至此始知在沙漠中行走需要駱駝。三日不餵水、不餵草，駱駝竟然亦能克服。向西南方向行走三十里始終無水，故無法煮茶，同行者中有人開始頭疼。西行二十里抵

Onjiyaka。此地有許多稱作Jiyaka之矮樹直立於平原之上，故稱On。亦有游牧民房屋廢墟，旁邊有井水，略可入口。於是在此宿營。是日行程七十八里。

三十日　向西南方向行走三十里，穿過Jiyaka叢林。平原白沙茫茫，Jiyaka枝繁葉茂，實乃一大奇觀。此樹不長於多倫諾爾附近，而生長於鄂爾多斯以西，至阿拉克謝則更高大，且更繁盛。細枝如柳條從樹幹分出，各細枝又猶如松葉，高二丈有餘。余將其稱作蒙古松。其最初長出地面時僅根莖一株，但繼續生長後樹幹不斷變粗，待離開地面五、六寸時方分為數個枝條。成長數年後各枝幹外皮受寒風侵襲出現龜裂。且因此地水分稀少，多半未長成大樹即枯萎。據云除可給旅行者提供燃料外無任何用處。林中有井水，欲繼續前行可汲此井水攜帶上路。又向西南方向前行四十里至Manchanjiyaka。至此地勢逐漸降低傾斜，可見東方有一小山峰直立。

明治三十六年（一九〇三）二月日記

一日　往昨日所說位於東方之小山峰向西行走，其盡頭處即阿拉克謝。向西南方向行走四十里見有一戶漢人家，另有兩三戶蒙古人家散居此地。有些許矮小Jiyaka樹，但不足以作為燃料。又起步向西南方向行走二十七里抵Somunhottoko。此處無廟，有兩座蒙古包，有井水之便。

二日　平原沙地不長青草，亦無燃料。據云自阿拉克謝至此極為不便。往南自阿拉克謝至歸化城須橫穿曠野。夜裡有小雪，山嶺皆白。鄂爾多斯至阿拉克謝之區間降雪稀少，乃今年比往年暖和之故。行六十里抵達距阿拉克謝四十里之Obohottoko（祈竿井），遇見幾位回西藏哲蚌寺之喇嘛。渠等牽二十餘頭駱駝與數匹馬，自拉薩出發經數年至北京採買物品後至五臺山朝拜，之後再至安多之東科爾[36]，預計明年自青海返回西藏。渠等攜帶西藏造粗劣二連發槍。藏人至支那內地，尤為至北京遊玩，若非公事多半取道蒙古。恐因與取道支那內地相比，旅費會便宜許多。渠等對道路不便、時間悠長毫不介意。

三日　向西南方向行走二十里，下高原，見有漢人移居此地，開荒造田，以此為生。行二十里抵阿拉克謝衙門。

阿拉克謝城

此地山勢崢嶸，自西向東延伸。西北方向乃曠野，一望無際。阿拉克謝衙門位於距山麓五里之處。東西兩地有丘陵，間隔約四百公尺，其間有兩條小河。阿拉克謝城位於東邊丘陵上，面向西邊。城壁東西約一百公尺，南北二百多公尺，高十一公尺左右，城牆臺基乃泥土堆積，高九公尺左右，以上部分為磚築，四隅建城樓。城中數棟高樓大廈掩映於楊樹之間，阿拉克謝王即居於此。城北數里有兵營一座，城西數里有兵營兩座。各營有蒙兵五十人，攜帶洋槍。城內無支那衙門，少有漢族商人。漢人多在城外西邊丘陵之間，戶數約二千，乃多倫諾爾之三分之一。兩條小河由南至北橫貫城區，漢人多以開荒種田為業。蒙人僅占全戶數之三分之一。近來自甘陝諸省遷移至此地之漢人人數逐年增加，廣漠土地漸次人煙稠密。昨日乃新年，城中商店停業，蒙古官吏盛裝騎馬來來去去。

城中有一喇嘛廟。廟中有數棟樓房，兩座法輪殿，一座如來殿，一座藏經殿，皆瓦葺木造，規

36 即青海湟源縣丹噶爾城。——譯注

模完善。有百餘名喇嘛居此，屬阿拉克謝王管轄。

亦有俄商。渠等出口羊毛等，而進口俄製雜貨。進入甘州、蘭州、西寧、塔爾寺、東科爾地區之俄人人數逐年增多。漢人、蒙人提及外國，除俄羅斯以外，尚不知有其他國家。以此可見俄國勢力之強大。大前年[37]義和團事變時俄人一度撤回，但通商始終未斷。其往來之交通路線有三條：一經阿拉克謝城，過張家口至北京、天津；一經阿拉克謝城，出大庫倫或哈拉哈至西伯利亞、烏里雅蘇臺；一經青海至伊犁，故此地乃自安多、蘭州、西寧向東通往張家口、多倫諾爾，向北通往大庫倫之樞紐要地。俄人員往來頻繁，經常有駱隊不停出入。近年來英、德、美各國商人注意到羊毛、駝毛之利潤巨大，故不遠萬里來到支那，但無一如俄人那般親自深入北方沙漠不毛之地，而大凡皆與北京、天津、張家口之漢商合作，或與往來此地以運輸為業之漢商合作，將蒙古物產運至天津。俄人之所以能夠嘗盡歲月之艱難，忍受數千里路之辛酸，在沙漠中通商往來，乃因俄國有東方經營政策，尤其企圖侵略西藏、蒙古之目的非常明確。龐大之貿易資金，穩固之商業信用，並非某一商人短時即可做到。義和團事變導致商店關閉，渠等家族暫時撤離回國，但俄人依然從本國寄來資金，籌畫收購貨物，使漢商人放心，通信交通亦未斷絕。俄國在蒙、甘、陝諸省積累強大勢力，絕非一朝一夕之功。近來英、美等國商人不過僅看出甘州、東科爾、安多、青海之蒙古物產比滿洲、多倫諾爾、張家口等地物產質優價廉，即使運費增加，仍有預想之外之可觀利潤。阿拉克謝漢商屬寧夏省管轄，蒙商則屬阿拉克謝王管轄，從此地走兩日即可至寧夏。蒙古、支那所用之地毯主要由

[37] 指一九〇一年。

寧夏輸出。漢人則將各種雜貨、食品等售於蒙人，例如：穀類、蔬菜、糌粑、點心、酒類、醬菜、茶、肉、綢緞、布匹等。粟、麥、豆、蔬菜等產於此地，價格不菲，漢商狡猾。

距今三十年前由於回教徒反叛，阿拉克謝城鎮內外悉歸於烏有，景況慘澹，如今之街區乃於其後新建。同行者中有一喇嘛曾目睹當時情狀，謂一衰一榮如此迅速，情何以堪。甘肅省回教徒勢力強大，受其影響乃理所當然之事。西藏喇嘛與回教徒之間曾開啟戰端，大動干戈長達八年之久。現任阿嘉親口向余講述前阿嘉呼圖克圖出戰一事。渠喜擺弄武器乃受其先輩影響歟？

前些日子坊間風傳端郡王欲糾集蒙古諸王掀起反旗，此傳聞至今尚未止息。有人傳說阿拉克謝王乃其親戚，現躲藏於郡王之家，似有意痛改前非，但仍與董福祥[38]來往不斷。董福祥則潛伏於甘州、陝西一帶，居無定所。據小道消息，謂此人心猶未甘，欲再翻捲叛旗，捲土重來，然其手下兩員幹將均已死亡，如斷其雙臂，欲再舉事似有不便。

阿拉克謝王今年五十餘歲，據云乃有才有為之人。其與俄國交情頗深，往來通信不斷。大王之子息經常出入俄人商鋪，故漢人、蒙人皆懷疑其是否俄人。

清初，政府封王於歸化城，然王不喜居於多漢人之地，故任意遷居此地。蒙古有四十八王，而

---

38 董福祥（一八四〇－一九〇八），清末著名將領，官至太子少保、甘肅提督、隨扈大臣。一八六四年，組織漢民團反清，後在陝北被左宗棠部劉松山擊敗，投降清軍，所部改編為董字三營，先後從劉松山、劉錦棠剿滅陝西、甘肅、西寧（今屬青海）等處回民起義，升為提督。一八七五年，又隨劉錦棠進兵新疆。以收復烏魯木齊等地及平定南疆阿古柏騷亂有功得左宗棠賞識。一八九〇年，擢喀什噶爾提督。一八九五年，率部至甘肅消滅回民起義。後調甘肅提督。一八九七年，奉調防衛京師，所部編為榮祿所轄武衛後軍。——譯注

擁有城郭者現僅存阿拉克謝王一人。安多有八王，級別高於其者有二人，但支那政府獨給予阿拉克謝王二千五百兩銀子薪俸。

余等在城外七、八百公尺處宿營。碰巧遇上新年，商店關門，王又不出門，只是差人前來慰問阿嘉。阿嘉告之訪問日本一事，並告之日本宗教與蒙古同源，人種亦同，易於親近，且兵力強大，皇統連綿不絕等。想來被奉為超人之活佛——阿嘉此一番言論，當給阿拉克謝王以不小刺激。可惜未有機會與阿拉克謝王見面。

四日　離開阿拉克謝城向西行走二十里宿營。王派遣其弟與數名官員前來慰問阿嘉。

五日　南行二十里，見東面三里開外群山連綿，向南延伸。越過此山脈則二日左右可達寧夏。據云許多俄商進入此地。再行十里之間有礫石纍纍之河灘。又向南行三十里抵Tosutarubukai。遠見東山山麓矮樹繁茂，煙塵升騰。此時春寒尤烈，鬚髯結冰。寧夏有俄國教堂，據云多漢人信徒。

六日　今日行五十里於高原宿營。此地杳無人煙，惟有春寒頻頻逞威。

七日　六時啟程，行四十里抵Sangendarai山麓。此時地勢逐漸向西南傾斜，四周不見山脈，惟有Sangendarai山突兀崛起於曠野之上，高一百五十英尺，在此可遙望阿拉克謝城。山上有「祈禱竿」。人謂在此山附近問此山山名，山神即發怒刮起颶風。山麓有三戶人家，有水井。路旁有兩三座蒙古包，放養有駱駝。今日華氏四十度，頗溫暖。馬、駝皆因疲勞而步履遲緩。今日余等肉已吃盡，一行人沿路到蒙古包討要牛肉。

屠宰牛羊乃游牧民族天性使然，渠等操刀極快且簡單。平日腰間皆佩小刀，不僅用於吃肉，還用於做木器、補靴或其他一切所需之處。屠宰牛羊亦用此刀，不用菜刀。有人因未有鋒利長刃，故此五寸小刀須臾不離腰身，乃渠等重要武器。渠等屠宰牛羊時將牛之四肢縛住（羊不縛），用小刀刺向腹部，取出內臟。牛發出高昂之哀鳴聲，一度栽倒站起又一度栽倒，十分痛楚。余不忍心目睹。在喇嘛教盛行之土地竟有如此殘忍之事，無怪乎人們稱之為野蠻民族！之後渠等剔肉、切骨、剝皮亦皆用此小刀。場景鮮血淋漓且污穢不堪，而渠等僅用一升多冷水處理即告結束。至於骨髓乃渠等之最愛。

八日 拂曉啟程，南行十里。平原上春霧靉靆，縹緲蒸騰，猶如波浪起伏於平靜之大海。再行五十里，見平原逐漸傾斜，地面四處湧出人稱Shiyu之白色物質。此乃蒙、漢兩族用於洗羊毛之洗滌劑。之後抵達Chikutoresumu，見有兩棟廟宇屹立於平原之上，屋頂鋪瓦。可見附近有兩三座蒙古包。

九日 今日行六十里抵Chiyahatoro宿營。同行者帶來昨天屠殺之牛腿四隻。余在一旁觀看渠等如何處理。只見渠等將牛腿放在糞火上方，牛毛燃燒後發出陣陣臭氣。待烤黑後拔出腰間小刀在又黑又焦之牛腿上磨蹭，使牛皮發白。尚未完全烤焦之部分則用燒熱之火筷燙去殘毛。但細毛不易去除，於是用小刀刀尖刮去烤焦之外皮，露出又白又軟之真皮，之後津津有味地將四隻腿肉、腳爪及肉皮悉數吃光。不僅如此，牛頭、牛耳、牛尾、牛眼等亦悉數進入渠等腹中，毫不浪費。余見此一度嘔吐，亦一度為渠等之殘忍秉性驚駭不已。聽聞西歐人吃豬爪，但不吃牛爪。

十日 行八十里抵無名沙原宿營。此地有石塚，乃旅行者通過此地時用撿來之礫石堆積而成，上面放有刻寫「唵嘛呢叭咪吽」六字真言之石盤。蒙人稱此塚為「敖包」（祈願塚）。蓋以此慰藉因無水無草而一路艱辛之旅行者，使其在困難之時得以唱出此六字真言，給予渠等心中以希望與安慰。蒙古地區無此石頭，此石乃從甘州、安多地區搬運而來。於此地見此刻石，可推知安多、青海地區喇嘛教乃如何興盛。又西行四十里抵Hoiruhotoko宿營。

十一日 西行三十里抵Tonho宿營。沙陵上芒草生長繁茂。有兩三戶人家，且有水井。自此往後皆小丘陵，無草無水，故無奈決定在此宿營。章嘉呼圖克圖之十數隻駱駝如今正從安多返回，途經此地。駱駝於去年十一月自多倫諾爾善因寺出發，早已到達安多塔爾寺，如今正滿載貨物返回多倫諾爾。多數呼圖克圖皆不住多倫諾爾，而返回安多居住，其原因在於安多乃其故鄉，且喇嘛教信仰盛行，萬事皆方便有利。

十二日 四時啟程，越過黃沙丘岡。四十里路間無一草一木，亦無滴水。余等在彎曲險峻之山岡上幾度上下後繼續向前。殘月照地，身影淒涼。有三名巡禮喇嘛肩挑一塊毛皮、一口鍋、少量麵粉，拄一根拐杖，與余等一行前後相隨，立志要去安多。渠等昨夜露營於余等帳篷旁，以草為枕，度過一夜。其執著堅定之信念實出於吾等意料之外。此沙山稱為Tengereerusu（天氣山）。一陣狂風吹起，塵沙即漫天飛舞，山頭如煙無法逾越，故有此名。山上有敖包。行人折路旁樹枝來此繫上哈達，立於龕前，以祈求途中安全。一位老喇嘛曰：「越過此山一回，即等於誦讀一回《甘珠爾經》。」下山後地勢平坦，轉為平原。再行十五里宿營。是日行程八十三里。

十三日 沿河灘南行十里，但無水。有漢商在此宿營。東方之山脈向西延伸，截斷蒙漢兩地。余於人煙絕跡、春靄朦朧之中卻聽得寒鳥因時令鳴囀，望見黃羊嬉戲奔跑。向西南行走三十里後見路旁有蒙漢邊界之石碑，曰：

> 於道光二十七年，陝甘制臺布大人布政司寶大人
> 指定按照嘉慶六年舊界路南民地

又行十里至紅水縣天羅巴（？）[39]。西面山勢高聳，猶如甘州北面屏障。離開天羅巴向西南前進二十里後見平原上有一小村莊，有漢商，人稱「白洞子」，以賣大包子聞名。天羅巴乃蒙漢邊界之一小村落，但三十年前被回教徒燒毀，如今一戶不存。

十四日　行二十里至萬里長城腳下。連綿不絕之山脈自西至此中斷，形成一溪澗，再向東經陝西、山西與八達嶺長城相連。山石裸露，皆花崗岩，無一草木。當地人說，秦始皇修建之長城乃堆積泥土而成，不似八達嶺、張家口長城由磚瓦築砌，但如今此地卻了無泥土痕跡。想必此地長城過去與張家口長城相同，乃用有布紋之牆磚裹砌外面，內裡則用泥土，但經歷幾千年風霜，外裹牆磚已破碎丟失，明清時僅留有內裡泥土之遺跡。或許明代為防備匈奴侵略，曾利用秦代遺跡泥土加以修復，其城址存續於清初。

一行人在峽谷間行走十五里至「三眼井」。三眼井乃出入蒙漢之關口。峽谷北面有一小村落，五、六十戶人家，有衙門，駐軍四十人。此地原先人煙稠密，後因回族教徒叛亂，村莊悉被燒毀，如今成為寂寥小村。有兩三家商鋪賣包子、粟子等。一行人抵達此地前已有一喇嘛先行至衙門，出示阿嘉回西寧之路票，故有官吏兩人、士兵五人，舉兩面紅旗至村口迎接。且一行人抵達時，衙門

39　「（？）」為原文所有。——譯注

鳴炮三響以示敬意。阿嘉給予官兵若干銀子。又西行二十里，沿路有溪澗，勉強能通過車馬。入夜宿營於前述有祈願塚之山麓。此地多產煤炭，水帶臭味。今日又有兩位巡禮喇嘛與余等同行。二位來自東蒙古哈爾沁地區，擬前往西寧塔爾寺朝拜。因僅帶一頭駱駝搭載食物，且行李又多，故須一人肩挑物品，終日步行。亦未備帳篷，夜裡僅披一張毛皮露宿。春寒料峭、地冰猶存，渠等竟能忍受如此辛勞。余自詡道心堅定，但亦因此深受教育。

十五日 沿無水河川西行。天未明，殘月淡影，處處可聞雞犬聲。行二十里抵王家莊。因回教徒叛亂，如今僅剩十二戶人家。行四十三里至「關口」，在田畔宿營。距此地五、六里處有「十字路」村。遠方山脈綿延，平鋪於東北方向，遙接西寧。關口位於南山溪谷，有兩三戶農家。關口縣城則位於南山山腰。此地夏季降雨稀少，耕地貧瘠，田園一片沙土。據云為防止水汽蒸發，幫助麥、粟成熟，須費力挖入地下數丈以取沙土。又據云當地人兇悍，盜賊多。

十六日 沿溪谷南行十里抵Kaoriton，見有十八戶貧寒人家。渠等開墾溪澗種植麥、粟。入夜至松山營宿營，行程共計六十里。松山營屬涼州[40]管轄，咸豐時期以前人煙稠密，多有藏蒙人居住，喇嘛亦多，而如今僅有十八戶漢人居於城外。由殘存一小鐘銘文可知，當時此地建有報恩寺，乃大廟，為大吉呼圖克圖居所。廟址已荒廢，僅城牆留有往昔景象。城內無一戶人家，僅有小廟一座，有十七名喇嘛居住，留下些許報恩寺之痕跡。城乃土牆，城外有營房，駐有漢兵四十人。蒙人、藏人至今還將涼州、蘭州以西地區稱為「安多」，由此可知昔日藏人勢力之強大。

40 今甘肅武威。——譯注

十七日 天氣暖和，地上草亦多，適合放牧馬與駱駝，故休整一日，以解除長途跋涉之疲勞。昨夜夢見家父去世，醒後方知是夢，胸口難受。

十八日 行六十里。溪谷殘冰尚未消融。從狹窄溪谷可見炊煙升起。漢商將羊毛通過駱駝運往天津時多半須通過此地。同行者中一人途中擊斃三匹黃羊，蒙人因此大快朵頤。

十九日 沿南面左側道路行走四十三里可至莊浪縣。但路途險峻，車輛無法通行。余等沿右側道路進溪谷向偏西南方向行走六十里至莊浪縣。小雪紛紛，灑落山谷，黃鶯鳴囀聲美妙。

莊浪縣四周繞有城牆，面積約二百公尺見方，城內商家鱗次櫛比，有衙門，駐紮百數十名士兵，乃地區一大城邑。河水結冰，若無橋樑，駱駝難以渡過。過此地五十五里，在山澗路旁宿營。

二十日 行六十五里至「小嶺子」村口宿營。途中遇見許多牽駱駝從安多巡拜而歸之蒙人。渠等或遠自大庫倫以北「哈拉哈」地區，或來自多倫諾爾。亦有老年與青年男子以及兒童，俗人多於喇嘛，尤以婦女為多。無論何國、何宗教，婦女信徒居多，恐因婦女信仰堅定。路上有人聽聞阿嘉從此地經過，皆紛紛下馬，伏地叩頭三拜，但漢人絕不施禮，乃非喇嘛教徒之故也。

二十一日 行四十里抵「大通堡」小村落，此村位於溪澗出口。山脈自西北向南延伸。有大通河，水清，下游與黃河交匯，河岸有田地，種植麥、粟等。有農家百餘戶，據云近年少雨，故處處建祠祈雨。渡過大通河，南行十里至冰溝堡。又西行十里至山嶺宿營。無草無水。

二十二日 自冰溝堡山澗北行十里，再行五里，坡路陡急。遙見西南方有群峰直衝雲際，殘雪皚皚。又行三十五里至「羅巴村」，在村口宿營。

二十三日 行十五里至「高廟」，有六、七十戶人家。又行十五里，經過「水磨塘」小村落。

再行三十里至碾伯縣[41]。自西藏延伸至此之兩列山脈南北並行，「小沙河？[42]」流淌其間。兩岸有農戶，土地悉開墾，不留拋荒寸土。

冰溝堡至碾伯縣之間路面平坦，車馬易行。而此地以西小沙河北岸則路面狹小，車馬難以通行。至碾伯縣有渡船。車馬可上船，沿南岸西行二日可至西寧。此地有衙門，駐兵四百，攜帶新式快槍。西行十里至某村落田間宿營。

二十四日　行六十五里，經過眾多村落抵Marucha？[43]村口宿營。由於長途跋涉，余所騎駱駝二度倒下，所幸未受傷。「小沙河」結冰，騾馬在兩岸間輕鬆往來。

二十五日　通過地名不詳的四、五個村落後抵達西寧府。途中經過Shiyosa。此乃進入西寧之關口，掛有左宗棠所題匾額，漢人稱「武定關」。此關乃光緒三年（一八七七）所建。塔爾寺四十名喇嘛騎馬渡過 Shiyosa 棧橋前來迎接阿嘉。因二十一日阿嘉胞弟已先行至塔爾寺通報。

二十六日（陰曆二月初二）　自西寧城外啟程，沿河西行五十里抵達安多塔爾寺。清早起有小雪，漫山銀裝素裹，寒風徹骨，蕃境僻陬，風光淒然。

塔爾寺

塔爾寺位於溪流右岸，大殿面闊十八、九公尺，進深十四、五公尺，頂高十一、二公尺，殿中

41 今青海樂都縣碾伯鎮。——譯注
42 「？」為原文所有。——譯注
43 「？」為原文所有。——譯注

祭有宗喀巴像。像乃黃銅澆鑄，後鍍金箔。右肩上蓮花臺中有一劍，左肩上蓮花臺中有經卷。此宗喀巴乃文殊菩薩化身，此像仿「毗盧遮那」[44]幫手結轉法輪印，高三尺。殿前有五株白旃檀樹。相傳乃宗喀巴誕生時自然長出，五株代表五佛。塔臺下左側供有康熙十四年（一六七五）供奉之康熙帝牌位，右側供有乾隆五十四年（一七八九）供奉之乾隆帝牌位，以此祈禱二帝冥福。梯式案桌上點燈，供奉阿伽[45]。塔兩側棚架上擺放《甘珠爾經》。

明代廟宇小於今廟，單頂單簷，而至清代，經修繕後規模宏大，成為雙頂雙簷。其包金瓦甍金碧輝煌，乃前代阿嘉呼圖克圖鋪葺，故不大陳舊。

宗喀巴誕廟「塔爾寺」乃俗名。廟內因有寶塔安置本尊，故有此名。藏人稱此寺為「袞本」（Sku-hbum，體十萬）[46]。蓋其意指白旃檀樹枝繁葉茂，有十萬片葉子，一葉現一佛。乾隆帝賜寺名為「梵宗寺」。

【原編者按：原文下頁空白，恐貼附圖或照片所致。】

---

44 在藏傳佛教中，毗盧遮那佛為五方佛之首，攝持萬法，幫手結轉法輪印，以獅座安坐，表為諸法之王。——譯注

45 漢、日語中皆無單用「阿伽」的詞例。這裡可能有兩個意思：一指「阿伽陀」（梵語Agada），也稱「阿伽陀藥」，即可治療所有疾病的靈藥或不老不死之藥；二指「阿伽樓」（Aguru，Agaru），譯曰香樹，沉香。見《名義集三》（丁福保《佛學大辭典》）。在此疑指「阿伽樓」。——譯注

46 塔爾寺藏語稱為「袞本賢巴林」，意思是「十萬獅子吼佛像的彌勒寺」。——譯注

前文乃塔爾寺概觀。明末宗喀巴十歲[47]時入藏，委身於此苦學十數年，不曾回過故鄉「宗喀」。至宗教改革漸有端緒，人已白髮蒼蒼之際，乃割破手指寫一血書，夾一縷白髮寄故鄉父母，以表孝養之意。其信曰：余離開故鄉數十載，有欠孝養之道。茲寄上書信與白髮。余出生之黑房旁長有白旃檀樹，每葉必有西藏文字（或曰佛體）。其葉可有數十萬片。余雖無法還鄉，但可見樹思人，以此解憂。父母按其指示來到黑房，果然見到白旃檀樹每片葉子均顯現精妙文字。因恐當地人採摘，故用磚塊將其圍起。法國傳教士胡克（Évariste Regis Huc）[48]到此遊歷，親眼目睹每片葉子皆顯現西藏文字。渠於遊記中記載：「此絕非人為製作，實乃不可思議之現象。」又據彼遊記：「山麓有廟，離廟不遠處有磚圍成之建築，進去一看，白旃檀樹每片葉子均有西藏文字，巧妙絕倫，以白、綠、黃三種色彩出現。余尚無證據可斷定此精妙之創作乃出自狡猾喇嘛之所為，目的係騙取人們之信仰。縱令世人譏笑余之愚昧，余亦依然無法相信此乃喇嘛之偽作。」如今該樹已被板壁圍起，從外面無法窺見內部情況。據喇嘛說，正殿乃宗喀巴父母所建。而依余之見，此殿並非明末建築，而似為康熙、乾隆時期所建。目前塔前兩側還置有二位先帝牌位，尤為乾隆皇帝賜有「梵宗寺」字樣匾額，其證據確然可徵。胡克亦記載此殿並非明末建築，亦非宗喀巴父母所建。且胡克所記山麓之廟，似為如今位於金瓦正殿南側之彌勒殿。此殿乃塔爾寺建築群中最古老殿堂，且與他

47 此處有誤，宗喀巴入藏時應為十六歲。——譯注

48 胡克（Évariste Régis Huc，一八一三—一八六〇），即「古伯察」神父，法國來華傳教士、旅遊作家、天主教遣使會神父，一八四四年至一八四六年在清朝遊歷，他對蒙古人、藏人、漢人的見聞令他在歐洲聞名。著有《韃靼西藏旅行記》。——譯注

殿相比，形制最為完整。正殿北側之彌勒殿乃新修建築，（五字不明）[49]，與南殿形制雖相同，但其建築方式有異。尤於正殿左右兩側配置相同之彌勒像，此彌勒雖說乃喇嘛教主要信仰對象，但如此配置當出自取左、中、右三組配合之設想。法輪殿與講經院內之文殊堂等，乃隨喇嘛數量之增加而漸次增建之建築。講經院內北廊壁面寫有喇嘛教歷代祖師譜系，南面放置各祖師爺及宗喀巴之塑像。具體說來，乃於殿內中央安放宗喀巴大像，其背後與左右則安放真人大小之著色泥塑像，總計十三尊。龍樹菩薩[50]像背光四周有八蛇纏繞。宗喀巴像背後、左右有三尊著紅衣、持經書、戴「板底達帽」[51]之塑像。右側三尊裝束相同，但足部呈休憩狀，其中二人乃宗喀巴弟子克珠傑與嘉曹傑，皆帶黃帽。左側亦有三尊，其中二人亦為宗喀巴弟子，仍帶黃帽。自龍樹、無著[52]、世親[53]等至宗喀巴列祖八人中，四人均為宗喀巴弟子。

陰曆六月十五日至八月初一之四十五日期間稱「安居」[54]。在塔爾寺之喇嘛皆須上殿念經，不許外出。且在此期間不僅不准女人入寺，亦不准在寺內外及附近山野放牧牛羊等家畜，更不准割伐一草一木。此四十五日間為「比丘」的修行時期，即所謂「夏安居」。

---

49 原夾注如此。——譯注

50 古印度佛教哲學家、大乘佛教中觀派創始人，被中國佛教數個宗派奉為祖師，常被稱為龍樹菩薩。在西藏寺廟，龍樹常和聖天、無著、世親、陳那、法稱、功德光、釋迦光一起供奉。這一組聖人被稱為「六嚴二聖」。——譯注

51 原文如此。可能是「班智達帽」，又稱「通人冠」，圓形尖頂，具有兩片長長的延片（或稱翅翼）。——譯注

52 印度瑜伽學派創始人。——譯注

53 中印度佛教哲學家，一譯天宗，音譯「婆藪槃豆」。大乘佛教瑜伽行派理論體系創建人之一。無著之弟。——譯注

54 「安居」，意譯為雨期，為修行制度之一，又作夏安居、雨安居、結夏。印度夏季雨期有三個月，出家人嚴禁外出而「安」在一處致力修行，故稱「安居」。安居之首日稱為結夏，圓滿結束那天，稱為解夏。——譯注

「法會」[55]於正月、六月、十一月等數度舉行，但法會並無相關儀式，不念經，亦不舉辦任何嚴肅之儀式。每次法會僅舉行「跳神舞」[56]，次次相同，與雍和宮之「打鬼會」無特別差異。「跳欠者」[57]及其眷屬八人圍成一圈，伴隨銅鑼及大鼓之音調，兩手上下舞動旋轉，手勢單純。或手持寶劍或金剛手[58]等各種不同刀杵揮動旋轉。如此動作數十回後，有兩名帶麋鹿假面的喇嘛在「跳欠者」前低頭跪坐，左右晃動腦袋行皈依崇敬之叩禮，最後起立相對，上下左右搖動頭部與手，並不時躍離地面七、八寸高。其間，有人裝扮成彌勒菩薩，頭戴大型禿頭面具，猶如地藏菩薩，並帶二童子一同觀賞「跳欠者」等歡喜[59]舞蹈。為觀看此「打鬼會」，附近許多藏人及遠道而來的蒙人皆不顧寒暑專程來此。塔爾寺附近有許多攤點，係藏、蒙、漢人聚集喧鬧之處。

藏人風俗因地區、種族之不同而略有差異。史上有謂突厥人帽子係漏斗狀，帽頂突起，高七、八寸，男女皆同。而帽簷又加縫羊、狐、狼等皮毛。男女衣服保留唐風，寬大而帶有衣領、衣帶，不用紐扣。不像日本和服狹小而緊身。衣袖乃筒袖，比支那之衣袖長大。女子腰間僅繫一條細帶。

55 「法會」，佛教儀式之一，又作法事、佛事、齋會、法要，乃為講說佛法及供佛施僧等所舉行之集會，即聚集淨食，莊嚴法物，供養諸佛菩薩，或設齋、施食、說法、讚歎佛德。——譯注

56 「跳神舞」，藏語稱「羌姆」，蒙語稱「跳布紮」，在青海叫「跳欠」，是安多地區部分黃教寺院每年舉行宗教法會中的一個主要活動項目，帶有濃厚的宗教色彩，是一種戴著假面具表演的獨特的舞蹈形式，至今已有二百八十多年的歷史。——譯注

57 按照原文音譯應為「跳欠」，但根據前後文，此處應指「跳欠者」。——譯注

58 金剛手為統攝財寶天王（毗沙門）與財神護法等夜叉部之主尊，因手持金剛杵而得名，為大勢至菩薩的憤怒化現，具有大威力，亦稱「大力尊」。——譯注

59 歡喜，佛教術語，梵語Pramudita，巴利語Pamudita，音譯波牟提陀，意為接於順情之境而感身心喜悅，特指眾生聽聞佛陀說法或諸佛名號而心生歡悅，乃至信受奉行。——譯注

男子穿細筒褲，而女子不穿，且無圍裙，僅穿一件羊毛或棉布之半長褲，脛骨外露，頗顯寒磣。其髮飾呈銀碗狀，長垂於髮下。穿靴，行走時嘎嘎作響。唐古忒人在氣候溫暖時袒露右肩行走，勞動時更是如此，或為筒袖過長之故。藏人男女自呱呱墜地至死數十年間從不沐浴，其皮膚黑黝，有如瘟神。塔爾寺喇嘛朝夕辯經之情景與北京雍和宮無異，皆於院內空地進行，五人或十人為一組，其中略通教義者為問者，其他人則趺坐地面回答問題。問答無一定規律，問者隨心所欲提出問題，並擊掌質詢。由於問者語速極快，故答者來不及聽清所問之意思而無法作答，十有八九皆無言以對。問者不管答者是否瞭解問題之所在，僅要求在拍手之瞬間回答，故在稍作躊躇之後，便轉入下一個問題，且擊掌聲更為猛烈。經常一個庭院中聚有數百名少年喇嘛，不知分為幾隊幾組，渠等紛紛研學講經，其音聲轟然，震耳欲聾。具備一定學識之喇嘛不在此中，在場者主要為沙彌喇嘛。在此問答中有一位「監事僧」[60]攜帶一根二寸寬、二尺長之木棒來回走動，監督眾喇嘛之表現等。

辯論時問答皆使用《甘珠爾經》（《大藏經》）。然多半不依據原典，而使用後世，尤為宗喀巴以後喇嘛著述之經書。《甘珠爾經》時常於法輪殿誦讀，而《丹珠爾經》則不過置於寺內，供喇嘛隨意翻閱而已。渠等中有人通達喇嘛教義，但並非真正研究《甘珠爾經》和《丹珠爾經》二經，而僅涉獵宗喀巴以後經書，且距深入其精髓甚遠，僅達其皮相而已。甚或徒然幽居僧房、僅耽於念經三昧、堪稱堪布（學頭）之喇嘛，亦多半不瞭解其真意。渠等所念誦之經文並非出自宗喀巴指定之經書，而出自各自選擇之藏經以外之經書及偈[61]誦等，故自成一派，相互獨立，並無固定統一之

60 原文音譯為「Gosukui」。查日語中無此語彙，現根據前後文做此譯詞。——譯注

61 佛經體裁之一，主要有兩種：一曰通偈，由梵文三十二個章節構成；二曰別偈，共四句，每句四至七言不定。僧人常用這種四

正統經法。渠等相信無論何經，愈多誦讀，其功德必愈大。

此類問答研究體系恐模仿古代印度風氣。總之在塔爾寺，冬季於法輪殿庭院展開問答，而自五月中旬氣候逐漸轉熱時，渠等則渡過門前小溪橋樑，趺坐於東面三、四十公尺稍高庭園蔥翠欲滴之樹下研究辯經。

【原編者按：底本有「光緒二十九年（一九〇三）二月十七日自北京出發，於同年五月二十九日（明治三十六年（一九〇三）六月十九日）在塔爾寺收到清人劉氏如下書簡」一句，但底本下頁為空白，故無法在此刊出。】

阿嘉客居殿前匾額題曰：

運廣智慧為邦家光
發大慈悲消兵火劫

大殿於同治年間被回教徒燒毀，同年重建，但僅修建一半，另一半尚未完工，其木料多半由距此地七、八里的「江拉族」藏區搬運而來。乃此地山上無樹，而彼地山上多樹之故。但據云所運木

句的韻文來闡發佛理。——譯注

料材質偏軟，經寒風勁吹後易產生龜裂。此地房屋一般為土築碉房，非大寺廟則不用瓦，結構乃藏式方形層樓。

支那街區數約三百戶，僅出售喇嘛與此地藏民所需之日用雜貨。據云規模稍大之商家，本金約須二百兩銀子。此地除小麥、蔬菜外一切皆仰賴輸入。因地僻不便，物價高昂，令人吃驚。白棉布一尺十四文，其他物品價格可想而知。

甘州貴德府以南四十里Serucha地區有一苯波廟，住有苯波教僧人一百六、七十名。渠等蓄髮、蓄妻、啖肉，服飾等與藏人無異。

余等一行至塔爾寺後兩三天，阿嘉父母前來會面。阿嘉父母之故鄉位於距塔爾寺西南一百二十里之Horuja地區。其父母皆六十歲以上，精神矍鑠，與壯年人無異，但身材矮小，約五尺高，蓬頭垢面，身著藏人短裾皮衣，雖為藏人卻說蒙語。賀爾加有一百餘戶人家，咸為藏人，以耕作為業，種植青稞、蘿蔔、蔥等。

藏婦身著有襟衣服，袖窄，以帶結之。頭髮垂於後背，分為左右兩邊，各梳成七、八條細小辮子。腰間以幅寬四寸許之帛布圍裹，長及腳踵。帛布帶前後掛有三個直徑三寸許之銀碟。碟子樣式各種各樣，乃鑄模打製而成。耳環比蒙人稍大，使用珊瑚、綠松石等。面扁平，鼻低，嘴大，似與支那人差別不大。

男子佩刀，有大、中、小三把，但平日僅佩一把，出遠門時大凡三把全佩。除此之外還帶叉子。乃無政府管理之野蠻之地。

賀爾加有賀爾加廟，乃阿嘉之廟。此地出過兩位阿嘉呼圖克圖，故對喇嘛教信仰甚篤。藏民以此為榮，以自身部落為靈地。

當地人一般說藏語，但其語言與拉薩不通。因舌口音多，發音不清，故余未能產生學習此地語言之勇氣。余感覺學習此地語言最為困難。

余至塔爾寺後三番幾次與阿嘉商談入藏事宜，但大都不得要領，故下決心暫留此地，潛心研究藏文，以待他日。此地雖有三千五百喇嘛，但通曉經典之喇嘛不過一半，而通曉漢語、漢文者更是寥若晨星。故深感尋找良師極為困難。其餘尚有須記述事項，但於此略去不贅。

明治三十五年（一九〇二）十二月二十一日（陰曆十一月二十三日）自蒙古多倫諾爾出發，於翌年二月二十五日（陰曆二月一日）抵達安多塔爾寺，共計六十八日，總里程三千六百九十二里。每日平均行走約五十四里三百公尺。

塔爾寺（經由德里格地）至拉薩旅程表

自塔爾寺至貴德三日→至Aruraja十日→至Tottoku十五日→至Gororinzena十五日→至Gorokanganzan五日→至Zachukawa十五日→至Zasarushugonba十五日→至「Ruchu（水[62]）」十日→至Garagonba一日→至Chirukendo十日→至Nikuchau一日→至Dandyon三日→至Tsuko三日→至「Bodan（大水[63]）」一日→至Gechisakaruchigu三日→至Danzyon三日→至Danchaura二日→至Danchokusera五日→至

62 地名，原文如此。——譯注

63 地名，原文如此。——譯注

Rashiraugonba三日→至Nakuchu或Nakuchushatangonba五日→至Rogonna十日→至Garutan四日→至拉薩二日（上述日程乃當地土著告余）。

西藏旅程表（按清人所說）

自北京至蒙古察哈爾（多倫諾爾）之里程：北京至懷來縣土木驛兩百五十里→至宣化縣雞鳴驛六十里→至宣化府六十里→至張家口六十里；共計四百三十里。

自張家口至察漢托羅海站→至多倫諾爾；共計五百八十餘里行六日。

自內蒙古多倫諾爾至察哈爾左右翼旗下→至歸化城；共計約一千八百里。

自歸化城至鄂爾多斯→至阿拉額善→至長城內甘州三眼井→至西寧府→自西寧府行一百餘里至塔爾寺；共計約七千五百里。

自甘州府、西寧府、塔爾寺至前藏之里程，共計四千三百一十二里。

約三個月旅程，總計一萬四千四百三十里。

自西寧至拉薩旅程（約三個月旅程）

自西寧九十里至東科爾→六十里至駱駝脖項（即土爾根爾。自巴彥哈拉至此水草皆有，但無柴燒，糞有煙瘴）→四十里至那拉薩拉圖→五十里至阿什漢水→七十里至哈爾噶兒→六十里至果兒→七十里至柴吉口→六十里至庫庫托羅海兒→六十里至滾厄爾吉→五十里至依麻兒→六十里至朔羅口→五十里至朔羅達巴→六十里至希拉哈布→七十里至得倫腦兒→五十里至苦苦庫圖兒→六十里至哈爾渾舍里→

六十里至必流兔↓六十里至河牙庫兔兒↓七十里至黃河渡↓六十里至納木噶↓六十里至和多都↓五十里至氣兒撤托洛流↓六十里至和牙拉庫兔兒查都↓七十里至白兒七兒↓六十里至拉嗎拉羅海↓五十里至巴彥哈拉那都↓六十里至沙石隆↓五十里至衣克阿立各↓七十里至鄂蘭厄爾吉↓六十里至苦苦賽渡↓六十里至木魯烏蘇蘇↓五十里至查漢厄爾吉↓六十里至忒們苦住↓七十里至白兒七兔↓五十里至圖班爾托羅海↓六十里至東布冷（又名冬布勒）↓六十里至東布勒兔達巴那都↓五十里至東布勒達巴查部↓六十里至呼蘭果兒↓五十里至得爾哈達↓六十里至順達↓五十里至多倫巴圖兒（係川甘交界處。大兵進藏甘省安設臺站應付止此）↓五十五里至布哈賽勒↓五十五里至哈拉河洛↓四十五里至巴阿阿克達木河↓四十五里至因達木↓四十五里至吉利布喇克↓七十五里至伊克諾謨輝烏西嶺↓五十五里至索克河↓七十里至巴木漢↓五十五里至博克河↓七十里至沙克阿↓四十五里至蒙咱↓四十五里至蒙古西里克↓七十里至綽諾詐訶↓九十里至蘇木拉↓五十五里至求郭隆↓五十五里至哈拉烏蘇阿↓七十里至噶池巴↓七十里至什保諾爾↓七十里至克屯西里克↓九十里至達木↓九十里至揚阿拉嶺↓七十里至夾藏壩↓四十五里至達隆↓五十里至沙拉↓七十里至甘定郡科爾↓九十里至都們↓五十五里至郎拉↓四十五里至前藏；共計四千一百二十里。

自前藏至西寧路程（同上，刊此，供一併參考）

前藏↓薩木多領嘉里察木↓嘉沖↓倫珠宗↓沙連多（過察拉山至此）↓彭多（過達隆山至此）；以上六站隸屬前藏。

拉康洞↓錯羅鼎↓那隆噶爾瑪（過卓孜山至此）↓仲喇庫；以上四站隸屬嚼征呼圖克圖。

固瓦褚察（過朗里山至此）↓札木褚卡（過玉克褚河至此）↓鄂多布拉克↓哈喇烏蘇（有營官）↓巴嚕（過察河至此）↓錯瑪喇（過托納河至此）↓察倉；以上七站隸屬哈拉烏縣。

褚那干（過察倉山至此）↓蘇木拉（過嘉木鄂羅山至此）↓香迪（過沙克褚河至此）；以上三站隸屬百長貢楚克那木結（係西藏夷情部郎專轄）。

禮噶爾布↓唪褚卡↓尼古拉↓索克褚卡↓當拉；以上五站隸屬百長碧烏朗噶爾（係西藏夷情部郎專轄）。

畢巴魯魚↓鼎谷瑪哩↓巴噶安達木↓伊克安達木。

自塔爾寺至拉薩

明治三十八年（一九〇五）二月二十四日　自塔爾寺出發。

歲月流逝，余於明治三十六年（一九〇三）二月二十五日抵塔爾寺並逗留此地，屈指一算，歲月匆匆，已滿兩年。而前途遙遠，尚未能見到一線光明，反倒看見烏雲密集，光明次第消失。半夜夢醒，一念至此，不禁淚水潸潸。而左顧右盼，身邊卻無一親人，無一知己。余每日與藏人同起居，共生活，稍不留意即可能遭受迫害。余形單影隻，孑然一身，不知何人可以依靠！於此雖似悠悠虛度兩年時光，然余之慘澹苦心幾欲使余忘卻日月之流逝。余之救命稻草阿嘉呼圖克圖傾心於俄人之懷柔政策，以致半途將余拋棄。余多年之夙願於此消磨殆盡，此時之失望與氣餒實難以名狀。余在此痛下決心：他人必不可靠。設若自身主動掘地，必將泉水湧出相報。自此苟再回國，必以一死雪恥。同為一死，不若毅然決然，衝破西藏關口。余必須自塔爾寺出發，踏上探險旅途。兩年間種種艱難困苦不斷侵襲余身，但於探求西藏內情，忍受旅途困難，余仍收穫良多，此乃余最為有幸之事。佛祖可察余之微衷否？

此前，阿嘉呼圖克圖府上管家、塔爾寺執事Sobosanbo喇嘛對余親切關照，為余入藏方便，特遣阿嘉府邸家僕、青年嘉措做余僕役。Sobosanbo喇嘛精通藏、漢兩學，富於新知識，知余乃日本人，且詳知佛國日本，故余自彼處得到許多指導，於茲深表感謝。

明治三十八年（一九〇五）一月日記

二十四日（陰曆十二月二十八日） 降雪紛紛。午前十時自久居熟識之塔爾寺出發。余與僕役及其他人行二十五里至鎮海鋪投宿。此地雖為一小城邑，但因過去受到回教徒破壞，早已不見人影。

二十五日 行四十里過一寒村，沿宗曲河進發。傍晚於河岸搭起帳篷。寒風襲來，屢屢驚夢。

二十六日 正午抵達東科爾（城）（俗稱「丹噶爾城」），於民舍庭院宿營。東科爾城位於宗曲河岸，有土城牆，面積為三萬餘平方公尺。有二千餘戶人家，與吐蕃、甘州接壤，漢人、藏人、蒙人雜處，又乃藏人、蒙人往來之中樞要地，故多有藏人、蒙人經營之商鋪。有支那衙門，有兵營，但不如四川打箭爐繁華。距此地不遠處有「東科爾寺」，乃第一代東科爾呼圖克圖出生之地，自此呼圖克圖輩出。此代呼圖克圖住該寺。東科爾地名由此寺而得名。

二十七日 沿宗曲河向西北方向前行。所經之處有兩三個寒村，乃漢人移居住此。行三十里，宗曲河逐漸變窄。轉向西北方向行五里至「Shininggonba寺」投宿。寺院位於山中，住有六、七十名喇嘛。有唐古忒人、蒙人雜居在此。今日乃支那陰曆新年，東科爾城[1]商店緊閉，天未明即聞爆竹聲聲震耳，見許多人騎馬往來拜年。

---

1 此處敘述令人生疑：已離開東科爾城向西北行走三十五里，仍可見該城景象，似為Shininggonba城，現按照原文翻譯如上。——譯注

二十八日　余等一行甫至Shininggonba，即見有臺吉乃爾人等從塔爾寺返回，現已搭起七頂帳篷，拴有七十餘頭駱駝、四十餘匹馬在此等候會合。渠等去年九月作為使者自西藏赴塔爾寺，如今正在返家途中。一行人中有婦女、兒童。一路上騎坐於馬上之母子一面談笑風生，一面驅趕駱駝前進。朝去夕來，狂風夾雪，使渠等皮膚皸裂，指頭麻痹失去感覺。此族婦人在將行李搭載於駱駝等上時，因皮衣袖長且重，極為不便，故袒肩露背，甚或不惜露出乳頭，其幹勁勝於男人。渠等男女皮膚皆黑，一整年皆不沐浴。

午前十時，翻越山坡行三里後宿營。今日乃臺吉乃爾藏區新年，故提早宿營。臺吉乃爾使用藏曆，月份不分大小，每月均為三十日。支那陰曆十二月為小月，故昨日為二十九日，而藏曆為三十日，故今日為新年。在短短兩日內迎來兩個新年，實為有趣。

一行中人有頭領，人稱Tamuchebabataru。作為受雇者，渠一年四季往來於西藏與塔爾寺之間，極有信譽，故人稱巴闥爾（Bataru）。余未贈渠任何禮物，但同行者送渠黃油兩斤，哈達一條。每當清早出發與夜晚宿營，渠皆會向全體人員發出命令。一行人亦遵守其命，猶如士兵遵守將官之令。今日渠親到帳篷探望余，致以新年問候。不久其愛子患熱病，請余診治。余無法推辭，診察後送藥給其子，渠非常高興，將自己所攜帶之鍍銀小碗借余，說可在旅途中使用。

明治三十八年（一九〇五）三月日記

一日　休整一天，放養馬、駝於原野。

二日　午前八時出發，向西北方向前進。行五里見宗曲河。又行二十五里至Saruka。再行五十里抵Bainhosho宿營。自Saruka至此一路平坦，枯草靡風，殘雪滿山遍野。遠方山脈綿延，自西北延伸至甘州。山極矮。

三日　西行五里後北行五里，再向西北方向行走三十里抵Karakoto。遠方水天交際線上彷彿有人畫出一道白線。彼乃著名青海湖。據云環繞青海湖一周約須十日時間，湖中有島。又向西北方向行走三十里抵Kanchakaharonosu宿營。有一蒙古喇嘛赴西藏朝拜，昨日拾牛糞時被藏獒咬傷，疼痛不已，故向余索藥。余立刻給膏藥。渠大喜送余一塊銀圓，但余堅辭不受。

青海

青海位於甘州西部僻陬之地。人一旦走出毗鄰西藏之東科爾，即進入完全之蒙昧地帶。青藏高原一端始於青海之地，故如今清朝須另設青海一省，與西北新疆同屬西寧辦事大臣管轄。青海有八王，各有自身管轄地盤。自東科爾城出發，兩日左右可達青海。

喜馬拉雅山巍然屹立於西藏與印度之間，其東南山脈「湧入」緬甸、雲南內部，「餘波」則波及四川，於四川與甘肅之間又形成一大山脈，構築起支那西部邊陲之屏藩。喜馬拉雅山脈西端「迂迴」北部，形成天山南路，其中央「浪峰」乃崑崙山脈，將青海與新疆分割兩邊後向西延伸，環繞位於西藏腹地之臺地。一如前述，喜馬拉雅山脈餘波延伸至四川、甘肅，構築起中國西部邊陲之屏障後，又成為支那本土平原與西藏之疆界，在此地「波濤」陡然升起，宛如立起一扇屏風。其南北縱貫之山脈「餘波」僅略微波及北方甘肅西部，「波浪」行將終止處即著名之青海湖。蒙人稱青海（湖）為「庫浩諾爾」或「庫庫諾爾」。「庫浩」或「庫庫」皆藍色或綠色之意，「諾爾」則意為湖泊或沼澤。漢人通常將「諾爾」譯為「海」。「庫浩」或「庫庫」乃依各地方言發音之不同而不同。蒙古或其他地方人士中不乏有人將「Ka」音混同於「Ha」音。如支那南方人可發「Ka行」音，將「北京」讀作「Pekin」，而北方人則不會發「Ka行」音，故讀作「Pechin」[2]。故原來應發「KoKo」音之文字，某地人會轉讀為「KoHo」。「青海（湖）」之名稱乃當時漢人直譯蒙語意思。藏人稱「青海（湖）」為「錯溫波」。「錯」為「湖、海」之意，「溫波」乃藍色或綠色之意。

中國史中「青海」二字出現始於中國漢代，前漢末期稱為「西海」，亦稱「鮮水海」，或稱「仙海」。北魏時始稱「青海」，又有「卑禾羌海」之名。而蒙語稱之為「呼呼腦兒」、「庫庫諾爾」、「顆顆腦兒」等。

青海湖「那木稱巴延」等七十九個部族原屬吐蕃，散布於四川、西寧及西藏之間，古時為各王朝在青海之奴隸。羅卜藏王叛亂後歸屬西寧府都統管轄，而靠近西藏之三十九個部族則歸屬駐藏大臣管轄。第五世達賴喇嘛時期，青海湖丹津蒙古王率兵赴藏，趨奉前後，後屯兵於達木地區，以游牧為業，有五百三十八戶。

青海湖四周土地一馬平川，無可稱為山峰之山峰。自東科爾至青海湖之間僅能見到匍匐之小山。東北部環繞青海湖四周之山脈僅比平地高七、八十尺。自青海湖至其山脈約十里之間低矮山脈蜿蜒，延伸至東北部。東南部有山脈南北橫貫支那與西藏之間，並漸次延伸至德里格後方形成重巒疊嶂。青海湖地區位於黃河上游，與星海相連，皆黃土，但青海湖一帶地質為沙土混合型地質，故

[2] 其實，將「Pekin」發音為「Pechin」或其他音與「Ka」、「Ha」行音混同無關。——譯注

水清碧綠深廣，湖岸青草繁茂，荊棘水草蔓延岸邊，與陸草連為一片，水陸幾乎等高。除有微波輕吻汀岸，其餘湖面平靜如鏡。西面有一條大河流入湖中，此河與其他七條大河一道共同面向青海湖，並攜帶四十八條小河注入湖中。雖說有諸條河流注入青海湖，但該湖無出水口，故湖面煙波浩渺，永遠傳頌於藏漢蒙各族史詩之中。

大小巨細四十八條河流此一數字來自一種比喻式傳說：蒙古喇嘛教認為，四萬八千件煩惱之「眾河」若匯入大海，則「眾河」將轉為一種獨特之鹵水。但此眾多細流終究未形成河川，只是在地面任意流淌，可見排洩通道，且比河底更為深邃。從四周流向平原之水流與山間之流水在此匯合，但四處皆無出水通道。青海湖比周圍地勢稍低，地質為沙土層，眾河流匯集此湖後，從湖底穿過地層，流向遙遠之甘州後湧出。環青海湖一周約須十日，湖心有二島，一島遠眺如巨鯨，乃大島，稱「魁孫陀羅海」。島色純白，有寺廟，住有喇嘛。冬季結冰後喇嘛出島，購買並儲存一年糧食。大島周長七百五十餘里。在其南面，跟隨巨鯨身後似有一條小鯨游動。此即小島。名曰「察罕哈達」。「察罕」為「白色」意，「哈達」為「山」意，周長五、六里。夏季湖水暴漲，淹沒小島，僅見大島。夏季旅行者曰有一島，而冬季旅行者則說有二島。予乃冬季旅行，親眼看見有二島。二島四周皆懸崖峭壁，由巨石構成，無喬木，僅芳草萋萋。湖水冰冷，產魚。據云，夏季回教徒以鉤釣之，或製成魚乾，或就此售予甘藏交界之漢人。而藏人不知舟楫之便，只知冬季結冰時將羊群等趕過冰面上島，在島上搭起帳篷，移居於此，放養成群之牛羊。自湖畔至島上須在冰上行走兩日。夏季狂風颳起，波濤洶湧，「啃食」懸崖，漂浮於湖面之物件悉數被吹向湖岸，波浪之大終至難以操控舟船。湖中之魚乃鮒魚一類，多細骨，肉軟，味道不好，大者有一尺左右，色灰，略帶銀色。

青海湖逸聞

西元七世紀，西藏出現一代開國明主松贊干布。大臣倫布噶爾[3]於輔佐松贊贏取一統西藏之霸業時最為得力。唐藏交兵時，倫布噶爾出謀畫策，出力甚多。之後在唐藏結盟，松贊干布迎娶文成公主，引進文明，開創西藏文化方面，倫布噶爾皆立有一功。此後倫布噶爾與公主私情愈篤，緋聞不斷，引起松贊干布之不滿。豈但如此，倫布噶爾還一面在藏王前進讒：「公主腋臭濃重，不可接近」，一面卻在私下主動向公主大獻殷勤，此事延續竟達數年之久。最終明主松贊干布發現倫布噶爾與公主之私情，怒而捕捉前者之並欲殺戮之。然而明主轉念倫布噶爾富於驚世才華，工於創業經營，對統一西藏不可或缺，且在填土造地，將沼澤多水如海之拉薩建成西藏首都方面亦出力甚多，故不忍殺之。然而，若對倫布噶爾與愛妃私通等閒視之，又為世情所不容。於是只能挖去倫布噶爾雙眼，並流放之於拉薩以外地區。

此時倫布噶爾精心打造之拉薩首都工程僅完工一半，且他因雙目失明再也無法看見公主藕斷絲連之面容，但亦無他法，只能悄然孤身一人返回故鄉蒙古。路過青海湖時，倫布噶爾終於踏入島中喇嘛寺，剃度成為喇嘛，專心修道，以祛除過去之罪孽，一心一意為佛果菩提獻身。

據云，松贊干布虐待、放逐倫布噶爾後在經營拉薩方面對其期待仍不減當年，深感苟無倫布噶爾，則對創建拉薩建都偉業極為不利，後悔放逐倫布噶爾乃過於輕率之舉，故與近臣密商，使渠等

3 倫布噶爾，即祿東贊，吐蕃著名政治家、軍事家和外交家。——譯注

尋找倫布噶爾。之後有三名乞丐巡禮喇嘛飄然而至青海湖，在島中寺廟服侍已成為不食人間煙火之喇嘛倫布噶爾達數年之久。此間乞丐巡禮喇嘛悉數探知首都建設之祕訣，並掌握其中奧妙，故於某個冬夜悄然離去，回藏後一五一十稟報明主，由此最終建成西藏首都。以上僅為藏民口頭傳說，並無史料價值，但由此不難推知，在唐代，青海湖畔即成為藏蒙交往之可觀舞臺。

至元明時期，青海湖一帶為蒙人所占領。因土地豐饒，牧草繁盛，故頗適合游牧民族居住。除氣候寒冷之外，在當時並不感到生活困難。

明永樂十五年（一四一七），宗喀巴出生於安多某牧民家庭，及長至西藏，推翻舊教，樹立新幢[4]，敲響法鼓，提倡嚴格遵守佛戒。自此新教在此地勢力逐漸強盛，蒙人因此逃往距此地一百里之Chadanba，僅有殘部存留於此。自西藏至青海通常須經過Chadanba，彼地人煙稀少，土地貧瘠，不如青海湖一帶。青海湖畔有Sokutohan[5]陵墓。清雍正二年（一七二四）清軍攻賊「阿剌布坦」[6]，士兵至此地口極渴，忽見有清水，甚喜，故其後皇帝詔封青海湖神，立碑祭祀。

四日　午前八時啟程，經Harrigenkoru，北行二十五里，又西行十五里，過Harugu，沿西南方向湖邊行走三十里至Ihooran，再南行二十五里於湖邊宿營。

---

4 作為佛、菩薩法門的象徵，或為增添佛堂之莊嚴而使用之旗幡，也稱「幢幡」、「法幢」。——譯注

5 不知何人，據查元代名字與此相似者有「程索克特」一人，為部落酋長，約生活在成吉思汗、窩闊臺時期。參見《聖武親征錄》（元代，佚名），王國維校注。——譯注

6 青海土默特左翼旗「札薩克」領主，詔世襲罔替，共十四任，第六任札薩克為阿剌布坦，尚郡主，授和碩額駙。雍正十一年（一七三三），因以剿噶勒丹策凌解馬赴北路軍，尋授卓索圖盟盟長。——譯注

自白音胡碩至此乃著名無人草原，一路平坦，無沙礫。此地湖邊草原有七、八十戶唐古忒人搭黑色帳篷，過游牧民生活。有藏族衙門，一堪布喇嘛擔任首領，掌握通行往來徵稅大權。除唐古忒人及Chetanba等人外，任何人經過此地皆須繳納稅金。徵收方法並不固定，因人而異。余一行人中有蒙古喇嘛各自向堪布送一包漢口製蒙古茶（一包六錢銀子），並告知余乃塔爾寺阿嘉呼圖克圖之弟子，眼下欲去西藏旅行。首領堪布答應。而余僅送一條哈達而未送其他物品即平安過關。可見阿嘉呼圖克圖之威望在此地亦有影響。

青海湖一帶過去皆蒙人牧場，隸屬於臺吉乃爾旗下，然隨時間流逝與喇嘛教盛行，唐古忒人逐漸抬頭，最終竟將蒙人排擠出去，成為唐古忒人之活動場所。

五日　午前七時半啟程，向西南方向行三十里過Nari，見當地藏人在此放牧。當地人無論兒童還是青年皆隨身攜刀，可謂腥風刺鼻，為此余等一行人皆武裝起來，在戒備中前進。行二十里抵Bakaoran。此地有三、四十戶人家，皆住於黑色帳篷內，在湖邊放牧ZO[7]、犛牛、Noru[8]、羊等，悠然度過一生。湖邊山岡上有一寺廟，余未問其名。南行四十里，至Chokutohangu無人區宿營。往年Chokutohan[9]死於此地，其遺骨葬於荒野，故有此名。

六日　向西南行走三十里，過無人區Hatato，又前行十里至Chaichi空曠草原，搭帳篷，燒牛糞，煮冰水，喝藏茶，通體舒暢，宛若再造重生。此刻雖不下雪，但寒風凜冽，氣溫達華氏零下八

7 原文為「ゾー」（Zo）。查日語中無發此音的動物，不知是否為蒙語，下同，不再一一注釋。——譯注
8 原文為「ノル」（Noru）。查日語中無發此音的動物，疑原文注音有誤。——譯注
9 經查不知何人。——譯注

度。一路行走，距湖邊約十里，小山蜿蜒起伏，故無法見到青海湖。青海湖一帶乃黃泥地質，岩石少，但處處可見奇岩怪石。

七日　狂風肆虐，腳趾麻痹，失去知覺。今日原定儘早出發，但Koruri旗下一蒙古官吏因染病未能前往塔爾寺朝拜，故欲中途返回，說無法同行，因此浪費半日時間。正午出發，向西南行走五里至Toriburuku宿營。途中終日不見人影。

八日　向西南行走二十里，過Zerimurutai，又行四十里至Jiwon。有唐古忒人在此搭起黑帳篷放牧。而後向西北方向沿河前進三十里，於Boha原野宿營。河面結冰，駱駝難以過河。

九日　自Boha出發，向西南方向翻越丘陵行走二十里，再沿Kondoronchu南行二十里，之後在溪澗又行走二十里。Rokotora山嶺縱貫南北，岩石嶙峋，不見一草一木。無水，馬疲，駝飢，人煩。然在溪澗行走三十里後抵Kondoronchu源頭。又行走十里發現些許冰塊，故在此宿營，做飯充飢。

十日　午前七時啟程，越過Rokotora山嶺。坡道陡急，駱駝難行。南行二十里出山谷又進山谷，再沿溪行走二十五里。沿途處處有唐古忒人移居前留下之灶臺遺跡。自Boha向偏西北方向前進，可見平坦草原住有唐古忒人，因恐其傷害旅行者，故余等特選此溪澗行走。行三十里至Charugannoru河。名曰為河，但此河僅為溪流匯聚之窪地而已。西行十里至Kokusai宿營。此地乃無人區，僅有野驢成群結隊在此漫遊。

十一日　西行三十里後造訪「都蘭寺」。廟位於山谷平地，雖小，但住有丹津呼圖克圖與六、七十名喇嘛，並雜居其他僧俗人等。居民大凡為蒙人，以製作木器為業，待旅行者尤為駝隊從門前經過時以羊肉交換茶葉等。余一行人向西南方向沿河過Orannuchuru，至Orutoni宿營。Orutoni乃鹽產地，鹽水從地下湧上草原，形同下雪，流向西北後匯入鹽湖。此鹽湖方圓五六里地，鹽質少，含些許泥沙，不透明。售往東科爾、塔爾寺之鹽巴悉數開採於此湖。Kotoko貝勒居於此地，管轄青海湖附近二十二個蕃。與余等同行之Kotoko貝勒今日返家。據云由此地向西北方向行走一日可到。鹽湖邊有土屋，係Kotoko貝勒管轄鹽湖及附近蒙人之衙門。

十二日 向西南方向行走二十里，穿過縱貫東北山嶺之溪澗再行十里至某處浩瀚沙漠，其間灌木僅留有殘枝，地面一片白色鹽粉，馬蹄蹶起沙塵升騰如煙，旅行者面部皆沾滿灰塵，如同抹上一層白粉。北行七十里（期）間皆貧瘠荒涼之沙漠，滴水不見。馬、駝口渴停止腳步。又行十里發現一水流，故宿於此。此地稱Sohaihomu。陰曆十四日之圓月照亮沙漠，駱駝尋找青草之身影曳地，余等感覺冰涼。

十三日 沿Sohaihomu沙漠向西北方向行走六十里，至Erugechoru宿營。沙漠表層布滿當地人稱為「硝」[10]之鹽質白土，吸入鼻口即感一股鹹味。沿途無一人家，余等終日以山脈與沙漠為友。今日一行人中有人在途中撿到一頭走失之牛。

十四日 西行二十里後地勢漸高，處處有小湖泊、小泉眼。在無水之處有此天賜，大可解旅人之渴。又向西南方向前進四十里後平原益發開闊，宛如來到大海。此時情景似乎可用「水天相連」此一詞形容。平原乃鹽質白土，夏季經雨水濕潤，四處皆成鹽田。馬蹄有時深陷其中，行走艱難。又西行十五里，見原野廣袤一望無際以致方向難辨。至Morinekoru宿營。

10 原文音譯為「Sho」。——譯注

十五日 向西北方向行走五十里，至Bainkoru。沿途地面宛如退潮之海底，鹽水從地下噴湧而出，四處皆為鹽田，形成粒粒白色結晶體。其間有荊棘蔓延叢生，宛如海中樹木。又向西行五十里至Harausu宿營。過Bainkoru後見某山麓住有Baron札薩克[11]子民，有喇嘛廟。蒙人亦住於此。此附近一帶乃Baron札薩克管轄之地。距此地以南兩日路程之處即喀木族駐地。Bainkoru南面山峰稱「Nomugon」山。此山自西向北延伸，將近曠野盡頭之處稱「Porohonbokutan」。「Omun札薩克」住所位於此山之西南部。

十六日 向西南方向行走三十里，過Chon札薩克領地又西行四十里進入臺吉乃爾領地，至Geronkoru宿營。Chon札薩克領地乃一片沙漠，臨近臺吉乃爾領地處有些許灌木，有百餘戶游牧民人家，土地貧瘠，不如蒙人地域富饒。臺吉乃爾與Chon札薩克領地間之河流稱Hashobai。Nomugon山與Porohonbokutan山山麓被漸次開墾，可種植青稞，但當地人不知施肥技術。渠等亦以畜牧為業，但無法像蒙古地域那般放養成群牛羊，僅放養少數山羊、犛牛、馬等，尚不可稱之為畜牧。此處有些許居民，有人之處必有酋長管理。

十七日 向西南方向行走，過Hochora。仍為鹽鹼地帶，灌木叢生，荊棘蔓延，可見兩三座蒙古包。向西北方向行走四十里至Tengeriku，其間有一片鹽鹼泥淖地帶。Hochora有五、六戶人家。余雇有一人，讓他給當地人一包煙草（十二、三錢），換回一隻山羊。由此可見獸肉便宜如此。

---

11 札薩克，官名，蒙古語「執政官」的意思，是清朝主要對蒙古族和滿族人授予的軍事、政治官職爵位。清朝將蒙古族居住區分設為若干旗，每旗旗長稱為札薩克，由蒙古的王、貝勒、貝子、公、臺吉等貴族充任，管理一旗的軍事、行政和司法，受理藩院和將軍、都統監督。——譯注

又行十五里至Haya宿營。因在此地發現草與雜樹，故放養馬、駝於此。余等亦煮茶略作休整。日落而月不升，四周一片黑暗無法辨別方向，故尋找放養野外之馬、駝頗為困難。Haya前方地區稱Orikon，此地有噴泉，適於飲用。

十八日　深夜一時半從Haya出發，南行四十里至Harutai。此時天色未明，寒風凜冽，足趾凍僵，呼氣觸碰帽簷立刻結冰，鬚髯亦白。之後，又向西南方向行走八十里，至Nomugon山。此地為白色鹽鹼地，俗稱Tarai，即「海」之意，顯然此地早先為湖底。又向西南方向行走二十里至Taran，有噴泉。自Haya至此沿途滴水未見，偶爾有水亦為咸水，帶苦味，無法入口。又南行二十里至Takutai宿營。此地鮮有人居住，進入臺吉乃爾領地後便無盜賊之患，乃旅行者可放心行走之處。

自Haya至Takutai之間只見南部有山脈蜿蜒起伏，由東北向西南延伸。據云越過彼南部山脈即進入天寒地凍之無人地帶。山麓下住有臺吉乃爾札薩克旗長，居民稀少，寒村落寞。

十九日　西行三十里見有噴泉，且分有二路。取道左路西行二十里可至Tondatorai。此地乃余之雇傭之故鄉。余等在其屋旁搭起帳篷宿營，並決定在此臺吉乃爾做短暫逗留，為繼續前行做好準備。以下敘述幾個小插曲：

余自蒙古旅行以來已閱三年風霜，不講衛生已然成為習性，但遇蝨子進入繁衍時節，仍不堪忍受其晝夜攻擊。余素持殺生戒，但對此次蝨子之猛烈攻擊實乃忍無可忍，故將內衣浸入沸水之中，將「敵人」悉數消滅。其屍骸纍纍，觸目驚心。

余搭帳篷之處取水不便，故按雇傭所言轉移他處搭蓋。名曰轉移，其實只不過是騰挪一下麵粉、糌粑、帳篷與鍋盆而已，因為除此以外別無他物。雇傭收攏放養於野外之牛、馬、駱駝之後，使其馱上以上物件，與其他二位入藏蒙人（大庫倫地區人士）一道朝偏西北方向越過三條小河，至Hoitetorai後於某河岸邊搭起帳篷，決定在此逗留數日。此地乃無人區草原，但有路通往臺吉乃爾，故該地區居民皆來往於此。雇傭之父獨居此地，而此地又僅有兩三個蒙古包散布各處。蒙人子女成人後男婚女嫁，或與父母分開居住，或遠走他鄉成家立業。

雇傭之家無太多牛糞，因一年中皆往返於藏、蒙兩地之間，以受雇為業。其蒙古包不如蒙古地區之蒙古包大，約七平方公尺大小，圓形，猶如反扣之大碗。內部地面無毛氈，僅有一鍋、一瓶與一桶。中間擺火爐，架銅鍋，余等訪問時主人即用此銅鍋煮磚茶，摻羊奶後款待余等。門口正對面有一櫃，櫃上有藏經一卷，並供有阿伽神像，可見渠等信仰之虔誠。喝茶時眾人各從懷裡掏出木碗盛茶。蒙古包旁有二、三十隻小羊，叫聲震耳。房內房外皆堆滿羊糞。余等即蹲於羊糞上喝茶。主婦叫來子女，並分茶於渠等，男孩女孩亦坐於羊糞上喝茶。此時主人會在碗中放入一塊糌粑，以表對遠方來客之敬意。該糌粑不如塔爾寺附近糌粑味香，色白而濕潤，據云少量食用可以防飢。可見其衣食之困難。

自Tondatorai向北行走十五日之處有臺吉乃爾與札薩克之官吏駐守，其間乃無人地帶。往西寧北部行走數日，其區間皆屬「沙洲」[12]或涼州等地管轄，居民皆漢人，土地肥沃，水源豐富，多產精白米。自臺吉乃爾至沙洲須二十日，藏人常來往於此區間。而蒙人入藏多不經塔爾寺，而直接自西寧至沙洲，經臺吉乃爾入藏。去年夏季達賴喇嘛亦經此路出逃，出嘉峪關後遠遁大

12 即今敦煌。——譯注

庫倫。

余於逗留此地期間給北京公使館、東本願寺、故里、北京雍和宮、塔爾寺等地寫信，並於光緒三十一年（一九〇五）一月二十八日交託前往塔爾寺參拜之蒙人寄出，不知是否可平安送達。余至蒙古朔北寒冷地區遊歷以來，每日皆與可悲可憫之游牧民同居共起，隨歲月流逝，已在不知不覺間適應逐水草而居之生活，語言更不在話下。每日入口之物除脂肪類食物外再無他物，非牛肉即羊肉。清早余在含鹽之磚茶中放入肉片，混入酥油，喝上幾碗後，再吃一碗煮粉。傍晚亦然，同樣以磚茶充飢。入夜後則煮骨頭，吸骨髓，以骨頭湯煮麵。麵乃黑麵，恰似日本米粉團，且不加青菜，雖說全為油脂，但如今極為喜歡。習慣造人其力亦大哉。余為此行在塔爾寺購買煮粉三斗、麵粉三斗、酥油十五斤、羊二隻（已拆分）、磚茶十塊。而在抵達臺吉乃爾之二十四日行程當中，不料兩隻羊竟被主僕二人吃盡。食用肉類之多令余吃驚。自今往後余將進入空氣稀薄、山勢險峻之無人區旅行，故須在此地再準備羊肉。逗留期間還須縫補衣服、修理靴子。據云臺吉乃爾管轄千餘戶人家。

自塔爾寺至臺吉乃爾領地Tondatorai費時二十四日，總里程一千五百六十六里。

明治三十八年（一九〇五）四月日記

二日　在此逗留約兩週後各項準備已告就緒，故於今日啟程。西行四十里過河灘，再行六十里後在山岡羊腸小道上攀爬之後已近傍晚。繼而翻越Ganon山頂，見溪谷有殘雪，故在此宿營。終日滴水未見，眺望西北，天地茫茫，惟有地平一線。余此時或得高山病，頭痛劇烈，氣力全無。當即服藥後稍有緩解。此地空氣稀薄，道路日益險峻，不知余是否得以平安到達。嗚呼！生死未卜，惟有祈求佛祖保佑。

三日 向西南前進。余等一面眺望Harase山，一面從Ereto山山麓穿過。據云西藏達賴喇嘛於去年陰曆七月二十一日通過此地，之後又朝偏東北方向行至臺吉乃爾領地Atatorokai休整逗留一週。

Harase山脈與Ereto山脈之間有一路可通往臺吉乃爾，方向東北，道路平坦，二日可達。余等自Ganon山至Ereto山山麓行走六十里，又西行二十里，渡Amutanshuga河後再西行二十里，渡過Saihantokoi河後宿於Ebeto河河岸。自Ganon山麓至此一路平坦，山亦不高，黃泥地質，多岩石。山脈頂部被風雨沖刷，形成金字塔狀。

四日 西行六里，沿Naichikoro河至Chiebe後渡Naichikoro河。水勢湍急，河寬二百多公尺，河身處處有三角洲，草木叢生。行數里過Borokasutai，向偏西北方向行走五十五里至Ototofai宿營。Naichikoro河右岸有峻峭山峰聳立。激流啃食山腳，升起濛濛水霧。此地有數月前蒙人在此居住之痕跡。至此天氣陡然一變，雪花飛舞紛紛，千山萬壑悉數化為銀色世界。馬疲且飢餓嘶鳴，遊者亦不堪寒冷，有時氣溫達到華氏零下四度。Naichikoro河匯集Saentokoi河後流入臺吉乃爾領地，並注入臺吉乃爾五湖，形成鹽湖或沼澤，之後又流向遠方。

五日 沿Naichikoro河左岸行走，西行五里後過河至右岸。昨日因水流湍急，故無法趕馬、駝過河，而今日因氣候突變，河面結冰，反而容易渡過。沿右岸西行四十里至Amitanharonosu。山峰險峻，山頂白雪皚皚，大放異彩，令人有進入水晶宮之感覺。數十頭犛牛正在此縱橫跋涉，尋找冬草。此地數年前有含硫黃之溫泉噴出，形成一處溫泉場所，但後來山崩地裂、泉脈中斷，現僅化為鐵黑色冰水。

Amitanharonosu西北以南地域為臺吉乃爾領地。領地旁有Gutonpo山。當地人稱有銀產出，但地質為花崗岩。在Naichikoro河右岸、與此側山脈遙相呼應之群峰之中，有一山稱Nosuna山，形狀如同金字塔。余等向西南方向行走十五里至Cherutonpo山。山在河左側，此地西北方向廣袤開闊，Naichikoro河在群山間蜿蜒流淌。自Cherutonpo山山麓往左走，可進入Atakanaichi領地，而自該山麓右側沿河向西北方向前行，則可進入Tondanaichi領地。若繞過河右岸巍峨群山至北方Nosuna山山麓，則又可進入Ihonaichi領地。Ihonaichi領地由三個村莊組成，但人煙稀少，三村合計不過六、七十戶人家。余等又從Cherutonpo山山麓右側前進，沿河向西南方向行走二十里後登上一處稍高之臺地，沿溪流再南行二里至某山澗旁宿營。水已結冰，入夜降雪紛紛。臺吉乃爾領地至此須四日。一路若不翻山越嶺，而在河邊右洄左繞，則行路更為艱難。山頂山下皆無一草一木，僅有數株三、四寸高之稀疏小樹。Naichi領地藏人以畜牧為業，但馬瘦羊疲，可見藏人生活如何艱辛。

六日　因須更換馬匹逗留此地，夜裡降雪。

七日　終日降雪，一行人於山間拾乾糞，回屋煮茶暖腹。

八日　啟程，向西南方向行走三十五里後開始攀登Kotoru山。山勢不大險峻，但空氣稀薄，人馬皆呼吸急促。漫山皆雪，無路可尋，馬蹄一步一步皆陷入雪中，行動頗為遲緩。從山頂向南行走五里後搭起帳篷。此地無一乾柴，只能拾犛牛糞燒火取暖。Kotoru山隔一平地與Toruzeparudan山及Angurotakushin山兩相對峙。Toruzeparudan山山麓人稱Tarintorokai地區。據云去年七月十七日達賴在此宿營。

九日　午前七時半從Kotoru山出發，朝西南方向行走十里後過某溪谷。又西行二十里，可遙望Angurotakushin山高聳直插雲間。又向西北行走二十里至某處一望無際之壯闊高原。雪深無路，再向西南方向行走三十里，至Mukuchisoruma湖泊附近宿營。

自Kotoru山至此地勢逐漸升高，四周群山突兀，高聳雲端。一路無苔無草，亦無合適地點可讓羸馬休息，更無燃料可以煮茶，僅發現去年陰曆十月臺吉乃爾土著自西藏返回時馱馬留下之糞便，量雖少，但一路撿拾，可充一日之燃料。空氣之稀薄無以言表。若從馬上突然摔下而心跳加快，就此一命嗚呼之情形絕非罕見。我國因無特別高山，故無法真實瞭解空氣稀薄之情況，而此青藏高原位於一萬六千餘尺高寒地帶，地勢尤高，比富士山高出四千餘尺，即令山勢並非特別險峻，但空氣亦極為稀薄，足以證明其為世界大高原。尤為可悲者乃余等離開Naichinonu領地一日之後，有兩名俄屬布里亞特蒙古喇嘛，與余等一前一後踏上入藏旅途。其中一名於今日午前在Angurotakushin山騎馬行進時因空氣稀薄氣管突然受扼，從馬上摔下當即氣絕身亡。同行者驚駭悲鳴，極力狂呼，但死者終不能生還，只能徒呼奈何，屍骸亦就此遺棄高原。同行者權且念經一遍，以超渡亡靈。嗚呼哀哉！據云渠立志瞻仰釋迦牟尼佛像（此佛像乃於西藏開闢時應支那唐王迎請進入西藏，之後成為藏傳佛教基礎），離開父母故舊，嘗盡萬里旅途辛酸，近日更蹣跚於此無人高原地帶，於一月後即可進入西藏之際卻俄然成為不歸之客。見此無常景象，孰能不生發無限感慨：今日悼念他人，而不知明日為何人所悼念。噫吁哉！

十日　向西南行走五十里至Chabusarunoru地區。向右眺望可見三座高山巍然屹立，白雪皚皚，人稱Koncho山。山麓一帶稱Chomorudanaka地區，固然為無人地帶。向左眺望可見有山岡自東向南延伸，距此隔百里之地乃一片沙漠。Chabusarunoru僅為平原中之一處沼澤地帶，夏季有水，而如今無水。余等渡過此沼澤至Chabusarunoru宿營。沼澤南面Kohoshin山山麓有平地，亦有冬草，故放牧羸馬於彼地。今日氣溫華氏十五度，但陽光高照頭頂，脫帽則不堪其熱。與其說此因山高空氣稀薄，不如說乃光線直射所使然。

十一日　沿Kohoshin山脈連綿山丘前行四十里後，在行將結束之山丘盡頭左側南行十里，於一處冬草茂盛之平原宿營。清晨降雪，溫度華氏零下五度，可見犛牛與野羊在高原戲耍。往西南方向行走時地勢逐漸低於Angurotakushin山地區，故空氣不甚稀薄。然而，另一名倖存之布里亞特喇嘛仍因空氣稀薄而面色蒼白，身體不適，病情漸次加重。同行者心痛不已，乞余施藥。余施藥後未見效。嗚呼哀哉！渠行將追尋亡友魂靈而去。

十二日　東行十里，沿山丘進入溪谷。白雪堆積成冰，寒氣撲面，呼氣觸及衣帽立即結冰。行四十里至茫茫河灘，路上有噴泉，但噴出後即化為堅冰。余拔劍戳地尋找泉眼，但僅得些許泉水，聊以餵馬。此地地勢更高，空氣愈加稀薄，足以威脅旅行者生命，但或許旅行數日已經習慣此地氣壓，故不如開始那般難受。出溪谷眺望曠野，東南方向視野開闊，滿目白雪皚皚，但不知何路可通往西藏。遠方山脈朦朧奔騰至此，在東南方豁出一片如此寬廣之曠野。而翻越該連綿山嶺又有三座山峰屹立，人稱Tonpori。余等繼續前行三十里，踏過眾多小沼澤至接近山嶺之Bureburuku平原宿營。此地有噴泉，但因結冰無法汲水，故只好煮殘雪暖腹。

因有噴泉，故此地稱Bureburuku。所謂Bure即噴泉之聲，如法螺號響，Buruku即噴泉之意。余昨夜因多食感覺腹痛，無法安睡。此乃空氣稀薄導致消化器官衰退，繼而引起食欲減退，食物僅通過腹中而已，而根本未消化所使然。在此高原旅行，苟多食酥油則立刻感覺呼吸困難，因此喪命者不在少數。是以高原旅行者嚴禁食用多脂肪食物。此外，吸煙、喝酒、吃韭菜在對付空氣稀薄時亦有作用。余素不吸煙，但此次旅行吸煙可使心跳保持平穩。此乃經驗之談。

十三日　向西南方向行走四十里抵Chonkarupo沼澤邊緣宿營。Chonkarupo山在西南方向橫貫平原。

據云達賴去年夏季陰曆七月十二日宿營於此。一行人有Chan堪布、Jupa堪布、Juju堪布、Namujire堪布、Doneruchenpo、Chenbiji等，約七十人。

十四日　向西北方向行走三十五里至流自Chonkarupo山之某河河邊。繞河行走二十五里後過河，再沿河抵達Chonkarupo山。此山為紅土山，無岩石、沙礫。遠望此山，巍然屹立，橫貫平原，但至山麓一看，卻並非高山大岳。

十五日　沿溪澗向西北方向行走二十五里至Tonpori山。山上略有冬草，有數十群犛牛在此遊蕩。下山沿溪流向西南方向行走三十五里，在坡道行將結束時轉向北方行走十里，再沿Tonpori河西行二十里，抵達Yantakucho湖畔宿營。Yantakucho有兩處湖泊，但因結冰難以取水。搭帳篷時飛雪紛紛，溫度華氏零下十度。

十六日　向西南方向行走二十五里，繞過Yantakucho湖畔又行走三十里，越過山岡後再南行八里，至Karunnoru湖畔宿營。此地平坦有沙而多黃泥。從Karunnoru湖畔遙望西南，見有二座山峰高聳，彼乃Kachukaru山。距此山西南十里處有一圓錐形山峰，名曰Ramatorokai山。此山附近有

Tokutomaoranmoru河。河水向東南方向流入四川境內，形成長江上游。

十七日　夜裡降雪達七、八寸深，馬匹、駱駝在雪中彷徨，無處尋找冬草，極為可憐，但余對此亦無可奈何。午前十時開始往西南方向行走四十里。一路皆沙原，但四處有湖泊。渡Tokutomu河。河寬約二里，但冬季水少，便於渡過。然而據云夏季水漲，有時會沖走人、馬。渡Tokutomu河後行走數里抵Tokutomaoranmoru草原宿營。路上風大，揚起沙塵，沙塵入眼，咫尺難辨，因而馬嘶人惑，常常不知前進方向，而僅憑感覺向有山有草之處前進。途中行李自馬背脫落，欲將行李再次搭上馬背時因手指麻木，繫繩十分困難。此地無燃料、無雜草，絕非人類可生存之地。

十八日　往西南方向行走三十里，越過Pohamanakichika山嶺南行至Oranshin宿營。Takkaru山聳立於東南方向，山頂白雪皚皚，宛如富士山。

十九日　南行三十里抵Murusubaron宿營。處處有噴泉，足以煮茶。余等為讓馬、駝休整，故儘早搭帳篷。

二十日　南行四十五里抵Tandakaraha山。山不足百尺，僅丘陵而已。沿此山麓往左東行二十五里，至Atakahabuchaka河旁宿營。此地位於東西走向之Takkaru山山嘴與Tandakaraha山兩山溪澗之間。此地有溪流、有枯草，適於餵養羸馬。

二十一日　沿溪流南行六十里，河中央有冰山，河寬兩三百公尺。道路平坦與山平行，故此路通稱為大路。往西南方向行走四十里，溪流漸次狹窄。此溪水源一來自西北，二來自南方，兩溪合流後形成Atakahabuchaka河，向東遠流後進入四川省。余等又行十里至Tontahabuchaka宿營。山勢益發高聳，而道路大凡平坦。

今日乃支那陰曆二月二十三日。而藏曆不計入陰曆二月十七日，習慣將十七日直接計作十八日，故至今遲計一日，但十八日以後日期相同。此曆法可謂怪異。

二十二日　向東南行走十五里，於溪流行將結束處登上山嶺。遙望遠方，見有山嶺向東南延伸，人稱此為Toronoru山脈。山嶺與山嶺之間形成凹字形，噴泉湧出後形成天然湖泊。蒙語「諾爾」意思為湖，但實際上不如湖大。越過山嶺南行三十里至Rabuchakarubo。於此處遇見自西藏返回在此休息之康巴藏人。同行者見之誤認為係劫掠旅行者之馬賊，故紛紛將子彈上膛，拉緊韁繩，撫劍前進。康巴人見吾等劍拔弩張，曰：「一路平安」，以示安撫。若吾等一行人數較少，或為渠等傷害亦未可知。所幸吾等攜帶槍械，故免遭劫難。再往西南方向行走三十五里抵Ketonshirihu宿營。余等自Atakahabuchaka始每夜皆設布哨以防盜賊侵襲。

二十三日　往西南方向行走四十里至Rabucha山嶺。此地有班禪・額爾德尼巡錫北京時在此休息之遺址。同行者中有人誦經，且獻上哈達，以祈求旅途平安。余亦遵循當地風俗誦經。Rabucha山屬西藏山系，自此至南部西藏之間地勢漸低，氧氣漸濃。一行人在殘雪中南行跋涉四十里至Haronosu宿營。此地位於Rabucha山山嘴盡頭且進入溪澗之處，有溫泉沸沸揚揚湧出，放入肉片後即可食用。從此附近一帶有溫泉區一點判斷，可推測此地似與火山山脈相連。

二十四日　沿Bokuinkoro河往西南方向行走四十里，至第二Haronosu河。第一Haronosu河流出後形成Bokuinkoro河，與第二Haronosu河匯聚流過德里格領地後進入四川省。第二Haronosu河係硫銅礦泉河，有數個噴口，其色青綠。第一Haronosu河係硫鐵礦泉河。又南行四十五里至Bokuinkoro河河畔宿營。

二十五日　沿Bokuinkoro 河南行五十里。Bumuchari 山自西向東延伸後堰塞該河流。又向西南行走二十五里至 Shakuchuka 河河畔宿營。Shakuchuka 河流經 Bumuchari 山山麓，與 Bokuinkoro 河匯流後進入東部德里格。此地有七、八頂蕃人黑帳篷，渠等以畜牧與劫掠旅客為業。余等一行相比渠等較強，故免受打劫。此人種與藏人有所不同，相貌猙獰，風俗各異，不屬西藏地方政府管轄，亦不屬支那政府管轄，常跋涉於高原以劫掠為生，可謂不折不扣之「賊族」。

二十六日　離開 Shakuchuka 河，翻越 Bumuchari。自 Rabucha 山至 Shakuchuka 河，沿 Bokuinkoro 河數百里間地勢逐漸低沉，而至 Shakuchuka 與 Bumuchari 山會合後，地勢又陡然變回高原。於此高原山中處處可見「黑帳篷人種」以游牧為業。余遇見某蒙古巡禮喇嘛自拉薩返回途中在此向「黑帳篷人種」乞討食物。渠等以樹下、石上為居所，漂泊不定，如雲遊萍行，不亦似我哉?!

今日至 Chotentan 山宿營。有一塔，某蕃族酋長居此。是日行程七十里。

酋長在 Shakuchuka 河以南有兩處領地，自稱 Beredewa 與 Sokudewa。此二處領地統稱 Atakachamuru。該人種稱Horuba，與藏人不同也。

二十七日　往西南方向行走四十里後翻越 Dachenra 山。降雪，氣溫降至華氏零下十度。再向東南行走二十里至 Dachenra 山山麓宿營，此地東南方向三十里處有湖泊，稱 Chomuracho。從 Dachenra 山頂眺望，彷彿有一河流流向東南，呈銀白色。距彼湖泊不遠有一山峰，突起於東南方向，位於「那曲」地區。據云 Dachen 地區有黑帳篷，乃猙獰兇惡之Horuba人居住。

二十八日　往偏東南方向行走五十里至那曲領地宿營。一路皆行走於山谷間平原上。Chomuracho 有數個湖泊，另有數十頂黑帳篷散布各處，放養羊與犛牛。在即將進入那曲領地前數里之處有山岡，山麓住有酋長，管理此地八個部落，翻越此山岡即進入那曲領地。一條小溪自丘陵溪澗向南流去，與所謂之那曲即黑水合流。那曲河扼守通往西藏之道路，有一僧官、一俗官在此駐守，俗官帶兵，扼守此關口。那曲寺亦位於此地，村落散布於距此廟數里遠之草原之上。

二十九日　午前七時從那曲領地出發，向西南行走八里，翻越兩座山坡，再向南行走十五里至那曲，投宿於某蕃人房屋。此地中央有寺，稱Rorendecherin，Doponrinpoche喇嘛住此，該喇嘛係世代轉生而來。寺乃七、八平方公尺之土坯房。那曲河畔有一尼姑庵。

那曲領地四面環丘，南北約一公里，東西七、八百公尺，位於平坦沙原之上，那曲河自北向南流經丘陵山麓後繼續向東流去，水量少，蜿蜒於沙原之上。那曲位於此河河畔，有六十餘戶人家，此時土房升起炊煙，頗感淒涼。有僧、俗兩名官吏駐守。僧乃堪布，俗掌兵糧（兵即土兵），但無正規營房。如今俗官已去拉薩，人不在此。此地除牛羊肉外無法購買任何物品。牛糞燃料亦須每日購買。蕃人面黑髮蓬，衣衫襤褸，乍一看宛如黑鬼。渠等狡猾、貪婪，但似有神經質。

那曲扼守自四川打箭爐至西部之茶馬古道，位處通往德里格、喀木等地之要道。巡禮喇嘛自塔爾寺至拉薩亦須經過此地。人家雖少，但屬入藏之關口。

【原編者按：欄外記載：「於那曲關口遭遇檢查，當時情形另有記錄。」】

那曲附近有五座寺廟，其中Chakurigonba廟最為著名，喇嘛亦為有德僧人，受當地人尊崇。達賴出逃後於去年六月二十日順訪那曲時，該寺住持Nimachakubal獻給達賴一百頭犛牛。那曲有一老喇嘛，今年一百二十歲，精神矍鑠，身體強壯於壯年人。渠出生於喀木，但博得當地人信仰尊崇。

自此地一個多月時間可達西面札什倫布地區。據云Rize地區蕃人乃不折不扣之蠻族，以狩獵為生，不知畜牧，不吃糌粑等麵類，不知磚茶為何物，純有太古遺風。余等在此地逗留三日。

【原編者按：欄外記載「余於那曲被關口官吏盤問汝乃何人、所欲何為後身分即將暴露。就當時之心情，余於回國後曾在某雜誌以〈立於生死關頭〉為題做過描述」，但查無此文。另原日記有數頁被剪去。請參照參考文獻附錄四。】

明治三十八年（一九〇五）五月日記

三日　離開那曲，向西南行進二里，於那曲附近Dorukan宿營。雇五頭犛牛運送行李。

四日　向西南行進十里，過那曲，沿左面山樑上平路又南行十二里。路漸狹窄，至Tenjirin宿營。時值正午十二時。此地有五、六座黑帳篷，以畜牧為業，但僅養殖犛牛與羊而已。因缺乏嫩草，故不適合養馬。犛牛步伐緩慢，半日僅前行二十餘里。那曲至拉薩僅八日路程，但因使用犛牛，故需要二十餘日時間。

五日　午前六時半離開Tenjirin，向東南方向行進二十里後翻越Kachenra山。此區間地勢漸高，右面群山連綿，左面可見遠方數百里遼闊原野。有黑帳篷、黑牛，別有一番風情。Kachenra山乃一丘陵，然地勢頗高，空氣極為稀薄。自此處下山行進十二里抵Jantaba宿營，此地有二十餘頂黑帳篷。

六日　患瘴癘，感覺不適，休息一日。

七日　自Jantaba出發，向西南行進二十里，於此間踏沙礫，越丘陵，可見西面群山連綿，山色有黛，有白，有黃，一覽無餘，盡收眼底，誠為高原一大壯麗景色。又行進二十里，余一面遠眺右側之Yuche山，一面沿溪流西行，至Yundo宿營。溪澗結冰，地無一草一木。余宿營時飛雪撲面，感覺寒冷。有溪水從此山澗向西流去，人稱此溪為Yukuchu。此溪與Samushuncho河匯流後繞過遠方群山，匯入那曲。此地稱Samushun，蕃人猙獰兇惡以劫掠為業，故夜裡加強警戒。

八日　從Yundo出發，穿過右側之Samutankansa山山麓南行三十里至Samushun宿營。從那曲遠望Samutankansa，只見山頂四季為冰雪覆蓋，永無消融之時。彼山嶺與東面山嶺之間數百公尺乃平坦沙原。Samushun人在溪水三角洲沖積草原搭起黑帳篷，從事放牧。有酋長，此領地一帶屬那曲堪布管轄。藏語納木錯湖或蒙語騰格里湖在西面，距此地不遠處。另在距此地約十日路程之西面有十三個鹽湖，可給當地人提供食物資源。

騰格里湖

騰格里湖位於Samutankansa山西麓，亦位於前藏（衛）拉薩西北部二百二十里處與後藏（藏）日喀則城東北五百里處。與位於其東北方向之山脈相隔有怒江源頭布喀渚湖泊；與位於其北部之山脈相隔即大流沙。湖寬六百餘里，周長一千里，東西甚長，南北稍窄。「騰格里諾爾」（騰格里湖）乃蒙語，「騰格里」為「天」意，「諾爾」為「湖、海」意，合稱為「天湖」之意，湖面遼闊，一望無際，水天一色。東面有三河流入，皆稱「查哈蘇太」河；西面有兩河流入；北面河流為

「羅薩」河，南面為「打爾克藏布」河。數河匯集東流聚於此天湖。

九日 沿Samushun河南行四十里又至Samushun地區宿營。Samutankansa山脈自Yundo南北縱貫遼闊原野。Samushun河流過其山，自Yundo向南流經七十餘里後折向東面，繞過Posa山，穿行於東西各山峰後進入拉薩。

十日 午前七時渡過Samushun河，往偏西南方向行進十里，至該河欲東折流經Posa山之處，亦即來到。Samutankansa山脈南山、Posa山東面峽谷一山坡，在冬草蔓延處休息，放犛牛吃草。此一帶雖有山峰，但與高原平地無異，少有我國山脈千姿百態之妙趣，咸為童山。再次整理行裝後行五里山路，至「八塔」所在地宿營。塔乃石塊堆砌，高六、七尺，有石板刻有經文，並列於塔旁，以祈求旅途平安。西南方向重巒疊嶂，雪深，尚未見春色。沿路有「黑帳篷人」放牧。途中遇見許多牽數十頭牛自拉薩歸來之蕃人。

十一日 午前七時自「當雄」領地八塔所在地出發，沿「當曲」河左岸向西南行進五里。Rinchenkanri山於Samutankansa山南端平地突起，自東向西延伸，夏季山頂亦為冰雪覆蓋。當曲河穿過其山麓，遠流向南方Pontozon領地，與Samushun河匯流後進入拉薩。余等正午於當曲河畔休息，又向西南行進十里，見有一經輪堂，圓柱形桶中裝有藏經，供來往人群任意轉動經輪。沿流經Rinchenkanri山山麓之當曲河向西南方向行走十四、五日即可到達札什倫布。此路徑名稱之一為Yanmachan。據云一路為平坦草原，處處有「黑帳篷人」放牧。

當曲河兩岸有黑帳篷，蕃人在此放牧，該人種稱為Tamushunba，該地域屬當雄領地。若翻越與Rinchenkanri山脈南北平行之山嶺即可進入所謂Riden領地，有Riden人放牧。

自經輪堂南行兩三里後山谷逐漸狹窄，進入山澗後見溪水向東南流去。此地稱Yanra。余等在此宿營，放犛牛吃草。有許多藏人乞丐進帳篷乞食，每日不勝其煩。

十二日 自昨夜宿營地出發，沿山谷溪澗向東南方向行進十五里至Bakubun山山麓休息。Bakubun山無樹無草，紅色土壤，實可謂赤裸裸也。與此山對峙者乃Chokusumu山。由三重山嶺組成，故有此名。自Chokusumu山往東南方向行走兩日，皆為下山坡道。將茶葉自四川打箭爐販至拉薩之茶商，大都自康巴地區經那曲，再經此路進入拉薩。眼下屢屢見到茶商往來於此。

一行人自Bakubun山下山南行，至距山下五、六十尺處道路險惡，巨石重疊，幾無立足之地。下山後至Chokusumu山山麓。此時兩山逼仄，一溪穿流山麓，幽谷清流潺潺流向南方。山峰矗立險峻，自進入青海旅行數月以來，所有可觀之山谷，今日始得以在此Chokusumu山及其溪谷見到。在溪畔搭帳篷。半夜醒來，眼見陰曆十四圓月清輝普照山頭，耳聽溪流迴響山谷，此外四周闃靜無聲，側耳傾聽時感覺睡於帳外之余之雇傭正與某人頻頻一問一答，似乎雇傭在詰問對方乃何許人士、所欲何為。而後渠等問答戛然而止，寂靜夜晚再次恢復沉靜，僅聞淙淙流水聲響。拂曉起床燒牛糞喝茶時詢問雇傭深夜一事，渠答曰：「有盜賊來。余發覺後盤問，渠回答費十三兩銀子購買之愛犬走失，現來此尋找。支吾搪塞後就此消失。」盜賊橫行頻仍之際斷不可麻痹大意。如此事例在旅途中屢屢發生。

十三日 自溪澗出發，沿溪流向西南方向行進二十五里，至Riden宿營。一路左折右轉，行走於溪流冰上。兩側山高，灌木繁盛。旅行數月以來，自臺吉乃爾來此地始得以見到可作為薪材之灌木。Riden地區山谷稍顯開闊，溪畔有數十座碉房，有酋長。山腰處悉數被開墾為旱田，主要種植青稞。向東翻越此山嶺左側，見山里有一寺，稱Ridengonba，寺里有一喇嘛，正在禪定禁食，閉門不出，據云禁食動輒須延續數月。

又據云其修行與常人不同。當地僧侶極其虔誠，但結束修行後大可親近女色與飲酒不憚。余擬拜訪之，然因路途遙遠，只好放棄。渠可靜心禪定，禁食數月，亦非不可思議乎？

十四日 沿 Ridenchanbo江向西行進。Samushun 河自遙遠東方穿過重重山嶺流經於此，水勢滔滔，色藍幅廣，再流經西面 Pontozon後，進入山澗曲折回轉，之後遙遙流入拉薩Garudan地區。河畔處處有耕地，但沙礫纍纍，馬匹通行困難。至 Ridenchanbo 江江畔 Shinchabunakupo 宿營，並放犛牛於山腰吃草休息。是日行程十六里。

十五日 又沿 Ridenchanbo 江向東南方向行進十里，抵 Pontozon。Ridenchanbo 江與流自西北之 Pontochanbo 江匯流後形成 Seruchawa 江向東南流去，在群山溪谷間迂迴曲折後流入拉薩 Garudan 地區。Ridenchanbo 江之 Pontochanbo 江段左岸有一山峰巍然聳立，形如金字塔，人稱 Neruchu 山。聳立右岸者乃 Birejau 山，Pontozon 位於 Birejau 山山麓與 Pontochanbo 江南岸，亦位於自西南流來之四條河相交之處。Pontozon 有七、八戶人家，有衙門，俗官管理，管理對象為陰曆六月以後牽引牲口者，尤為藏人以外之來往通行者。此地有一捷徑，自 Ridenchanbo 江、Pontochanbo 江與 Seruchawa 江三江交接之處向東南山谷前進，僅須一日即可到達拉薩 Garudan 地區。此時有許多藏人在 Seruchawa 江江岸放牧。沿流經 Pontozon 前方之河流右行，再繞過 Chakura 山西行，有一大路可通浪蕩寺。另有一小路可從其右方沿山谷至浪蕩寺，路途稍近。Pontozon 地處四條河流交叉之要道，亦為那曲至拉薩之主要幹道。若扼守此地，則再無其他道路可通往拉薩。於此處宿營，至午後降雪。

十六日　自Pontozon出發，沿小路攀行於Chakura山山口峽谷，六里路，岩石多，難以前行，溪水結冰路滑。下山後搭帳篷宿營。雪花片片，漫天飛舞，山風颯颯，迴蕩溪谷。

十七日　離開Chakura山開始登山。上坡路險，空氣稀薄，一步一喘，氣息奄奄。下坡道路亦陡，馬蹄步履維艱。南面群峰峙立，最高山峰即Chakura山。自山腰斜向行走十五里抵達山麓，於溪畔休息，之後沿河流南行，可見數十里平原，杳無邊際。而看似橫貫東西之山嶺稱「色拉」[13]山，即所謂進入拉薩之門戶，故有此名。出山谷回望後方，見Chakura山站立雪中，彷彿在目送余等。溪流稍寬處有藏人住房，人稱Niyarukoku。再向南行走數里，過Umaronso村，當斜陽沉入西山時至Henzukuzon村落，於Sakumochukoru河河畔宿營。路旁有二塔，稱Nubuzuruchoten。有人開墾山腰，種植青稞、芝麻、小麥等。藏人碉房以石塊堆砌而成，方形，數層，白堊燦然，乍一見如同西洋公館。

Chakura山與色拉山之間為Perebo領地，有不少村落，從此地將牛糞、麥子等運往拉薩之拉夫絡繹不絕。

十八日　從Henzukuzon出發，沿Sakumochukoru河向偏南方向行進。道路平坦，泥沙地質。沿途山麓有碉房，附近似有人在耕作。行十八里至浪蕩。此地位於色拉山山麓，東西約數十里。Genchu河自西面流來，與Sakumochukoru河匯合，再與拉薩河匯合。

浪蕩寺位於Sakumochukoru流經之色拉山山麓。有藏人官吏居此。翻過寺後山坡，有路可進入

13 即：色拉烏孜山。——譯注

拉薩。

十九日　自浪蕩出發，只見色拉山巍然屹立，形同西藏門戶。兩旁群山綿延，東西環繞，有如城牆，堅固無比，所謂一夫當關，萬夫莫開，即指眼下此天險要地。上坡十二里，右轉左折，有巨岩怪石橫臥途中，攀行時不免氣喘吁吁。到山頂眺望南方，映入眼中者豈非朝思暮想之拉薩城？至此孰能不遙對釋迦大殿叩頭三拜，祈求平安到達？嗚呼！余前後八年歷經艱辛，如今始得以實現夙願。余有今日，非全憑一己之力，而似有某物在冥冥之中指引。嗚呼，父母大人，請寬恕兒之不孝。正因為有雙親日夜誦經加護，余方能達此目的。此又豈非雙親之功？若非父母誦經，則無緣得到大慈大悲之光明佛祖時常加護，此五尺之身又安得平安到達此地？余之身心乃因父母念誦與大慈大悲之光明佛祖護佑，方可達至此地。此時余隔千山萬水，謹向父母表達謝意，亦須面對拉薩釋迦大殿三叩九拜，含淚感謝洪恩。多年憂愁一朝去除，不免身輕心悅，似我非我。此時余心似有輕揚九天之感。

【原編者按：原日記在此後記有蒙藏雙語對照表，今予刪除。】

西藏首府——拉薩

拉薩位於前藏拉薩河（吉曲）北岸。南岸蜿蜒起伏，形同拉薩南城者乃牛魔山，高二百餘丈。環抱牛魔山者為僧格拉山，呈獅子狀。北面有色拉山、根柏山、浪蕩山，山勢險峻，宛如拉薩北部屏障。其西北三十里左右有山脈與之相連，人稱「洞噶拉山」。山高四百餘丈，形似海螺。此南北兩大山系構成拉薩堅固壁壘，其間寬處七里左右，窄處二里左右，東西長達三十里。滔滔拉薩河流過南北兩大山系之間，形成前藏之動脈。此河乃西藏民族發祥之地，為藏民族興旺帶來巨大恩澤，也記錄著開天闢地至今西藏之興衰變遷，故於西藏而言，此河又為一條靈河，與尼羅河對埃及民族發展做出之貢獻相當。西藏首府拉薩即位於此河河畔。《舊唐書・吐蕃傳》記載：「四川打箭爐西北三千四百八十里有邏些城，號國都」，即指拉薩。《西藏志》記載：「喇薩舊有城，康熙六十年（一七二一）定西將軍策旺諾爾布毀之，改築西南石堤以遏藏江之水」，但如今已不見城址。過去拉薩地區一帶河水激浪滔滔，充溢於南北兩大山系峽谷之間，水流湍急，其勢如海，故當時拉薩形同沼澤。之後隨歲月流逝，地層逐漸發生變化，拉薩河水量減少，河面變窄，貫流此地中央之河道轉移至南部山系牛魔山山麓，沼澤沉澱後變為陸地，河水乾涸後形成山脈。徵之於西藏以下傳說，以上推理大致無誤。

拉薩原為湖泊。唐代文成公主占卜此地時發現此一帶形似仰臥之魔女，而湖泊即魔女心臟淌出之血水，拉薩乃湖泊之眼睛。故公主決定填平湖眼，於其上修建廟宇。廟宇形如蓮花，寓意吉祥，在徵得藏王同意後終於動工：於湖泊四周堆砌駁岸，轉瞬間湖眼現出三層石塔。公主使人以石擊倒，之後用樹木覆蓋，空隙處用青銅溶液灌滿，最終填平湖眼。當時有龍王獻上洋船一類之物件，於是以石塊圍合堆建，始有大昭寺，至今已有一千三百餘年。寺坐東朝西，樓高四層，上有金殿五座，欄杆、瓦片皆用鎏金銅胎製作。左側廡廊供奉文成公主、藏王松贊干布、尼泊爾尺尊公主三座塑像。內部收藏古代兵器鳥銃，長度在八九尺至一丈餘；弓釵箭袋亦甚長。大殿內有明萬曆太監楊英所立石碑。傳說寺前壁上有唐玄奘法師師徒四人取經畫像，但余未親見。

拉薩位於拉薩河河畔南面，距北方色拉山約二里半路程。城市中央有所謂之拉薩寺，內部安放文成公主下嫁藏王松贊干布時懇請其父唐太宗從長安請來之釋迦牟尼像。座像乃青銅鑄造，傳說係毘須羯磨[14]三大作品之一，其作為西藏文化之源泉與藏民生命之保障而廣受景仰，西元六世紀中葉至今西藏盛衰興亡原因之一即與此靈像有關。蒙人之所以來拉薩巡禮，亦因有此靈像，而此靈像亦作為數千萬藏蒙人民之生命象徵而永放光芒，故其豈能單以偉大而言之？余未聽聞崇奉此釋迦牟尼靈像之寺廟另有其他特別寺號。由於此廟安放文成公主請來之釋迦牟尼佛像，故稱「覺康」[15]（尊〔釋尊〕殿）。尼泊爾公主請來之「明久多吉佛像」（阿閦佛）則安置於大昭寺以北約七百公尺之市郊，人稱「熱木齊」[16]。蒙人將前者稱作「伊克昭」，將後者稱作「巴漢昭」。漢人分別譯為「大昭寺」與「小昭寺」。

乾隆二十五年（一七六〇）清室賜大昭寺敕匾，題曰：「西竺正宗」；賜小昭寺敕匾，題曰：「耆闍真境」，二匾至今猶存。

拉薩市區並無特別規劃，格局凌亂。最早乃以清人所謂之大昭寺為中心，在其周圍擺攤設市。之後隨市場逐漸繁榮，則在其周圍修建店鋪，最終形成鱗次櫛比之高樓大廈，市區格局有欠規整亦

14 疑原文有誤，中國古代譯書作「毘首羯磨」。此人為佛教人物「八部」之一，《翻譯名義集二》（宋・周敦義述，姑蘇景德寺普潤大師法雲編）曰：「毘首羯磨。正量論音。雲毘濕縛羯磨。此云種種工業。西土工巧者。多祭此天。」將其視為製造佛像的鼻祖。佛教傳說過去至優陀延王時尚無佛像，如暗夜星中無月，優陀延王常懷悲感，告敕國內所有工匠並令來集。「爾時毗首羯磨天遙見其事，審知王意，欲造佛像。」亦可印證毘首羯磨乃造佛像第一人。——譯注

15 覺康，乃藏語，即大昭寺。——譯注

16 熱木齊，即小昭寺。——譯注

出於此。聳立於拉薩河河畔之大昭寺成為藏人信仰中心之後，頂禮膜拜者紛至遝來，以至於各種攤點、市場之出現如雨後春筍，最終將大昭寺淹沒於各店鋪之中，四周開闊之寺院場地亦有三面為店鋪所包圍，僅留西面一處，供大門出入（大昭寺每年孟春季節皆召集三萬喇嘛，達賴親臨現場並舉辦大法會。藏民蜂擁而至在外參拜）。由此可知拉薩繁榮變遷之一斑。光緒帝曾御賜大昭寺「福資萬有」匾。大昭寺西南端有支那衙門，內居駐藏大臣。衙門前方有軍糧府，駐紮有轄制漢兵之糧臺大員。軍糧府北面有正明書院，係教育漢人居民弟子之場所。距大昭寺偏西北方向約一公里處有著名之普陀山城（或稱普陀拉城）[17]，乃西藏國王達賴喇嘛之宮殿。距普陀山城後方數百公尺處有行宮，稱「羅布林卡」。另在宮殿偏西北方向五六里處有哲蚌寺，乃拉薩第一大學林，據云常住學僧七千五百名，多時達一萬名以上，可見其宗教教育之繁盛。大昭寺正北三、四里處有色拉寺[18]，乃拉薩第二大學林，常住學僧五千名。

色拉山東南山麓沙地平原有漢軍練兵場，每年春、秋兩季漢軍在此操練。

【原編者按：欄外貼紙有以下紀錄：】

---

17 普陀山城，即布達拉宮。「普陀拉」或「普陀」又譯作「布達拉」，意為「舟島」，是梵語音譯，意指觀世音菩薩所居之島。——譯注

18 西藏佛教改革派（黃帽派）四大本山之一，位於西藏東南部、首都拉薩以北三公里的山麓。——譯注

教場演武廳碑文[19]

乾隆六十年乙卯夏四月巡道，自前藏起程，經曲水過巴則、江孜，共十日，行抵後藏。由札什倫布走崗堅喇嘛寺、彭錯嶺、拉孜、洛洛、協噶爾，過定日通拉大山，共行十一日至聶拉木。又由達爾結嶺西轉經過伯孜草地、鞏塘拉大山瓊噶爾寺，南轉出宗喀，共行六日至濟礲。仍旋宗喀東北行十日至拉孜，入東山一日至薩迦溝廟。自廟北行二日出山。仍走崗堅還至札什倫布。往復略地隨在繪圖知其概焉。緣札什倫布南左有薩迦溝內之曲多江鞏云云。

色拉山山麓溪流之畔有銀幣鑄造局。前些年達賴喇嘛與俄國取得聯繫後，任命俄屬布里亞特人阿旺堪布為顧問與鑄幣局總裁，使其從俄國訂購銀幣鑄造機器。在堪布監督下，西藏開始利用水力鑄造貨幣。此前清朝一兩銀子可兌換七個西藏銀幣，而阿旺堪布用新機器鑄造銀幣後則可用一兩清朝銀子兌換十個西藏銀幣，故藏民對阿旺堪布之信賴感陡然上升，以致俄國公然壓制西藏。色拉寺院東南處由果拉山山澗通往拉薩之路旁有一碧瓦紅樑之屋宇，乃乾隆皇帝巡獵之行宮。布達拉宮前有一噴泉，可用於燒飯。噴泉流出處有一小河，河畔楊柳翠綠，一橋飛駕。橋上建築碧瓦葺頂，石柱支撐，乃漢族風格，人稱Yudokusanba，即「碧橋」之意。

拉薩不知何時出現人們以大昭寺、小昭寺與普陀山城為中心，環繞其四周巡拜一圈之風潮。之後此範圍逐漸擴大，最終發展為環繞拉薩全市巡拜，宛如我國「千度參拜」[20]之風俗。人們相信

19　原引文標點多有舛誤，今按譯者理解重新標出。——譯注

20　日本人為完成祈禱，到神社、寺院參拜千次之習俗。——譯注

根據巡拜次數與其行為本身將可消除自身罪障，獲得佛祖恩寵，接受達賴愛撫，最終修成善果。更有甚者，有些人無論男女老少，皆五體投地，一拜一起，精確計算行拜之次數與距離，並在地上刻畫出頭、手、腳、足之痕跡。行叩禮時渠等將頭觸於地面後即將手延伸前方，腹部匍匐於地，伸長雙腳，口中必誦「唵嘛呢叭咪吽」六字真言。如此動作從清晨延續至午後，環繞拉薩全市一周即為巡拜一次。禮拜分有兩種：一種為「大頭拜」，即如上所示；另一種為「小頭拜」。此禮拜即以頭叩地，兩手延伸地面，跪膝三拜之儀式。大頭拜消大災，功德大，小頭拜消小災，略能消除幾分罪障，乃一種希望得到佛祖小慈悲之懺悔行為。

大昭寺東北角一隅多為空地與林地，恐因此處沼澤多無法建房之故。小昭寺北部皆旱田，產大麥、烏麥等。大昭寺以東流自四川即將進入拉薩之拉薩河河畔多林地，種有柳樹與白楊。拉薩附近無山林，故必須種植白楊等作為建築材料。拉薩政府四處開設林地，以此為建設城堡與衙門提供建築材料。

出拉薩沿東面拉薩河行走三、四里可見渡船。渡船以犛牛皮製作，橢圓形，搭運牛馬、行李等往返於河流兩岸。有時可見人們從上游划牛皮舟順急流運送貨物、薪柴等至此，靠泊某碼頭後將貨物卸於陸地，之後船夫將牛皮船馱於肩上，以槳為杖，沿河岸走上堤壩，返回行船地點。船夫背負牛皮船登山之情景乃於拉薩首次看見，可謂奇觀。自渡船碼頭至南岸八十餘里。在河面變窄、水勢湍急之南岸，有險峻山脈巍然聳立。右面乃寬闊谷地，有經開墾耕耘之田畝，麥子、蔬菜生長可人。穿過田畝，攀登或匍匐於險道高坡，氣喘吁吁可登臨一山巔，此即Garudan[21]山。在山巔或可

21 即旺波日山。——譯注

見一座黃金色寺廟巍然屹立於溪谷山間。此即Garudan寺，漢人訛稱「甘丹寺」，乃黃教開山鼻祖宗喀巴修行講經之道場，不僅作為樹立新教之原初道場而聞名遐邇，而且存有宗喀巴肉身像及其他遺物，寺內有三千五百名喇嘛，梵唄之聲響徹溪流，法雷猶如獅子怒吼，法燈長明，象徵永遠繼承開山鼻祖遺訓。雍正十一年（一七三三）皇上御賜匾額，曰「永泰寺」。

甘丹寺

余於光緒三十一年（一九〇五）陰曆三月二十日（陽曆四月二十四日）抵達拉薩，於陰曆四月初三（陽曆五月六日）前往甘丹寺參拜。在侍從嘉措陪同下，以旅店僕人Jamiyanshuku為嚮導，一行三人背負糌粑、酥油、茶葉、麵粉，清晨徒步從拉薩出發，沿東面拉薩河前行。沿途四處農家散布，行十里後見有渡船，即牛皮橢圓形船。牛皮船雖輕便，但可運載牛馬各一頭。若漂浮半日則須放置陽光下曬乾，時間長者須一日。此時見拉薩河上有眾多上下往來之船工。拉薩河有舟楫之便，以東面上游Garudan山山麓為起點，至中游可經過拉薩市郊，往下游兩日可遠至Chakusamuchure。余等過河沿南岸行進三十五里至Rijin宿營。此地乃窮村，藏、漢雜居從事農業。四日清晨登Onbori山。山陡，足踏處皆斜坡，奇岩怪石直立，硌腳，滿山皆此石，登上山嶺後可見Garudan山。甘丹寺位於溪谷山腹，其地勢與我國伊賀國[22]谷川觀音寺兩相彷彿，寺前山嶺光禿，了無樹影，僅黃草繁茂，其餘三面山峰環繞，形成一個二等邊三角形，甘丹寺即處於此三角形頂角。

22 日本三重縣西北部舊國名，屬東海道。一八七一年日本廢藩置縣後成為安農津縣，一八七六年與度會縣合併後編入三重縣。——譯注甘丹寺有僧房三十六棟，據云古代有五千喇嘛常住，而如今仍有三千餘人。此寺廟作為宗喀巴修道之靈廟，亦作為黃教立本之聖廟，在拉薩各寺院中首屈一指。光緒三十年（一九〇四）春五月達賴深夜出逃後，急忙從甘丹寺招來大堪布，將出走後各事宜委託於彼，並授予私印，使其管理藏民及窺測動向。可見，其寺廟規格之高。

色拉寺

色拉寺位於拉薩以北三、四里之色拉山山麓，寺後之山稱作Dokuri山。傳說古代此山中有大蛇，藏民捕之，其蛇皮保留至今。古時山嶺樹木蔥蘢，百蟲棲息，而如今漫山無一草一木。傳說寺院初建時曾降冰雹，數量甚多，眾多木匠、石匠負傷，故取名為「色拉」[23]。然亦傳說色拉寺興建於原「野薔薇花盛開之地」，故得此名[24]。或傳說乃因殿堂以黃金瓦鋪葺，金碧輝煌，故有此名。此命名恐由藏語「gser-ra」即「黃金」之意推想而來。而「Se-ra」卻無此意，且黃金殿堂在西藏並不限於色拉一寺。苟論有黃金瓦，則甘丹寺、哲蚌寺、大昭寺、小昭寺與後藏之札什倫布寺皆須命名為黃金寺。

色拉寺乃宗喀巴弟子絳欽卻傑興建。絳欽卻傑乃宗喀巴七大弟子之一。宗喀巴為明朝皇帝承認後即派弟子絳欽卻傑赴京作為自身代表。此即第一世章嘉呼圖克圖。

---

23 冰雹藏語發音為「色拉」。——譯注

24 野薔薇藏語發音也為「色拉」。——譯注色拉寺正殿法輪殿稱「措欽堂」（集會堂）。其面闊十二根柱，進深十二根柱，與東本願寺阿彌陀堂大小相似。黃金屋頂，雙簷，以釋迦為本尊，配祀彌勒菩薩。釋迦像高丈餘，係真銅鑄造。色拉寺學僧皆住樓房，有三層、四層，甚或五層者，似由砂岩石塊修砌而成，外塗白堊，光亮如彩。近看則全由泥土壘成。進入內部再看，房間低矮狹小，陰鬱潮濕，臭氣薰天，且窗小，光線弱。各層樓之間有通道，通道上小便橫流，污穢不堪，與漢人街道無異。樓房層層重疊，乍一見如同西洋公館，想必乃因建樓於丘陵山腰，須逐漸由前往後推移，以便採光與增添景致所致，故有疊「屋」架屋，終有五、六層高之舉。另一原因乃寺院逐漸繁盛，學僧不斷增加，僧房需要擴建，故須以集會堂為中心，於其前後左右建起回廊，在層樓之上再建層樓。從遠處眺望，此寺宛如日本京都圓山全景，與白堊燦然之巨大西洋公館無大差異。僧樓共六十四棟，其中稱（作）「康村」[25]者四十棟，稱（作）「米村」[26]者二十四棟。因學僧不同而樓房有異，但大凡居此之三千餘名喇嘛皆可稱色拉寺常客。

色拉寺採用分科教育制度，有吉札倉、麥札倉、阿巴札倉三個僧院，各科於各殿修學。進入色拉寺之喇嘛分為西藏、蒙古二區，按地區分各部屬，部屬以外之喇嘛不得進入色拉寺，亦不得進入哲蚌寺。各部落弟子須進入各自所屬之寺院，以免寺院間發生強烈糾葛。

乾隆時代章嘉呼圖克圖造訪西藏，自青海至那曲關口時將駝馬、行李等留在那曲，僅帶一名

25　康村，指藏傳佛教寺院中最基層的組織，是僧侶食宿和起居作息之處。——譯注

26　米村，是「康村」的下一級組織。——譯注

侍從，扮作衣衫襤褸之乞丐喇嘛先行前往拉薩，並進入其所屬之色拉寺。當渠來到第一代章嘉官舍門前，自報家門要求寄宿時，舍監見其一副乞丐打扮，未想到是章嘉大人，便大聲叱喝，使其退下。章嘉不從，極力證明自己正是章嘉，但舍監不聽，反倒怒氣沖沖，說乞丐喇嘛欺世盜名，成何體統。章嘉至此無奈只得離去，臨走前告訴舍監：余可自證乃章嘉，而汝不聽且喋喋不休。若汝不認余乃章嘉，則當給出反證之物。於是舍監將燒麥粉揉入茶中，緊握之使成拳形，並於其上蓋上私章後交付章嘉。章嘉得此證物後隨即轉道進入哲蚌寺。哲蚌寺眾僧慨歎，大德章嘉乃色拉寺所屬大喇嘛，卻被色拉寺排斥如此，對其極表歡迎。此間逗留那曲之數千駝隊人馬進入拉薩，拉薩全城聽聞大德章嘉入藏欣喜若狂。駝隊進入哲蚌寺後，色拉寺眾僧聞之狼狽不堪且極其憤怒，立即率兵逼迫哲蚌寺恭請章嘉大喇嘛回錫。章嘉不聽，兩寺僧侶因此大打出手。最後此事以將色拉寺舍監斬首而告終。然而一度離開色拉寺而進入哲蚌寺之章嘉呼圖克圖卻再未返回色拉寺，故此後數世章嘉皆屬哲蚌寺，蒙古地區章嘉呼圖克圖所屬喇嘛亦一般不進入色拉寺，而歸由哲蚌寺管轄。但與上述情況有所不同，余進入拉薩後假稱係阿嘉呼圖克圖弟子，卻有色拉寺阿嘉呼圖克圖官舍舍監前來勸余入寺。余深感榮幸，聽從舍監勸誘進入該寺。此時哲蚌寺亦有人來勸余入哲蚌寺。余詢問：既然一身不能進入兩大寺院，何以獨余可與兩寺有關？經回答後方得知，余因假稱乃內蒙古喀爾沁王旗下「吐默特」地區蒙古喇嘛，故按規定，但凡屬哲蚌寺之吐默特人，無論何人皆須進入此寺院。如此一來，則出現奇異現象：從個人出生於蒙古這一角度而言，余屬哲蚌寺，但作為阿嘉呼圖克圖弟子卻必須進入色拉寺。余一身二屬，難以應對，故與對方協商，決定既不進入哲蚌寺，亦不進入色拉寺，而僅作為巡禮僧在西藏做短期逗留。然為此須設宴款待兩寺「米村」即各所屬僧舍之舍監，浪費不少旅費。拉薩甘丹寺、色拉寺、哲蚌寺與後藏札什倫布寺對各所屬地區開設不同僧舍，但身分不明之喇嘛欲貿然進入各寺院修學絕非易事，毋寧謂此為畫餅充飢。蒙古、西藏各地喇嘛雖被保證可以入學，但苟無各地區大喇嘛或官吏、酋長開出證明，或老鄉、熟人等介紹，則不可妄自進入寺院，認為修學者漫步拉薩，可自由進入所有僧舍，乃極其荒謬之想法。西藏旅行者之困惑由此可見一斑。

哲蚌寺

哲蚌寺乃「積米寺」之意，蒙人稱之「布雷蚌」，漢人稱作「別蚌寺」或「布雷峰廟」。其位於拉薩西北部，距普陀山城六里左右，矗立於根柏山山麓。根柏山繞其東、西、北三面，宛如屏風環立。惟於南面可以遠眺：南山山麓與平原相接，拉薩河如綠色長帶緩緩流過。河流滙集而成湖泊處有楊柳、榆樹點綴其間，或黑或黛或綠，景色可人。哲蚌寺創建人為絳央曲結，其受宗喀巴之命開設哲蚌大學，乃宣傳黃教之偉人。絳央曲結係舊教薩迦派Zebutsuntaranaku大師後裔，乃舊教中德高望重、學識超群之喇嘛，但最終竟成為宗喀巴弟子，在其七大弟子中最為聰慧而廣受敬仰，故由恩師宗喀巴推薦，成為哲蚌寺首任寺主。後應明朝皇帝之邀，宗喀巴派其赴蒙古北部大庫倫，向蒙古民族宣傳斯教。絳央曲結因此作為庫倫地區第一世哲布尊丹巴呼圖克圖受人尊崇。哲蚌寺建築與色拉寺式樣相同，若硬性求證其屬何種西洋建築風格，似可將其劃入古代印度希臘式建築。哲蚌寺有兩座大廟，金頂樓閣莊嚴肅穆，相較色拉寺規模遠為闊大，由一名大堪布管轄。另有掌事僧官二名，各僧舍有舍監管理各僧舍學僧。學僧人數因四季不同而有增減，據云多時可達一萬兩三千人，在拉薩三大寺中居首位，故可謂乃藏蒙子弟喇嘛修學之大道場。其中蒙古喇嘛占全體學僧之三分之二，眼下真正信奉並認真研究喇嘛教者僅限於蒙古喇嘛。蒙人離開故鄉，不遠千里負笈拉薩，進入各寺院所屬寺院修學後，潛心研究數十年，由青年變為老年，可謂皓首窮經，不知疲倦，不厭其煩，一生如同一日。渠等自各寺院各級各科畢業後，最終成為該寺院教師、「博士」，在學校度過一生，諄諄教導弟子，獎掖後進，繼承、宣傳喇嘛教傳統。西藏喇嘛教之所以能保存餘脈於今日，其原因之一乃蒙人對其擁有虔誠信仰與蒙古喇嘛對其真誠鑽研及抱有堅定信念。拉薩哲蚌寺、甘丹寺、色拉寺與後藏札什倫布寺所屬各寺院每年教育經費開支巨大，但維持教學所需經費之大半由拉薩政府國庫承擔，其餘部分則（全）由民間信徒慈善捐贈補充。而事實上，其慈善捐贈之大部分乃出自蒙古信徒之布施，見此孰能不為此感到震驚。拉薩各寺院由其寺院領袖[27]所得以獨立經費形式維持運轉。喇嘛教徒之布施決定藏、蒙一般民眾之教育，並因此決定教權之擴大與國家獨立之保持。此風氣連綿不絕，由唐至今始終不變，方使西藏屹立於喜馬拉雅山地區。無論支那帝國如何改朝換代，興衰變遷，西藏民族仍能保持獨立至今，其原因之一即此喇嘛教勢力。喇嘛教教育，其力量之大，其影響之廣，實令人驚歎。吾人聽聞西藏祕國有獨立教育之寺院，且自古以來即廣泛實行該政策，不免深有感觸。哲蚌寺分有四個僧院，即羅賽林札倉、郭芒札倉、德陽札倉、阿巴札倉。

自清代以來，皇帝及各郡王為追善福與祈冥福不斷修法布施，每年撥給色拉寺、甘丹寺、哲蚌寺、札什倫布寺與安多塔爾寺之善款數額巨大，一如下表所示。但此表乃根據在塔爾寺之調查而做

27 原注：原稿作「林領」。——譯注

出，正確與否不得而知，列此僅供參考：

寺院受施人數

色拉寺七千七百人中有五千五百人受施
甘丹寺五千五百人中有三千三百人受施
哲蚌寺一萬六千五百人中有五千五百人受施
札什倫布寺三千五百人中有兩百人受施
塔爾寺三千五百人中有三千三百人受施

哲蚌寺門前坡下有座「垂仲」[28]殿，金碧輝煌。「垂仲」乃護法之意，原意為諸天善神護佛守法，但不知何時轉為巫覡誦咒之意，以致人們最終相信巫覡降神等可保護喇嘛教。於是一切吉凶禍福皆向巫覡祈禱，並依據降神者之預言，決定自身之行動方向。「垂仲」降神最初僅限於男子，但其淫猥、幼稚之修法與藏民現世宗教意識頗為神契，符合渠等嗜好，故極度繁榮，出現無數巫覡。渠等皆相信自身乃神之附體，聚斂人民財物，流弊甚廣。最終女垂仲殿在拉薩寺廟中竟位居首位，成為占卜達賴吉凶或政府要事之官方護法神而廣受景仰。現任「垂仲」喇嘛最初乃達賴喇嘛膳食總

28 「垂仲」，藏文「垂」即「法」意，「仲」為「護」意，兩字結合即為護法之意。垂仲另指護法喇嘛，其服裝與喇嘛相同，能施行法術，會通神意。——譯注

管，但某日忽然變為降神者，可用種種巫法占卜，非常靈驗，最後被拔擢為達賴及政府之直管「垂仲」，地位極高。達賴前些年從拉薩出逃時該「垂仲」亦作為扈從前往蒙古。此降神者係無妻喇嘛。拉薩大昭寺以東數百公尺處有垂仲殿，殿稱「噶瑪霞」，殿內有「垂仲神」塑像，其相貌猙獰兇惡。殿內還住有「降神垂仲」，其服裝與喇嘛相同，可蓄妻，其子嗣可繼承其巫術。西藏巫術與日本稍有不同，每月初一、十六兩日，降神者現身發布預言。渠頭戴金盔，上插一束雞毛，身穿長兩三尺之鎧甲，背後插五面小旗，周身裹纏白布，足蹬虎皮靴，手執弓，登坐法臺之上。有人前來問吉詢凶，渠皆能託神言判斷禍福。此道法乃西藏原住民信奉「薩滿教」[29]之遺俗。西藏出現苯波教後依舊採用此降神術，並使其滲透於喇嘛教之中，而且此遺俗亦與蒙人靈魂崇拜宗教相混合，成為傳播薩滿教之工具，其惡習至今猶存。

之所以說「垂仲」崇拜至今猶存，是因為苯波教及舊教各派與新教各大喇嘛寺大凡皆有「垂仲」住寺，且無人不信此神。其流弊所及，有時竟與政權與奪、轉讓等有關，令人頗感寒心。值得關注者，乃「垂仲」最為得勢、干預朝政之時代並非處於世襲國王時代，而處於公選喇嘛教王時代。喇嘛教王之公選係人為抽籤之結果，因此極為危險，存在諸多疑問，故人們熱衷於「垂仲」，似乎出於避免人為禍害，有意借助降神者判斷之目的。

29　原始宗教之一，泛指經過嚴格修行的巫女或念咒師與精靈、死靈等交流，在無我的境界中做出吉凶判斷和預言等的宗教行為。——譯注

普陀拉城（布達拉宮）

普陀山藏語稱「布達拉」，位於距拉薩大昭寺偏西北二里多處。拉薩平原有兩大山峰突起，一為布達拉山[30]，形如傾覆之船隻，舟底朝天，高百餘丈，方圓三、四里；一為「夾波日山」[31]，位於布達拉山南面，並與之遙遙相對。山上有洞，漢語稱「招拉筆洞」或「甲里必洞」，高九十餘丈。想來過去滔滔拉薩河河水流過前藏時，此兩大山峰與北方之色拉山、根柏山諸山相連，乃同一座山脈，共同作為前藏之禦水屏障。之後拉薩河洪水沖去「屏障」泥沙，露出處處岩石，山尖與岩石宛如海中群島。待拉薩河水源枯竭，河水轉而流向南方牛魔山山麓，原先河流氾濫之處化為沙地，故此兩大山峰矗立於南山牛魔與北山色拉、根柏之間。從遠方眺望布達拉山，此山宛如大海孤島，該島莊嚴遼闊，有金碧輝煌之燈塔金光閃耀，確為西藏一大奇觀。更何況島上建有十三層城樓，其高三十六丈七尺四寸，黃金屋頂，光耀全城，有宮室數百，鍍寶塔以金銀，堪稱天下無價寶庫，與青藏高原奇觀——宏偉秀麗之喜馬拉雅山，共稱為天下絕景。

相傳七世紀初，藏王松贊干布征討西藏各部落時相中此地並欲在此建都。渠因篤信佛教，故頭頂彌勒佛像，登山誦讀《Wankuru經》[32]，祭拜地神後方於此地修建宮殿。迎娶文成公主與尺尊公主後松贊干布恐有外來侵略，故又修建布達拉宮城牆，於城牆上儲備刀槍以作防備。後藏王莽松

30 亦稱紅山。——譯注
31 藏名亦稱「角布日」，意為「山角之山」，即拉薩的藥王山。——譯注
32 何經不詳。原文為「Wankuru經」。——譯注

作亂曾拆毀布達拉宮，僅留觀音堂一座。及至第五世達賴喇嘛執掌天下佛門，兼理國政，於親赴北京後又修建布達拉宮，自稱「白寨」[33]。之後其事務代辦——桑結嘉木措修建「紅寨」[34]及其他房屋，包括金殿（含佛像）等，至今已有一百多年。其樓高十三層，登石階可上，有金殿三座，下方另有金塔五座，乃安放第一世至第五世達賴喇嘛肉身遺骸之靈塔。余於陰曆三月二十四日步出Jamiyanshuku旅店，與青海Chadanba地區嚮導索德納木同行前往布達拉宮參拜。此時因達賴出逃，故宮門緊鎖，禁止任何人出入。而平日達賴喇嘛則常住於此，在親掌國政時固定於每月二十四日接見來自遠方近鄰之信徒，接受渠等謁見叩頭。此日無論男女老少、貧賤富貴，諸如王公大臣、普通巡禮者，甚或乞丐，達賴喇嘛皆基於「佛視眾生平等如子」之觀點賜予接見。此日為向達賴叩頭，人們紛紛聚集城內、城外，屆時則列隊依次上前。此時達賴正襟危坐於高臺之上，侍從喇嘛直立身旁，高級喇嘛並列左右，儼如眾星拱衛北斗一般。叩禮者雖萬人列隊，但皆寂靜無聲。達賴威嚴萬方，不獨為西藏國王，亦為觀音化身與引路導師，君臨於一切眾生、庶民之上，並且恩威並重，無為而治西藏。此非宗教勢力所不能也。叩禮者走近達賴跟前之前，須先伏地叩頭三拜，結束後誠惶誠恐行至達賴跟前，在高臺下端低頭。若對喇嘛與俗人，達賴則用右手手掌撫摩一下叩禮者頭頂。而五濁世間凡夫俗子相信，由於達賴此一摩頂恩寵功德有加，故一切罪孽於此時皆為達賴所攝，罪障自然消失，可結未來成佛之良好因緣。與其說渠等相信國王兼大喇嘛之恩寵於現時功德大矣，毋

33 達賴喇嘛居住的宮殿以白色為主。——譯注
34 以五世達賴喇嘛靈塔殿為主的紅色配套建築群。——譯注

寧說渠等確信於未來其果福獲得更為廣大。單從此點看西藏，余從未聽聞其他國家帝王與庶民之間有如此關係，帝王亦不曾獲得民眾如此信仰。叩禮者接受達賴摩頂恩寵之後退至臺下右側，而站立此處之侍從喇嘛，對喇嘛則於其頸部繞掛紅色布片，對俗人、婦女則繞掛白色布片，表示已完成拜謁、叩首儀式。給婦女摩頂時達賴並非用手，而是手持一桿尺餘長細棍，用垂懸於棍端繩線之圓球狀布團一摩婦女頭頂。此乃新教黃派重視比丘，但不欲接近「五障三從」[35]之婦女之宗風所致。余假稱蒙古喇嘛入藏，故無論巡拜何寺廟皆未招致懷疑。如上所述，余至布達拉宮參拜時正值達賴喇嘛出逃之後，故宮門緊閉，禁止任何人出入。宮中管理者及留守侍從等自達賴出逃蒙古後即杳無達賴音信，故日夜思念北方。此思君之情古今東西概莫能外。渠等迫切希望從來自蒙古之假喇嘛即余瞭解身處蒙古之達賴之消息，故允許余入宮參拜。余不甚欣喜，得以借便逐一詳細瞭解達賴出逃之真相、與俄國之關係、藏民對達賴之信仰、達賴及藏民對英國、清國之感情以及藏民之動向等。實可謂入寶山獲巨量寶物。侍從喇嘛特意為余及嚮導索德納木配備一名宮中俗人管理員，殷勤帶路參觀。只見殿宇嵯峨，氣勢雄偉，群樓重疊，曲折迂迴，余等幾欲迷失方向。來到十三層樓樓頂，眺望東方，拉薩全景盡收眼底：綠樹蔥鬱，彤雲靉靆，炊煙嫋嫋，層樓白堊燦然，拉薩河如長蛇蜿蜒流淌。此遠眺之佳境實乃筆墨難以形容，無怪乎達賴建王宮於此。五塔中第五世達賴阿旺・羅桑嘉措之靈塔最大最高，據稱嵌有無數天下珍貴玉石，令人眼花繚亂。西殿有開山鼻祖宗喀巴之手足印

---

35 指西藏傳統規定的女性具有的五種障礙與三種忍從之美德：五種障礙指女性不能成為梵天王、帝釋、魔王、轉輪王與佛；三種忍從則指女性幼年從親、婚後從夫、老後從子，又稱三監、三隔。——譯注

跡，各世達賴皆在此坐床。五座寶塔屋頂皆覆蓋鎏金銅瓦，雨過天晴，反射之朝陽金光閃閃，照耀拉薩全城。此乃何等奇觀！宗教之心亦結晶於此，豈能不令人驚歎！乾隆二十五年（一七六〇）清室御賜「湧蓮初地」匾額於普陀拉城。

一如文殊大士（藏語為「Jampelyang」[36]）作為阿彌陀佛之智慧化身見於《華嚴》、《般若》諸大乘經典，觀音大士（藏語為「Spyan-ras-gzigs」[37]）則作為佛陀慈悲之體現，以最為普遍之菩薩形式昭然見於大乘經典，而作為觀音大士化身之達賴，將宮殿命名為布達拉宮（普陀拉）亦絕對不無道理。

36 有人譯為「蔣貝揚」，亦有人譯作「央邁勇」。——譯注

37 有人譯為「堅熱斯」。——譯注

離開拉薩經由印度回國

明治三十八年（一九〇五）六月日記

六月八日　決定今日離開拉薩。清晨六時啟程，向西行進五里有餘，經過哲蚌寺沿河右岸前行二十五里。有一溪流自西北方向流來與拉薩河匯合。再西行三十里，見有人在河畔忙於種植青稞。又向南沿河行走二十里，見河面稍窄，水急且深，有魚類、水鳥在水中嬉戲。河水穿過山麓，激流拍打岩石，時而淹沒狹小道路。路上屢屢發現有佛像刻於岩石，可見藏人信仰之虔誠。午後五時至Namu宿營。

六月九日　清晨五時從Namu出發，沿拉薩河西行三十五里，見札什倫布曲河與來自西南方向之拉薩河匯流後向東南流去，經Soka形成雅魯藏布江流向遙遠之印度。札什倫布曲河河寬處約二百公尺，窄處約一百公尺，水量較小，有牛皮船往來。Yamurokuchan湖位於Soka附近，湖水淤積不外流。

又向西南方向行走二十里，見有渡船去Chakusamuchure。渡船乃長方形木船，除當地人外皆須交付船費。右岸山口有村廟，渡船以廟前為起點可達彼岸。余等繼續向前行走十五里，至Kanbapachen村宿營。時值下午五時半。河兩岸有村莊，房屋白堊燦然形似洋房，掩隱在新綠楊樹之間。此時似乎已是農忙時節，旱田、水田中皆有許多藏人勞作。此地位於「崗巴拉」山山麓，只見晚霞靉靆，春風習習拂面，桃花、杏花開放，使人暫時忘卻身在異鄉。

六月十日 清晨四時自Kanbapachen出發，村背後即崗巴拉山。上坡坡道不甚險峻，但越嶺渡溪時似感呼吸急促。晨星皓皓，而陰曆十四之月光卻顯黯淡，山中可見結冰。行二十里後於九時左右到達山頂。放眼望去，可見一汪碧藍水潭，此乃西藏羊卓雍錯。就目視而言，湖面南北長二十里，東西寬十里，四面環山，溪水匯流於此形成一大湖泊。據云騎馬環繞此湖一周須十八日時間，可見此湖不小。湖畔處處有寺院，有村落，人們從事耕作、畜牧。自崗巴拉山山頂下山行走三、四里，路不難走，下山後在湖畔燒牛糞煮茶。拉薩至此沿路所見之山皆童山，無一樹木。

午後一時啟程，沿湖畔南行十五里至Paichizon村。湖邊風冷，微波蕩滌沙礫，水甚清。湖島長滿雜草，不見一樹。島蔭處有藏民碉房，有人在耕作與放牧。此處湖面雖小但水極深，深處可達數百丈。斜陽夕照，湖面如金蛇亂舞。眺望此湖島，感覺其與當時橫渡朝鮮近海時所見群島相似。若欲形容羊卓雍錯景色，僅須回想起南朝鮮之群島則可。只不過彼在大海，此乃小湖。此湖雖然稱「海」，但絲毫不含鹽分，在藏人眼中，比河大且較深之湖泊皆為「錯」，「錯」即「海」。

Paichizon村位於此湖湖畔，乃一貧寒小村，兼營農耕與放牧，但此附近一帶地質為石板岩，田畝中若非沙礫，即為破碎之石塊，故極為貧瘠。又南行三、四里，可見羊卓雍錯向西折去，湖島之「山口」形成叉狀，致使湖面逼仄。又西行五里過葉塞村，再西行五里至Chashun村宿營。葉塞村以西之羊卓雍錯湖口益發狹窄，如今因山澗沙礫沉澱，已化為小湖。撻魯一帶青草萌生，綠意蔥蘢，牛羊嬉戲。山澗有泥土處必有村落，人們兼營農耕與放牧。當地藏民風俗極為醜陋，不堪入目。

六月十一日　因交換馬匹，故休整半日。正午從Chashun村出發，西行十里過某村落，又行十里過撻魯村。一路上溪澗峽谷逼仄相對，地面沙石纍纍。行十三里，見路旁有一白塔，人稱Choruten塔，乃為往來通行之人祈福而立。白塔下山峰高聳險峻，與另一山逼仄對峙，形成懸崖峭壁，人稱Raguma山。峽谷右山有洞窟，供奉Padoma大師。峽谷溪流濁水滔滔，拍打巨大岩石。岩石上有藏民錐狀平頂碉房，宛如已棄用之粗糙鳥巢，高二十尺，乍一看似塔。出峽谷沿溪流向西北行走二里抵Chesomu村宿營。此處有五六戶人家，在放牧同時種植青稞，生活頗淒苦。

撻魯村有六、七戶人家，從此村向前行走進入後藏「藏（chan）」領地後即與前藏「衛（Wei）」領地相鄰。當地婦女習俗與前藏不同，語言亦相異。自撻魯村起有兩條道路通往外界，一條至江孜，另一條至然巴。而然巴又有通往後藏札什倫布之道路。江孜位於拉薩西南部與札什倫布東南部，自札什倫布向江孜方向走來，江孜可謂一處天險：面山背水，地處前後兩藏交通要道，乃存有喇嘛教史所說自遠古流傳至今之*Bangonshakuja*[1]等經典之大塔所在地，亦為通往印度、尼泊爾之重要通道。前年（？）[2]英軍占領江孜，派兵駐紮此地。

六月十二日　午前九時自Chesomu出發，沿溪流向偏西北方向行進。在崇山峻嶺間右折左轉前進三十里至然巴村。此村三面環山，一面臨溪，有七、八座藏民碉房建於右岸斷崖上。山腰處悉被開墾，種植青稞、小麥。民房旁邊有佛堂，住有一位帶髮修行之喇嘛。據云此地藏民信仰虔誠，故

1　何經不詳。——譯注
2　「（？）」為原文所有。——譯注

余聽從雇傭建議，行叩禮後獻上哈達一條、藏銀一塊。該喇嘛似為「白瑪桑壩哇（白瑪迴乃[3]）」世襲遺宗。總體而言，後藏熱衷信仰白瑪桑壩哇大師，故多見帶髮修行喇嘛。渠等公然啖肉蓄妻而傳播釋迦遺教，控制藏民信仰，肆意濫用俗權。余見渠相貌卑俗，紅臉豬鼻，眼球碩大，黑髮分梳為左右兩半，自雙耳垂至兩肩，傲然坐於鋪有綢緞之椅上，然而毫無威嚴，令人覺得不值得向渠叩頭。而男女藏民、官吏卻對其深懷敬意，從遠方摩肩接踵聚集而來。今日乃渠接受他人「面叩」之日，故附近村莊善男信女皆盛裝前來參拜，佛堂附近充滿藏民，熱鬧非凡。據云然巴村春、夏二季，皆有人借此佛堂法會舉辦集市以行商賈。該喇嘛生於Roron村，村莊位於東南方向，距此地約有一日路程。余等向西北行進十五里至「Chotenka」村投宿。土房污穢不堪，余在牛糞堆上鼾睡一夜。

六月十三日　半夜起床，午前二時從Chotenka村出發，沿溪澗西行二十里，過Chimi村。此村位於溪澗右岸，有十三、四戶人家。再西行十五里過Gumi村。河右岸有佛堂與三座土塔，佛堂供奉「救度佛母」。又向西北行進五里過Rodejirin村，抵Rochamuzen村後煮茶解渴。路旁右側山口盡頭欲伸入Rochun河之山岡背陰處有一寺廟，鎏金銅瓦在陽光照射下閃閃發光，尤為引人注目。此乃Rochamuzen寺，有幾棟佛堂，樹木環繞。此古剎似乎不屬此小村落，而應屬佛林大剎，可見此地喇嘛教興盛如何。西行十里至Rinpozon。村子位於Rochun河與流自南方山澗之某河相匯之三角洲，岩石上方有數層碉房，乃稅收官居所。此外另有二十餘戶人家，碉樓下方、Rochun河河畔楊柳青青，

[3] 原文加注「Pad-ma Sambhava（Pad-ma Hbyung-gans）」，即唐卡中的蓮花生大師，係八世紀印度僧人。——譯注

蔥翠欲滴，清涼可掬。又向西北方向行走五里過Chosa村。札什倫布曲河流自遙遠之Kanri山（雪山），洋洋數千里，繞險峰，過峽谷，經札什倫布到此，與Rochun河交匯後經由Chosa村峽谷向東北流去，再與幾條迂迴曲折之山澗溪流匯合後經Kanbachanda村下流二十里，與拉薩河相匯後形成水勢滔滔之大河，人稱Semurokuchan河，向東南注入印度恆河。一行人西行五里至Kuronnamushi村，投宿於余雇傭家，然巴村至此一路平坦如砥，有來自札什倫布之牛皮船。據云至Kuronnamushi村須二日時間。從此地至下游溪谷河道險惡，不可通船。

六月十四日　由於更換馱馬，故於雇傭家休整一日。

六月十五日　從Kuronnamushi村出發，沿河向西南方向行走五里，過「Tobu」村又行走五里至「Takuchuka」村。Tobu村位於河對岸，係窮村，而Takuchuka村有七、八戶人家，亦有寺廟，其西南方向地勢開闊，可遙望高聳入雲之群山、自前藏（衛）至此地勢逐漸升高，已不見蔥鬱森林，而四處可見連綿群山，嶙峋怪石。途經整條河流亦僅見到藏民房屋，可見人類文明之發展與山川風土乃互相影響。

行四里過Seshinka村，再行八里至Niyamonzeshun村，繼續西行十五里至Niyamonhoto村投宿。東西方山嶺皆自東向西延伸，札什倫布曲河流淌其間。河寬處約二十公尺，窄處不足一百公尺，地勢與拉薩稍相似。正午降雨。據云，此乃自去年陰曆十二月至今首次下雨。溫度計顯示為華氏七十四度左右。蚊蟲、牛虻集聚馬前。

此村位於河之左岸，有十二、三戶人家。余等路過Niyamonzeshun村數里後，見河流激石處有人巧妙駕馭牛皮船通過。進入某窮村，眼見麥苗青青，耳聽雲雀啁囀，雞犬之聲迴蕩於楊柳樹林，比丘尼匆匆趕牛馬回村，孩童驅趕羊群悠然放歌野外，斜陽正輝映於札什倫布曲河上。此處美景乃名畫所不能及。余亦不可再次見到如此美景。片刻間余恍惚並陶醉於萬里異域風光之中，欲離去而不能離去。想必風光亦有靈性，或在撫慰異鄉人心情。

六月十六日　午前四時離開Niyamonhoto村向西行進。地勢漸低，山嶺亦低，行二十里，於路上見一巨石矗立於沙原之上。從東面遠眺，其形狀恰似一大駱駝匍匐於沙漠，欲橫貫南北。其高五丈有餘，周長三百餘公尺，岩石上有兩座寺院，稱Ponporiuse。其後有人家，名曰Chonbaka村。此外，四處還散落一些石丘，宛如大海中之岩礁。至Chonbaka村煮茶吃早飯，之後又向西行走五里，過Nomuri村。此處有三戶人家以畜牧為生。行二里至Kari村，有四戶人家。河對岸北面山嶺溪澗亦有村落。Kari村對岸溪澗有廟宇，可見數棟僧房。行三里過Souki村，再前行三里，見河中有島，島上有兩三戶人家。自此有一條小路，係從岩石中開鑿而成，通往懸崖，騎馬危險。藏曲河河水滔滔，有牛皮舟在眼前穿梭。下山行走一百餘公尺至一平地。行七里至Pein村投宿。有十餘戶人家，與他地相比，此地耕作情況良好。

六月十七日　拂曉離開Pein村西行二十里，至Nechan村喝茶。再西行五里過Chusharu村。藏曲河自西北流來，在此與流自西南之「江孜」河交匯後又成為藏曲河流向東北。南行五里過年楚河橋。此橋長六、七十公尺，每三、四公尺處用石塊堆砌成橋墩，於其上架原木，再於其上鋪石板，工程極為簡陋且危險。不過河水流動平緩，便於兩岸往來。過日喀則城，投宿於蒙古喀爾沁地區喇嘛Teruchen在札什倫布寺之「Rashikancharu」僧房。

日喀則與札什倫布寺

日喀則係後藏大都市，位於流自西北之藏曲河與自東向北流淌之江孜河在東北方向交匯形成之三角洲上，亦位於尼色日山東北山麓一處東西五、六里、南北三、四里之四面環山之平原上，約有五千戶人家，二萬多人。市內漢人、藏人、蒙人雜居，有軍糧府，配備百餘名漢人常備軍與舊式槍械。藏兵不足百人，攜帶弓箭火槍，操練時毋寧如同兒戲。有漢人娶藏族女子為妻在此永久居住，其多半擔任衙門差役，亦有人經營店鋪。市民一半以上以農耕為業，其餘從事運輸業。商業大凡由婦女經手，渠等於該市與札什倫布寺間道路擺攤設點，每日清晨將雜貨放入籃內，挑至市場，於各自攤位鋪上毛氈，從事買賣。商品大凡由印度進口，但不過為珊瑚、針線、洋傘、火柴、紙張、茶葉、砂糖、蔬菜、肉類等日常生活必需品。正午攤點買賣結束後市場並不繁榮，毋寧說頗為冷清，無法見到如我國寺院附近攤點那般熱鬧景象。此地物價之高令人咋舌，藏民之狡猾、風俗之卑陋亦無以言表。

札什倫布位於距日喀則城約一百公尺之尼色日山山麓。尼色日山高兩百餘尺，形似阿彌陀佛直立，一手指天，一手指地，欲普渡眾生。此「彌陀佛」足下所建寺院即札什倫布寺。此寺有五棟大型建築，重簷歇山頂，鎏金銅瓦，屋頂「破風」[4]上方有左右對視之蹲踞狀金龍。屋頂設有錐形金塔，其左右垂掛鎖鏈，有大力童子緊拉此鎖鏈。無論童像還是龍像皆製作精細無比，極盡鐫鑄之

4　（日本房屋）屋頂兩側上方安裝的用於裝飾的山形木板。——譯注

妙。此寺院係乾隆皇帝遊獵此地時建造，但札什倫布寺屋頂建築與色拉寺、哲蚌寺不同，感覺尤為精妙。色拉與哲蚌二寺屋頂皆無此類裝飾。

前述拉薩二大寺及甘丹寺、札什倫布寺建築類型，皆與乾隆時期支那建築類型相同，其設計恐與漢人有關。屋簷下悉用斗拱支撐，設雨簷，鋪鎏金銅瓦，重簷歇山頂，上層屋簷不出下層屋簷一半，臺基上方設欄杆，環繞建築物四周。臺基呈長方形，外牆以砂岩碎石砌成。砌牆時僅以泥土代替水泥。殿內木材縱橫交錯，或為楝或為樑，建築物高達數層。牆壁四周開長方形或三角形窗戶。窗戶甚小且數量少，故殿內光線昏暗，陰森可怖。殿堂四周牆內建有平坦屋頂房屋，牆上開窗，乃僧人住房。其屋頂中央皆開有四方形洞口，於其上再架房樑，鋪毛毯以防下雨。其房樑下方即本堂法輪殿，用作讀經道場。其內部昏暗，雖為白晝，但不點燈即無法看清內部狀況。

一如前述，札什倫布寺以黃金瓦鋪頂，有十三座宮殿，其中五座最大，安放札什倫布寺開山鼻祖根敦珠巴（因黃教開山鼻祖回歸甘丹寺，故其弟子根敦珠巴為此寺開山鼻祖），以及第一世班禪羅桑卻吉堅贊[5]、第二世班禪羅桑意希[6]、第三世班禪貝丹意希[7]、第四世班禪丹貝尼瑪[8]、第五世班禪丹貝旺秋[9]遺骨。各殿內有塔，高二丈餘，係本尊象徵，亦即於其中納有遺骨。塔外貼金

5 即第四世班禪。前三世班禪係追認班禪，故作者以四世班禪為第一世，以下以此類推。——譯注
6 即第五世班禪。——譯注
7 即第六世班禪。——譯注
8 即第七世班禪。——譯注
9 即第八世班禪。——譯注

箔，還嵌有綠松石、瑪瑙、翡翠等各種寶石，美麗至極。札什倫布寺建築原本即採用「鉦鼓燈爐」式排列方法，與支那建築無大區別。五黃金殿室內皆設高塔。殿堂呈長形立方體形狀，規模不大，但留有可繞拜本尊之三、四公尺見方塔臺之空間，其設計不似法輪殿說法道場。

現任班禪喇嘛係第六世，名曰「曲吉尼瑪」，今年二十三歲，與拉薩現任達賴喇嘛出生於同一地方——沖康村。沖康村位於前藏與後藏交界處，拉薩河與藏曲河在此匯流形成雅魯藏布江後向東南流入印度。達賴今年三十歲，隆鼻廣口，紅顏虎髯，目光炯炯，而班禪則白面瘦軀，眉清目秀，宛如貴族公子。光緒三十年（一九〇四）六月十日達賴自西藏出逃後光緒帝下詔，任命班禪代替達賴就任西藏國王，而班禪則顧慮拉薩色拉、哲蚌二寺喇嘛必定反對，故以自身才疏學淺，不宜擔任藏王為藉口，婉辭光緒帝美意。

又如前述，札什倫布寺後之山稱尼色日山。相傳根敦珠巴至此晉山住持時，某日於尼色日山下遇見騎白馬之菩薩化身，故試問其俗名，答曰「札什倫布」後即消失。此乃尼色日山之守護神（Hasabutaku，即土地神）化身，故有人取名為札什倫布，此即山名之由來。支那史書記載：「後藏在唐亦吐蕃地，札什倫布舊名（仍）仲寧翁結巴寺。」然而，傳說根敦珠巴任晉山住持時，札什倫布寺右側尼色日山山麓另有一座舊派喇嘛教寺院，故支那史書或指舊派喇嘛寺亦未可知。札什倫布或拉西倫布乃殘存於錫金、尼泊爾、大吉嶺[10]各國各地區之古代西藏俗語，僅歐洲人與當地人如

[10] 大吉嶺（Darjeeling），印度東北部、西班加羅爾州北部觀光療養城市。此避暑地由英國人開發，作為紅茶產地亦聞名遐邇。——譯注

此稱呼，並非現代俗語。

札什倫布寺常住喇嘛三千五百名，有宿舍三百餘間。班禪額爾德尼寢殿與錯欽大殿側門相對，極為狹小，與達賴寢宮、普陀拉城宮大為不同。門上有匾額，乃乾隆皇帝御賜，題有乾隆親筆書寫之「寶地祥輪」四個大字，其左右分別寫有「乾隆庚子長至月吉日」「班禪額爾德尼聖僧」字樣。此外，班禪喇嘛寢殿前門上亦懸有乾隆皇帝御賜之「福祥地」匾額。而嘉慶皇帝御賜之「衍教安生」匾額則懸於錯欽大殿佛像前。

離開札什倫布寺

明治三十八年（一九〇五）七月日記

七月二十三日（陰曆五月二十七日）　在此逗留五週後於今日午前十時離開日喀則。夜雨過後晴空萬里，札什倫布寺黃金屋頂在旭日照耀下閃閃發光，有如金龍舞動。於此寺生活一月有餘，臨別時不免有些依依不捨。余等取道偏向東南，沿田埂前進。雨後麥穗含露，鬱鬱蔥蔥。行二十五里至Niyagan村投宿，時值下午三時。沿路見藏民有一風俗：可賣飼料供旅行者餵養馱馬，但不願租房給遊客居住一夜。據云渠等心存疑慮，恐不良遊客傷害當地人，故謝絕遊客借宿。因此遊客若無當地居民陪伴則有許多不便之處。此時遠山白雪覆蓋，傍晚天空陰沉，冷風颼颼。

七月二十四日　拂曉離開Niyagan村。夜裡降雨，雨水淹沒道路，馬蹄陷入泥中，幾欲傾覆。正午過後電閃雷鳴，大雨瓢潑。因冷熱不定，故夏季旅行亦頗為不易。行四十里至Chikan村投宿。購買乾草時一匹馬所需乾草竟然索價三錢銀子，以此可見藏民之貪婪。自札什倫布寺至此處處有村落，居民以農耕為業。地質大凡沙土，土地貧瘠，僅江孜河水溢漲處係泥土地質，稍顯豐饒。道路左右兩側山嶺高聳，無一草一木。余於途中揀拾碎石塊，擬帶回國供礦物學家參考。

七月二十五日　雨未停，休整一日以放養馬匹。

七月二十六日　晨起，自Chikan村出發，向偏西南方向行進三十里過Norubuchon村。道路左右分叉，右行沿溪谷越山嶺可達鑾地村落，左行沿江孜河可通往江孜主要幹道。於是向左行走三十五里，至Chekanchanma村投宿。有床鋪，並可購得柴草。村中有分屬新、舊兩派之喇嘛廟，其沒落情狀不堪入目。余躺在污穢牛棚裡睡覺，夜裡降雨，屋漏，無法入眠。余慨歎藏民之未開化無以復加。

七月二十七日　離開Chekanchanma村向東南行進三十五里，至江孜入住「班廓曲德」[1]寺。之後前往此寺以南二百餘公尺之Chanro村拜訪某英國人。晤談達數小時，余至傍晚方告辭歸來。途中遇驟雨，濕衣裳。此寺有根敦珠巴[2]所建之「班廓曲顛」[3]塔。英軍入侵時此塔及寺廟倖免於難，僅寺前山岡藏兵把守之政府衙門「宗」[4]堡被英軍炮火轟擊，導致數棟房屋被毀，近來有人正忙於修復。

英屬印軍士兵攜帶之槍支稱「Enfield」，五連發，單彈裝填，彈艙在槍身外，體量小於我國製造之同類槍械，似與支那五連發槍相同。英軍至今駐紮此地。

余在此逗留六日，對各方面展開調查。

---

1 即白居寺。——譯注

2 與上文「ゲンドントゥバ」相比，此處原文為「ゼゲンドントゥバ」，似為同一人。此處譯為「根敦珠巴」。白居寺由江靈敏度法王饒丹貢桑帕和第一世班禪克珠傑於十五世紀中葉的前半期（一四一八年至一四三六年）共同主持興建。——譯注

3 即白居寺中馳名中外的白居塔，正名叫「菩提塔」。——譯注

4 藏語「宗」意為城堡、要塞，也是原西藏地方政權縣級行政單位的名稱。——譯注

江孜至帕里行程如下：

江孜（Gyan-tse）→（Spel-byan）→（Yahu-gong）→（Khang-dmar）→（Sa-ma-madh）→（Ka-la）→（Rde-ehen）→（Dud-rni）→帕里（Phag-ri）

明治三十八年（一九〇五）八月日記

二日　離開江孜，至Sabukon村投宿，有五、六戶人家。

三日　離開Sabukon，過Kanma村，此村有二十八戶人家，亦有漢人居住，乃驛馬交接之地，官員失控，風紀敗壞。午後五時至Samata村宿營，此處有十餘戶人家。

四日　離開Samata，向西南行進五十里後見江孜河至此結束。登上小山坡，只見十里茫茫沙地，了無一草一木。南行五里至沙地盡頭，可見Kama村。自此地勢漸向西南傾斜，溪水亦向西南流去。又向南折行十里至Charo村投宿。Kama村有三十餘戶人家，有英軍駐屯。入夜後頓感寒冷，此時雖為夏季，但寒冷有如冬日一般。

五日　午前八時從Charo出發，向位於西南之Ramu湖湖畔前進。Rana山高聳於湖畔，山嶺秀麗，頭披千年白雪紗巾，潔白玲瓏，倒映湖面，美麗至極。蓋山因湖生景，湖因山生趣。行二十里至湖水盡頭，進入一片沙地。再行二十里至Tana村投宿，有兩三戶人家，一匹馬所需草料為六角錢[5]，但仍不易購得。

5 著者此處似已折算為日元，下同，不再一一說明。——譯注

六日　離開Tana村向西南行進六十里，至帕里村投宿。自Tana村始地勢逐漸向西南傾斜，河水南流。白雪覆蓋蜿蜒群山，冷風入骨。氣溫華氏三十度。帕里有七百餘人，二十一戶人家，有營房，住漢兵十人，頭目一人。「宗」即藏區衙門，位於此地中央稍高之山岡上，係碉房，去年被英屬印軍焚毀，如今有印軍蟄居於廢墟之中。此地有百餘名士兵，一名士官，另有兩名英國人，設有電報局。

「宗」南面山麓有眾多居民，據云外來商人占其一半。其附近一帶有旱田，似不全為荒原。有人售賣糌粑、豌豆、肉類等，但一日一匹馬所需草料竟售一元五角，物價之高，令人咋舌。此時氣候寒冷、雲霧繚繞。

帕里附近山脈富藏銀礦。

帕里至Chonbi村有兩條通道，一為幹道，另一為近道。走近道即沿帕里宗西面山澗繞向西南，再穿過人煙稀少之荒原亦可抵達Chonbi村，約須二日時間。

七日、八日　逗留於帕里衛戍部隊營房。

九日　午前八時自帕里村出發，沿草地南行三十里進入溪澗。清流洗濯奇岩，水勢滔滔，似欲打破閒寂氣氛。一條小路直通山腰，此乃英屬印軍侵入西藏，炸石開路之結果。行十里過Dota，見山峰秀麗，挾持一溪，有瀑布高達數丈，白霧升騰。見此奇觀湧起思鄉心緒。溪畔立木柵，乃英屬印軍所建，用作休憩場所。Dota僅溪澗之名。穿越Dota山谷，溪澗逐漸傾斜，溪流激奔齧石，宛如龍蛇潛水。此時淫雨霏霏，濡濕羈馬，心中頗感不快。西行二十里於午後五時至Chakabo村投宿。此地有一棟房屋，兩名漢人，皆小官吏。因無法購得草料，故放馬於山澗。溪水淙淙，枕邊清冷。

此地樹木類似四川理塘、巴塘之松杉類植物。

十日　離開Chakabo（村）沿溪流南行五十里過Chumo村。路險且陡，沿溪流左側而下，水急與昨日無異。Chumo村乃此溪畔窮村，有十七、八戶人家。Chumokanri山聳立溪畔，白雲飛舞。此地氣候溫暖，麥穗已黃，自然風景似在裝點窮村，聊以慰藉此長途旅行。僅隔一日，與帕里地區寒冷氣候相比，此處溫暖無比，可謂奇蹟。

再行五里過Chotenkaru。此地有所謂支那「靖西統領衙門」，亦有「右哨[6]司廳」、「專城[7]部廳」，有二十餘戶人家，皆漢軍士兵。漢人娶藏族女子為妻在此永久居住。據云此乃乾隆以來之制度規定，嚴禁駐藏官吏、士兵攜帶漢族女子來此。又行五里至Chonbi村投宿，此村有十餘戶人家，位於流自西北之某溪與幹流交匯地點，比Chumo村小。英屬印軍駐屯此地後開闢左側河谷，建有臨時兵營，現有士兵一百二十名，英兵若干，藏人民工百餘名。民工夫婦同住，兼當英軍差役。另有官宅一棟，余在此拜訪英人總裁貝爾（Charles Bell）。貝爾氏款待甚殷，為余準備官舍一間。貝爾乃英國對藏善後政策總裁，終日與余論及東亞問題。由此可窺見英人之計畫龐大且有步驟，英國不愧為文明國家。

十一日　休整。

十二日　同上。

6　明成祖時「五軍營」組成部分之一。永樂八年（一四一〇）分步軍、騎軍為中軍、左掖、右掖、左哨、右哨，統稱為五軍。——譯注

7　指主管一城的州牧太守一類的地方長官。——譯注

十三日　離開Chonbi村，沿英屬印軍侵藏道路前進，詎料遇雨迷路於山中，無奈只得進入岩洞躲雨過夜。而且吃飯時亦無一把糌粑，只能採山中青草果腹，苦不堪言。

十四日　至距山頂數百公尺之Chonbitan休息。此地過去無人家，去年英屬印軍侵藏後在此修建旅舍，為往來旅客提供方便。

十五日　離開Chonbitan南行。山嶺險峻，有人在懸崖峭壁上鑿出寬為一公尺以內之小路。抬頭可見數千丈山峰衝天而起，低頭因濃霧濛濛不辨咫尺，一步踏錯即掉入萬丈深淵。有瀑布下落聲響如雷，白沫飛濺如玉似珠，實乃青藏高原之奇觀。至Chongu投宿。此地有小湖泊，清澈可掬，寒氣逼人。

十六日　從Chongu出發，南行，路斜且陡，至Gantoku投宿。此地有英屬印軍二百餘人，民工三百餘人，民工皆攜帶婦女。錫金國王（Bras-ljongs=Sikim）居此。當地藏民約五百戶，從事農耕。

十七日　逗留於此，收到Hozesu[8]氏禮物。

十八日　與錫金王子庫馬爾殿下會晤。王子今年二十九歲，曾留學英國，通英語，在Gangpo溪畔山岡新建有西式樓房，規模雖小，但四周景色絕佳。其父王居所亦為洋房，但帶有鎏金屋頂，保留傳統風貌。王子款待頗為周到，余與王子談論東洋佛教情況。

此前王子騎馬路過余投宿之旅店庭院，見余一身蒙古喇嘛打扮，故通過蒙古商人要求與余會面，是以方有今日之會見。

8　原文未注釋，何人不詳。——譯注

王子雖不能稱風度翩翩，但態度溫柔敦厚，於其漂亮洋房客廳拿水果、糕點款待余，且詢問各種情況。余自稱來自蒙古，但亦談及日本宗教與日本文明，王子自期他日必將遊覽日本，並給余名片。余短暫逗留後即告辭離去。

十九日 離開Gantoku至Ranpo投宿。

二十日 至Karinpon。

二十一日 逗留Karinpon。

二十二日（華曆陰曆七月二十八日） 離開Karinpon，在雷雨中於傍晚抵大吉嶺。至此始得以放心，余精神安詳，愉悅無比。此間發生諸多情況難以一一詳述。以下為避免繁雜，日記悉數省略不錄，僅節錄重要事項，西藏旅行日記就此擱筆。

逗留此地數日後乘火車與輪船至加爾各答，轉抵西姆拉，受到英屬印度總督Kazon先生歡迎。余甚感意外，不勝感激。日本駐印武官、陸軍少佐東乙彥氏亦給予余極大關照。在加爾各答還受到竹原精一君、英屬印度外務次長弗雷澤先生、總督祕書官威基爾頓先生等之盛情款待。記此聊表謝意。

余於歸國之際，前輩及諸好友皆給予許多讚美之詞與同情，余在深感光榮之同時，亦須對此深表感謝。福島安正中將來信祝賀：

寺本婉雅君：

汝以堅忍不拔之精神最終實現夙願。既往跋涉於冰山雪地，其艱難程度實超出人們想像。茲謹代表國家，為汝之成功表示祝賀。

專此布達。

明治三十八年（一九〇五）十月二十五日

福島安正　於滿洲陣地

第三章　第三次藏蒙旅行日記（青海篇）

於塔爾寺

明治三十九年（一九〇六）八月二十三日自清國甘肅西寧府向西南行走五十里，於同日至塔爾寺。自此逗留塔爾寺阿嘉呼圖克圖宮邸。

明治三十九年（一九〇六）九月日記

一日（陰曆七月十三日） 拜訪Tanbadoruze大師。余當年扈從阿嘉遠赴塔爾寺時，大師自多倫加入隊伍，之後與余成為知己。渠年過六旬，但精神矍鑠勝於青年，虔誠侍奉佛祖，終日念經，誦咒修法亦頗有心得。渠曾收集數十人髑髏製成骨珠，使其連接後形成一百零八顆成串念珠，並於此後手持該念珠修行祕法。有時登上山巔，端坐於人跡罕至之處念經，或挖地掩埋用於祈禱之佛具，以此降伏惡魔鬼神。此修法實為喇嘛教之良好典範。

前些年余逗留此地計畫赴西藏時，曾跟隨大師研究喇嘛教，受益匪淺。余曾獲得西藏古代苯波教經典《十萬白龍》與《十萬黑龍》（共二部），並得以翻譯前者之一部分，則全然仰仗於大師教誨。余出版相關書籍，向我國介紹苯波教其為何教亦與此段因緣有關。

今日拜訪大師，詢問有否適當人選可指導余研究蒙古文字，並拜託大師代為介紹良師。

相傳宗喀巴出生地有旃檀樹，其樹葉片片皆出現西藏文字，於是有人圍樹建塔，此即塔爾寺之由來。今日參拜此塔，守塔僧謂余：「此塔左側殿堂係大明帝敕建，以安放彌勒佛，而當時尚無包圍此靈樹之殿堂。之後以靈樹為本尊，再後以塔圍之，復以塔為本尊，繼而又建殿堂以包圍之。其後於右側再建一新殿堂，繼而又增建前面之法輪殿。」余先前作〈塔爾寺見聞記〉一文時曾聽聞相同說法，今又聞守塔僧說起塔爾寺之由來與前說無異，故補錄在此。

又傳殿堂前院之旃檀樹乃由身處塔內靈樹之枝條扡插而來，根源相同。而如今余手持堂前旃檀樹葉，仔細端詳後亦無法看見傳說中之西藏文字，亦無法看見任何與文字有關之痕跡。據云到此巡禮並留下著作之法國傳教士胡克（Huc）曾將樹葉帶回，拓印後果然顯現出清晰之文字痕跡。余對此素有疑問，不知渠乃親見後或未至此地僅記錄傳聞而有此一說。若塔中旃檀樹葉每片皆有靈字出現，則堂前旃檀樹葉亦應出現相同文字痕跡。然因未親見塔中靈樹，故無法解開此一疑團。

恐因偉人宗喀巴之出現感化全體西藏民眾，渠等相信其乃釋迦牟尼第二，於崇拜之餘產生如下諺語：「旃檀二葉出奇香」，故最終導致靈樹葉片有文字之傳說出現。

二日　午飯後前往距塔爾寺約五百公尺處漢人居住地遊玩。藏民將此地稱作魯沙爾。此地有一百七十餘戶人家，雜居，漢人占八成，唐古忒人占二成。漢人向寺院租地開店販賣雜貨，為塔爾寺三千五百名喇嘛提供商業服務。因有塔爾寺，故來此巡拜之蒙人與唐古忒人與年俱增，北自庫倫、東自黑龍江之蒙人，以及支那境內境外之蒙人皆為喇嘛教所吸引，不顧嚴寒酷暑來此巡拜；且因塔爾寺三千五百名喇嘛中三分之二亦為蒙人，故須魯沙爾為其提供日用品及農具等所有物品。是以因喇嘛教徒布施而積攢之金銀悉數落入漢人手中，寺院似在出資供養喇嘛教之禁欲對象——漢人妻女。此外，漢人雖經常接近毫無信仰而卻終年出入喇嘛寺之喇嘛，但最終罕有人信仰喇嘛教，其緣由之一乃渠等無宗教思想，僅耽於現世利益。緣由之二乃喇嘛自身修行未果，缺乏必要能力感化淡漠於宗教之漢人。三千五百名喇嘛中真正信仰該教，誠能解經者屈指可數，而大凡飽食終日，醉生夢死，誦經時有口無心，不知布教意義何在，不知自身所欲何為，在喧鬧中度過一日又一日。更有甚者，竟然還有人身為喇嘛而暗地經商，聚攢錢財。如此惡習如今風靡喇嘛教世界，以致有人以此為得計。喇嘛教之腐敗相較往年毫不遜色。

三日　據云達賴喇嘛應總督升允邀請已經上路，渠擬先至甘州、涼州，再至蘭州。西寧府知縣為此於兩三日前離開西寧至平蕃縣[1]。達賴至蘭州後是否來錫塔爾寺未定。

熟人Chimerubu喇嘛來訪。此人乃烏珠穆沁旗蒙人，通曉藏、蒙兩種文字。前些年余扈從阿嘉來此，阿嘉擬命渠任余教師，然渠當時已入藏，故無法授課。如今余再來此地，渠捧哈達祝賀余入藏後再遊此地，並對余獻媚，謂「入藏後經由印度返回故里，再經由北京重遊此安多者令人豔羨。而余未能鞍前馬後，成汝先驅，甚為可惜」。嗚呼！前年余欲入藏，而所有人皆認為乃危險之舉，對余生厭，更無人願意為余斡旋此事。如今余平安巡禮歸來，重遊塔爾寺，則聽聞如此巧舌如簧。一來恐因達賴出逃，招致光緒帝冷遇，面目全無，權力大不如前；二來西藏局勢似為英人所控制，故渠不得已須對外阿諛奉承。

四日　終日寓居研究藏語。傍晚降雨，寒氣逼人。入夜雨停，十五圓月因雲遮擋而不能見。阿

1 今甘肅永登縣。——譯注

嘉舊管家設宴招待余，據稱羊肉包子乃珍饈美饌，以此待客為此地風俗，而余食之卻覺無味。前年居此地時略已適應當地生活習慣，亦知其飯菜美味，然一度返回日本後再到此地，此蕃國情調已遠離吾身，終至忘卻其飯菜之香。故今日應邀再食羊肉包子已無法感受其獨特風味。

六日　晴。塔爾寺附近所有山嶺皆有礦藏，亦產金。漢人經兩三代人商議後決定開採。塔爾寺喇嘛等以擅自盜採寺有礦山為由，群情激奮上街抗議。而漢人則認為既已獲得衙門批准當可繼續開採。因此塔爾寺僧官擬派眾僧進入現場，干擾漢人開採，並發出命令：即令訴諸武力，亦在所不辭。於是血氣方剛之年輕喇嘛脫去袈裟，摩拳擦掌，成群進入採掘現場，欲與漢人一比高下。塔爾寺僧官則親赴西寧府，控訴當地官員作為不當。此時有人託余出面平息騷亂，謂余可向蘭州總督提告，禁止漢人繼續開採。此一情形與前年大體相似：是年，支那政府欲沒收南方地區各寺院所有田產，致使一時間支那僧侶憂慮重重，故有人請求我本願寺出面調解。此事顯示出支那官吏欲採取手段對寺院橫徵暴斂，自此冷遇喇嘛教之端倪亦開始在西藏及各地區出現，恰似我國於明治初年沒收寺產之情形。如今同樣命運落至喇嘛教頭上，無一紙公文即大肆開採喇嘛寺所屬礦山，其程序有誤姑且不論，然此做法已驚擾三百餘年無所事事、傲慢自居、落後於世界潮流之眾喇嘛清夢。如此威逼，於渠等而言，不啻為一針興奮劑，可使渠等覺醒：苟欲真正改革東亞佛教，則須忍辱奮鬥之精神。而喃喃自語欲保護佛教，只不過為口頭念佛而已。

七日　晴。午後一時與阿嘉之師父嘉因喇嘛會面，請求借閱《西藏史》。此地疏於歷史之喇嘛罕有人閱讀《西藏史》。余曾拜訪各大喇嘛，詢問有否該史書，回答為當地無人可閱讀此書。而惟有嘉因喇嘛擁有此書。渠答應不日翻檢書齋後送來。渠於六年前入藏時曾求購大量藏書，或在彼書籍中有《西藏史》。

據報達賴喇嘛至甘州已有二十餘日，然於其後即無音信。據阿拉克謝蒙人所言，四月左右達賴侍從堪布曾給阿拉克謝王一信，曰難以預測達賴一行是否滯留該地，並詢問擁有九百匹駱駝、六百匹馬、數百頂帳篷之達賴一行人是否會發生飲水、糧草等問題。阿拉克謝王答曰，其所在地缺乏飲水，且糧草不足，不可能同時招待數百人。不過距阿拉克謝約二十五里之某地則適合暫住一行人馬。然而，阿拉克謝民眾卻對達賴之來錫翹首以待。

達賴通過某地區時無權命令沿途衙門為其操辦準備，故各衙門自不會為達賴設宴招待，因此率領眾多人馬之達賴必須選擇合適地方通過。說今日欲來蘭州，或明日欲來塔爾寺，但實際上渠根本無法如意、如期、按所定路線抵達，而多半是在某日適合通過、停留之處旅行。渠雖說自大庫倫返回時必拐至塔爾寺，但卻未明言何月、何日可抵此處，故寺院方面亦無法做出歡迎準備。

今日向喀爾沁旗蒙古喇嘛（通稱Haruchinmanba）請求教授蒙古文字，最終得以獲准。此喇嘛略通漢文，能讀滿洲文字，能寫藏字，兼以行醫為業。蒙人喇嘛不解蒙古文字已然成為風尚，渠等自幼跟隨教師學習藏語經書，但罕有人學習本國文字。按彼習慣僅俗人通解蒙古文字，但此處之俗人並非指一般民眾，而指衙門官吏或有地位者之子弟。故蒙人喇嘛略解藏語，亦通曉經典，但幾乎無人知道本國文字。偶聞通曉蒙古文字之喇嘛大名，渠等間即有人嘖嘖稱奇，更何況聽聞通曉漢文之蒙人，不知渠等將做出何等反應。

十一日 天氣晴朗，其溫暖乃近日罕見。

今日開始翻譯《西藏教（喇嘛教）史》。余向佛陀祈禱在完成此事之前平安無事。蓋我國至今尚無人研究喇嘛教。不肖鄙人在翻譯喇嘛教書籍並將此介紹於我國之同時，還譯其經書，而今又開始翻譯喇嘛教史。我國尚無此類史籍，將之譯出，介紹其部分內容於我國人乃余之綿薄心願。余且願以此為契機，推動東亞佛教間之聯繫，使之相互提攜，將釋尊之慈光遍灑全世界。余再度來此安多，亦期待於過去向蒙藏佛教徒介紹日本佛教之基礎上，使渠等體認日俄戰爭以日本勝出，將使日本及日本佛教更加大放光彩。余冀望東亞佛教間相互聯繫之意義，將隨時間流逝一道逐漸為青藏高原人民所認識。於今余身在異域求學，煢煢孑立，但每當思此意義，皆略以增強余之意志。更何況翻譯此喇嘛教史，其意義當更為重大。

十二日　終日學習蘭查文字。

十三日　入夜天黑，冷風頻吹，秋暮可哀。繫於馬廄之馱馬因感冒鼻息轉粗。

管家索帕桑布喇嘛來訪，痛感西藏喇嘛教之頹廢。但想來渠未領悟到此次達賴喇嘛之失態在給西藏喇嘛教以一大打擊之同時，亦成為使沉睡夢中之喇嘛教徒清醒之絕好機會。余對其目光尚未轉向時局亦深感遺憾。

十四日　清晨下雨，深感秋意漸涼。秋風吹過，山野荒涼，草木枯萎，秋蟲無樹蔭可躲，故轉入岩石間嘶鳴，令人聞之心驚。此哀怨聲響徹「銅鈴谷」，而進入寰宇間又轉為寂靜無聲，使人心漸入空寂之境。於此秋、此境學習西藏經典，不亦樂乎？事態緊急，而吾應先於人而行之。人或笑余愚鈍，余卻甘之如飴，益發激勵余心。

十五日　終日陰天，暮秋寒冷。

十六日　應某支那人邀請赴宴。

另須記述，英國與清國間簽訂《西藏條約》，解決了俄國與西藏間多年存在之商議問題。為保障其在印度之權益，英國決定其勢力範圍不應僅限於拉薩及與印度接壤之西藏土地，而須將其延伸至遙遠之支那西部——甘肅、新疆一帶，以一方面從根本上抑制俄國南下，另一方面將其勢力範圍從西藏高原延伸至支那西部，與在東南部揚子江之勢力範圍相呼應，並進一步延伸至黃河上游。而該計畫現已逐漸達至其目的。英國去年（一九〇五）向支那政府提出申請，希望獲得青海湖及其南部數十里之鹽湖開採權，今年（一九〇六）又繼續提出此要求。當地人風傳支那政府不會輕易將開採權給予英國，但面對英人之「不屈不撓」精神，早晚會同意英人之要求。

前幾年俄國急於將新疆與西藏收入自身囊中，結果導致西藏事變，英國反而獲利。清國當時拒絕俄國要求，而如今又遭遇英國「請求」，可謂「前門驅狼，後門進虎」，一波未平，一波又起，顯露出當今支那之病態。英國欲獲取青海湖一帶採礦權，表面上意在遏止俄國之貪婪，但其真實意圖不外乎在於全面控制西藏。控制西藏背後之青海，又擁有位於西藏前面之印度作為自身勢力範圍，即等於掌握西藏之生死大權。在此基礎上英國可進一步擴張其於支那西部之新興勢力，最終達至支配整個青藏高原之目的。英國遠大之計畫實令人驚歎不已。

青海湖附近不僅有鹽湖，還有豐富之金銀礦山，自東科爾城行走五日即可見銀山，其面積達數百里。東科爾民眾早已對此祕密開採，而衙門心知肚明卻不追究，聽之任之。塔爾寺背後之大山嶺亦富藏金礦，近日漢人與西寧府衙門協商後正積極開採。喇嘛等對擅自在寺院所屬山地開採一事極為不滿，將之起訴至西寧府衙門。

青海湖及其東南部地區礦山尤為豐富。英人見此遂提出申請，希望獲得開採權，此從《藏印條約》之諸多條款即可看出。

苟青海湖地區採礦權落入英人之手，自然會因此壓制西藏、新疆、蒙古以及西北、西南部之甘肅、四川等地，其勢力絕不能低估。英國最終或將鋪設藏印鐵路，進而將鐵路延伸至西藏與新疆，再至甘肅。若此英國則可直接自印度經西藏向支那出口商品，並控制近年來世界大量需求之羊毛產地——青藏高原，獨占其收購、出口權。因此英人可不必通過海路經上海迂迴販運，而掌握自西藏產地直接進出口之權力。如此景象似乎已指日可待。

在西藏拉薩與青海之間鋪設鐵軌難度不大，其間道路平坦，而西安與蘭州之間則山勢險峻，二者有天壤之別。據余前幾年旅行經驗，得知在前述區間鋪設鐵軌極為容易。然自四川打箭爐至拉薩之間鋪設鐵路亦恐須穿越崇山峻嶺，非數千萬費用難以為繼。而於打箭爐一線鋪設鐵路，又僅便於支那四川與西藏拉薩之間貿易，其餘未見任何益處。然青海與拉薩間鐵路貫通之際，將可直接貫通印度、西藏、新疆，並連接支那四川、甘肅一帶，直至聯通西北關外蒙古，擁有極大便利。蒙人自古少有人赴北京，而與西藏拉薩貿易之商人如今仍絡繹不絕。藏人去蒙古行商亦成為慣例。前幾年印軍為鋪設自印度大吉嶺至西藏拉薩之鐵路做準備，入藏時已於崇山峻嶺新開兩條道路。英人要求獲得鐵路鋪設權，說明渠等已為此做好準備。然而於拉薩至青海間易鋪設鐵路，而藏印之間卻非易事，蓋當地一帶係高原地區。苟英人建成縱貫印、藏、青三地之鐵路，則英國在青藏高原一帶新增強勢，屆時清帝國是否能苟存尚不得而知。

十七日　雨。向以下人物、地址寄出信件。

經北京日本郵政局，寄給福島少將一信，落款時間為九月十六日；

寄往家鄉兩封；

寄淵中次氏一封，落款時間為九月十七日。

十八日 終日寫信、發信，落款時間均為十七日。

十九日 雨。僕役嘉措回故鄉。託其將前日三封[2]書信投至西寧郵政局。

二十日 晴。雨止，氣候溫暖。昨日僕役嘉措回故鄉後無人幫助做飯，故余親自和麵、煮羊肉、洗蘿蔔、切菜，配製出兩大碗菜餚。一日兩餐，早起煮茶喝，燒熱水洗臉，午後、傍晚煮麵條。因日照時間短且自己做飯，故伏案時間少，但仍專心研究藏語。

二十一日 暮秋而陽光明媚，宛如春暖花開時節。枯葉叢中殘花色淡，花瓣凋零，寂寞含笑，秋意闌珊，一如刀折矢盡之戰場勇士，於生死關頭毅然做出最後一搏。可憐可敬之此暮秋之花！夕陽斜照，蜜蜂在花間採集稀微花蜜，發出輕微嗡嗡聲響，然終日採集仍未盡意。余見此花此蟲，獲得啟示良多：人世豈不亦如此？余身處此世，變化無常，生命短暫，與其追求名譽、利益，不如追求永生不滅之佛道，並為之獻身。余之所以欲譯出藏語經典，亦緣於此故。

二十二日 晴。世間再無比做飯更費時之事。不僅費時費力，且事倍功半，奪走研究之三分之一時間，令人惋惜之至。余一日兩餐，早起食炒麵粉，就一碗黑茶充飢；傍晚將蔬菜、羊肉一鍋煮，再放入麵條，形同雜燴。燃料乃牛馬糞與木柴混燒。有時鍋中濺入馬糞，湯裡似有一股臭味，更是不足為奇之事。一斤麵粉可做四頓口糧，但與所需燃料相比，燃料價格自是不菲，實令人心疼

---

2 原文如此。十七日、十八日到底寫出幾封信且由誰寄出原文表述不詳。——譯注

不已。自僕役回故鄉看望父母之後，余所需用水皆拜託寄居此屋之老喇嘛解決。渠須至距此地三百公尺之溪澗汲水並一桶一桶背回，一次須給付六文銅錢（相當於我國一釐錢）。水甚清澈。

二十三日　帶腥膻味之微風吹過藏式爐灶，青海湖水波浪起伏，羊群在湖畔嬉戲。秋寒早至，崑崙山白雪皚皚。日復一日，余與藏人朝夕相伴，說藏語，讀藏書，此外並無其他讀物可讀。一年僅收到一封家書，身處異國他鄉，無從得知祖國消息。此時余往往從行李中翻檢出包裹物品之舊報紙碎片，艱難跳讀。其中有一殘篇記述古代英雄「柳川莊八」事蹟：渠出於義氣，幫助一對復仇之夫婦，自己返回故鄉仙臺後卻因此入獄，後因越獄被問責，最終剖腹自盡。讀此一節，余獲得極大啟示。古代武士重義守節，助人殉義，精神高潔，感人至深，驚天地而泣鬼神。如今已不可見武士道精神。

二十四日　余在塔爾寺時遇見一位著名喇嘛。渠總領塔爾寺寺務所事務，管理三千五百名喇嘛，名Ishinima。余前幾年來此地時即與渠相識，今日前去渠寓所拜訪。去年（一九〇五）十二月中旬，渠以使者身分赴蒙古大庫倫謁見達賴喇嘛，途中遇大雪，馬被凍死，只能徒步行走，最終身體凍僵失去知覺，至今仍未痊癒躺在病床上呻吟。見余來探望，渠十分欣喜，詳細告知西藏達賴喇嘛出逃一事。據云達賴於蒙古各地收受信徒布施金額總計三十萬兩白銀左右，而身邊寵臣僅六、七名而已，卻有百餘名隨從供其驅遣。又據云達賴前些年到大庫倫時，駐庫倫支那官員責問達賴：汝既非應皇帝之宣，亦非應我呼圖克圖之邀來錫，如此隨意出離，豈非極不當乎？達賴聽後一言不發，靜坐不動。

想必清國因此事開始對喇嘛教採取斷然措施，抑制喇嘛專橫行為，並決意縮小達賴權力，最終確立清國對西藏之宗主權地位，但亦因此抑制了佛教勢力，令人扼腕。然而此舉對打破藏人由唐至今盤踞青藏高原，傲然睥睨洋人，採取絕對鎖國主義，絲毫不知佛教須對外傳教之陋習，使人們理解釋迦四海平等之宗旨為何，反倒是一件德政善舉。余見此次西藏事件，期盼東亞佛教間聯繫必將於某日實現，並為之暗自欣喜。無論物質世界如何進步，但釋教救世之真理絕不至於消亡。只是能否俘獲釋教信徒其人本身，將影響該教之盛衰存亡。達賴之出逃於亞細亞全體佛教徒而言，不啻為一針興奮劑，使渠等開始具備世界性眼光。

二十五日　俄屬布里亞特喇嘛來訪。此人乃前幾年唆使達賴喇嘛出逃，釀成西藏事件之罪魁禍首阿旺堪布之弟子，曾幾次入藏後經印度至北京返回故里，此次亦遵從堪布師命，從北京來此地，待今年（一九〇六）冬末入藏。堪布曾一度將達賴引誘出來，但最終未能達至預定目的，反倒使達賴陷入極其悲慘之境地，故如今渠或不忍置達賴於不顧，欲盡力使達賴恢復原先地位。然因大勢所趨，現坊間風傳清帝不許達賴進宮，又欲使後藏班禪大喇嘛繼承西藏王位，故堪布之用心似乎難以實現。

二十六日　雨。清晨降雨，頓感寒氣逼人，立刻取出毛衣穿上。

回想在國內，當秋天紅葉滿山時，余或與朋友同遊東京海安寺和京都高尾嵐山，暢談天下大事，或與父親、妻子同樂，而如今來到白雲深鎖之遙遠異國他鄉，即令秋季來臨，亦無繁花豔草裝點秋色，僅見山色蕭然，只聞朧風陣陣，遇秋色而無法吟詠詩句，生活平淡，枯燥無味，日復一日。

二十七日　置家父照片於桌上，早晚禮拜不敢懈怠。修行誦經時更加思念年過七旬、垂垂老矣之父親。渠獨自一人在故鄉事佛，寒冬時節，早晚起居雖有不便，但仍堅持巡錫村中法事、法會，令人心痛不已。每當思此，面對照片時余皆不免潸然淚下，胸口發脹。家父雙眼朦朧，額生青筋，慈眉善目，風格高尚，自然給人以春風怡蕩、熙和溫馨之感覺。余面對家父照片朝夕禮拜，多能舒緩孤單心情，惟歎自己不能日夜盡孝於其膝下。

二十八日 今日乃親鸞聖人忌日，故齋戒精進修法。撫今追昔，為剷除舊教腐敗，標榜比丘戒律，傳播釋迦真理，宗喀巴於喇嘛教中橫空出世，毅然決然反對污穢自辱之舊教，高擎堂堂之大旗，擂響咚咚之法鼓，大聲疾呼佛教改革。而我國宗教界能與之相媲美者乃我親鸞聖人其人也。能於八家九宗[3]之中，提倡「易往易行」之「念佛宗派」，標榜啖肉蓄妻，去除難以適應聖道門[4]之末法[5]而獻媚於教門權威之腐敗舊教，開創符合末法之念佛宗派，於日本樹立日本宗教者，又即此親鸞聖人也。彼宗喀巴認為，舊教之啖肉蓄妻違背釋迦宗旨，故闡述戒律道德派之佛教旨意，欲以此壓倒喇嘛舊教中諸多宗派。而此親鸞聖人則提出，符合末法教法之宗旨在於非僧非俗。聖道門乃宗門智者所修之道，而淨土易行門[6]乃在家修行之宗，即居士宗、凡夫宗、適於濁世之宗也。若云非聖道門之出家沙門不能修行釋迦教法，則以拔苦與樂為宗旨之佛教安得以救濟一切人類？若云非出家而不能守法，則所有人類當絕其種類於此世界也。有云佛陀之慈悲可於煩惱中契合真如實相，

3 〔名數〕八家者，一三論宗，二法相宗，三華嚴宗，四俱舍宗，五成實宗，六律宗，七天臺宗，八真言宗。再加禪，稱為九宗。淨土門總稱他門之名目。——譯注

4 淨土宗將佛教法門判為兩種法門，即聖道門與淨土門。所謂淨土門，指念佛往生淨土的法門。所謂聖道門，指淨土門以外的法門，亦即佛祖講述深奧佛學理論的教門。——譯注

5 正法絕滅之意，指佛法衰頹之時代。——譯注

6 聖道門難學且難成，故叫「難行門」。而淨土門則易學易成，故將淨土門稱為「易行門」。——譯注

若能獲得彼了無智障之深義，則佛陀救濟當可結束，故何以區別男女與善惡哉。佛陀之本意乃十方皆如一子，以斯義開創易行念佛之「蓄妻宗派」，此親鸞略輸彼宗喀巴一籌之處也。宗喀巴見喇嘛舊教啖肉蓄妻，專擅世權，恣驕乖戾，毫無宗教人士應取之態度，痛感原欲救人之人反倒害人，其危害極大，其暴虐已超越王公，故堅守佛陀世尊遺訓之二百五十戒，裹袈裟，持鐵缽，修戒律，團結三衣一缽[7]守法乞丐，幽居清淨法戒境地，規避一切女子，以期一心一意，依真言之力追求來世，往生彌勒菩薩所住兜率（之）天[8]。渠大聲喝斷，啖肉蓄妻有悖釋迦遺訓，恣意專權並非比丘沙門之業，自力精修戒律，制定比丘行法日課，於袈裟之外，又制定僧侶著裝制度，標榜嚴守三衣訓誡，並自稱「德行」一派，針對舊派，揮舞新旗。於教理而言，僅在《般若波羅蜜經》意義方面，與舊派解釋略有差異，至於其他，當於日後再做記述。宗喀巴雖奉釋迦教法，但未發揮釋迦精髓，可謂彷徨於佛教中途。

二十九日　雨。

三十日　終日蟄居，專心翻譯藏書。

明治三十九年（一九〇六）十月日記

一日　進入冬季，氣候嚴寒，手腳頗感麻木。人說附近山嶺勢必雪花紛飛，出現奇異景色。入

7　三件衣服和一個食用托缽。指僧侶攜帶的少量物件。——譯注

8　兜率天（梵語Tusita），也譯作都率天，佛教中欲界六天之一，指生前釋尊所在的世界。——譯注

夜寒風凜冽，驚醒棲鳥清夢，大雁於夜空高聲哀鳴。

甘肅蘭州府朋友李濟瑞寄來信函，內容如下（落款為陰曆八月初一）：[9]

無隱仁兄大人史席正思：

舊雨忽奉朵雲自西寧塔爾寺寄來，誦悉之下，敬聆

壹是。辰維

文祉秋高，

道祺日茂為頌。弟自到此地，碌碌無為，惟日事詩書作消遣計。每於月落零停時追念吾二人同行道上，共論時事，談貴邦風俗，論敝國政治，或飲酒，或吟詩，此等興會安可再得？方知人生遇合，皆有前緣，萬里交情，良非易易。此惟

祝

閣下精心藏學，在人種歷史界上（，）放大光明，增強偉業，是則私心所深望者。弟亦惟有盡國民之義務，發書中之理想，導人民之野俗，步貴國之文明，其他非所計也乎。此即

請文安，並罷

回玉　　小弟李濟瑞頓首

[9] 原信無標點，標點乃譯者所加。——譯注

八月初一日

一號金綱男並聞

再啟者：弟久欲遊歷貴國，因文字語言扞格不通，是以遲徊數年未敢前進。今幸過閣下，豈可當面錯過。如有工夫，請將東文或英文翻譯中文開出。每月郵寄數紙，或可稍有進境。俟閣下明年回國道經蘭州，再行留住數月親聆教言，則我二人不亦結一文字因緣也。專此再請

著安。又啟

二日（陰曆八月十五日） 至秋季五穀豐登時節，孰能不為其豐饒欣喜，又有何人能對其白眼漠視？此時此地漢人祭秋月，供團子，饌神酒，獻明燈，待滿月初升則鳴放爆竹，以表喜悅心情。此與我國「神嘗祭」[10]節日相似。是日普通民眾為與親朋好友分享秋天收穫之喜悅，皆互贈自製之團子，而富者則自製月餅。我國於此日亦同樣有祭月之舊俗，獻秋草、供珍饈神酒明燈於月前之做法與支那相似。余故鄉近江地區古風猶存，稱此日為「芋明月」。人們烹飪美味佳餚，登上視野良好之山頭，待皓皓秋月從雲間露出時即設宴拜月，敬獻神酒，以此為祭。而於都市則將此月稱作「明月」，騷人墨客大張宴席，舉辦「賞月會」。此風俗或起源於支那。余未加詳查，但似可猜其

10 古代日本於每年十月十七日舉行的宮中儀式，即天皇將當年所收穫的新米供奉於伊勢神宮的祭祀活動。——譯注

一端：在澄明淨澈之清空之上，輝輝圓月，盡顯姿容，文人一邊欣賞玉蟾嫦娥，抒發文情，一邊品嘗人世間與宇宙之珍饈美味，勢必心曠神怡。賞今宵明月，孰能不為此美景怦然心動？詩人因此噴珠吐玉，而心酸之人則對此生悲而感懷無量。今宵之月，地異而一，而觀賞之人，又千差萬別。

三日　阿嘉呼圖克圖之師嘉因喇嘛送來月餅與糕點，作為賀月禮物。聽聞此地大喇嘛贈予洋人禮物，眾多喇嘛皆感不可思議，且對余表示敬畏。

月餅上有題贊（曰）：

仲秋魁餅

孰掛銀鉤不用焚膏光水夜

誰懸玉鏡無煩滌垢耀通宵

支那人作文章喜用之形容詞大凡如此。

四日　終日忙於翻譯《西藏喇嘛教史》。

五日　與吾師索帕桑布喇嘛探討釋迦生日及馬鳴菩薩[11]之出生年代。據喇嘛教所言，一般認為馬鳴菩薩生存於龍樹時代，在與Ariyadeba[12]討論之後，馬鳴菩薩皈依佛教，同時開始寫作釋迦傳

---

11 馬鳴菩薩，中天竺國人，禪宗尊為天竺第十二祖，與迦膩色迦王活動於相同時代，約為西元一世紀的僧人，也是佛教詩人和哲學家。——譯注

12 佛教中有馬鳴見「富那夜奢」尊者後皈依佛教之傳說，不知二者是否同一個人。——譯注

記，其文章極為華麗流暢。

傳說達賴喇嘛已到肅州地區，西寧府士兵啟程迎接護駕。又，西寧府衙給塔爾寺發來公文。

六日 西寧府衙給塔爾寺來信，說近幾日達賴將來錫，其逗留期間一切糧食、草料等皆由西寧府衙負擔，希給予充分禮遇，並訓誡因漢人不懂藏人禮法，故塔爾寺寺務所喇嘛應各自充分注意，不得有誤。

七日 衙門發來公函，說達賴喇嘛將於陰曆九月初四左右來錫塔爾寺。塔爾寺為歡迎達賴，忙於各項準備。

八日 終日從事翻譯。

十日 今日寫信寄往如下人物、地址。信件交託當地喇嘛至西寧郵電局寄送，再經北京日本郵電局轉寄。

寄福島少將一封；

寄東本願寺一封；

寄故鄉兩封；

一包共兩封，按掛號寄出。

十一日 西寧府衙忙於準備迎接達賴喇嘛來錫，西寧知縣向各地村落徵稅，以充接待達賴之臨時費用。西寧縣下管轄之村落共計三千六百餘村。各村徵收現銀三十兩，以做達賴逗留期間所需糧食、草料、燃料等一切物品之用。甚至還向唐古忒人部落課稅，徵收牛羊馬匹。而針對三千六百餘戶之漢人村落，擬於各村徵用五、六匹馬，以供為達賴搬運物品以及自西寧派遣衛兵之用。近來有許多當地人從村落運來草料。

十二日 晴。塔爾寺大喇嘛堪布以及知名喇嘛一同前往迎接達賴喇嘛，共六十餘人。據云渠等須經過西寧府，至距此地數日時間之場所迎接。

Shamaruzon喇嘛居於此地東面，距塔爾寺約有一日路程。渠堅守戒律，道德高尚，不擁有金錢及一切財物，專心坐禪修法，深得當地民眾信賴。渠聽聞余來此地研究藏學，故欲瞭解日本佛教其為何物，並邀余以梵語念經，以與藏語對照。此外，余還應邀寫西藏之梵字與「天城體」[13]（同字略異體）梵字二體贈其。西藏將阿彌陀佛分為無量壽佛與無量光佛[14]二體，不知有「南無阿彌陀佛」六字念佛真言，且未見有此文字。聽聞我國流布六字念佛，渠等有異樣感覺。西藏將六字念佛分解為光、壽兩無量之二體，故無人知曉作為其本體之「南無阿彌陀佛」六字。

十三日 西寧府衙向各縣民眾課稅，以做達賴喇嘛來錫費用，因數額巨大引起村落民眾怨聲載道。達賴對漢人無任何宗教恩惠關係，而漢人卻須對其繳稅，民眾實難以忍受。此中似有部分道理。

十四日 達賴喇嘛預定十六日即陰曆八月二十九日到平蕃縣、九月初三和初四到西寧府留宿。

---

13 天城體，使用最為廣泛的印度文字之一。——譯注

14 無量壽佛（Amitayus Buddha），一頭二臂，身紅色，盤髮成髻，戴五佛寶冠，上穿天衣，下著綢裙，身佩珍寶瓔珞，具足一切報身（Sambogakaya）佛的種種莊嚴，雙手結定印於膝上，手上置長壽寶瓶，兩足以金剛雙跏趺安住於蓮花月輪上。據《佛學大辭典》，無量壽佛有兩個意思：一是阿彌陀佛。阿彌陀，意譯為無量壽（梵語amitâyus）、無量光（梵語amitâbha），故阿彌陀佛亦稱為無量壽佛、無量光佛。惟密教則以阿彌陀佛之應化身為無量光佛，其報身為無量壽佛。無量壽經卷上言，無量壽佛，威神光明，最尊第一。觀無量壽經亦謂，無量壽佛，身量無邊，非是凡夫心力所及（參閱「阿彌陀佛」三六八〇）。二是阿彌陀經證誠段所出之六方恆沙諸佛中住於西方之一佛。以其方處與阿彌陀佛同位於西方，又同名無量壽，故古來有同異之論。——譯注

西寧府城內正忙於準備此事，塔爾寺亦忙碌異常。

又，辦事大臣派八名漢人至青海十八王及唐古忒部落，為達賴返藏做準備。

十五日　終日蟄居翻譯。

十六日　寒氣漸增，白天氣候溫暖如春，而到傍晚寒風乍起，又覺手腳冰涼。原聞達賴喇嘛定於陰曆九月初四來錫塔爾寺，但今日又聽聞改為初九。傳聞多變，但上旬至中旬來此當無疑問。

達賴喇嘛前些年出逃西藏，而如今卻被支那官員護送回家。名為護送，使達賴威風八面，但實為監視達賴，不讓其再逃往他處，而儘快返回西藏。達賴猶如囚犯被監視者一路「護送」。

達賴之末路可悲！

十七日　日照時間短，無法完成任何工作，實感遺憾。午後起寒氣劇增，似欲降雪。青海湖一帶與崑崙山峰想必已白雪皚皚，行人絕跡。

十八日（華曆陰曆九月初一）　終日翻譯。

二十日　聽聞蘭州總督升允為恭迎達賴前往平蕃縣。升允總督曾任駐藏大臣在拉薩數年，曾就印、藏問題撰有著作，對西藏問題十分關心。渠於當時與達賴有深交，故此次為達賴之到來尤為費心。

二十一日　今日起天氣轉陰，寒氣頓增，用水尤涼，手指有痛感，早晚自己做飯，鍋中之水不易煮沸，消耗更多燃料。在蕃地留學、自炊，心中亦感悲涼，只能向無始無終之阿彌陀佛祈禱，期盼儘早滿足余之心願，完成西藏《大藏經》之翻譯大業，開啟聯繫東亞佛教之工作。晨起煮茶吃團子，暖腹後與寓居同屋之老喇嘛前往距塔爾寺二百公尺、開有商鋪之漢人村落，購買羊肉、蘿蔔、青菜與鹽巴等。之後為製作醃菜清洗蔬菜時感到水冷於之前任何一日，手指因受刺激而生痛，手掌通紅，觸碰蔬菜如同摩擦冰塊。為洗蔬菜到戶外時天空陰沉，陣陣寒風颯颯吹來。與此同時白雪紛紛落下，瞬間黃土變為白土，雪花堆積一寸有餘，實乃奇觀。天不作偽，昨日寒氣頓生，余即感此乃某種徵兆，而於今日午後則顯現豐年吉兆，漫天皆白，一派玲瓏銀色世界，使等同於高山大岳之眾生愛欲情仇世界變為平等澄澈、無垢清淨之法身——大毗盧舍那佛。其既顯無賢無愚、無淨無垢，山川草木皆有佛性之深義，又於余等五濁[15]人類之身顯現佛陀有如玲瓏白玉之妙國莊嚴與純潔無瑕之如來法性實體。嗚呼，其何等莊嚴，何等崇高。我遇此初雪，獲得極大啟示。我見此初雪，得以觀瞻無限廣大之宇宙實相之莊嚴深邃意義。如來給予余人以如此崇高觀念，佛光遍布十方，使念佛者心中常有佛陀實體來往。余對雪之認識一如上述。

二十二日 達賴某侍從先期抵達塔爾寺，通報達賴來錫：達賴今日預定抵達平蕃縣，明日一日逗留該縣，隨後逐日通過各驛站，預計在西寧逗留後即將抵達塔爾寺。該使者於前年達賴逃離拉薩時即跟隨達賴，係達賴四名侍從之一，在周遊蒙古各地後，如今又跟隨達賴至此。

達賴通過各地時謝絕接受漢人出錢歡迎，提出擬自己出錢支付所需費用，但支那衙門不從，不僅繼續向沿途各縣漢人徵稅，用於款待達賴一行，還命令無論在俗漢人，抑或官吏、僧侶，皆應儘

15 末法時代之五種惡劣的生存狀態。在佛教的宇宙觀裡，是指減劫時所起的五種滓濁（污濁）。又名五滓。即劫濁、見濁、煩惱濁、衆生濁（又名有情濁）、命濁（或名壽濁）。具有這五種惡劣生存狀態的時代謂之為「五濁惡世」。——譯注

量出來迎接達賴。此命令確有成效。

二十三日 達賴抵西寧府後未投宿於城內公館，而於城外搭帳篷宿營。各地民眾為恭迎達賴齊聚西寧城，有一千餘人在衙門等候達賴。歡迎人群皆騎馬，從遠近各處聚集而來。騎馬乃此地風俗。

二十四日 塔爾寺指派各大喇嘛府邸每家出兩名成員前往碾伯縣迎接達賴喇嘛。今晨降雪，積雪一寸有。遠山一派銀裝素裹進入冬季。

昨日又買來蘿蔔醃製。洗時水冷，幾乎失去知覺。

二十五日 冬夜月光皎潔，天地皆白，萬物寂寥，心入菩提之道。余心一如小宇宙，融通於真如法性之明月之中，又與大宇宙實體相接，可謂海闊天空，暢快無比。

二十六日 今日洗醃蘿蔔切塊後準備吃飯。余常守以下戒律，除謀求與東亞佛教徒聯繫、翻譯西藏《大藏經》外，別無任何其他奢望。

欲求寂滅樂，當學沙門法。
衣食支身命，精粗隨眾得。

達賴喇嘛抵達此地已有數日。可謂吾人達成夙願正在此秋。達賴為傳播佛教僅蟄居青藏高原，而傲然不知天下大勢，不相信除西藏、蒙古以外他地還有佛教。余欲謁見達賴，闡述佛教於日本之興盛，使其沐浴於日本帝國之強大光輝之中。為此，余向無始無終之阿彌陀佛如來虔誠祈禱。

二十七日　塔爾寺為迎接達賴正忙於做各種準備：將堪布所住之「Raburonche」[16]寺加以修繕，改做達賴行宮。並刷牆壁，掛幕幔，樹幢蓋，修道路，以期絕無遺憾。同時還修繕法輪殿，將三千五百名喇嘛，包括平時未參拜之喇嘛悉數召集後練習參拜，並開始強化僧眾修行及使其修煉所有儀式。樂師數日前即進入寺內，終日練習不斷。小溪畔幽棲之地頓時光怪陸離，人馬川流不息，喇嘛品性亦隨之陡然改變，僧官等晝夜督勉，專為歡迎儀式而四處奔走呵斥。從各大喇嘛府邸派出之兩三名成員已先行出迎，附近各村之蕃漢男女為見達賴聚集此處之人數與日俱增，從而馬匹數量亦大為增加，導致糧食、肉類等價格急劇上漲，失去往日之供求平衡。

二十八日　今日為親鸞聖人忌日，故早晚修行不輟。其後裔如今遠在他鄉，祝願其法光益發明亮。

午後起天氣變化，降小雪，寒風瑟瑟，握筆之手甚寒。達賴抵達西寧，今日逗留該府。

二十九日　晨起一看，夜間積雪達二寸餘。宿於宅院之喇嘛各自在房上庭下忙於掃雪。余亦學掃雪。當地瓦房一般為大喇嘛府邸，普通喇嘛則住在以泥土做瓦之土房裡，故每當降雨融雪之時，土瓦之間縫隙有漏水之虞。因此在雪未融化之前，必須盡速除雪。我國初雪後庭前屋上之白雪、蕭索林間之雪景，尤讓人感覺意趣深長，故騷人墨客會為此設宴吟詩，雅興大發，童子、婦女亦解此風流。儘管同樣地處偏僻，周邊自然景況不佳，但兩國文野差別之大，思之心中感慨無量。

達賴今日逗留西寧，接受漢人歡迎，並欣賞戲劇表演，此乃皇恩澤被所致。據云光緒皇帝為此

16 應該是歷代達賴、班禪駐錫塔爾寺的「吉祥行宮」，下同，不一一加注。——譯注

專門撥款三萬兩銀子用於接待。然而西寧知縣等又下令其轄下居民必須繳納巨額費用，導致百姓怨言非議四起，西寧城內街頭四處貼有謾罵衙門之傳單。

三十一日（陰曆九月十四日） 幾年前因西藏事變，達賴喇嘛自西藏出逃，企圖投奔俄國首都至大庫倫時，日俄戰爭以沙俄失敗而告終。哲布尊丹巴呼圖克圖[17]老謀深算，欲揮動聯俄反清大旗，將達賴召回西藏，但最終陷入既無法仰仗俄國後援，又不能支持達賴之窘境。於是達賴與呼圖克圖形同陌路，意志消沉，而呼圖克圖亦因無法對達賴踐約而顏面盡失。達賴輕信呼圖克圖之言，罔顧北京朝廷之敕令，但最終無法如願，進退維谷，無計可施，以致一度對呼圖克圖產生怨恨，導致雙方反目成仇。如此一來，達賴在大庫倫駐錫竟達六個月之久，其間曾派使者赴京，懇請朝廷准允自己參觀拜謁光緒皇帝，一為出逃表示謝罪，二為返藏後加強自身地位。但北京朝廷認為達賴喇嘛參覲須花費巨額招待費用，且為避免因此產生與英、俄外交上之麻煩，故不聽懇請，嚴令達賴須直接自蒙古返藏。西太后密派兩名使者，曉諭達賴喇嘛不能長期滯留蒙古，並贈予滿蒙漢藏四體合璧之《般若波羅蜜心經》一部及無數禮品。光緒皇帝亦贈送錦繡觀音佛像一軸等，表面上似在安撫，促使其儘快返藏，而實則試圖以此掌握對西藏之宗主權。然而達賴冥頑不化，幻想自己即使不能仿照乾隆時期第五世達賴喇嘛進京，在參覲時受到隆重禮遇，但亦可違背「非朝命不得進京」之旨意，自己出資入朝參覲。然而渠未想以此根本無法調解藏清間之不和。在兩三次進京懇

---

17 蒙古語亦稱溫都爾格根（高位光明者）、帕克托格根（聖光明者）或博格達格根，是外蒙古藏傳佛教最大的活佛世系，屬格魯派，於十七世紀初形成，與內蒙古的章嘉呼圖克圖並稱為蒙古兩大活佛。是外蒙古與達賴喇嘛、班禪額爾德尼齊名的藏傳佛教的三大領袖之一。——譯注

請皆被拒絕後，只好唯唯諾諾，答應返藏。達賴喇嘛前幾年出逃後，自去年至今年六月一直滯留Chayabandeta，並於六月離開該地，於十月三十一日抵達甘肅西寧[18]塔爾寺。

達賴於今日午後三時終於來錫塔爾寺。達賴經平蕃縣前，陝甘總督升允為迎接達賴專程赴該縣，並下令達賴所經各縣皆須竭力款待。各知縣又因此命令其下轄之地官吏向各村各戶徵收麥、豆、草等，以充達賴通行或逗留時之接待費用。甘州、涼州經平蕃至西寧之道路皆予修復，窄路拓寬，不規則且妨礙通行之房屋、樹木悉數被推倒、砍伐。甚或新建橋樑，譬如於碾伯縣城外河上新架舟橋等，頗有架勢，一如當年西太后與光緒皇帝從西安府駕返北京，用心無所不至。達賴於本月二十九日抵達西寧，鎮臺派六百餘名新軍士兵於城外列隊歡迎。西寧辦事大臣及道台、知縣等日夜奔走，於城內布置公館，裝飾色彩斑斕、燦爛炫目之行在，又以七色繡絨布搭拱門，意圖極盡完美。然而達賴並未入城，而在西寧東門郊外搭起蒙式帳篷宿營，隨行人員亦同樣宿營。

達賴三十日逗留西寧，接受來自遠方之信徒施叩頭禮，並對各衙門隆重款待表示感謝。衙門搭戲臺唱戲，犒勞達賴一行。

夜間，搭載達賴一行行李之三百餘頭駱駝冒月下寒風來到此地。駝鈴聲徹夜不絕，打破山谷溪澗之沉寂，俄然引起陣陣騷動。

達賴今日進入塔爾寺，附近之唐古忒人、回人、漢人成群結隊前來拜見，山谷田間人山人海，

18 清雍正初年，羅卜藏丹津反清鬥爭失敗後，清朝在青海設置青海辦事大臣，統轄蒙古二十九旗和青南玉樹地區、果洛地區及環湖地區的藏族部落。青海東北部西寧衛改為西寧府，仍沿襲明朝的土司制度，屬甘肅省管轄。——譯注

熱鬧非凡。自清晨起駝隊即陸續走來，擔任前導之藏、漢官員揚鞭策馬，接踵而至。加上遠道而去迎接達賴之眾多喇嘛先於達賴一行趕回該寺，故人員混雜，宛若戰場。前導者均騎馬，無一人徒步。

下午三時，六十餘名西寧府衛兵先期到達，繼而五十餘名辦事大臣侍衛抵達。有達賴專車，其軾、轅、車體皆紅色，轎體為黃色，由馬拉前進。其後為西寧縣民眾為歡迎達賴而製作之幡蓋二頂、金鼓旗二旄，以及高舉寫有「西天大善自在佛」與「普天下釋教總理達賴喇嘛」字樣標牌之三十餘名民眾代表。再後為三匹馬，馬首兩側掛有西藏大鼓，有藏人騎於馬上擊鼓（大鼓呈栗形，似安南小鼓，單面蒙皮，另一面為圓錐形，自圓錐頂點用許多細小銀條牽拉綳緊，擊鼓時猶如敲打栗子底部）。

此大鼓即所謂法鼓。據云按慣例達賴出入時必敲此鼓，以做通報。

復後為兩頂傘蓋、數面紅旗，西藏官吏背槍列隊緩緩走來。再後為數十名侍衛前導。復後為八名漢人差役肩扛之黃色絨緞輿轎。達賴坐此轎，不時通過兩側玻璃窗向外眺望。輿轎四周有蒙古大庫倫哲布尊丹巴呼圖克圖委派之蒙人護衛——二十名紅衣戴冠者騎馬守衛。據云此轎乃西寧知縣新造並獻於達賴。緊跟達賴輿轎之後還有一頂紅黃兩色轎子，比前轎略大，係達賴出遊蒙古地區時所乘舊轎。西寧辦事大臣、西太后所派使者一名（另一名已由西寧返回北京）、鎮臺、道台、知縣等皆騎馬扈從此轎。一行人共五千餘人，加上達賴侍者三百餘人，緩緩進入塔爾寺地界。此時達賴在郊外搭蓋之藏式帳篷稍事休息，等待塔爾寺長老至此迎接。自此處至達賴臨時行宮Raburonche寺大門有數百公尺距離，道路兩旁有三千五百名塔爾寺喇嘛列隊歡迎。達賴隊伍穿越此夾道人群徐徐進入行宮。今日至此參拜之各方民眾人數與上述一行人等共計在萬人以上，山澗溪谷邊之狹小空地站滿人，丘上坡下亦人來人往，擁擠異常。往年舉辦法會等時大凡人聲鼎沸，馬嘶車響，溪谷欲為之爆裂，而今日則因藏蒙百姓精神領袖達賴入錫，故人們小心謹慎、誠惶誠恐、寂靜無聲，無一人大聲喧譁。由此誠為可見達賴其人之感化力乃如何強大。各衙門官吏亦戰戰兢兢，對達賴惟命是從，亦不敢制止其藏人侍從恣意妄為，而任其專橫跋扈，食物及所有供給品亦任由其侍從隨意支取，根本無法做到計畫供給。譬如原先薪材堆積如山，但僅過兩日即告全部消失。衙門官吏雖在內心憤憤不平，但無一人敢發出監督命令，惟恐違反達賴旨意。

原擬赴西寧歡迎達賴之士兵人數甚多，但因該地並無可供該數量士兵住宿之房舍，只得中止大量士兵赴彼護衛，故至西寧之士兵不多。

北京朝廷僅支出三萬兩銀子作為達賴喇嘛一行招待費用，但為彌補開支不足，西寧縣下轄各村落又向各戶徵收麥、豆、草、薪材等物品，使其聚集於西寧城與塔爾寺，對達賴之來訪做好充分準備，足夠達賴一行三百餘人在此逗留半年使用。

達賴今年三十二歲（？）[19]，係第十三世，名為「羅桑土登嘉措」，三角形瘦臉，鬚疏，中等身材，臉上有天然痘痕。

達賴七世曾長期駐錫塔爾寺，第五世曾赴北京參覲。

19 「（？）」為原文所有。——譯注

明治三十九年（一九〇六）十一月日記

一日 今日寫信，寄往以下人物：
福島少將一封；
北京正金銀行職員古賀邦彥氏一封；
東京大隈重信[20]伯爵一封。

三日 今日寫信，寄往以下人物：
東本願寺教學部一封；
家鄉嚴父一封；
妻子琴子一封。

六日 今日午後四時，達賴喇嘛對塔爾寺三千五百餘名喇嘛施摩頂禮，以示恩寵。眾喇嘛在臨時行宮Raburonche寺門前排成隊列，自門外魚貫而入門內，至獅子座前，達賴伸出右手在參拜者頭上一摩後即告恩寵結束。喇嘛逐個前行後即退下。

自各地聚集而來之人數與日俱增，寺內各房間人滿為患。寺外山岡、郊外四處搭滿帳篷，放牛牧馬、夜間宿營之藏人不知其數。寺內開設漢、藏攤點，販賣雜貨之商人頗多。小路上人來人往，

[20] 即大隈重信（一八三八－一九二二），祖姓菅原，日本武士、政治家、教育家，歷任「參議兼大藏卿、外務大臣、農商大臣、內閣總理大臣、內務大臣、貴族院議員」等。還是早稻田大學的創立者和第一任校長，獲「從一位（品）大勳位侯爵」（公爵）。——譯注

摩肩接踵。

兩名英人於三日自西寧來此拜謁達賴，獻上兩張貂皮，達賴則贈予兩匹氆氌[21]作為回禮。英人詢問可否自青海入藏，達賴答曰：「得入藏者可入藏，不可入者可回返。」並未明確說明不可入藏，可謂王顧左右而言他之經典答詞。

七日 今日託人將一日寫給福島少將與大隈伯爵、三日寫給家鄉及本山之信帶往西寧郵局投寄。為拜見達賴而聚集此地之蒙人、唐古忒人日漸增多。唐古忒人來自附近村落，因擔心來此地後無可居住之房舍，故自帶帳篷於山岡溪澗宿營，每日僅靠喝一碗茶與吃些團子以果腹，亦無寢具，夜晚和衣入眠。在筆硯皆可凍結之寒夜露宿野外實為可憐。蒙人大凡用駱駝拉來帳篷、鍋灶，並備好肉、麵、薪材，故可隨處搭帳篷露營。各喇嘛宅邸亦充滿帳篷，八十個喇嘛宅邸各處皆人滿為患，幾無立錐之地。阿嘉府邸亦四處是人，蒙人、唐古忒人竟在此搭起十六頂帳篷，一頂帳篷少則住三、四人，多則住十二、三人。帳篷內地面僅鋪一塊毛氈，中央設爐架鍋，投入牛糞或薪材即可煮茶肉麵食用。此乃最為簡便之烹飪方法，與野蠻人相去不遠。

達賴今日接見四千餘名叩頭者。行宮門前午後人聲鼎沸，人們排起數列隊伍等待開門。約等半日，待夕陽逐漸西下時達賴方開始給眾人行摩頂禮。達賴行摩頂禮時發生人群擁擠現象，有六名漢人護衛排列於達賴身旁維持秩序。

八日 午後四時，余會見Shamaruzon喇嘛，贈予日本鎌倉銅鑄大佛照片一幀。

---

21 譯自藏語「Pulu」，是藏人手工生產的一種毛織品，可以做衣服、床毯等，舉行儀禮時也作為禮物贈人。——譯注

一如前述，Shamaruzon喇嘛居於距塔爾寺東南方向一日路程之處，修比丘戒法，專修沙門淨行，不食非食之食，不沾金錢於手，將信徒獻上之布施散用於修繕寺院或建造佛像或施救貧民，惟願不悖世尊在世遺訓，而欲施比丘高尚行為，其德行秀於眾僧，博覽強記，名聞遐邇。

渠來此地拜謁達賴，而達賴卻命其暫留此地。風傳蓋達賴聽聞其德高望重，故欲與其切磋道法。渠甫至此地，即有許多唐古忒人喇嘛及在家俗人等前來參拜，懇請為其拊掌祝福。由此多少可見其行為高尚。

余為使普通喇嘛瞭解日本佛教之興旺發達，並向藏蒙無知民眾介紹我日本之威儀與日本佛教之昌盛，來此地後採用各種方法、策略布教傳道，或給予贈品，或進行演講，儘量獲取機會以開啟東亞佛教徒間之聯繫。吾師索帕桑布喇嘛作為塔爾寺文書曾服務於寺院長老，如今又擔任阿嘉府邸管家，被當地人稱作老爺，係喇嘛社會之赫赫有名人物。余與其乃知己關係，故日夜向其介紹日本之威儀與日本佛教現狀，設法將西藏喇嘛教與日本佛教連為一體，並不懈遊說吾師力促達賴為此開眼，進行變革，瞭解日本佛教，理解東亞佛教乃一源同流，勸其從舊夢中覺醒，打開西藏門戶，使日本佛教徒與喇嘛教徒自由往來，共同向世界宣傳如來遺教。索帕桑布側耳傾聽，一再詳細向Shamaruzon喇嘛彙報，故彼喇嘛始驚訝於我國佛教有此繁榮昌盛，並逐漸相信吾師之言。今日余得以與Shamaruzon喇嘛見面蓋出此因。否則以高傲、不與洋人見面為喇嘛之一貫風格，渠亦不會爽快答應與余見面。自明治三十六年（一九〇三）以來，余來此地布教著力尤多，所幸功不為廢，經年復一年接近當地著名大喇嘛後，終使渠等逐漸相信吾之所言，因此略能增強余之意志。所抱怨者乃我東本願寺志不在此，絲毫不願思及聯繫東亞佛教一事，故儘管余多年至此盡力布教，但竟未給一分一釐傳教經費，宛如隔岸觀火。而余依舊時時報告不輟，詳細記錄喇嘛教之盛衰興亡及其現狀，日日月月對此不敢有所忘懷。縱令本願寺如今不願關注東亞布教，但余相信該寺最終將感覺有此必要。每次歸國皆有多人認為本願寺為余出資，負擔所有往返路費及食宿費用，此乃大謬。亦常有人質問余與本願寺之關係，亦可笑之至。

九日　昨日起人數漸少。附近村落之人們趁早來此接受達賴恩典後，順便做些小買賣，最後各自回家。今日人數不過（為）前日一半，但亦有約二萬[22]人。

與前日相似，今日仍舊人聲鼎沸。據云有些攤點商人一日有二百兩銀子進賬，由此可以推測臨時參拜之人數在四、五萬人以上。

十日　達賴參觀醫藥殿。

十一日（陰曆九月二十五日）　今日舉辦塔爾寺祈願法會，達賴喇嘛蒞臨法輪殿。午後一時半左右達賴身穿藏式紅色袈裟，頭戴宗喀巴帽入場。Guchuru堪布以侍衛長身分站於其左，手舉孔雀毛制傘蓋，七、八名喇嘛位於其前，又有五、六名喇嘛殿於其後。再其後為蒙古大庫倫哲布尊丹巴呼圖克圖派遣之四名護衛，緊隨其後又有四名西藏官吏扈從，頭戴漢人朝冠。

達賴甫步出Raburonche寺，即有人敲響藏式栗形大鼓。隊列中一人身背兩面大鼓，由身後之人敲擊。共分四組，八面鼓。上路後則掛鼓於馬首，邊騎馬邊擊鼓。此栗形大鼓類似安南地區樂器。除大鼓外還有人吹奏管樂器，即吹奏極為長大之喇叭，為達賴行幸壯行。此時頗多蒙藏民眾蹲於殿

22 前文說過高峰期人數在一萬以上，並未說明在四、五萬人。——譯注

外各山丘上觀看。藏人平時輕易無法見到達賴，故此時即使守衛士兵鞭打路旁觀看者，渠等亦視若無睹，不為所動。而唐古忒人、蒙人則有所不同，一方面乃出於禮節，另一方面則欲看清達賴面孔，故略有騷動。其中有人在遠方看見達賴徒步徐徐走進法輪殿時即五體投地，伏身低頭，禮拜後再不將頭部抬起。

自陰曆九月二十日至二十六日共六日舉辦法會，其主要目的乃為紀念釋迦牟尼母親死後三十三日升天，之後又降回下界。降回之日即此陰曆九月二十二日。又，十月二十五日乃宗喀巴圓寂之日，按規定每月二十五日皆須為其忌日舉辦法會，故順便將此法會與九月法會一併辦理。

本月二十五日　當晚，拉薩與塔爾寺同時舉辦「萬燈會」，以紀念宗喀巴圓寂。達賴今日蒞臨法輪殿主持法會後，將眾僧招至殿堂庭院內，並親自登上高座，認真觀看被選出之兩名學僧相互詰問答辯之場面。

法會即將結束時達賴誦讀「清皇帝萬萬歲」、「為一切眾生祈冥福」之誓言。沙彌、比丘等大小人物一個不漏，皆聚集於此參加此儀式，有四千餘人。但據云相較咸豐年間人數已大為減少，是否以此可證喇嘛教已日益衰退。

十二日　今年達賴喇嘛來錫參加九月祈願法會，於藏蒙喇嘛教徒而言，不啻為曇花一現、千載難逢之大好機會，故附近蒙人、唐古忒人等競相趕來，有三萬餘人。一時間人聲鼎沸，每日皆有在家、出家之僧俗來此給達賴行叩頭禮，行宮Raburonche寺門庭若市。西寧衙門張貼公告，並派兵嚴加戒備。昨日乃陰曆九月二十五日，即法會最後一日，大批信念堅定之教徒漸漸撤離此地，踏上返鄉之途，而至今日已全部返鄉。眼下擺攤之商人亦無影無蹤，道路已顯寂寥。惟有少數遠道而來之蒙人暫逗留此處，待消除疲勞、購置日用品後再返回故鄉。大部分參拜者今日已散去。

十三日 晴，風和日麗，宛如春天。終日從事翻譯。

十四日 達賴喇嘛或與著名布里亞特蒙人——阿旺堪布之間存在密不可分之關係，可謂對其朝思暮想，神遊時亦常繞心中。達賴返藏時堪布親自辦理運輸事項，為達賴提供所需之一千頭駱駝，其中五百頭用於坐騎，五百頭用於搭載行李，並親自送來冒充夫役之五十名俄國士兵，使之隨隊入藏。堪布企圖今年（一九〇六）冬末或先於達賴返回西藏。達賴亦與之暗通款曲。為護送達賴前往西藏，北京派出兩名使者自蒙古地區一路跟隨至此，但來此地後與達賴意見不合。達賴為避免糾纏，贈送該二名使者三千兩銀子與十匹氆氌，由此二人旋即返回北京。然而因使者離去，自青海返藏時西寧辦事大臣是否能代為辦好一切事宜（卻）令人生疑。想來達賴認為因有堪布資助，且返藏途中費用充足，故對北京使者等漢人官員產生厭惡心情，得以放心設想，即使喪失漢人官員幫助，亦能對付返藏途中出現之任何問題，因此方有以上霸道之舉動，以至於與漢人官員失和。總之，堪布再次入藏似乎已成定局。英人若探知堪布入藏，則不難猜測此後對達賴極為不利。

十七日 有北京商人來此買賣貨物。余昨日為購買冬帽前往貨攤問尋。商人身旁置有一書。余問何書，答曰《西寧府新志》，共五冊。因商人亦從他處借閱此書，故不好轉借於余。於是余帶紙筆在商人身邊與之短暫交談後迅速抄寫。商人見余有讀書癖，故准余抄寫，並允余帶回住所繼續抄錄。自昨日至今日，余將重要事項按條目抄錄如下：

（一）漢以前羌人與吐蕃人在西寧之住所

（二）青海之沿革

（三）固始汗[23]之亂

（四）第三世、第五世、第七世達賴喇嘛入朝事宜

（五）青海敬順王俺答[24]之行徑。俺答護送第五世達賴入藏情況

〔據云第四世達賴（？）[25]未實現入朝願望，於蒙古阿拉克謝故去〕

（六）歸德城之沿革

（七）赤嶺記

（八）積石關地圖

《西寧府新志》係乾隆十二年（一七四七）西寧按察史僉事道楊應琚所著。

二十日（陰曆十月初五日） 達賴喇嘛祕密派人約余見面。余曾想達賴來錫此地，余主動見其並非難事[26]，但出於無奈，每日仍混雜在從各地來此行叩頭禮之數百蒙人、唐古忒人中間，如普通參拜者一般觀察達賴，而達賴似乎知道余將逗留此地幾日。因為余在日本乃何等人物達賴必有耳聞。余預想即使余不強求謁見達賴，達賴亦會約見余，故始終不事聲張。然而昨日午後突然接到通

23 固始汗（一五八二－一六五五），又譯「顧實汗」，皆「國師」之音譯，姓「孛兒只斤」，名「圖魯拜琥」。明末清初衛拉特蒙古和碩特部首領，衛拉特汗哈尼諾顏洪果爾第四子，以勇武著稱。——譯注

24 俺答（一五〇六－一五八二），即阿勒坦汗，明時韃靼首領，達延汗孫，也作諳達。「俺答」為蒙語「阿爾坦」之音譯，是金的意思。——譯注

25 「（？）」為原文所有。應為第六世達賴喇嘛。——譯注

26 自此至下文「但出於無奈」處之間頗有不合語言邏輯之嫌，反映出著者對自身一貫多有溢美之詞但與事實不符而產生此方枘圓鑿說法的現實。——譯注

知，要求做好準備與達賴見面。據云此乃達賴侍醫Raman堪布與達賴密切交涉之結果。故今晨余拜訪該堪布。堪布熱情讓座，與余親切交談，並告知為拜謁達賴隨後將派人迎接。

余對贈予達賴何種禮物毫無思想準備，如今手頭只有一封明治三十四年（一九〇一）十一月十一日大谷光瑩大師所寫、命余作為使者獻給達賴之親筆書信，以及《七祖聖教經》與「淨土教三經」[27]。前年余入藏時達賴已出逃，再攜此物無益，故將其與行李一起留在塔爾寺。所幸如今有此親書，故決定以此呈獻達賴。大谷光瑩大師呈獻達賴之親筆書信大意為：予作為異域同教之法主，欲訪問西藏，向達賴喇嘛請安。並有意派寺本前去西藏研究藏語，屆時請為寺本提供方便。冀望今後同源異流之佛教信徒能相互交流往來，共謀佛教傳播大業。此親筆書信眼下已交出版商，擬刊登在以《蒙古西藏探險記》為題之書籍當中。文章具體內容請讀者在出版後惠讀。法主敬獻達賴之「淨土教三經」與《七祖聖教經》各卷皆附有西藏文字。此外，余還呈上《日俄戰爭畫冊》一部（第一卷，金港堂出版），並於畫冊中特意插入天皇夫婦倆陛下等照片。

傍晚，達賴使者來報，曰今日無會面時間，明日將派人前來迎接。

二十一日　今日正值淨土真宗開山鼻祖親鸞聖人同月同日忌日，但於此無法獻上莊嚴之供品，只在余居住之阿嘉府邸後院折下一枝枯萎之西藏杉樹枝條，並附上一束不知名之含蕾花朵一併供上。余端坐於供香輕煙嫋嫋之方丈一室，讚歎聖人之高尚品德，感覺七百年前之遺香益發沁入身

27 指《無量壽經》、《阿彌陀經》、疑為中國人撰述之《觀無量壽經》三部淨土教經典。《無量壽經》全稱《佛說無量壽經》，亦稱《大阿彌陀經》，是淨土宗的基本經典之一，為「淨土五經一論」中的「一經」，淨土教的大部分修行方法均可在該經中找到理論依據。——譯注

心。余發誓自今日始至此後之十六日內必須盡心報恩，堅守信念，莊重修行，獨存祖意，使聖人餘光照耀青藏高原，喚醒喇嘛教徒，並使渠等去除狹隘眼界，胸懷世界大志，促進同法教徒相互往來，重振如來在世時之教化，不學愚昧之人，徒然糾纏於日常瑣事，更無意發揮些小才能，於螺螄殼裡大做道場。余一度歷經聖人薰陶，即有敬仰佛陀慈悲、訓誡之心。惟願心境玲瓏，清澈如水，將此身家委託佛陀，生命不息，成就大業行動不止。余雖為方外之徒，不敢妄言政治，但堅信余於宗教方面所期待之春暖花開、歡欣浪漫之時刻必將來到。

二十二日　起床後煮茶、洗漱時突然有人推門進來，曰：「達賴喇嘛正待見汝，速與吾同來。」余驚而一看，乃一藏人。二十日達賴欲約見余，但因無暇就此作罷。昨日余認為今日達賴當言出必行，可以見余，並等待使者到來，但最終未來，心想事到如今已無會面可能。今日聽聞使者所言，可見達賴欲見余之心情頗為迫切，故即刻整裝與使者同行至Raburonche寺。至門前，見眾多護衛喇嘛直立兩旁，見余來到表示敬意；三名漢兵則迅速列隊，相互使眼色示意。余入門後先至中殿石階前右側小屋休息。約五分鐘後，一名蒙古侍者出來引路。余在其引導下登上石階，推開中殿大門進入後又登梯上樓。此時又有一名蒙古近侍上前詢問是否有哈達。此乃當地風俗，拜謁時須獻上絹製長方形布條以示最高敬意。余從懷中取出示意後，近侍掀開殿門掛簾攔余進入。進屋後見房間寬大，地面鋪滿地毯，中央有高臺，達賴喇嘛正身著藏式紅色袈裟端坐於上，旁邊有一名侍者直立。余驅前行禮後，按西藏喇嘛教禮數，再行三拜叩頭禮，表示身、口、意三業信仰清淨，之後將哈達置於大谷光瑩法主敬獻達賴之親筆書信之上，膝行恭敬呈上。達賴雙手接過，用雙手撫摩余額頭一下。余接受此摩頂恩寵後退後六步。侍者手捧法主贈予之「淨土教三經」與《七祖聖教經》以及《日俄戰爭畫冊》呈給達賴。達賴以藏語問候余平安與否，詢問來此幾日，是否初次來到等各種問題，以示關懷。又說派使者約見時報錯日期，請予諒解。余以藏語一一作答。達賴命侍者在余頭部與頸部戴上紅絹布條與手巾，意在驅除一切煩惱、病魔，係最為恩寵之象徵。

明治四十年（一九〇七）二月日記

十三日（陰曆正月一日） 今晨達賴至塔爾寺法輪殿舉辦法會，全寺喇嘛參會。

十四日 西寧府衙為表敬意，早晚皆鳴放鞭炮，以此作為歡迎達賴之禮遇。

十五日 西藏派往中央政府之官員噶倫（總理大臣）來此向西寧辦事大臣請安。

十六日 就達賴返藏北京未下任何指令，故達賴決定等待北京指示後再做考慮。三名北京官員來拉薩後逗留於彼，與西藏官員商討善後事宜。北京政府雖已確立對西藏之宗主權，但鑑於當今局勢，尚無暇改善國內統治，並無餘力單獨處理西藏問題，故有意呼喚盡可能多之藏人建立藏人自治制度，並在暗中徵求本國國民對藏人統治西藏有何意見。達賴聽聞此言，看穿清政府已無力統治西藏，認為自身地位不可動搖，隱然採取有恃無恐之姿態，表示若北京政府不給自己恰當待遇，即無意返藏。渠明裡聲稱必須追隨北京政府，接受北京指令毫無二話，暗裡卻看穿北京政府已處於多事之秋，根本無力干涉西藏事務，認為清朝雖從英人手中獲得對西藏之宗主權力，然若自己不在西藏，清政府即無法饒過自己直接管理西藏。達賴洞悉清政府之弱點，立志親自管理西藏，並練出新軍以與英國抗衡。渠表示待返藏後將改變一切，首先須練出五、六萬精兵，以十年為期做好戰鬥準備，最終擊敗英國，一雪多年恥辱。因此，達賴對訓練部隊與在本國製造槍械彈精竭慮。渠亦看出，若依靠俄國，必將招致英國非議與反對，而俄國前年與日本開戰一敗塗地，已為天下共知，再無能力幫助他人。然俄國仍不時通過布里亞特蒙人加深早年結下之友情。達賴並不武斷認為俄國再無能力，且無意志，而認為俄國因敗於日俄戰爭，只好意轉南方[28]，故如今大可靜待北京政府指令。達賴近臣中有人傾向俄國，有人傾向英國，但達賴因有過失，如今似不敢壓制渠等，反而害怕英黨或俄黨勢力，對近臣絲毫不透露返藏後擬對西藏採取之政治方針，處於進退失據、忽發忽止之精神狀態。蓋兩派勢力皆不可輕視，惟恐事先洩露天機。

十七日（陰曆正月五日） 入夜與達賴侍醫Raman堪布會面，談話有所涉及西藏問題。堪布曰：「達賴是否返藏，未至陰曆六月無從知曉。至拉薩之漢人官員與西藏官員之交涉尚未有結果。若北京政府給予藏人起主導性之管理權，使達賴恢復與過去相同之藏王地位，則達賴當即刻返藏。如若不然，則達賴無意輕易返藏。」達賴有恃無恐、一意孤行之心態可想而知。

十八日 天氣稍暖，日照漸長，乃讀書、研究之大好時節。《西藏喇嘛教史》之翻譯即將告成。

十九日 今晨Raman堪布之使者來問去年達賴寄給東本願寺之書信何時能有回音，並約今晚與堪布會晤。傍晚拜訪堪布，不巧有客人，只好再約時間後返回住地。

又，達賴近臣Chichabu堪布（總堪布）與隆乃欽波堪布有意與余會晤，乃約明晚見面。

二十日 按前約今日傍晚本應與隆乃欽波堪布會面，但對方派來使者告知不便，故再約兩三日後見面。

---

28 原文如此，並未說清此「南方」為何國家、地區，恐意指蒙古、西藏、中國甘肅、青海等地。——譯注

二十一日　降雪，至傍晚積雪達五六寸，春寒料峭。

為參加陰曆正月十五日法會之蒙人日漸增多。今日蒙古鄂爾多斯旗百姓舉村出動，百餘人遠道聚集而來，投宿於阿嘉府邸。邸內搭起十五頂帳篷，男女老少混雜其間。其遠處來客須走兩個多月，近處來客須走一個多月時間，渠等將嬰兒、小孩放入筐內，搭乘駱駝而來。而且並非單純參加法會，許多人乃為向達賴行禮而來。達賴最近收到此類叩禮者獻金五千餘兩。給塔爾寺普通喇嘛布施之施主亦日漸增多，其中有人給三千五百名喇嘛每人五錢銀子，少則亦有一錢或兩錢。可見蒙人對喇嘛教信仰虔誠。而唐古忒人則不如蒙人虔誠，少有人向普通喇嘛布施。藏人、唐古忒人心性狡猾，的確近乎野蠻。惟拉薩及周邊地區之民眾稍開化，離拉薩越遠越不開化。

居於重巒疊嶂、土地貧瘠山村之唐古忒人與喀木德里格人等實為狡黠猙獰，與古代藏人風俗毫無二致，故如今對喇嘛教之信仰遺留部分傳統遺風。

二十二日　與達賴政府次官隆乃欽波會晤時余就西藏善後政策力陳己見，並說明赴海外考察乃當下最大急務。傍晚開始會晤，至夜裡十一時方結束。

二十三日　傍晚降雪，頗冷。居於阿嘉府邸十五頂帳篷中之蒙人僅在地上鋪一塊毛毯。寒風颼颼，嬰兒或無法安睡而整夜哭鬧不停，其聲可哀。哭聲從窗下附近傳來，更添寒冷感覺。清晨被早起打掃帳篷積雪之聲響吵醒，頸邊寒冷。

二十四日　塔爾寺正月十五日法會開始。

二十五日　將文稿寄予參謀本部次長福島少將。文稿如下：

謹呈福島少將閣下：如前信屢次彙報，小生自去年謁見達賴喇嘛，並收到達賴給東本願寺大谷光瑩法主臺下之親筆書信後，與達賴之關係不斷加深，且與達賴總理堪布（總理大臣）及隆乃欽波（次官）等交往，為開發西藏獻計獻策。達賴及各西藏官員逐漸聽取小生建議，認識到西藏應通過清政府獲得日本援助，方為發展西藏與保護國家之上策，並產生疏遠俄國之傾向。渠等還就近期派出使者前往日本考察宗教、政治、軍事等各種文明制度有過密談。余以為實現此計畫指日可待。

達賴自去年陰曆九月駐錫此地以來，俄國曾前後五次特意派人送來親筆書信呈送達賴。然西藏各官員或認為鑑於如今局勢，接受俄國公文並呈報達賴，於清國與日本之關係無益，故回覆使者曰：「送來之俄國信件皆呈送達賴。然其是否回信，全在達賴一意之間。吾等不敢強請達賴作答。」俄國使者、布里亞特蒙人多次來此探聽達賴動靜，伺機接近達賴，企圖再次將其誘至北方。使者並甜言蜜語，告知十年左右必將再有一戰以一雪日俄戰爭恥辱，屆時將實現過去共同所立之宏志，汲汲於保持自前幾年以來已有之關係。使者還贈送物品，誘惑諸官人心，使渠等訪問北方。此類使者僧俗皆有，俗人大凡為布里亞特蒙人俄官，通曉俄文。然如今達賴已無意投靠北方。自小生呈上藏文撰寫之《日本佛教史》與《日本史》概要後，達賴思想為之一變。達賴雖在清政府命令之下打算返回西藏，但認為西藏善後政策須仰仗日本幫助。即使目前因為存在日英同盟[29]，無法公開得到日本指導，但該同盟結束後亦須

29 日英同盟，指一九〇二年一月三十日，日、英兩國簽訂的第一次《日英同盟協約》。——譯注

依靠日本指導，且此思想日益明確。苟達賴喇嘛認識西藏將逐漸被英國吞併，則即有可能意識應將西藏之國運消長與衰置於日本指導之下。達賴還認為西藏國體與其他國體不同，喇嘛教國家作為一種佛教政體，僅存在於純粹法王國家，自己在身為宗教大法王之同時，亦應成為一位君臨一切、掌握所有權力，包括生死予奪大權之國王，故西藏王國之存在與喇嘛教之存亡密切相關。在先前清俄關係良好時期，達賴聽聞世界並無能與俄國抗衡之強國，而在清朝動亂之際，又因俄國通過蒙古大庫倫大喇嘛哲布尊丹巴呼圖克圖對西藏巧妙施以懷柔政策，故達賴終為俄國所惑，冀望通過俄國援助抗擊英國侵略，同時擺脫清朝羈絆實現獨立，而最終卻逃離西藏。如今佛國日本戰敗俄國，威風凜凜，冠於世界。清國亦須仰賴日本，幾欲建立日清同盟關係，如今正在諮詢日本之新知識，謀求改革制度，派遣留學生之規模亦與年俱增。支那民眾間革命思想逐漸蔓延，最終將促使支那發布憲制改革公告，此乃日本勢力所影響之結果。

明治四十年（一九〇七）三月日記

三日　今日寄出以下書信：

福島少將一封；

家鄉一封。

二月二十九日國人波多野養作[30]來訪。波多野氏於前年冬天由外務省派至伊犁地區考察，如今完成任務準備回國。路過蘭州時聽聞余在此地，故來此遊歷。前一日，余介紹波多野氏謁見達賴。波多野氏亦欲遊歷青海，余為其準備馬匹與其他物資。又因需要攜帶槍械，故余與達賴侍從聯繫借用槍械，以供波多野氏攜帶使用。波多野氏係上海東亞同文書院[31]畢業生，由山座圓次郎[32]推薦上學。

四日　夜裡降雪，於今已積雪五、六寸。未起床時有一漢人手持書信推門進來。收到打開一看乃家父來信，信中夾有一張妻子琴子之照片。信中說渠自己與家人一切安好，妻子在茅之崎[33]療養。在雪中清晨手捧家書，心情無比喜悅。余一人遠隔千里，在外學習，收到溫馨家書，豈能不感慨萬分？

明治四十年（一九〇七）四月日記

十四日（陰曆三月二日——支那三月為小月，僅二十九天）　今日寄出以下書信：

30　波多野養作（一八八二—一九三五），日本探險家，於日俄戰爭末期接受日本外務省派遣前往中國西部探險考察。——譯注

31　東亞同文書院，指日本東亞同文會根據日本「大陸政策」設立的專門學校。一九〇〇年始建於南京，稱「南京同文書院」，同年八月轉移至上海，翌年改稱「東亞同文書院」。一九二一年轉由日本外務省管轄，成為正式的專門學校；一九三九年根據日本「大學令」成為正式大學。該校主要培養未來在大陸工作的學生，待學生畢業後將其派遣至中國各地以及南亞進行情報收集工作。一九〇二年日本東亞同文會為中國留學生在東京也設立了「東京同文書院」。第二次世界大戰後所有「同文書院」均被撤除。——譯注

32　山座圓次郎（一八六六—一九一四），明治、大正時期日本外交官。外務省政務局長、駐中國特命全權公使。——譯注

33　茅之崎，日本神奈川縣中南部城市和海濱休閒勝地。——譯注

東本願寺（催促給達賴覆信）一封（掛號）；

在蘭州執教之岡島誘君一封。

（附上四兩銀子做郵費、雜費，託腳夫寄送。要求收取「已送達」回執）

十六日（陰曆三月四日）　今日收到故鄉來信，落款時間為三月初三，掛號信。信中敘述家鄉父母皆健康安好。

今日向以下人物寄出掛號信：

大隈伯爵一封；

家父（乃關於出淵[34]一事之辯詞）一封。

十七日　今日收到岡島誘君、波多野養作君自蘭州之來信與所贈物品，其分別為：

岡島誘君落款時間為二月二十七日之書信一封、藥品一瓶、硝酸鉛一小瓶、博文館稿紙一百餘張。

波多野氏落款時間分別為四月十日、二月二十四日之書信兩封，新做黑紫色夾衣一件（乃小生委託波多野氏訂做，花銀五兩以上）、白紙一百餘張、安知必林一瓶、鴉片粉一小部分（之前託藏人Kesan氏送信。回信又託其從蘭州帶回。今日收到）。

二十三日（陰曆三月十一日）　岡島誘君從蘭州寄來以下信件與物品：

明信片一張，落款時間為四月五日；

34 原文如此。「出淵」乃日本的一個姓氏，估計在此指日本某人。——譯注

《讀賣新聞》報數份。

明治四十年（一九〇七）五月日記[35]

四日（陰曆三月二十三日） 今日收到來自本國與北京之書信：

（一）故鄉來信一封（家嚴報說自身平安，余妻亦平安。並告誡余：「即使尚須兩三年方可達到目的，亦請務必認真研究。」父親於余恩重如山，今年已有七十一歲高齡，尚教導余須為國家、宗教實現研究目標。讀後不覺感激涕零），落款時間為三月十八日，掛號。

（二）大谷瑩誠先生回信一封，落款時間為三月二十三日。

（三）北京青木宣純大佐來信一封，落款時間為四月四日，掛號。青木隨信寄來一張世界地圖及陸軍測量部出版之其他兩張地圖，並留言：「有關生活研究費用，擬交由山西省銀行伺機滙兌寄出。」

阿嘉呼圖克圖返回家鄉後，因與駐錫此地之達賴不和，故至今未曾拜訪達賴一次。有關阿嘉與達賴之關係坊間有種種議論。達賴自來塔爾寺後，為前些年失策一事痛心疾首，欲設法挽回面子。渠為糾正塔爾寺三千五百名喇嘛之風紀行狀而收集各喇嘛姓名，並為規範寺風，禁止喇嘛隨意外出寺院胡作非為，因此特地沒收各喇嘛之徽章，以示渠自身思過改正之誠意，以致引起種種流言蜚語。阿嘉聞此異常生氣，用蒙文寫信質問，今日信件已送達塔爾寺寺務所官員。在斥責官員輕信

35 原文有兩處「五月日記」，恐排版有誤。今按時間順序重新排列。——譯注

達賴言行之同時，還抗議達賴之越權行為：「塔爾寺乃吾自身寺院。數百年前，自第一世阿嘉掌握塔爾寺權力以來，曾斥資二十餘萬兩黃金修繕塔爾寺，方有今日寺廟之燦爛輝煌，並使寺院得以維持。縱然達賴處於宗教最高地位，然隨意改變他人寺院規定，嚴格僧眾行為，亦極為不當。塔爾寺之主權不容他人從旁置喙。若欲勉力為之，亦有義務知會於吾。而有人卻對吾一言不發，任意蹂躪他人寺院，無視他人主權。」三千五百名喇嘛聞此無不震驚，猶如面對平地波瀾，極為恐懼。其結果如何，當拭目以待。

十三日（陰曆四月三日）　今晨與德爾瓦堪布[36]會晤，就前幾日討論之事宜繼續協商。渠與達賴喇嘛皆有意派人前往日本考察宗教，然至今未做出決定。蓋對外界反應頗為在意而猶豫不定，尚無勇氣痛下決心。派人前往日本可謂達賴本意，但因其顧慮周邊情況與外界反應，似乎難以付諸決斷。

十六日　收到妻子寫於新曆四月四日之家書，乃掛號信。報告說家中一切安好，並談及余不在家，渠虛度時光，寂寞難耐，有意再次前往東京學習技藝或某項普通課程，望余同意。渠之志向值得嘉許。

十八日　拜訪達賴侍臣Kanchensorupon與德爾瓦堪布二人，再次詢問達賴是否確實有意派人前往日本。然而達賴及其佞臣侍醫長鬼迷心竅，尚沉睡於與俄國關係良好之美夢之中，動輒即有強烈依賴北方之心。渠等於二十天前派遣兩名密使，一名通過甘州、涼州前往俄國，另一名給駐紮於蒙

[36] 即後文的謝庭華，蒙人，哲蚌寺五教頭之一。——譯注

古阿拉克謝附近之董福祥送去密信，但詳情余未知曉。不過，俄國有意向黑龍江增兵一百八十個大隊[37]，顯然表明幾年後將與日本再次開戰，以雪前些年在東三省戰敗之恥，此意或許私下已向達賴透露。若再戰，戰火不僅只局限於東北三省，屆時俄國還將與因義和團事變招致失敗之端郡王及其同志董福祥串通，且聯合北方大庫倫哲布尊丹巴呼圖克圖一道推翻支那當今皇帝，以蒙人取而代之，恢復成吉思汗當年之偉業。而蒙人天真幼稚，尚未覺察在俄軍敗於日俄戰爭時該計畫已全然失敗。俄人為滿足其好奇心，如今欲在東面以強勢壓制日本，在支那中部唆使端郡王、董福祥舉兵攪亂支那，在西面則鼓動達賴崛起，促使西藏政治發生變化，使北京朝廷狼狽不堪，無計可施，同時使日本因支那產生動盪，陷入無法全力與俄國再戰之尷尬境地。而漢人動亂則會招致滿洲朝廷滅亡，達賴正希望趁機藉俄國力量將英人趕出西藏，同時舉起反清大旗，創建所謂亞細亞密教世界。似乎敗者之間同病相憐，且達賴冥頑不化，不辨時勢，謀求實現非分之想，知悉俄國欲報日本一箭之仇之深意，不斷對俄國之籠絡政策做出回應。達賴巧言令色，對外界期待似有若無，一方面給本願寺寄去書信，流露出欲派人前往日本之意願，討日本歡心；另一方面卻無實現書信意願之舉動，明裡與日本互通款曲，暗裡卻有意投靠俄國。達賴看透清政府，認為難以託付己身，而欲依靠俄國擺脫清政府之束縛，同時將英國趕出西藏。達賴於此之意願堅定不移，無法去除。然而在得知如今日本勢力強大，作為支那友邦有意給予幫助時亦認為，若招致日本反感，對擊敗英國之計畫極為不利，故須在俄國於東滿完成雪恥準備之前，明裡儘量向日本目送秋波，暗裡與俄國保持關係。由此

---

37 日軍的一個大隊相當於現代軍隊建制的一個營。——譯注

可謂達賴老謀深算似無不當。達賴當下之行為正好證明此番評論正確無誤。從達賴近臣中俄黨與清黨傾軋、反目現象日益嚴重，亦可輕易推演出以上結論。記錄暫告一段落，僅供日後參考。

二十日　託人寄出落款為今日之掛號信件：

家嚴一封；

妻子琴子一封；

大谷瑩誠（一封）

波多野養作一封；

岡島誘一封（寄往蘭州，落款為五月二十五日）。另寄葡萄一包。

二十二日　青木大佐從北京公使館寄來信件（落款時間如下）：

福島中將有關匯款之信件一封（四月十二日）；

青木大佐有關福島中將匯款文件之附件一封（四月二十二日，附件與來信合為一封）。

今日傍晚拜訪達賴喇嘛侍醫Raman堪布，詢問達賴派人前往日本之意向幾時可以確定。堪布回覆：「已召開諸大臣會議，但尚未做出決定。且達賴正在等待北京消息。而『進貢堪布』雖已抵達蘭州，但尚未返回此地。待『進貢堪布』來此之後當有答覆。」藏人天生猜疑心重，凡事皆無法速決速行，豈不令人悲哀？而如今已出現達賴近臣思想大抵一致之徵兆，俄黨、清黨兩派雖矛盾嚴重，但對眼前局勢無可奈何。俄黨無法抗拒清黨，現兩黨已有妥協親善之苗頭。據云彼此間已排除往日之驕鑾隔閡，最近連日召開會議，決議是等待「進貢堪布」從北京歸來，審閱、討論該堪布帶回之北京政府給達賴之信件，並通過該堪布瞭解北京政府對西藏之意向與日俄之動作及外國之評論等，綜合各種消息進行推斷，以確認向日本派遣使節是否有礙西藏利益後再做決定。此計畫可謂小心謹慎，亦未曾向余披露，但余堅信自己已洞悉該會議之真實情況。前年（一九〇五）達賴在蒙古大庫倫時曾任命Barudepiku堪布為正使，以Soiben堪布為副使，前往北京傳達達賴之意願，但未有任何效果。不僅如此，而且隨時光流逝，最終清、英兩國竟然繞開達賴，私下簽訂《西藏條約》。正使Barudepiku堪布認為因自身無能，不但未能完成任務，反而出現《西藏條約》之訂立，極為擔心因此將使達賴威信掃地，在鬱鬱寡歡、苦思冥想之中患上抑鬱症最終離開人世，令人同情。余於去年（一九〇六）四月曾在北京雍和宮與其見面，商量有關達賴之事宜。渠於當時或已有早死之思想準備，故召來眾多弟子，使渠等心無雜念專心讀經。而余於去年陰曆七月中旬赴西寧，至冬天十二月聽聞渠已逝去之消息，甚感悲痛。嗚呼！斯人業已逝去，世事本當如此。如今回想起來，余當時拜訪渠時，渠臉色蒼白，宛如死人，面有懼色，鬚髯蓬亂，似乎已有欲走向幽冥世界之想法。

副使Soiben堪布見正使堪布故去，因自身缺乏獨立完成使命之想法、勇氣、能力與見識，故欲離開北京，向達賴報告Barudepiku堪布死去之消息及經過。豈料此時恰好邂逅來京之「進貢堪布」，深覺三生有幸，在將渠等向北京政府交涉，轉達達賴意願等但未有任何效果之情況詳細告訴「進貢堪布」，並委託其繼續辦理事務後，一身輕鬆回到達賴膝下。如此委託之Soiben堪布可謂「馬大哈堪布」，而既缺乏主見，又缺乏使命感，僅認為履行進貢一職即為完成國家大事之「進貢堪布」竟然若無其事地「接受」此重大委託，在進貢時僅「順便」就Barudepiku堪布一事向北京政府交涉，但理所當然未有良好結果，只能按北京政府所言手捧敕書踏上歸途。據云如今已至蘭州。渠身負重任，按北京政府接待「進貢堪布」之禮遇規定，可以享受在各驛站、各道路驛馬接送之待遇，但在火車可通之情況下，渠卻在離開北京後繞行太原府、西寧府等，悠然不迫踏上歸途。渠於去年十二月自北京出發，各地皆有官員相送，在歷經漫長數月時間之後，如今尚未返回此地。即令可享官送待遇，但因事屬國家大事，故亦應當拒絕官送，或將事情大致原委以書面形式急派弟子向達賴彙報。據云渠通過信件，僅將自己離開北京一事告訴達賴，而就關鍵之重要事項卻隻字未提。藏人對有關國家安危之大事亦採取悠然不迫之態度，幾乎人人如此。由此看來，西藏之改革亦困難重重。

二十五日　阿嘉呼圖克圖前日致信塔爾寺寺務所，斥責渠等此次處置不當，並欲追究責任，催促該寺歸還上上一代以及自己數十年間出借之八萬兩銀子，以作為懲罰。而數名寺官今日則拜訪阿嘉，請求穩妥解決此事。但據聞使者一行措詞不當，並未充分尊重阿嘉，故阿嘉將再次以書面形式譴責寺官。

前日，即二十三日，余拜訪喀爾沁旗蒙古喇嘛德爾瓦堪布，向其闡述西藏佛教改革方向。堪布接受余之建議，談及希望派遣使節訪問我國，與東本願寺結為親密關係。余無法速斷渠之所言是否真實，但可看出達賴心中確有改變西藏佛教之願望。只因近臣冥頑愚昧，不通時勢，故達賴動輒表露出驕橫傲慢，不欲積極接觸世界潮流之姿態。渠雖公開表明應派使節前往我國本願寺，但至今仍在猜疑、恐懼中彷徨徘徊，無法毅然做出決定。出現此種局勢，毋寧說與達賴無知有關。渠乃不堪憐憫之人，同時於東亞佛教攜手一事而言，亦最為可悲。

二十六日（陰曆四月十六日）　降雪，深感寒冷。今日午前九時拜訪達賴喇嘛侍醫Raman堪布，以確認渠就西藏佛教改革計畫是否抱有期望與熱情如何。達賴及侍臣希望派遣使者前往日本考察宗教、政治等，但惟有深受達賴信任之侍醫堪布不願就此痛下決心，故周圍侍臣不敢獨斷上言，提出務向海外派遣人員，只能暗中窺測堪布意向。達賴自身儘管明白向日本派遣使者考察宗教等對西藏大有益處，但亦認為，若下屬意見並非一致，貿然出手將會導致不利局面，故不敢輕易發出命令，只有等待眾多大臣會聚商議後，方可做出派遣決定。達賴似在等待臣下上言，之後方表露自身意見。由此可以推知渠乃何等思慮綿密之人。而今臣下經過詳細討論，幾乎一半以上同意派人前往日本。

達賴之小心謹慎，蓋出於前幾年出逃時聽從俄人阿旺堪布所言，在眾多大臣事先不知情之狀況下，僅相信上述侍醫等兩三人之建議後即做出決定，結果陷入不利境遇，惡評如潮。有鑑於此，達賴此次打算與所有侍臣共同商議後再做決定。渠用心良苦，認為苟能如此，則萬一出事處置不當，責任自然不會全由自己一人承擔，而可與眾臣共同承擔，屆時亦可減輕自身責任。達賴長期獨斷專行，如今卻願意聽取並採用眾臣建議乃局勢使然，亦可謂為今後西藏佛教改革注入一股新鮮空氣。余認為渠為東西佛教正做出努力，其心意可諒。

午前十一時，余蟄居書房，奮力翻譯《西藏喇嘛教史》，欲使其儘快脫稿。此時，一位藏人前來告知Kanchensorupon堪布希望立即與余會面。於是余前往渠住處拜訪。堪布似略知待人接物禮儀。余等除處理事務、晤談宗教外，別無其他話題。今晨余託Raman堪布向達賴敬獻一張日本地圖，Raman堪布當即呈獻達賴，但達賴不熟悉日本地圖之漢字地名等，感覺不便置於案頭作為參考，故擬請余用藏文標注地名，Kanchensorupon堪布受命後要求與余會面。於是余等相對而坐，一面喝茶，一面在地圖上標注藏文，之後談話涉及西藏佛教改革新政策。渠曰：「達賴閱讀貴兄先前呈交之書信，非常心動，希望務必派人前往日本，但無奈侍臣各有打算，意見難以統一，且須考慮外界評論，故至今未有任何消息披露。然其近來壯心不已，待與侍臣共同協商決定後當有一些說詞。請貴兄充分瞭解此番心意。云云。」余等交談三小時以上，約定再次見面後告辭。

今日收到如下來信：

北京青木大佐寄出、落款時間為四月二十五日之掛號信，信中附有五百日元。另附有開往蘭州「南關天順行棧」下屬之「同盛和記」、票額為「蘭平足銀」三百二十四兩六錢五分之匯票一張。

今日寄出以下信函：

福島中將一封，落款時間為五月二十五日；

青木大佐一封，落款時間同上。

（以上兩封合為一封，以掛號形式寄出）

二十七日 余今日午前九時騎馬從塔爾寺出發，馳騁於郊外原野，前往此地以西十五里之Sengerruchubu寺[38]，會見避居此寺之阿嘉呼圖克圖。此時天空一晴萬里，山野靉靆熙和，田間麥苗吐綠，雲雀啼叫雲中，輕煙柳蔭之間有村落或隱或現。此路乃余前些年入藏時最初經過之道路。當時余一邊騎馬，一邊手牽駱駝，於陰曆十二月二十七日清晨從塔爾寺出發，途中遇雪，嚴寒徹骨，指頭生痛，但心中充滿希望，渾身有無限愉悅。如今再次踏上此路，回想往事，胸中湧起無限感慨，懷舊之情不勝依依，思來已經三年雨雪風霜。沿此田間小路進入山澗，翻過小山坡即抵

38 此寺疑為塔爾寺西北十公里處的半截溝靜房（亦稱「羊毛靜房」），係阿嘉活佛夏季閉關修行地。——譯注

Sengerruchubu寺。寺小，蜷縮於寒林之中，如同鄉村房舍。據云過去可見殿堂，但數十年前因遇回教徒兵燹，化為烏有，如今已不可見。余抵寺後享用茶點、休息片刻即面見阿嘉，雙方互道久疏問候，各自莞爾一笑，熙熙融融，宛如一家。當談及西藏佛教，余為調解渠與達賴之不和，勸其派使節前往日本。渠能理解吾意，但不肯輕易做出承諾，無論余如何百般勸誘，皆無任何效果，實感遺憾。正午共進午餐，午後二時告辭返回。途中微雪輕揚，飄落人身與馬身。此時山谷靜穆，使余又想起當年入藏情景，心中無限感慨。

岡島誘君從蘭州寄來報紙。余與岡島君未有一面之交，卻承蒙如此幫助，不勝感謝。

二十九日　「進貢堪布」今日自北京抵達塔爾寺，帶來清帝給達賴之敕書及畫軸等賜品。據云渠於去年（一九〇六）十二月自北京出發，一路皆有官員迎送，沿途亦有兵丁護衛，今日終於返回此地。敕書乃置於轎中，轎身包裹黃布，由四人肩扛。一行人馬在一頂幡蓋、多人吹笛擊鼓之熱鬧場景烘托下，浩浩蕩蕩逶迤而來。西寧府衙派出數名官員及五十名士兵護送，而達賴亦派出多人前往郊外迎接。一行人馬行至塔爾寺郊外，進入事先搭起之帳篷做短暫休息，喝茶吃飯後再整裝列隊進入寺院，之後又擊鼓吹笛，在盛大歡迎氣氛之中緩緩進入行宮。此時有戴紅頂子官帽（仿支那政府官制）之西藏喇嘛兼達賴政府高官，一見敕書下轎，即誠惶誠恐列隊恭迎，其誇張程度有如我國德川時代武家[39]恭迎公家[40]攜帶天皇下賜敕書時之情形。西藏厭惡北京政府，但以往冊封朝貢式恩

39 武家，指日本武士集團或武士政權。——譯注

40 此「公家」指日本天皇和朝廷公卿貴族。此稱呼乃相對「武家」而言。——譯注

惠隸屬觀念尚未從渠等大腦消失，故西藏民眾欲擺脫北京束縛從而實現獨立尚為時過早。不知今後藏民是在北京政府領導之下進行發展還是如達賴意願，等待時機掀起獨立運動，吾人將拭目以待。

三十日　岡島誘君從蘭州寄來三包紙與一張明信片。據云岡島夫妻均健康安好。

今日拜訪德爾瓦堪布，商談有關達賴派遣使者前往日本之事宜。

明治四十年（一九〇七）六月日記

十九日（陰曆五月十日）　今日岡島誘君從蘭州寄來報紙及明信片。余對此除感謝外再無以言表。

明信片一張，落款時間為新曆六月十一日；

報紙六包，落款時間同上。

二十二日　今日給岡島君覆信。

二十四日　就達賴喇嘛向日本派遣使節一事，向北京日本公使館寄出余撰寫之介紹信，全文如下：

陸軍大佐青木宣純閣下：

敬啟者　伏惟閣下貴體日益康健。如前信報告，達賴喇嘛就西藏問題及自身善後處理問題，務希獲得日本政府援助，以收圓滿之結果，今欲著手付諸實行之。此次擬藉赴京朝貢（之）良機，派遣正使三品頂戴大堪布Jamiyandanba、副使Rosantanjin二人與閣下、公使會晤，為考察日本之政治、宗教、軍事等，進而再向日本派遣留學生預做準備。渠等擬獻上若干方物，以表願與我國締結金蘭之心意。小生受達賴之請託，聊做以上介紹。有關如何獲得日本支持，維護達賴體面，以及西藏善後政策之晤談內容，余將另文詳細彙報，惟願見信後給予渠等會面機會。因藏人未有日人知己，故達賴與其特派使節囑余務必一道同行，以共同謀畫此次清國與西藏之利益交涉事宜。小生擬於七月中旬自本地出發，至北京後與渠等再行商議。有關祕密事件之內容如何商議希請閣下指導。此介紹信僅做開始此次交涉之情況說明，望閣下屆時能賜予接見。另請閣下與公使館商議，屆時亦請公使閣下賜予接見，以滿足渠等作為達賴使節之願望。敬希給予特別關照。頓首。

明治四十年（一九〇七）六月二十四日
於西寧府西南部一府邸
寺本婉雅

今日前述二堪布離開塔爾寺前往北京。西寧府衙官員至驛站送行。
今日寄出以下信件：
蘭州岡島誘君一封，落款時間為六月二十七日；
蘭州南關天順行棧下屬同盛和記一封，落款時間為六月二十日。
信件詢問北京寄來之匯票款可否暫存該店。委託岡島氏攜此信至該店諮詢。

二十七日　今日寄出以下信件：

福島中將一封。

今日至西寧支那郵局寄信。另就福島氏寄來之匯票款與西寧「乾泰茂」店聯繫。

昨日英國人Shield來訪。渠乃接受北京大清郵政總局指令到此一帶調查郵政開設事宜。因希望順便拜見達賴請余斡旋，故余為其聯繫拜謁一事。

二十八日　今日在西寧遊玩，並寫以下信件：

故鄉一封。

二十九日　今日凌晨三時自西寧返回塔爾寺。

明治四十年（一九〇七）七月日記

十一日（陰曆六月三日）　因阿嘉呼圖克圖與達賴喇嘛不和，故蘭州總督升允與西寧辦事大臣協商，派鎮臺馬福祥、府臺裕瑞等進行調解。兩人於昨日至塔爾寺，向阿嘉提出調解一事，並要求阿嘉謁見達賴且行叩禮，但阿嘉以不接受支那官員干涉為由，謝絕與鎮臺見面，並離開自家府邸赴塔爾寺以東十七、八里處之Shokorutan[41]河河畔搭帳篷住下，以此示威。見此余即曉諭阿嘉，敦請其在郊外與鎮臺會面。西寧府官員因有此會面機會而自尊心得到極大滿足。若阿嘉堅持不與達賴會面，則達賴將以此為藉口向北京政府提出須轉移至其他地方居住之要求。如此一來，問題之解決恐

41 疑為湟水支流南川河支流曲噶唐河。——譯注

將更為棘手。北京政府一面以優厚待遇安撫達賴駐錫此地，一面亦設法防止達賴出逃。

十四日 雨。今日阿嘉答應出面向達賴行叩禮，故從Shokorutan河河畔回到自家府邸。辦事大臣慶恕、鎮臺馬福祥、府臺裕瑞等人皆從西寧來此。昨日阿嘉之兩名使者至西寧，在辦事大臣、馬福祥等人答應充任見證人後，商定明日辦事大臣等至塔爾寺，派兵將阿嘉從Shokorutan河河畔接回。但至今日因降雨道路泥濘，故辦事大臣等無法派兵，不得已爽約。所幸阿嘉仍接受支那官員勸告返回自家府邸。不過按約定阿嘉須與辦事大臣等人一同謁見達賴，但此時達賴又特向辦事大臣提出希望單獨與阿嘉會面（此乃出自清黨對抗阿嘉之策），因此阿嘉以達賴單方面違反前約為由取消今日之謁見。

入夜後，余為讓阿嘉謁見達賴，特冒雨拜訪德爾瓦堪布，委託其商定如何使阿嘉謁見達賴，在得到堪布許諾後返回住處。據云鎮臺今夜來訪阿嘉，有過面談。

十五日 阿嘉在鎮臺引導與數十名衛兵護送之下，獨自騎馬至達賴行宮謁見達賴。辦事大臣、府臺並立於達賴兩側，德爾瓦堪布兼任翻譯與證人。謁見如規定結束。亦即阿嘉於午後一時四十分從自家府邸出發，於二時十五分結束謁見。阿嘉此次謁見與其他呼圖克圖及喇嘛謁見不同，引起眾人關注。其與達賴長達數月之對抗糾紛，終以此次謁見而暫告平息。塔爾寺三千五百名學僧亦因此獲得安定。鎮臺結束促成此次謁見之任務後旋即返回西寧。

十六日 辦事大臣、府臺等人今早乘轎返回西寧。

今日寄出以下信件：

福島中將一封；

家嚴一封；

妻子一封；

金港堂原禮子一封。

十九日　今日收到故鄉落款時間為五月三十一日之掛號信，以及落款時間為五月九日之包裹一個（內裝《高山樗牛全集》第一卷）。得知家嚴身體健康，心感寬慰。信中詳敘：家嚴住持之寺院簷傾屋頹，故村中信徒相聚商議如何修繕，在得到國有林木銷售轉讓款後現已著手進行修繕。此亦得益於家嚴在村中獲得信徒之信賴。寬容仁慈之家嚴無論巡錫何處皆獲得人們之信賴與尊重。渠四處宣講佛陀福音，無不取得教化功績。佛教領域雖頗狹隘，但於教化、使人臣服之力量方面，余遠不及家嚴。渠慈眉善目，富於同情心，其容顏態貌余在異域萬里之外彷彿還能見到。余早晚面對照片，竭誠祈禱家嚴能健康長壽，並向佛陀發誓，務必實現余之夙願。

有人送來岡島誘君發自蘭州、落款為七月七日之信件。

二十一日　今日寄出以下信件：

北京青木大佐轉福島中將一封（落款時間為今日）；

故鄉一封（自此開始落款時間皆為二十日）；

妻子一封；

蘭州岡島誘君一封。

明治四十年（一九〇七）八月日記

二日（陰曆七月六日） 今日寄出以下信件：

北京青木大佐一封；

家嚴一封；

妻子一封；

蘭州府岡島君一封。

三日 收到蘭州岡島誘君來信。信中敘述其夫人因分娩難產，在痛苦中離開人世。而當地醫生缺乏可靠之醫療手段，無計可施，只能眼睜睜看其妻受苦。其妻於七月二十一日逝去。岡島君與其妻在遠隔故鄉萬里之異域他鄉共同生活一年，故完全可以想像此時岡島君乃如何哀痛。信中還讚歎其妻性格溫順謙和，極盡婦道，賢淑有德。故又不難想像其夫妻感情如琴瑟和鳴。岡島君請求余為其妻取法名並誦經，故余貿然為其取法名為「釋尼妙貞」，另附上長篇悼文，於今日盡速寄往蘭州。余與岡島君從未謀面，僅靠通信往來，經常收到渠寄來之新出報紙。余今年二月末患病時渠還寄來藥品等。余迄今得其深情幫助絕不在少數。由此可以想像渠為人誠懇，溫良篤實。此地與蘭州遠隔六百餘里，此時聽聞其妻去世，余一時陷入驚愕、沮喪狀態。余在寄出悼文同時，還用心誦讀經文，聊表對岡島君之謝意。嗚呼！人世無常。他人之死偶爾足以成為自身鏡子。余之遠大目標究竟何時能夠實現？人世無常，而余今年已三十六歲，正日夜感慨，情何以堪！余獨自一人身處青海，聽任蕃風蠻煙吹拂，回想過去，推測未來，悵然若失，時時歎息。惟一之心願乃將西藏《大藏經》譯為日文（去除往日苦澀難懂之語言，使其成為平白易懂之日文），重振佛教，救濟東亞眾生。如今此事終有端倪，研究喇嘛教後始得以發現日本真言宗與喇嘛教具有相同歷史發展路徑，深感此番研究更有樂趣。余認識到翻譯西藏《大藏經》乃吾終生事業，並決定在朣風蓄煙中繼續研究之。不過，余所擔心者惟自身身體不佳，病痛常困擾吾心，加之缺乏經費，實為一大遺憾。經費並非由東本願寺支出，亦非由國家以研究費用形式支出，其來源實難以啟口。余之目標在於研究西藏。因前後花費十年時間，最終實現至西藏探險之夙願，令余在世上略有名聲。有人認為余膽識過人，毅力堅強，故福島中將以余志可嘉與東亞問題乃當務之急，不可等閒一日為由，給予些許資金援助。所遺憾者，乃不可充分拓展研究範圍及隨心購買有關西藏之各種參考書籍。大隈伯爵、兒玉大將[42]等亦稱讚余之志向，並給予支持與幫助。自古即有「偉人常懷偉業」之格言。吾雖非偉人，但願以此格言為目標努力向前。嗚呼！翻譯西藏《大藏經》乃一宏偉大業，所遺憾者惟余能力有限。余欲專心祈求佛陀保佑，在其昭然靈光指引下完成此一偉業。岡島夫人客死異國他鄉，此悲痛益發刺激吾心。記此心中所想，僅以此不斷鞭策自己奮發向上。

八日（陰曆七月十二日）　今日寄出以下信件：

東京松浦伯爵一封；

東京戶水寬人博士一封。

42　指明治時期日本陸軍大將、政治家兒玉源太郎（一八五二—一九〇六）。兒玉曾參與現代日軍的創建，歷任臺灣總督、陸軍大臣、內務大臣、文部大臣，在日俄戰爭時任日本滿洲軍總參謀長，後任日軍參謀總長。——譯注聽聞岡島夫人去世之消息，深感世間更加無常，故寫出兩首俳句：

花語無人聽，庭中秋蝶舞。
荒野與後庭，秋風瑟瑟吹。[43]

二十五日　今日寄出以下信件：

東本願寺教學部長一封；
南條博士一封；
故鄉一封；
蘭州岡島誘君一封；
蘭州南關天順行棧內屬同盛和記一封。

二十九日　今日收到落款時間為七月二十一日之家信。

明治四十年（一九〇七）九月日記

十日（陰曆八月十五日）　今日寄出以下信件：

蘭州岡島氏一封；

---

43 原俳句為：「花語る人なき庭を秋の蝶。」「後園も荒野も同じ秋の風。」——譯注

福島中將一封；

青木大佐一封（與福島信放入（同）一個信封）；

故鄉二封。

十五日 今晨接到以下親筆信，故立即拜訪德爾瓦堪布，見面後辦理向達賴喇嘛呈報該親筆信之手續。堪布於今日午前十一時親自將親筆信呈報達賴。

信封正面為：達賴喇嘛臺下

大日本國本願寺大谷光瑩

信封背面為：明治四十年八月朔日

東願寺另有交代：汝可親自呈報此親筆信。

附言：請自行斟酌呈報此親書之方法

明治四十年八月三日

本山教學部

寺本婉雅閣下

本願寺法主寄給達賴之親筆信抄本如下：

大日本國大法主持呈書於

達賴喇嘛臺下

印*陰曆丙午[44]十一月初六日之大札及隨信寄贈之禮物皆已妥收，感激莫名。

臺下就西藏佛教改革方略日夜思索。對彼方略吾深有同感。鑑於當下時代趨勢，吾以為現已進入亦須在世界傳播佛教之多事之秋。若

臺下有意派人來我邦考察佛教，則吾不勝欣喜，並願盡力提供方便與建議。

竊以為由此可增進東亞佛教徒之間久違之情誼，並可共飲同源分流之佛教法水，為法運之振興做出貢獻。不宣

明治四十年八月朔日

大日本國本願寺　大谷光瑩　印

*明治三十九年十二月

呈送親筆信後至午後四時來一使者，請余即去會面，故余立即拜訪Soiben堪布。堪布正等待余之到來。據云親書呈報達賴後，因其由日文書寫，達賴無法看懂，而近臣與漢文翻譯亦無法將其譯為藏文，故特意請余幫忙。於是堪布及一位懂漢文之蒙人與余共同翻譯。譯出之藏文比原文更加恭

44　即一九〇六年。——譯注

敬。翻譯結束後立刻呈報達賴。時值午後七時。至傍晚風稍大。

十九日 今日收到達賴喇嘛給本願寺法主之回信，翻譯其原文如下：

釋教總主達賴喇嘛書信

擁有廣博智慧之大日本國

大法主臺下 日本帝國四十年八月初一日之來信已於藏曆丙未年八月二十日妥收，敬悉一是。法主認為當下已進入多事之秋，須在全世界傳播佛教，尤為重要者乃加強東西佛教之聯絡，此意與余精神完全一致，讀之欣喜異常。惟於今雖有意向貴國派遣有才識之士，但我方對此尚缺乏適當之準備，故須待返藏後加以認真考慮後再行派遣。

冀盼於佛教聯絡方面給予深入思考與幫助，並告知聯絡方法，以期獲取最大效益。

丙未八月二十三日吉日於塔爾寺

大日本國大法主臺下

達賴書信原文如下——【原編者注：此處從略。】

二十一日 今日寄出以下信件：

達賴給本願寺法主之親筆書信一封

○《真言祕經》之起源與發展[45]

——《毗沙門天王經》之文本批評　作者　渡邊海旭

此論文刊載於《哲學雜誌》第二百三十一號〔明治三十九年（一九〇六）五月十日出版〕與第二百三十二號〔明治三十九年（一九〇六）六月十日出版〕。

明治四十年（一九〇七）十月日記

十日（陰曆九月四日）　今日寄出以下信件：

福島中將一封；

大隈伯爵一封；

松浦伯爵一封。

明治四十年（一九〇七）十一月日記

四日（陰曆九月二十九日）　自蘭州返回西寧。

五日　今日寄出以下信件：

北京正金銀行一封（內裝「已收三百日元匯票款」收條）；

前田見二郎一封。

45　原文編排如此，不知插入此段為何意。——譯注

今日收到青木大佐自北京寄來之信件。信中提及福島中將轉寄經費一事，曰該匯票款由北京正金銀行轉入北京同盛和記，現寄汝以受票人為蘭州同盛和記之匯票一張。匯票金額為蘭州平足銀一百八十七兩二錢四分。今日寫收條後寄往福島中將。

今日寄出以下信件：

北京青木大佐一封（收到匯款之回信）；

故鄉一封；

蘭州岡島誘君一封；

蘭州高橋幾造一封；

梅村修次一封。

六日　清晨自西寧出發返回塔爾寺。

七日　今日阿嘉呼圖克圖應北京宣召自安多出發，歸途擬經蒙古返回多倫諾爾。

八日　今晨拜訪德爾瓦堪布，委託其向達賴轉交余所敬獻之禮物與《日俄條約》及其英譯兩份抄件，以及七月三十日報紙有關「（北京電）風傳中止西藏改省」之報導抄件。堪布見此，認為西藏主權將一如既往掌控於達賴手中，為達賴欣喜異常。

達賴為達至赴北京朝見之目的，於今夏派出兩名堪布前往北京活動，似略有成效。據云清政府已同意達賴進京。但據德爾瓦堪布所言，此消息已上報達賴，但達賴尚未收到北京政府之正式邀請函，其真偽有待證實。

十六日（陰曆十月十二日）　俄國與達賴之交往依舊未發生變化，儘管近日坊間風傳達賴欲進京朝見，但俄國仍與達賴帳下之俄黨書信往來頻繁，似在商議某些事情。今年三月，兩名俄屬布里亞特蒙人作為俄國使者來此與達賴商談某事，於四月離開當地，返回布里亞特向俄方覆命。渠二人於陰曆九月二十五日再度自布里亞特策馬前來，與俄黨商議。尤應關注者乃渠等二人如今寄居於Raman堪布府邸。Raman堪布乃達賴侍醫長，執掌達賴行政大權，又為前些年引誘達賴出逃俄國之罪魁禍首（謀反者），係俄黨首領。二人來此後整日與Raman堪布密談，屢屢謁見達賴。二人中一人年齡四十五、六歲，黑髮，目光炯炯有神，一見即可知為布里亞特蒙人喇嘛，外出謁見達賴時則戴紅頂子官帽，乍一看有如大庫倫蒙古官吏。余費盡心機，欲查明渠等身分，但渠等極為神祕，問俄黨首領府邸下人亦不答覆，故無法確認渠等究竟屬何人。僅聽說渠等乃布里亞特蒙人，今春來到此地，與Raman堪布結為至交，在與達賴商談後曾帶走達賴親筆書信，一度回國後如今再次返回此地。然而渠等謁見達賴比蒙古官員更為容易，而且數次謁見時必由Raman堪布在前引路，令人頗感奇怪。不到半年一度往返之後又從遙遠北方返回此地，絕非俄人通常做法。渠等於今晨自當地出發，再度返回俄國。具體說來，二人乃今年四月離開此地經蒙古回國，於陰曆九月二十五日再次來此之前，係從俄國首都聖彼得斯堡出發，經海路抵達上海，後乘盧漢鐵路列車經西安來此地。由此可見此事非同尋常。余認為儘管俄國與日本於表面上締結協約，但其內心無一刻掉以輕心。從上述陰險舉動可推測俄國對清國領土全無放棄之心。縱令俄國真正之侵略目標不在西藏，但俄國欲通過蒙古、西藏動搖北京政府，趁機達至某個目的，卻為一目了然之不爭事實。有人云我國並非屬意西藏，而西藏又屬英國勢力範圍，故無須加以特別關注，此乃愚人之論而已。俄國在青藏高原往來走動，表明其不久即會侵略蒙古。一旦蒙古發生動盪則將導致北京動盪。北京一旦動盪，則日本不能袖手作壁上觀。重要者乃在於余須繼續做遠距離觀察，以判斷近處海面是否風平浪靜。

十一月十九日　傳聞清政府下旨，令達賴喇嘛於十二月三日（陰曆十月十九日）自當地出發前往五臺山巡錫。

因此，余託蘭州岡島誘君給北京青木大佐發去電報：

北京日本公使館青木大佐：

遵上諭，達賴喇嘛於十二月三日從當地出發前往五臺山。有駱駝八百匹及行李。

寺本

今日寄出以下信件：

福島中將一封；

家嚴一封。

二十日　今日寄出以下信件：

大隈伯爵一封；

松浦厚伯爵一封；

小笠原子爵一封；

東本願寺一封；

東京日本大學戶水寬人博士一封。

二十三日 俄黨首領Raman堪布聽聞余近日將離開塔爾寺，故派人送來若干尺西藏產金襴及一條哈達。蓋近日達賴擬前往五臺，明年擬自五臺進京朝見，故對余日本人表示善意，希望達賴前往北京朝見時或能得到日本之同情與幫助，以達到渠等目的。自去冬余來此地後，與渠等往來接觸，盡力聯絡東西佛教，揚日本國威於西藏高原，並促成達賴喇嘛與我本願寺大法主二位未曾謀面之法友相互通信，前後竟有兩次之多，首開日藏關係新篇章。然而達賴屬下俄黨常常從中作梗，認為余乃代表日本宗教界或在轉達日本政府意旨，設法不讓余與達賴結成親密關係。然而余仰仗佛陀冥助，決意將渠等從冥頑不化中喚醒，使同一佛教信徒經常往來，適應世界潮流。不僅如此，余作為日本人，還在青藏高原上揚我帝國威名，使渠等意識到東亞安全之保障正擔於我日本之雙肩，並諄諄告誡渠等，西藏之利益得失，在於離俄親清。最終渠等略有醒悟，對余顯示好感。其中清黨時常努力與余接觸，希望通過余或能與日本政府接觸，或幫助解決某事。此次達賴之所以接受巡錫五臺，乃去冬渠來塔爾寺駐錫後余與清黨接觸往來，告知達賴進京朝見一事對達賴自身而言具有最大利益之結果。為何前幾年達賴自西藏出逃至大庫倫時不直接從大庫倫來錫北京或五臺山？毋庸多言，達賴當時並無朝見北京或來錫五臺之意，其本意不過為結交俄國，據俄抗擊英占印度，進而抗拒北京政府，實現西藏作為獨立國家之夢想。故達賴眼下來到此地，表面上表示欲痛改前非，到北京觀見，但事實並非如此。如今北京政府在討論設立西藏新總督時暫時停止對西藏地方政府之經費支出。雖曰「暫時」，但政府之真意傾向於設立新總督已成不爭事實。達賴聞後十分驚訝，欲親自前往北京覲見，希望一如前朝，重新掌握西藏國王之實權。可以預期達賴此次將親自謁見光緒皇帝，向其哀求。此次五臺之行不過為進京之前奏。余打算此兩三日內離開此地前往北京。余須先於達賴抵京，對達賴屬下俄黨示威，同時接受清黨委託，攜帶為充分保障日藏交往之必要文件返回。余之行動在當地引起蒙人、藏人等注意，甚或有人謠傳，曰策畫達賴此次五臺之行乃日本人寺本。有此謠傳，蓋出於今夏余勸說俄黨與清黨為讓達賴進京，須派遣兩名堪布前往北京活動之故。余不憚自證此次達賴五臺之行乃余作為日人出謀畫策之結果，惟熱切期盼達賴能於今年前往五臺巡錫，明春自五臺晉京，並期待此次行動將使俄黨與清黨團結一致，水火相容，抑制本性，共同行動，從而在將來間接或直接請余或日本政府出面應對。此事清黨早已屢次委託於余。而今日俄黨首領Raman堪布於余即將離開此地之際向余示好，其用心無疑在於達賴自五臺晉京朝見清帝時能得到余與日本政府之幫助。但日本駐北京公使屆時將如何應對渠等，是斷然採取不干預政策，抑或有勇氣開始簡單交往？余不勝擔憂。

二十四日（舊華曆光緒三十三年（一九〇七）十月二十日）　午後三時半，突然有使者上門報曰：「達賴喇嘛正等待召見閣下。請盡速大駕光臨。」余遂倉皇更衣隨使者前往行宮。在樓下等候十分鐘後有人引導余上樓。至樓上一看，達賴已在客廳等候余之到來。余趨前脫帽，按西藏習俗行三拜叩禮後手捧哈達獻上，達賴用雙手在余額頭一摩，表示給予最高恩寵。之後達賴緩緩開口：「聽聞君擬近期回國，今日朕得以見君一面，祝禱君一路平安，乃朕之最大喜悅。君平安歸國後，請向東本願寺大法主與貴國官憲轉達朕之問候。另期待君返回後能在明春朕駐錫五臺時來彼山與朕見面。朕欣悅期待君之再次到訪。於今朕有意給大法主與貴國樞要官憲呈送書信，但朕又想起待駐錫五臺後君到訪時再寫亦不為遲。君歸國後請向各機構轉達朕之心意，並請各機構予以諒解與支持。」余答曰：「回國後當謹遵王命一一轉達。若猊下駐錫五臺後有意進京覲見，在辦理此事時或遭北京政府為難，余與我日本政府當盡微薄之力，務使法王實現朝覲北京之願望。猊下！若夫轉念於聯絡東亞佛教與保障東洋和平，則結成日藏親密關係易如反掌。余為實現此目的，為世界和平，為汲取佛教同源之法水，願真誠介於雙方之間，竭誠盡力擔此大任。」達賴曰：「多謝君之美意。不難猜想駐錫五臺後必將仰仗君與貴國官憲。朕有此期待，但今日暫不言此，只等待君來五臺。」言畢雙方致禮道別。臨別時達賴贈余一塊長一丈六尺之支那褐色寬幅綾絹，一反[46]西藏氆氌及一條一丈餘長之哈達，並將哈達繫於余脖頸上，表示最高恩寵。余收下禮物，約定再次會面後告辭。此次會面與去年（一九〇六）以來之數度會面均有不同，達賴面色熙融，侍從等皆對余施以最高禮節，令余極為愉快，有一種難以言說之感覺。安排今日會面，且使其善始善終者，乃全然得益於達賴之講經教師——拉薩哲蚌寺大學最高級學者、蒙古人德爾瓦堪布。渠乃清黨一員，與余交往最深。

因明日擬離開此地前往北京，故入夜後忙於整理行裝，並抽空在寒燈下做此紀錄，以供日後紀念。

今日塔爾寺中與余稔熟之喇嘛向余贈送禮物，並為余舉辦歡送宴會。噫吁！余前些年來此地住有兩年，達至入藏目的。去年六月自北京再來此地，至今年十一月約度過一年半歲。此間余實現與達賴之交流，建立日藏公開往來之關係，開啟聯絡東亞佛教之先河，為完成日本帝國之國策——保

46 反：日本布匹長度單位，相當於製作一套成人服裝的衣料長度。一反為二丈六尺或二丈八尺（一日尺約等於三十七點九公分）。——譯注

障東亞和平之某一要事做出貢獻。與此同時，余研究藏語，翻譯鑽研喇嘛教，得以發現我日本密教與喇嘛教屬同源關係。在過去一年半時間內，余譯出《西藏喇嘛教史》，《新舊喇嘛教各派大綱》之撰寫亦完成大半，使余得以產生回國後向日本學術界介紹喇嘛教為何物、喇嘛教與日本密教之關係等之勇氣，並獨自為此欣喜不已。自明治三十一年（一八九八）夏萌生入藏宏願以來，至今已有十年歷史，余之目的業已實現一半，當可告慰吾心。然余最大目的僅在於翻譯藏語《大藏經》，同時推進東亞佛教間之聯繫，於我國設立「帝國佛教大學」，以此潔淨、漂白日本帝國之民心，使佛光普照世界，發揚真誠、專一之宗教精神，救濟人類之一切心靈。前途漫漫，但逐步邁進終究會達至彼岸。「南無阿彌陀佛！南無阿彌陀佛！」

今日寄出以下信件：

經北京日本郵局寄往

福島中將一封；

東本願寺一封；

故鄉一封。

自塔爾寺歸國

十一月二十五日 午前七時半自塔爾寺出發，踏上歸國之途，傍晚抵達西寧府。

今日收到在蘭州府高等學堂任職之岡島誘君來信，落款時間為陰曆十月一日。信中談及曾與任職於同校之高橋幾造、梅村修次共同起誓，欲一道辭職，不料梅村中途變卦，現在進退兩難，非常苦悶。據云學校擬繼續聘用梅村，而解雇岡島、高橋等人。

西寧北風凜冽，寒冷刺骨。

十一月二十六日 晴。午前七時半離開西寧沿湟水河向東行進。道路皆平坦，四周濃霧瀰漫，在此冬日清麗之早晨，來自附近村落、郊外之農民、商人、遊客皆朝西寧走來。出城不久天氣逐漸轉暖。午後一時左右經過Shosha，眼見一座危橋橫跨大河兩岸，人員往來通過棧橋時橋即上下搖晃。許多蒙人牽駱駝欲過橋拜謁駐錫塔爾寺之達賴。駱駝來到棧橋邊，戰戰兢兢，難以渡過，故人們只能卸下駱駝背上之行李，一頭一頭牽拉過橋。讓幾十、幾百隻駱駝過橋須數小時。有時駱駝因恐懼撞斷棧橋欄杆，從橋上墜入湍急之河中。墜落水中之駱駝無法救上岸，實為可憐，只能眼見其身陷水中，任其漂走。馬車沿湟水河南岸前進，寒村處處飄起炊煙，路邊田水溢流結成白冰，馬車難以行走。此地氣候比塔爾寺溫暖，使人聯想宛在秋天郊外旅遊。余於車中閱讀朋友惠寄之新報紙。報上登載日本帝都消息，令余頻生思鄉之情。傍晚投宿「冰中業」旅館。是日行程六十里。

十一月二十七日　午前六時出發，離開旅館時天際已發白。清晨有霧，河風吹來，寒氣徹骨，馬匹鼻息噴出後即凍成縷縷白煙。此時凜冽寒風驟起，余取出毛衣蓋上，弓身蟄居車里。驅車十數里地，太陽出來後感到寒氣消退。正午十二時半左右至碾伯縣河畔。河水結冰，僅河床中央有流水。船夫在兩岸綁上粗麻繩後連接渡船，並用力牽拉，頻頻運送過往行人。河風刺骨，但渠等仍不厭其煩繼續拉舟渡人。此行當於世間最為辛苦，須將馬車扛至船上再從此岸拉至彼岸。馬車乘客不下車，五六個船夫須連人帶馬扛至船上，之後再用繩索將船拉至對岸。

過河來到北岸，左方可望見碾伯縣，縣城東門側面有一條大路。余等沿Kakute河向東南行進。河邊沙土沉積處形成乾壟，枯黃楊柳站立於晚霞之中，其景象十分般配。枯林中白雪或隱或現。傍晚投宿於「高廟子」，是日行程九十里。

今夜乃我親鸞聖人忌日前夜。在日本，同一宗派信徒必在此日竭誠謝恩，追憶聖人往昔偉業，哽咽於無限感慨之中，更加堅定報答佛恩之信念。而今余身處萬里異域江山，旅途中遇此忌日，暫無機會表達報恩之意，只能在清晨動身與夜晚投宿時在旅館誦經，對聖人之宏業偉靈聊表寸心。余篤信聖人之說，收穫聖人賜予之信仰，不計善惡苦樂，心不為萬事所動，身不為萬物所亂，不執著、不嗔怒、不貪婪，生活淡泊坦蕩，可充分體味其個中三昧。可以相信此完全得益於聖人教誨帶來之純真信仰。儘管旅途中之誦經修行微不足道，但余堅信余之行為必定符合佛陀觀照。

十一月三十日　昨夜投宿平蕃縣。自高廟子至此有一百七十里路。今晨自平蕃縣出發，抵徐家攤。此地僅為一寒村，有兩家旅店。是日行程七十五里。

明治四十年（一九〇七）十二月日記

三日　今日午後五時抵蘭州府，投宿於「東關泰來」旅店。

四日　今日給北京日本公使館青木大佐發去電報，電文如下：

> 北京日本公使館青木大佐：
>
> 有上諭，本月中旬左右達賴將駐錫山西省五臺山。渠有微薄禮品，內夾一封文書，余今一併攜帶歸國。寺本。

五日　今日逗留蘭州。

六日　從蘭州出發前往西安。《讀賣新聞》九月二十四日刊登福島中將閣下被授予男爵之消息。

二十二日（陰曆十月十八日）　自蘭州府抵西安。費時十七日。

二十六日　自西安出發前往河南省鄭州。

三十日　通過河南省靈寶縣城外西面之函谷關。函谷關位於靈寶縣城西大門外黃河河畔。自潼關至此費時三日。一路皆於山岳間行走。此處乃守衛河南之要塞，扼鎖此地，足以封鎖西面之陝西省。

河南省全境地處高原之上，乃黃河泥土堆積而成，未見險峻高山，但有丘陵綿延數百里。地理狀況更遜於甘肅省。硤石縣有煤礦，但煤質並不優良。

明治四十一年（一九〇八）正月日記

六日　抵河南省鄭州府。此地位於盧漢鐵路與洛陽鐵路（位於開封府及河南府）之交叉地點。車站設於城外，加之大量民房建於車站附近一帶，故有日漸繁榮之跡象。

七日　正午十二時自鄭州出發，午後六時抵彰德府。乘客一般投宿於車站附近客棧。因夜晚列車不開行，故余冒嚴寒獨坐於火車車廂苦熬一夜。與其住進鐵路沿線污穢、潮濕之客棧引起不快之感，毋寧睡在火車車廂內，自有一種住進高級旅館之感覺。車窗遇冷空氣內側結冰，似塗上白粉。窗外冰輪高掛夜空，皎潔冰涼，喚起羈旅之情，情何以堪。一覺驚醒，窗外傳來喧譁聲。拂曉時分，乘客返回車廂，喧鬧嘈雜。

八日　午前七時離開彰德府，午後一時經過石家莊。鄭州至此之鐵路沿線乃一片蒼茫大平原，茅舍在寒林疏影中若隱若現。此時風和日麗，宛如秋天，無雪，溫度計顯示為華氏五十度左右。午後八時抵北京，投宿「扶桑館」旅社。

十日　拜訪公使林男爵[1]。晤談甚歡，數小時後告別。繼而拜訪阿部書記官，相互披瀝自前年以來之思念之情。

十一日　應松井石根大尉盛情邀請，搬入公使館內客房。

1　即前述林權助。——譯注

今日午後拜訪朋友桑原騭藏[2]氏。余甫住進扶桑館渠即來探訪。於今為時已晚，但仍去拜訪。

十八日 午前八時辭別北京公使館，自前門外乘火車踏上歸國路途。降雪，極冷。午後十二時抵山海關。因此前從北京拍電報給駐屯當地之武官，故某一武官至車站迎接，安排余住宿於「大和」旅館。

十九日 午前離開山海關。因狂風勁吹，大雪從車窗吹入，車廂內瀰漫凜冽之寒氣。途中在「大橋」站前六十四五里處因雪深火車無法前行，停車三小時。午後四時十五分列車離開彼處繼續前行。途中不斷有事故，火車無法快速前進。十二時至溝幫子換車。雪愈下愈大，風愈颳愈猛，氣溫降至華氏零下三十五度。余蟄居於二等車廂內渾身哆嗦度過一夜。二十日黎明午前二時半抵營口。

下車後找支那人引路尋找旅館，並使其挑起三百餘斤行李進入一條污穢而漫長之街道。風大撲面，呼吸不暢，臉部生痛。余跟隨支那人來到某處，然此處並非客棧，而是荒廢之賭館。無燈，昏暗，且臭氣薰天，四壁環堵蕭然，僅有一張「桌子」與光線昏暗之「煤油燈」，裡屋橫躺四、五名支那人。至此余方恍然大悟，該引路人因賭錢失敗，而又貪杯，故謊說有客棧騙人至此住宿。而余不知就裡，中此惡棍奸計。然因半夜，亦無可奈何，只好將就過上一夜。「旅館」竟然不提供一杯茶、一碗飯。自昨日起余未吃飯，此時只好忍飢挨餓，裹一條紅毛毯躺在冰冷炕上。在空腹一日有半與疲勞之雙重侵襲之下，余不知何時進入夢鄉。

---

2 桑原騭藏（一八七〇－一九三一），日本東洋史學者、京都帝國大學教授，對研究東西方交通史及中國西域功績卓著，著有《蒲壽庚之事蹟》、《東洋史說苑》等。——譯注

二十日　嚴寒使余從夢中驚醒，一看鐘錶已是午前八時。余一躍而起，整理行李後從街市叫來一碗麵條吃下，始漸有重生之感。之後立刻乘雪橇過遼河，再雇馬車在狂風中急駛，於午前十一時半抵達牛口屯。

零時三十分火車自牛口屯出發，向東南方向行駛。至大石橋再轉乘自奉天府開來之火車。原定於午後九時抵達大連，但因降雪火車晚點，又在車廂裡度過一夜。二十一日午前一時半抵大連灣。沿途可見俄人設計之仿古建築及其他設施，皆大手筆，有宏大雄渾之感，令人驚訝。俄人視野之寬廣，眼光之遠大，於四處皆可尋見，亦全數反映在其設計理念之上。其規模之大，我日人根本無法想像。由此足見俄人之宏偉壯志。

二十一日　午後四時離開旅館前往運輸部[3]拜訪。青木少將[4]搭乘之「神戶丸號」船未能準時到達。繼而拜訪本派本願寺大連分寺。與前田德水氏、白石氏會面。前田氏即前田博士之胞弟，乃分寺幹事。據云日本在大連之布教基礎稍有鞏固，其中尤以本願寺勢力最大，日蓮淨土教次之。耶穌教徒在此亦熙來攘往，忙於布教。大連比余之想像規模更大，似有神戶市面積之三分之一，建築悉由俄人設計，街道整潔，有四萬多日人，其繁華殷實足可推斷其有遠大之將來

美國高等法院法官Haran近日在美國海軍協會發表演說，主要內容如下：

3　原文如此，何機構不詳。——譯注

4　原文未說明其為何人，但根據上下文，可以猜測其即為前述之青木宣純大佐，此時已拔擢為少將。——譯注

今後十年清國陸軍人數恐達五百萬，而此部隊皆由日人訓練。若以此為前提進一步論述，則屆時渠等將變為極其暴戾、獲得發號施令之地位：「汝等白人，請滾回自己國家保衛歐美！吾等自可保衛自己國家。白人，請滾出我國！」美國人！請盡速警醒！余無法論斷在不久之將來會有戰爭，然若考慮未來則必有戰爭。此戰爭恐為驚天動地之大規模戰爭。屆時美國地位又將如何？若美國不欲身處無法抗擊任一國家攻擊之地位，則今後每年須投入五千萬美元用於擴張海軍。

二十二日　今日午前十時半「神戶丸號」抵大連。青木少將搭乘此船。余離開北京前從公使館給少將發過電報。因有要事必須與少將見面，故至碼頭迎接。青木少將自余初到北京遊玩時即與余有交往，在宗教問題上亦時常與余交換意見。此次作為國家緊要大事，須對蒙古、西藏問題磋商，故特意約定在大連相見。余與少將甫見面後即互相問候：「啊！別來無恙。」少將投宿「相長」旅館。余暫回旅社，用完早餐後赴旅館拜訪少將。余進入房間時已有兩位客人。見余與少將有祕事相商，客人告辭退去。余與少將促膝交談，少將喜不自勝。兩人皆胸懷遠大志向，肝膽相照，披瀝衷腸，意氣風發。之後共進午餐，談話數小時至夜晚方告辭離去。少將擬明日黎明離開此地前往北方。

二十四日　午前十一時自大連出發，經門司、宇品[5]直達神戶。

5　宇品，今日本廣島港。——譯注

二十八日　午前九時半抵神戶，於「後藤屋」休息。各報社多名記者蜂擁而至，余苦於應對。同日零時離開神戶，於午前四時半抵八幡車站。戶長[6]前田氏、拙荊等數人前來迎接。傍晚平安回到家鄉。嚴父慈母皆康健。見雙親慈顏尊容，余彷彿雙肩卸下重擔，終可放心。之前擔憂一年有半，此時掛念驀然消失，喜悅之情無以言表。二十九日、三十日在家盡孝。

三十一日　午後二時四十分離開八幡車站東上。

明治四十一年（一九〇八）二月日記

二月一日　午前八時半抵東京新橋車站，之後直接前往參謀本部拜訪福島中將。二人相談甚歡，達數刻鐘。

二日　午前十時前往牛込矢來町拜訪福島男爵[7]，主客促膝交談，至午前十一時二十分約定再見時間後余告辭。二人一致認為就國家大事皆應採取積極手段，以使諸事順利發展。

6　日本明治初期在施行町村制前設置的町村一級的行政職務名，相當於中國的鎮長、村長等。——譯注

7　即福島中將。——譯注

第四章　五臺山之行

自神戶赴北京

明治四十一年（一九〇八）四月日記

三十日　離開故鄉中途順訪京都。家嚴偕送。二人先至本願寺「兩堂」參拜，後余雇兩輛人力車，前後相隨至照相館，為家嚴拍照。家嚴頹齡已過七旬，因讀書老眼昏花，然耳尚聰。值此家嚴一息尚存而難知明日之際，余卻擬踏破萬頃波濤，渡海至清，故慮及後事一日不得安生，乃為其攝影留念。是日午後二時與家嚴在旅店門前告別，自「七條」停車場乘車至神戶，宿於海岸大道「後藤回漕」旅店。妻亦相隨送行至此。

明治四十一年（一九〇八）五月日記

一日　乘「相模丸號」輪於午前十時出神戶港，只見春靄朦朧，似有慶賀余遠征之意。余雖數度往來穿行於須磨、明石一帶，沿岸景物早已屢見不鮮，但今日仍覺其風光明媚秀麗，再多見數日亦感心中無比暢快。

二日　船入門司港後降雨，終日雨霧濛濛，風高浪急。又因玄海灘海況不明，故船長下令碇泊。乘客心急須趕時間，但身體已託付海船，此時進退維谷，故有人聚集一處議論玄海風波，但面色皆蒼白可怖。不堅強之人士則為外界物象所控制，外表內心俱戰慄不已，最為可憐。

午後六時許，風稍靜，浪稍低，輪船起錨開航。

玄海灘亦無大礙，船費數小時後通過。過此處已離開祖國，欲進入朝鮮海界。

三日 右舷可見朝鮮某群島，船在星星點點島嶼之間向北穿行。

五日 海上平安無事。出甲板與船客嬉戲。至傍晚大海中海鳥因終日飛翔疲憊不堪，且失卻棲息場所而佇立舷端。此時船員聚集欲捕夜鳥，但費盡種種手段仍不如意，海鳥最終飛離。太陽已沒入海面，此時雲遮霧罩，四周漆黑一片，船員發現海鳥停靠在繫於艫端之救生艇一角，故匍匐前行，悄悄接近，終於捉住鳥足。嗟乎哉！海鳥終日彷徨大海，既疲且飢，最終竟為不知慈悲、鬼畜不如之人所捕。余見之心痛不已，故上前曉諭：捕飢鳥乃非人之所為。繼而人們拿出細繩縛鳥足給食。翌日詢問其鳥情狀如何，答曰已放飛大海。想來異域之鳥去除枷鎖後如今正飛翔於「滿洲」曠野，得享百年之壽樂乎。

六日 午前九時半於大連靠岸。因船須逗留一日，故下船登岸散步。天氣晴朗，心情暢爽。大連港規模之大乃俄人設計所致。即令日人先於俄人占領某地，亦難以建成如此大規模之港口。俄人胸懷之大以此港口可徵。我日人移居此地呈逐年俱增之勢，未來之繁盛當可卜知。赴天津、北京之日人極少，二等艙中不過四人。除時鐘報鳴聲不時迴響餐廳外其餘時光闃闃無聲。天氣晴朗，水波不興，海面靜謐。據聞自大連至芝罘約九小時直行可達。夜間九時自大連出發。

七日 上午六時半進入芝罘港，天氣晴朗，港內已有眾多日船。而海面有片片漁舟來往捕魚，其行亦壯。日本商人或來此行商，或居住此港經商，人數逐年增加。

八日 上午八時進入大沽海面。之後當即乘小船登陸大沽。天氣晴朗。二等艙客共三人，獨余赴北京。

華曆 光緒三十四年（一九〇八）四月初十

日曆 明治四十一年（一九〇八）五月初八

下午六時半至北京，青木少將助理、松井大尉與甲斐二氏以及扶桑旅館老闆等人在停車場迎候。將行李運至旅館後余先至日本公使館謁見青木少將，繼而共進晚餐，沐浴後返回旅館。時值夜間十時。

今夜寫信，寄往以下人物、地址：

福島中將一封；

大隈伯爵一封；

松浦伯爵一封；

故里一封；

高楠博士一封；

藤岡勝二氏一封。

九日 由扶桑旅館移住本願寺，會見羅桑旦津喇嘛。據云渠擬本月十九日自北京赴五臺山。預定陰曆五月八日、九日抵彼地。又據云：「七月中章嘉呼圖克圖預定來燕。五月二十四日皇帝預定行幸雍和宮。據云須修整阿嘉府邸以充其休憩場所。」

自北京赴五臺山遊記

二十五日　清晨五時於人們尚在熟睡之際悄悄起身，出北京六條胡同本願寺分寺，乘人力車飛馳至前門外火車站，此時支那乘客已在停車場內嘈雜喧鬧，故暫至約定同行之劉明琨之客廳等候。彼此寒暄後二人皆喜色滿面。劉氏嘗於義和團事變時慫恿阿嘉活佛訪問日本，余與劉氏共同遊說阿嘉多走多看，不意竟以此為契機成為北京密友，至今來往不斷。此前曾就赴五臺山一事勸說劉氏，答曰予可跟隨相伴。劉氏乃一介書生，以做喇嘛教佛畫為業，並以絕代喇嘛畫師聞名京師。其子息德泳氏辛勞送行，將二百斤左右之行李裝入二等車廂內。余與劉氏共占一室。三島海雲隨後亦來此送行。三島氏乃日華洋行經理，充任商業及其他事務交際工作。昨晚余應邀出席三島氏舉辦之宴會，席間其為余之旅行表示祝賀，情誼可感。七時開車，向西前進。七時三十分抵長辛店。天氣頗涼，眼望窗外，西山一帶紫雲靉靆，麥田綿延，青穗尺餘，與長天碧空及田間綠草交相輝映，織出一派初夏之新綠。農夫挑擔行走於綠色世界，其心態之平和，其氣度之沉穩，大可一洗都市之紅塵。長辛店西北方三十里處群山連綿，其中一峰高出，其餘山影於靉靆紫雲中彷彿可見。彼高山形似馬鞍，土著呼之馬鞍山。其間樹木蓊鬱，清涼可掬，林中溪谷間有寺廟兩座。大者曰潭柘寺，可謂禪煙離塵獨潭寂。據云可雇馬由長辛店至彼。劉氏告曰：「彼地即為予之故鄉。」蓋與佛法有緣之地，始出與佛法緣深之人也。由是觀之，此次五臺山巡禮又並非缺乏緣由。與達賴交往乃余長年之心願，而今之旅程又實可謂趣味盎然。此時余心中海闊天空，光明前景亦盡收眼底。

九時十五分至高碑店。此乃村落車站。放眼望去，四周一片綠野，雲山亦不遮蔽望眼。地平線上充滿柳棗桐楊，青翠一派。綠蔭下農夫或蹲或踞，欣納清涼。烏鴉飛過，亦頗有畫趣。

自北京至山西省五臺山之旅程如下：須先購買自北京至定州之車票，二等車廂票價為四元二十釐。在定州下車，可雇馬或雇「棚子轎」。一般赴北京之蒙人為登五臺山常走此路線。定州至五臺山三日可抵。然而今日余選擇自北京至太原之路線。雖曰因此在費用與時間上損失較大，但因有人須在太原與余碰頭，故特意如此繞行。據劉氏云，自太原至五臺山須花費五日時間。如此繞行甚非所宜。談話間余等邊喝茶，邊吃北京之日人製作之瓦狀酥脆餅乾。餅乾表面印有卦語，似為余事先為此次繞行而占。占文曰：

欲速則不達　瀨田唐橋。[1]

余肩負重任，此時頓感獲得極好之啟示，期盼此路前程切勿為卦語言中。因車廂內溽熱難當，故打開車窗，眺望綠野，吹風納涼，但惟恐黃塵如粉飛入車內，故又閉窗。端坐之間疲勞襲來，不

1　即日本滋賀縣瀨田川大橋，可由大津市瀨田橋本町通往該市鳥居川町。位於關東至京都之入口，自古以來即為扼守京都之戰略要衝。與日本宇治大橋、山崎大橋齊名。亦稱瀨田長橋。——譯注

覺進入夢鄉。但不知何時「喀嗒」聲起，余被驚醒，一看已至保定府，時值凌晨四時。因今年正月下旬由青海返回經西安、洛陽後在鄭州乘車時已路過此地，未覺特別珍奇，故不起身而僅橫臥在座席上，一面隔窗看車外景物，一面在心中描繪保定府之景象。

十時十分列車駛離保定府。今晨公使館僕役將余之行李送來，同時還轉送一封家信。見信後余即一面搓揉眼睛，一面展讀家嚴來信：「予老態龍鍾，但頗康健，尚掌管一切家事。」余終年不在，乏誠孝親，讀之心酸難以抑制。見七旬老人司掌如此家事惟有感泣一途。余故里山上有遠古穴居時代遺址。近年來村民因獲得所有權，可自由買賣山體，故數窟遠古岩洞如今僅殘留一窟。而此窟亦為人所擁有，某日再為某人所毀亦未可知。余聽聞後感惜遠古遺址可能歸於湮滅，故於去年四月下旬與其所有者聯繫購買，計畫修整後於岩洞四周修葺石臺，種植花木，增添韻致，以充作村民遊樂場所。推動此事後余於五月一日即乘船離開神戶赴北京。據云事後家嚴不顧年老體衰，督促此工程繼續開展，或雇民工，或使每家每戶各捐贈花木一叢，如今已有公園風貌。苟於秋季月夜登臨此石臺，自可打開飯盒後，遙看西北方向一帶琵琶湖[2]水面，欣賞煙波浩渺、碧空如鏡之景致，此時湖邊一島中之名剎——「長命寺」亦當在指呼之間。幽閉於山谷而心胸狹隘之村民苟一度登臨此石臺，則大可開闊心胸，涵養浩然之精神。余年少時曾登臨此石窟，每每眺望此浩瀚之湖水，以使自身心胸開闊，視野廣大，最終余方得以迅速進步，有今日之機會。因此該石窟成為余擴大抱負之

2 日本第一大湖，乃位於滋賀縣中央部的斷層湖，面積為六百七十點五平方公里，最大深度一百零四公尺。風光明媚，湖中有沖島、竹生島、多景島、沖白石島等島嶼。——譯注

因緣，故余無一刻不愛此石窟。余又思之，為使村民偏執頑固之心胸轉為雄渾闊大，其方法之一即在於接受此石窟之感化，故終有購買此石窟之行為，並以此作為永恆之紀念。如今余欲實現夙願而奔赴五臺山，坐在車內得知石窟修整竣工之消息，足以成為完成此次朝拜目的之識乎？

夜裡零時五十三分車抵正定府，附近似有停車場，下車旅客頗多。

一時三十分抵石家莊後立即買票換乘其他列車，二等票價為七元八釐。在石家莊換乘正太鐵路火車之時間僅十五分鐘。此時有多名強悍苦力來此搬運行李，其頭目則索取巨額搬運費用，坑害旅客，費用超過鐵路局規定之行李搬運費數倍。旅客若有不從，則趕不上火車。因停車僅十分鐘，余無奈只好支付巨額運費。正太鐵路為窄軌鐵道，故除手提物品外，大件行李則須另外支付運費。余二人之柳條箱行李須交付三元錢，相當於自石家莊至太原票價之三分之一。另在交託行李付運費時，除交付收據標明之金額外，還須向居間斡旋之支那人支付五十釐之手續費。而將手提物品運進車內時又被要求支付三十釐之手續費。余想在使用文明器物之同時，不能使其所使用之人獲益，反而因此加害於人，其害大也。又如車廂服務員中漢人與法人並用，而行李牌表面則一律使用法文標記，換乘之不便與毫無規則以石家莊車站為甚。

一時四十三分列車駛離石家莊，一時五十四分路過獲鹿車站，自此進入山西省境內。此一帶山勢稍有起伏，開始體現山西地貌。至下午五時之間，沿途或在稍顯狹窄之山岳間穿行，或進入溪谷，或橫跨溪流。山不高，悉由岩石構成，毫無樹木綠蔭可親之處，更不見青草、水流帶來之潤澤，可謂山川凋敝、岩石嶙峋。在此一帶修建工程須鑿崖開山填谷，在山丘與山丘之間架設橋樑。此時火車一面噴吐白煙，一面迂迴曲折於一山又一山之間，是以余方眺望前峰，又目送後嶺，才渡過左川，復遇見右谷，惟見重巒疊嶂高聳雲間。溪澗邊有土著居住，石屋層層疊疊，形成一個又一個村落。火車於此間疾走如風，為座座村落眺望迎送，應接不暇。山中村婦，僻壤樸漢，或站立路旁，杖以鋤鍬，茫然遠望，或張開大口，赭面烏眼，宛若失神。當下文明空氣已使人類從堯舜時代之睡夢中驚醒，走出蒙昧時代，疾行至人文發達之極限，而惘然張開大口、佇立路旁、遠眺火車之山西土著是否由此帶來精神教化及巨大變動實出乎吾等之想像之外。

六時路過陽泉村車站。該站屬開闢溪谷後新建之站臺，不僅車站建築新穎，客棧之修建亦使文明新風灑滿如此偏遠之山區，呈現出一種奇觀。抵陽泉時按北京車站之時鐘為下午六時，而陽泉車站之時針還指向五時四十五分。以此可以推知越向西行走，日頭下山越遲。

下午六時七分駛離陽泉。六時四十八分至測石站。此乃山區小站，無下車旅客。自獲鹿縣始各站已不出售食品、水果。二等車廂內有專職服務員，但僅供給茶水，無望似午餐那樣提供其他果品、點心。

又因風氣未開鮮有旅客，全車僅有四列客車車廂，三列貨車車廂。測石站西北沿鐵路一側山崖有松樹，高三四丈，直徑尺餘。此外漫山別無樹影，藤蔓亦無。因漢人具有悲觀思想，認為松樹作為墓飾可傳千年，故僅在所需之處保留些許松樹。此時山腰綠草繁茂處有白羊點點，在啃食夏草，聊給荒山禿嶺於無趣之中平添些許韻致。

七時三十五分至壽陽縣站。七時半時車廂內點起煤油燈。不久太陽落山，星光燦燦獨耀於夜空，自車窗看去燦然明亮。群山此時已進入夢鄉，惟列車轟然作響在黑暗中奔馳。

九時十五分過東趙村。九時四十三分至榆次縣。

夜間十時三十分抵太原府。長谷部嚴氏派兩名支那僕役特至車站迎候。相見後陪伴余至長谷部氏宅邸投宿。余下車時遇警察盤問姓名。乘馬車入東門時眾多守衛又盤問余之姓名。甫進長谷部氏宅邸又有巡警來盤問余之來去及姓甚名誰。太原府衙之管理似略有可觀之處，然數度盤問洋人，令人不勝其煩。

二十六日　赴陸軍幼年學堂拜訪任職教師安尾氏。

太原府街道已然改造完畢，各路口皆有巡警站立，治安等比前年余來此地時大有改善。然天氣不如北京溽熱，蓋地勢高且山多之故。

投宿長谷部氏宅邸後承彼夫妻二人款待，情誼可感。長谷部氏乃中尉，在當地幼年學堂執掌教鞭，又係虔誠之基督徒，就餐前不祈禱則無法進食。余信佛，投宿該宅邸時卻受到如此歡迎，豈非不可思議之因緣所使然乎？宇宙自然中有同性相斥、異性相吸之現象，故同為佛教徒之間卻時常接待不周，而異教徒之間則又可意氣相投，朝夕共飯，共商國是，為謀畫亞細亞未來之發展做出極大貢獻，對此吾深感乃佛陀加護之使然。

今日余聽聞太原府擬一日撥付一萬兩銀子作為達賴喇嘛駐錫五臺山之費用。

二十七日　酷熱難當。今晨余雇四匹騾子，於上午十時離開太原府。出北門後只見一路荒郊野外，房屋傾圮，與戰敗後之慘況相似。北面五臺山相連之山峰不見樹木，皆光禿發赭，荒涼至極。地表充滿塵土，枯瘦貧瘠，不適合農業。余等乘坐之交通工具曰窯車[3]，乃極其簡陋之騾車，僅將

[3] 亦即後文之夾窩子車。——譯注

兩根原木前後安置於並排之騾鞍之上，於其間以麻繩結成粗大繩網，再以葦席彎成筒窯狀後固定於兩根原木之上，以此作為遮蔽物，恰似蓬狀小屋。余與劉氏同坐於內，三名[4]馬夫則分坐於騾鞍上方。另兩匹騾子搭載行李，一面發出「嘀呤嘀呤」之鈴聲，一面跟在後面。騾蹄踢出之黃土濛濛如煙，一陣風吹過，煙塵升騰，不辨咫尺，馬夫皆面如塗粉，頸項發黑，無異於塗漆。回顧自身，假扮喇嘛之余等則黃衣先變紫衣，再變灰衣，亦淹沒於從葦席四周縫隙吹進之黃塵之中。此外，眼鼻諸孔皆為塵土堵塞，有害咽喉者大矣！加之窯車內悶熱如蒸煮，余等汗流浹背，極為不快。日永赫赫，陽光灼燒，蟄伏葦席車內無事可做，只好閱讀《釋迦牟尼傳》。此乃以訪達賴於五臺山為契機，聊以修身養性之方法之一也。釋尊涅槃二千八百餘年後，達賴喇嘛作為傳燈者將其中一派傳入西藏。而反觀今日，佛教弘通之緣起卻與年俱衰。於政教合一之西藏佛國而言，如今傳燈者之地位如何將在頗大程度上決定西藏之命運，故達賴之動向絕非單純之政治問題，而略有虔誠信仰之人則絕不可對此問題視為過眼雲煙。余於途中閱讀《釋迦牟尼傳》，精神亦不禁隨之高漲。

兩名[5]馬夫據云乃山西防州人士，但於余而言，其言語杳杳，無一可通。陪伴余之燕京人士劉氏亦曰，頗難解防州人士之話語。

下午五時半投宿黃土站，是日行程六十里。住店後吹風納涼，忘卻疲勞。此時騾子飢餓，啃食飼草聲頗大。

4　從後文看似乎僅有兩名馬夫，恐此處排字有誤。——譯注

5　作者前述為三名馬夫，而此處為兩名，似以兩名為妥。——譯注

二十八日　清晨六時離開客棧北行。北面有重巒疊嶂聳立，地界當屬高海拔地區，晨風呼嘯，衣飄人寒，故立刻取出紅毛毯從頭披下。此地地表皆細小沙礫，故少有黃塵漫天飛舞之景象，旅途中自有快意。又見沿途草青樹綠，心情不免為之一爽。然方行走十四、五里，此景致又倏然消失，又見荒涼蕪雜之一座座村落（自此開始多遇見由五臺下山之人士），各村落凋敝貧困，可悲可憫。今日日間溫度在華氏六十三、四度。中午十二時抵觀音鎮，行程共四十五里。

午餐結束後又出發。前山遙遠，紫峰黛嶺，連綿不絕，景色頗可觀。一路風涼無塵，騾車搖晃，沿途人家荒蕪，土地磽确，生活之艱辛自可體現於炊煙。此時平地已無人耕作，鮮見青綠麥粟，河川斷流既久，無水灌溉田疇。有人於旱地掘井汲水，灌田畝，通濕氣，潤土地，勉力維持麥、菜成活。耐旱作物麥粟僅能長至五寸有餘，故「農夫心內如湯煮」。行二十五里過「Haiyan」村，又行三十里至南戶村，投宿於此。有一客店已荒廢，店主無奈只得清掃出一間帶有蒲葵紋飾之房間，可使余等在此拂去征衣旅塵。且窗破炕壞，室內麥稭堆積，濕氣刺鼻，臭味沖天，故余等焚燒麥麩去除濕氣後方可捏鼻休息。即令如此房費仍須支付一百文錢。尚且飲食亦須自理，菜餚無油無味。夜間居然炕無鋪席。山西民眾生活之苦，吾人遭遇之辛酸，遠在人們想像之外。時值夜間八時，是日行程一百里。

二十九日　清晨六時出發。起床時雲厚天陰，不免擔心旅途情況。昨夜於破屋度過短暫一夜，除房間陰暗污穢外，又有濕氣充溢室內，刺鼻難聞。入夜後余點上蠟燭，一面啜飲粗茶茶水，一面面對油膩齷齪小飯桌撰寫當日日記。此時出現無數蝨子，或鑽進襪中，或爬入肘內，或進入頸項，大肆螫咬，癢痛不已。之後余在手捧缺邊陶碗，吮吸污濁麵條時仍奇癢難耐，故只得放下破碗，盡力捉拿蝨子。不意此時又聞蚊聲四起，余再無力打退蝨子進攻。看來僅憑我方勢力難以抵抗敵蟲，且因思慮良久仍無滅敵良策，故奮然躍起奔向室外，看見白日乘坐之夾篙子車放置露天，恰好可做睡鋪兼避難場所，於是立刻將毛毯鋪在夾篙子車中，將包袱布充作枕頭，並快速取出夾衣穿上，且不脫白日衣裳就此橫臥其中。車外黑暗，夏季夜空群星璀璨，眺望之間不知何時涼風襲來，余進入夢鄉。

醒來時天已發白，據報已是凌晨五時半。六時離開旅店。

沿途村落四處散布，東北方向山如屏障，赭色童山塊石嶙峋，僅在村落附近可見蒼翠欲滴之蓊鬱樹林。一路多見磽確土地、瘦弱鄉民與赤身裸體之男女兒童。一斤白麵竟值一百六十文錢，乃北京售價之兩倍之多，其物價之高，全然不似窮鄉僻壤，民眾之苦可以想見。

欲入某村時聽聞有女人嚶嚶啜泣。未見時心想此乃某乞丐伏於道旁向路人乞討發出之求援聲音，然而走進一看並非如此。原來在路旁一、二公尺之石橋下方、水枯苔生之處有一名五十出頭之枯瘦老嫗，正在放聲號啕痛哭，似在向誰傾訴。老嫗身旁有一名六、七歲之男孩，渠正茫然佇立，眺望余等通過，不知係老嫗之孫抑或老嫗之子，但並未顯示出為放聲大哭之老嫗所感染之跡象。余深感不可思議，向同伴支那人問詢何以至此，答曰：「老嫗為失愛兒而悲，在村內大哭不妥，故只能在村口偏僻無人之處放聲痛哭如此。」余無法置評此舉是狂是癡，僅認為此乃缺乏教育之結果——該習俗毫無意義，枉使人化為愚鈍。支那人待家人死後會聘請「哭男、哭女」參與葬禮，令人笑痛肚皮。

日頭甫出即感炎熱難耐，一陣風起又是黃塵滾滾。俄然間雲層變幻，劈劈啪啪下起大雨。坐於夾窩子車中之吾等立即取出油布，鋪於葦席車頂防雨。此時余等已有被大雨淋之思想準備，惟可惡者乃夏雨隨降隨停，鋪開之油布在日頭照耀下將光線反射於夾窩子車內部，幾欲因之目暈眼花，無法乘坐車內。故為取下油布等又花費許多時間。如此行走四十五里後抵芳蘭鎮，時值十二時半。此地曰鎮，但不過為一村落耳。幸好此處店鋪乃新建後為時不久，故在此休憩，以致神清氣爽，並吃麵兩碗。

午後三時離開芳蘭鎮向東北方向行走。前方山巒益多，余等進入溪谷之間。群山不高，僅在一百五十尺左右，皆童山，由石灰岩構成。山矮溪淺，細水無由流出。亂砍濫伐之結果即樹木滅絕，即令採用新法植樹，其生長亦十分困難。隨地勢上升，愈加風大天冷。行十餘里見東山山麓俄然陰雲漠漠，黃煙沖天，前方咫尺不辨，一股龍捲風自平地田疇隆隆升起，宛如黃龍上天。過程中轟鳴聲不斷，如電閃雷鳴，巨炮連發。車夫及同伴亦驚恐不已，紛紛抱怨雨中行路將更為艱難。說話間余等又倉皇取出油布掛於車頂，以防降雨。果然夏季雷陣雨又劈劈啪啪下起，心情隨之轉為惡劣。跟隨雨腳，黃塵沙礫又如暴風驟雨般迅猛飛來，吹進夾窩子車內後余等無法睜眼落座。余心想今日必遇大雨，但不知何時竟雲開塵落，濛濛黃影消失，天邊一角放晴，遠山山麓夕陽西照，曄曄煌煌。眾人欣喜向前時居然風亦停止，路途相遇之人皆面露重生之喜悅之情。

自東冶鎮行十里至萬金岡，再行十里至黃土坡，又行十里至五臺縣，繼而行十里至五臺奇勝，又十里至南大村，又五里至支家村，又二十里至首勝寺，又九十五里至北柳樹村，又十七里至金閣寺，又二十五里至五臺山，投宿於五臺山諸寺中之舊寺院——顯通寺。時值明治四十一年（一九〇八）五月三十一日。

抵達山西省五臺山

明治四十一年（一九〇八）五月三十一日　抵山西省五臺山，入住五臺山顯通寺西堂住持怡淳大師宅邸。

明治四十一年（一九〇八）六月日記

一日　向拉薩哲蚌寺教頭、達賴侍講、喀拉沁旗蒙古喇嘛德爾瓦堪布謝庭華[1]氏提出面見達賴之申請，並望呈上我東本願寺法王之贈品及親筆書信，以及福島中將之贈品及信函。謝庭華堪布欣然答應，並約定屆時回覆會面時間。余個人則奉上金襴織品一卷、泥金畫煙盒一具及西太后照片一幀。謝氏大喜，稱余踐前約來此山為大德。作為蒙古喇嘛學者，謝庭華堪布乃長袖善舞之社會達人中有數之一員。

二日　清晨余尚在被窩之際堪布謝庭華喇嘛遣使來報：今日下午一時半可謁見達賴喇嘛。余使堪布謝庭華喇嘛徒弟攜帶致達賴之贈品，之後整裝與自北京相伴來此之劉明琨一道趨附達

1　此時堪布謝庭華還兼任達賴喇嘛的幕僚。——譯注

賴之行宮所在。等候一小時後有人來報可以晉見。達賴之行宮於菩薩殿內，平日以「五臺堪布」之駐錫客殿為自身駐錫場所。殿舍頗狹窄，與塔爾寺之寬廣殿舍不可相提並論。且房屋已舊，卻不加修繕，破損處原樣保留。余竊以為既然特地延請達賴來此，則至少須略加修繕，思之不免有虛幻與憐憫之感覺。達賴之會客廳有二十一、二平方公尺大小[2]，一半為炕床，一半為土地。炕床上鋪毛毯，放置一張椅子。土地上亦鋪有毛毯。側面設一牖，掛布簾。余接報後自橫門進入，此時謝庭華堪布、侍醫長Raman堪布及祕書官Sorupon堪布等人已列隊站於內門外庭迎候余之到來。渠等三堪布前面引路，先敘述再度會晤之喜悅，後詢問余自塔爾寺返國後之情狀，雙方為此面帶微笑，相互表明各自心意。余攜帶至此之贈品已於此前搬至此處，故在此解開繩索，打開箱子，清點贈品，並將其陳列於箱上，讓人搬進內廳會見場所。之後余被引入內門外側之蒙古帳篷，有人奉茶。Raman堪布與Sorupon堪布或進或出，或立或坐，張羅款待殷勤有加。如此這般過二十分鐘後有人通報可以謁見。余乃進入內門，踏上石階，再入中廳，至右側之會客廳。進門一看，達賴已倚靠座椅之上，神態端莊安詳。余甫入客廳，達賴即莞爾一笑，似在表明心中喜悅。余脫去頭戴之織錦草笠，將其置於一旁，手捧念珠，拊掌後分別懸至額、口、胸三處，之後三次伏地，三度起身，施五體投地叩頭禮，繼而雙手奉上一丈有餘之水色哈達，略低頭向椅前趨步。達賴接過哈達後以兩掌一摩余之頭頂，以示接受。余退回原先位置後達賴表示：「卿於去年十一月離塔爾寺一度回國，今又經北京來

[2] 原文為十二張席子（榻榻米）大小。一般而論，日本每張墊席長邊為六尺三寸，短邊為三尺一寸五分（一尺約合三十三公分）。按此計算，此處客廳面積約為二十一點四平方公尺。——譯注

訪五臺山，朕深以為喜。其間風霜雨雪，辛苦萬端，深表感謝。此次一路平安抵達此地，朕得以再次見卿欣喜莫名。」繼而又說：「獲贈如此珍貴禮品，尤其得以親見東本願寺之贈品與信函及福島中將安正氏之贈品與書信，全賴卿之盡力之多所賜，在此深以為謝。」余答：「為弘揚佛法余不惜捨身東奔西走，席不暇暖。此乃僅為獻身佛陀與國家而表綿薄之真心耳。如此這般樹下石上，雲漂水泊，又乃余祈念之一端耳。尤以當下西藏與我邦因機緣得以開始佛教聯繫，前年（一九〇六）於塔爾寺正可謂開其端緒。今為重溫舊交，來此靈峰五臺得以再次親承謦欬，不勝欣悅。余之心願乃接續其端緒，收穫其圓滿之結果。接連幾日余得以毫無滯礙榮幸謁見達賴，就佛教、國家、東西方政治風雲毫不保留披瀝已見，實乃最大之光榮。達賴老佛爺，如今佛教於我邦與藏、蒙外，不存於任何國家。日、藏、蒙、三國佛教必須與文明世界之潮流並駕齊驅。或若遲滯於文明之發展，顯示出頹勢，則吾等作為佛陀弟子必將面臨多事之悲秋，乃最為痛心之事。佛陀光明照耀十方，佛教恩澤不應獨藏於喜馬拉雅山之山後——西藏，而應儘早開祕，將佛種播撒於世界異教徒之良田、莊園。不然西藏之佛教將逐年衰頹毀壞，西藏之國運亦難免朝夕不保，難以卜知。作為有緣之佛教靈國，自古至今已有千年以上歷史，而一旦因國難而聽憑異教徒蹂躪，其責豈不在教法護持之人⁈須睜慧眼，養進取之氣性，開放門戶，一律平等，宣傳佛光，保衛祖國，此非老佛爺之責任乎？若夫痛感國運艱難，外護君主可賴之力些少，則沐浴同一教法之我日本佛教徒當不惜奮然振起，舉一臂以盡責。西藏之安全，乃佛教之護持，西藏之安泰，乃東亞全體之問題。日本與貴國海隔山阻，關係亦極為疏遠，針對消長於英、俄競爭中之西藏問題常須與北京政府交涉，故北京對英、俄之態度如何將直接波及我日本帝國，其一消一長對我國影響極大。是以從貴、敝兩國信仰相同及國家政局風雲變化之觀點出發，余等不外乎極欲與西藏往來交通，以謀東西佛教之聯繫。老佛爺，余所奏之言諒必可察，不外乎意在共謀改革貴國，刷新佛教。苟老佛爺屬意此般，有志期待實行，則如諺語所言：『百聞不如一見』，於今秋晉京之後伺機訪問我國。為此水路四日自天津可達我邦。又若至南面觀光，南海普陀山位於上海之南，斯地與我邦之隔亦僅一日有半。自不待言，苟能於我邦轉動法輪，必將有益於提高我國佛徒之信仰。於辦理處治貴西藏之國事亦必收穫頗豐。對東亞之和平，日本必盡其責，必充保護指導之任。老佛爺，請熟慮明斷，為宗教大法與國家奮勇勵行！」

達賴聽余奏言，答曰：「卿之所言悉明瞭於心。容與臣下商量後再行回覆，然於今尚難猜測晉京後是否可徵卿之所言。」

余又曰：「此番東本願寺法主有意親自飛錫五臺，面晤老佛爺並請安，無奈現今身臥病榻，無法成行，悲乎！故今在此代為呈送法王親書與贈品。東本願寺法主無法來山，而西本願寺法主則欲特派兄弟至五臺為老佛爺請安，不知老佛爺在其兄弟為請安飛錫五臺時可否賜予面晤？同一信徒往來必於西藏國家助益極大，故兄弟來山必可結成金蘭之交，余可斗膽期待賜覆乎？」達賴曰：「朕常信卿之所言，卿今轉達西本願寺兄弟擬特來山看望朕之深情厚誼，感激莫名。同一教派來人握手，焉有拒之之愚人乎？朕欣喜受之，然會面等細節亦容與臣下商議後再覆。」

此次長談延宕約一小時半。余退出時特請達賴賜予余同伴、北京人劉明琨謁見之榮耀，達賴面帶微笑，爽諾「可也，可也」。余退出後至戶外乃手指劉氏，使其進入謁見。劉氏謁見結束後對余表示其十分滿足，並對此致謝。蓋劉氏乃於義和團事變發生時曾勸誘阿嘉呼圖克圖遊覽日本，並與之結伴同遊之有緣之人也。此次余與其結伴共登五臺山，即為間接證明西藏與日本佛教相同，其國家強大，文化亦有可觀之處。

明治四十一年（一九〇八）四月渡清時，余勸福島中將呈書達賴喇嘛。中將命余撰寫原稿。原文如下：

遐特馳書
謹奉聞
大清國皇帝之大法王
西藏大寶妙王
達賴喇嘛獅子座下　請安　敬啟者貴、敝兩國即同種同教友誼之情始於千歲之古然雲山萬里
隔海久絕以及今日時切葭思憾良深曩寺本婉雅遊青海塔爾寺
欣謁
鈞顏忝蒙
優待恭領
高教並接
惠賜西藏產物臨風展賞五十感謝尺幅難宜敬維
大寶法王蓮臺循聲德洽群黎
鴻酋匡時
偉業濟世此次飛錫五臺靈峰一路平安福星無涯將晉京赴

引定邀
天語優嘉
下風翹頌　額賀彌段祈
寶駕抵都　定必如意念々務望現俾寺本前往五臺山敢容彼謁
崇階敬聞
請　大安
奉送
大日本帝國軍機處鍛造最新式洋槍一把表尊重希收用試效慰
鄙懷若今
臺範值公假之期乘便觀光敝國同種隔情忽然推
解交誼是所殷盼便中
賜示用悉聽專此為禱
此敬頌
臺祺並希酌覆
鑑照
不莊

大日本帝國　男爵將軍福島安正

日曆明治四十一年（一九〇八）四月二十日
華曆光緒三十二年（一九〇八）三月二十日

又，東本願寺法王呈達賴喇嘛書簡亦由余撰稿，時任教學部部長之荒木源理師謄寫，法王捺印。茲抄錄如下：

謹呈（啟）

西藏釋教總理
妙法觀音化現
達賴喇嘛蓮臺　請安啟者客歲自青海駐錫爾來由妙緣契法友
屢屬數朵雲送收因　以開始
東西佛教之聯絡歡喜無極矣
現前
臺前西寧府起身一路平安到登五臺雲峰
惟
飛錫法澍
布化十方

群黎潤光
消劫治兵
忠效耀揚芳流千歲誠為稀有之盛典矣
故想要躬渡海遊燕京去登靈峰
瞻拜面晤共掬
一源分流之水
長怍法運無疆只恨現在我病褥不能前往拜光實是為千秋之
悵然本懷更期他日希諒此意則可也
今茲送呈
觀音像一軀
並錦襴三卷
聊致微意願供笑納若有係或國家或釋教要縩之事別幸勿惜
漏示教法友代幫必酬貴意專此
為荷
敬頌
日祉
垂鑑
不莊

大日本帝國京都東本願寺大谷光瑩印
明治四十一年（一九〇八）四月二十日
光緒三十二年（一九〇八）三月二十日

獻達賴喇嘛贈品種類：
一、觀音木像（立像），高八寸，可放入櫥櫃一尊；
二、紅底龍紋織金襴，東本願寺法主所贈三卷；
三、南浮式手槍一把；
四、手槍子彈，男爵福島中將贈三百發；
五、金襴一卷；
六、富士山、松樹林海遠景泥金漆器香煙盒一個；
七、朱底老松日影圖、碗蓋內側白鶴泥金湯碗十個；
八、京都佛堂照片畫帖一冊；
九、東本願寺照片一幀。
以上為寺本所贈。
此外，贈以下中樞要人金襴各一卷：
侍醫長Raman堪布；

祕書官Sorupon堪布；

哲蚌寺佛教學校教頭、蒙人德爾瓦謝庭華。

贈以下藏人泥金煙盒，各一個：

Kanchensorupon堪布

Kanchenrosantanjin堪布

Minjuru武官

此外三人，各贈朱泥木碗兩個；

另向Raman堪布贈送一尊入櫥櫃之一寸八分觀音木像。

三日　上午七時訪Raman堪布於其公寓。

昨日與Sorupon堪布協商，委託其將敬呈達賴喇嘛之兩封（法王及福島中將之）中文書信譯為藏文。余逕訪Sorupon堪布，促膝談心後余混用藏語與蒙語將書信文意譯出，堪布則執筆疾書於紙上。一小時有餘翻譯結束，堪布攜譯文立即趨附達賴行宮。

四日　侍醫長兼總理Raman堪布透露達賴有意在晉京後巡錫南海普陀山。

蓋余於去年屢屢與達賴接觸時，曾勸說達賴在適當時候訪問我國，並再三勉勵達賴，就東亞問題而言，如今訪日時機最為合適，對西藏佛教革新亦有不少好處。余自期若此時有志轉為實際運作，當可為東亞、為佛教做出更大貢獻。

五日　訪謝堪布，知其服用余所贈藥物後腳痛稍有好轉，為之喜悅。庸醫有時亦未必全無醫效。又訪Roneruchenpo堪布，贈其禮物。渠不學無術，待人接物傲慢無禮。余亦會面達賴近侍武官、親率五十人士兵之Rubonminjuru，並贈予禮物。渠期望輸入日本武器，余許諾伺機滿足其願望。

下午二時使者來訪。據云達賴聽聞與余結伴來此之劉氏精通佛畫，故命其獻上兩三幅墨色佛畫。余告劉氏，渠即視余有大德，以廣播其自身名譽為由深表謝意。

使者又云，達賴由多種渠道聽聞前些年促使阿嘉活佛訪問日本乃仰仗余力。遠因即為近因，今又知其功效不虛。

入夜，余出資五元，委託顯通寺僧眾舉辦法事念經，為劉氏先祖祈求冥福。念經自八時至十一時，誦讀「瑜伽焰口」咒文。其間有寺僧揮金剛杵，擊大鼓，鳴銅鉦，吹豎笛，結印契，焚紙錢，撒米粒等，與喇嘛燒「護摩」[3]木以祭奠之儀式全然相同。余思之如此習俗進入青衣派[4]中國佛教，乃發端於元代信奉喇嘛教，而遠溯其源流，則始於唐代真言密教之流播。所謂禪宗乃徒有其名，而其實僅念佛、誦《阿彌陀經》、《華嚴經》、唱懺悔文等，絲毫不做徹悟式之坐禪，似全依稱名誦讀大乘之功德而接近成佛之路徑。「瑜伽焰口」之修行，與我邦之護摩法相似，全然模仿喇嘛教之修行法度。如導師冠以五寶冠，亦與喇嘛教法式同出一轍。其中多有咒文，如近世翻譯之真言咒文。

據云五臺山顯通寺乃攝摩騰法師初來洛陽之後，使白馬寺與其一道共享美名於後世之寺廟。渠推定五臺山為有靈之地，亦即文殊菩薩垂跡之地，故來此建廟，成為此顯通寺之開山之祖。因有

3 密教中「護摩」木以祈禱之儀式；「護摩」乃意為「火祭」梵語之音譯。——譯注

4 原文如此。「青衣」出自佛教用語，指「壞色」（佛教用語，有破壞原色的意思，指佛教修行僧衣服顏色）之一種，亦即青色袈裟，密教在降伏妖魔施行法術時穿著。——譯注

此因緣，故此寺屬臨濟宗，以念佛為主，成為誦讀《華嚴經》、《阿彌陀經》，發願「迴向」[5]之自力念佛宗派。如今有僧眾二百餘名，除晨昏念經外，全然不下功夫於讀書或修行。白日則閒蕩散漫，虛度光陰。只因寺院收入頗豐，可糊數百僧眾之口，故寺院得以維持生息，似有眾多僧人來去往返不斷。

六日 劉氏本日結束畫稿。余於午後三時親攜畫稿欲奉送達賴。會見達賴侍從、蒙古喇嘛Jamubarujamuso後煩勞其面奉達賴。

之後會晤謝喇嘛，使其勸說達賴晉京後訪問日本，由印度返回西藏，並保證日本將負起一切責任。此外，還約定達賴晉京時使藏兵觀摩我日軍之訓練，瞭解我軍之實力。渠讚賞余之建議，答應伺機向達賴進言。

午後四時結束晚餐後散步，參觀塔院寺。大殿係大明萬曆年間重修，殿內木刻十八羅漢像稍可觀看。後庭有大藏經閣。殿內莊嚴肅穆，皆化作喇嘛教情調，供品、香燭、花卉等悉從喇嘛教儀軌，與西藏無異。後庭還有精美至極之白塔。據云竺法蘭、攝摩騰於後漢明帝永平九年（六十六）初至洛陽傳播佛教時，曾登臨五臺山，預言此山乃與佛教未來興盛有緣之靈峰，並建塔以收納攜來之佛舍利。然而亦有異說：該塔並非攝摩騰等來時所建，而建於魏朝。不過據傳該舍利塔乃效仿阿育王所設定之八萬四千寶塔之式樣。

---

5 （佛）指以讀經、布施等為手段，或祈求死者之冥福，或使自身與他人成佛、受益等行為。原意為使自身的功德轉向他者。——譯注

繼而又參觀殊像寺。此寺已荒圮，頗寂寥，僅留正殿而已，徒有風貌，有五、六名寺僧在誦讀《大方廣佛華嚴經》等。寺院維持似有困難。此寺存《華嚴經疏抄》八卷，澄觀撰述。余欲購買印本但未能得手，因活版已不存。

塔院寺多有蒙人參拜。渠等繞百座塔，面對正殿行五體投地大禮，並約定日期，以其功德「迴向」如來。此即「聖道難行門派」之修行。

顯通寺屬「青衣宗派」，在五臺山諸寺中年代最久。因其以攝摩騰、竺法蘭來此為因緣而建，故以此兩人為開山之祖。

寺僧朝夕念經時大凡誦讀《大方廣佛華嚴經》、《金剛經》、《藥師經》與《阿彌陀經》等。康熙二十一年（一六八二）與乾隆十四年（一七四九），兩皇帝曾參拜五臺山，其行在乃神宮，而今已荒廢無人管理。

八日 上午八時，訪Raman堪布與Sorupon堪布，使渠等催促達賴覆信。二人欣然允諾，曰不日可奉汝。

碧山寺有釋迦牟尼佛偈一軸，濟石作畫。

七重塔每層各有三尊佛像。佛像皆坐像，兩肩披覆袈裟，非袒露右肩之印度佛像樣式，乃希臘式樣。總之，五臺山舊佛像印度式樣少，而希臘式樣多，但喇嘛教之佛像總體仍以印度式樣為多。此畫作掛軸中有塔形，係蘇州南方佛教式樣，有六朝遺風，故佛像皆兩肩裹袈裟。

般若寺乃明代創建。

興國寺乃宋代創建。

集福寺乃章嘉呼圖克圖之別寺。

下午三時，達賴祕書Soiben堪布遣使來曰：「速來。達賴有書信欲恭呈貴國，望面商。」於是余重整衣裝，適其寓所。渠見余後照例將達賴親書原文示余，委託余譯為漢文。故余與堪布促膝逐條研讀文意，譯成漢文。漢譯如下[6]：

釋教總理達賴喇嘛之書

謹呈
廣大無邊智之大日本國大谷光瑩猊下
曩駐錫塔爾寺之砌恭拜受屢
親書現藏曆戊申歲四月五日
謹接受於此地所送之觀音菩薩尊像一軀並
錦襴三卷感謝何堪之哉
信中所云觀光貴國之件余將擬候晉京之
秋妥協是為願矣尚東西佛教聯絡之
方法定欲企圖如

6 原譯文中似有不合古漢語句法、詞法之處，閱讀時請留意。以下引文皆同，不一一說明。——譯注

猊下配慮顯致其效果
仍願
猊下教勸專此為禱
茲奉送
釋迦佛尊像一軀藏香十把氆氌三反
請嘉納則幸甚
於五臺山菩薩殿駐錫

西藏曆戊申歲四月九日〔明治四十一年（一九〇八）六月十一日〕

釋教總理達賴喇嘛之書

謹呈
男爵福島中將閣下
現寺本婉雅藏曆戊申歲四月五日
登到五臺靈峰親晤悉知拜受所送尊翰並
新式拳銃一挺付實包三百個歡喜無

極矣多謝
書中所勸之觀光貴國之事情朕[7]將擬俟
晉京之秋相願商量是為望殊
請彼我所望國家之要件必須欲煩
閣下之高慮，專此為禱
茲奉送
藏香十把氆氇二反
敢嘉納則幸甚
於五臺山菩薩殿駐錫

西藏曆戊申歲四月九日

以上達賴喇嘛致東本願寺並福島中將親書乃藏文寫就。余與Soiben堪布商量後，於其文本旁注上譯出之漢文。乃余以蘸水筆蘸墨水後親自書寫。過去達賴親書僅為藏文，而自來錫五臺之後，所寫並交付漢人、蒙人之書信必於藏文旁附注漢文，信函已成藏漢合璧體。今余仿其例，於致福島中將與東本願寺之達賴手書一旁附注譯出之漢文。其藏文謄本則另外保存。

[7] 原文如此。而下文引達賴原話時，作者又改回用自稱詞「余」。——譯注

十日　下午四時，達賴喇嘛使者來報可謁見達賴。余在使者陪伴下至菩薩殿。此時達賴已在客廳等候。余逕入房內致禮後，達賴即賜予優渥之話語：「此次卿回北京，沿途暑熱，希多加珍攝。返日後請向日本宮憲及東本願寺法主等充分表達余之謝意。余自前年駐錫塔爾寺以來，法主屢賜親書，對此深情厚誼，尤其不敢忘懷。親書中所言東西佛教應加強聯繫一事余深以為然。今將晉京，已然充分體認東本願寺法主之宏願。今後在相互交往之際，仍盼卿能代轉余之意願。於此所贈之西藏區區土產不成敬意，懇請大法主大谷光瑩並福島中將閣下笑納。卿為西藏佛教與日本佛教之聯繫嘔心瀝血，為報此大德，余聊贈藏產氆氌二反及藏香五把（長二尺五寸），亦敬請笑納。於此特祝禱卿一路平安（、、），身體健康。卿今後若有言相告，請勿客氣，逕說無妨。余隨時準備敞開胸襟洗耳恭聽。卿！暑天旅行望多自珍攝。期待卿再度皈依五臺靈境時可與余相會。」

十一日　余於離開五臺山之際，有藏人到此回贈禮物：

一、Raman堪布贈藏產麝香一包、紅花（藥材）一包；

二、Kanchensorupon喇嘛贈藏產氆氌二反；

三、德爾瓦堪布贈氆氌一反、藏線香一把；

四、駐塔爾寺雀西喇嘛贈砂糖一包。

今日上午十時離開五臺山。雇夾窩子車沿五臺山溪谷南下。兩側山峰高大陡峭，皆光禿無樹，乃早年濫砍濫伐之結果。而四處溪谷間杉、松、桐等樹木卻生長繁茂，陰涼喜人。山腰坡緩之間所開墾之麥田因數日無雨，麥苗發芽稀疏。五臺縣令發告示求雨禁屠，達賴所屬之三百餘名藏僧亦被要求停止肉食，情形極顯艱難。藏人天性食肉，而因農耕發告示禁屠致使藏人無法吃肉，故藏人對知縣惡評如潮。發禁屠求雨之告示者亦因迷信，聽聞惡評後又為藏人無法肉食不勝唏噓，實為愚昧。而因禁屠無法肉食而大發牢騷之藏人不亦愚乎？

沿五臺山溪流南下五十里後投宿石嘴村。午後三時開始電閃雷鳴，預示將驟雨傾盆，然其後卻僅下一陣小雨。此時可以想見大旱逢甘霖之農夫喜悅幾何，然降雨極少，實可謂人生不如意者十之八九。石嘴村戶數十三，有三間客棧。路上多遇見支那和尚為參拜五臺來此。尤其此時達賴駐錫此地，來錫僧人較往年多出不少。或有僧人一路上每行一步必行五體投地之禮，或有僧人手持與高跟木屐等高之木製小凳，於凳上點香，每行一步必跪雙膝於地，並置凳於地，磕頭於凳面，邊禮拜邊前進。支那佛教雖已衰頹，然其信仰虔誠之僧侶自不待言，亦多有聖道難行而行其道者也。支那僧侶旅行多半肩挑行李，且皆徒步而行。如今佛教尚能苟延殘喘之地域大凡限於支那南部地區，如南海普陀山、天臺山以及峨眉山等部分廟宇，於今尚能延續餘脈，維持佛教體面。而北方佛教自元代以來因受蒙古、西藏喇嘛教影響，已無人遵教持戒，禪宗教徒亦不振作精神日夜專心打坐。五臺山名曰臨濟宗派，然亦僅念佛誦咒讀《華嚴經》，而不行觀法之做法。晨昏二度念經乃渠等最大任務，（餘）皆一律不管，終日安睡於寺院，徒享寺祿，多半不研究佛教為何物。參拜五臺之僧人大部來自南方之杭州、蘇州、廣東、四川、香港等各省市區縣。此外，亦有眾多蒙人至此。支那墮落僧人之多不勝枚舉。與日本僧人相比，支那僧侶中虔誠修道且有可觀之德行者不可謂無，然其多數不學無術，僅做無意義之念佛誦經之舉，可歎可惜。日本僧人富於智識而缺乏信念，而支那僧人則信仰虔誠而缺乏運用修養之智識，雙方皆有其弊，必須矯正。自石嘴村向東行走即有路可通定州。

十二日 凌晨五時，離開石嘴村向東行走。道路崎嶇難行，兩側山峰險峻陡峭。清風吹拂綠樹，令人心曠神怡。行二十里至長城嶺關，東面巍峨闊達之險峻山峰迫在眉睫。山勢崢嶸，有與我妙義山[8]相似之處。溪流潺潺，涼風吹拂，泉邊青苔處有蒙古僧棄杖飲水解渴。黃鶯不時鳴囀幽谷，催生旅情，令人感慨無量。

長城嶺以西屬山西省，以東與直隸省交界，東面道路沿線屬阜平縣管轄。沿溪流有寒村，人們正忙於耕作。太原至五臺山道路無樹，亦無青苔，了無情趣，僅有炎炎赤日，灼燒顏面。與之相比，此地有山有溪，可慰藉山路旅情，自然不可同日而語。余曾旅行於支那南北兩大板塊，除四川成都以西之外，巫峽川險另當別論，實未見過有如五臺山路情趣之妙之山間景致。自西安府東部之潼關至西寧府之景觀實可謂與唐畫如出一轍，然論及山峰高大險峻而綴有綠蔭青苔者，則不如眼下之五臺山路。下長城嶺二十里之山路區間礫石纍纍，馬蹄難以踏之，然而兩側山景依舊險峻，色彩菁菁。溪、岳、岩、蔭之間白煙嫋嫋，山間農舍情趣頗可玩味。自長城嶺行二十里至龍舟關，此乃萬里長城之終點。此地殘壁斷垣，空有其名。有客棧。

又行二十里至栗園鋪，有客棧。下山離溪後可見略寬廣之豁谷，楊柳樹蔭覆蓋寒村。出山谷後暑氣漸增。於客棧午休時房內其熱無比，幾近無法休息。自栗園鋪行四十里後投宿於阜平縣。至此道路平坦，與河流並行。此時滿眼暮靄升起，景況淒涼，但於夏季在此旅行，心中不免感覺暢快。阜平縣乃小縣，一百餘戶。

8 橫跨日本群馬縣西南部甘樂、碓冰（冰）兩郡的山峰，係「上毛三山」之一，以奇峰怪石聞名遐邇，海拔一千一百零四公尺。——譯注

十三日　清晨五時離開阜平，行五十里至王槐村。沿途有流水，有楊柳，田園青青，麥粟毓秀，灌溉便利，農業富饒。自五臺山下山行走區間，栗園鋪一帶道路不在溪谷旁，礫石纍纍，一路上道路崎嶇，砂岩頻出，旅行者徒呼艱難。僅長城嶺奇異之千嶂萬壑聊可慰藉心目。而至距阜平縣五十里之王槐村一帶，卻是楊柳青青，麥綠粟黃，滿目皆為田疇，甚或有水田。山嵐吹過稻苗之間，旅袖為之輕揚。王槐村戶數百餘戶，有客棧，可休憩。

下午二時離開王槐村，行四十里至穹南鋪。講南嶺[9]不高，但依舊岩石嶙峋，上坡爬行四百餘公尺，皆有平坦足嶝。山嶺頂部乃平地，皆開墾為耕田。此有二十餘戶人家，八間客棧。講南嶺山麓有煤層，炭碎質次，而山民仍採掘作為燃料。

十四日　下午五時半離開穹南鋪。一路下坡，沙礫纍纍，馬蹄踏之頗為艱辛。行三十里過曲羊縣[10]。縣中戶數百餘，有客棧。與穹南鋪僅有一間客棧相比，此處客棧頗多。

出曲羊縣後乃一望無際之沙原，了無灌溉之便。滾滾黃沙數十里，雖有人耕作，但絕無種植之利。四處可見樹叢，乃農人培育之梨、棗等。民眾生活似貧困，度日艱難。村落八歲以下兒童，不論男女皆渾身赤裸，膚色有黑有褐，即令豔陽高照，亦兀自在沙原中玩耍嬉鬧，有如熱帶土著。

自曲羊縣行走三十里區間天空彷彿在燃燒，過沙原時無清涼河水可掬飲。至高門店，有客棧。

下午二時離開高門店，一路平安。過村莊時時有清風吹來，楊柳拂面。行三十里後至定州火車

9　疑為「穹南嶺」，下同。——譯注
10　疑為河北曲陽縣。下同，不再一一作注。——譯注

站，時值下午五時。

今夜乃華曆陰曆五月十五，滿月皓皓，照耀平原。涼風吹過，綠葉如波浪翻滾，銀露亦輝映綠苔，隨樹葉滾動，爍爍發光，宛如座座水晶宮。夏夜風涼，明月欲渡中空時余逍遙於客棧庭院，心中無念無想，如眼觀法性之真如，心宿蒼穹之月影，萬象歷歷而在目。不意此時於無念中怦然心動，於無想間心思一路向上，心眼為之而開。月即我，我亦月歟？此心境不二之情景乃謂何歟？世事冷暖自知，豈可學弄贅言之愚？

十五日 旭日初升時分霖雨瀟瀟而下。清晨空氣較涼心情又爽快。蓋與五臺山之聯絡結局圓滿凱旋有關？

上午八時三十分火車自定州開出，一路在平原綠樹之中迎來送往無數村莊茅舍，費三小時有餘行進四百餘里，於暑氣漸長之中午時分駛入北京城內。燕京喧囂雜鬧，於今更勝一籌，視之幾欲眼花繚亂。一時四十五分抵車站。

十六日 於公使館會見青木少將，談及與達賴聯絡之始末，並就西本願寺兄弟大谷尊由大師擬與達賴會面一事相商。結果乃皆按余之意見實行。會晤結束後共進午餐。之後返回公寓。

十九日 上午十時訪阿部代理公使於公使館，就與達賴聯絡一事商討一小時有餘。今日向以下人物、地點寄出信件：

福島男爵一封；

大谷瑩誠師一封；

故里掛號信一封。

二十日　與公使館松井大尉會面，再次就登臨五臺謁見達賴一事相商。

○今日南條文雄師來信。云其在京都高倉大學寮講演梵文《大無量壽經》。

○接報得知寺本香吐子五月二十日進入東京渡邊裁縫女校，專修裁縫等。

○接信，得知故里一切平安，家嚴健在。

天氣炎熱，汗流頰面。

○謄抄西本願寺法主呈達賴之親書如下：

大清國達賴法主猊座夙耳
法名仰瞻
蓮界常思稅駕黑水青海間接見
慈暉藉伸情愫無如碧山萬重並
無飛錫之力雲海茫茫難仿杯
渡之行即雖兩度曆遊震旦足跡
幾遍九州然未得稅駕衛藏鬱
情莫展鄙懷常悸乃聞此次
大錫遠來小住五臺所過地方士鹿老
弱莫不夾道膜拜，歡喜抃舞以瞻仰

慈容為幸自非德茂三修切深十定安
能至此光瑞迴在海東逖臨之下
欽佩莫名慈飭本宗僧侶
寺本婉雅甲斐寬中前往
貴地代候
起居外具非物用伴荒函猥
在同教之誼諒應無以冒昧
為罪伏乞
叱存並賜
教言以開茅塞敬頌
法安統希
慧照

淨土真宗法主　大谷光瑞[11]　和南

11 大谷光瑞（一八七六－一九四八），明治後期西本願寺第二十二代門主，法號鏡如，係第二十一代門主大谷光尊之長子（庶子）與大谷尊由（光尊四子）、九條武子（光尊次女）之兄。妻籌子之妹節子乃大正天皇之妻、貞明皇后。光瑞曾留學歐洲，一九〇二年至一九〇三年到中亞探險，此後兩次（一九〇八年至一九〇九年、一九一〇年至一九一二年）派遣大谷探險隊出外考察。——譯注

大清國光緒三十四年（一九〇八）四月
大日本國明治四十一年（一九〇八）六月

＊＊＊

以上書信並非光瑞大師親筆構思所寫，而係光瑞大師寄書北京公使館委託青木少將寫出初稿，少將據此與甲斐氏、堀賢雄氏協商後另做一文案，委託居住天津之漢學家中根某君訂正，中根氏訂正後又施文飾、添麗言，最終方有此文書。此即呈送達賴之信函。

是日中午十二時二十分，堀賢雄氏為商討西本願寺兄弟渡清會見達賴一事暫時回國。余自青木少將處收到光瑞大師之書信（即以上書信）後返回住所。

再度登臨五臺山

明治四十一年（一九〇八）七月日記

五日 上午十一時半離開北京，陪同甲斐寬中氏乘上火車，於下午六時抵定州，投宿「雙盛」旅店。

六日 上午八時自定州車站出發，行六十里至啟明縣停車休息。下午二時半，天氣過於炎熱，頗覺旅途艱辛。

十日 凌晨五時半自石嘴鋪出發，中午十二時至五臺山，之後立即投宿顯通寺。余曾到訪五臺山，與怡淳和尚成為知己，故居住渠之別室。此乃五臺山中盡善盡美之僧房。今日無雨，夏晝清涼。

投宿後休息片刻，即為聯繫謁見達賴一事拜訪德爾瓦堪布謝庭華喇嘛，提出希緊急謁見達賴之請求。隨余一道來訪之甲斐寬中氏，攜帶西本願寺大谷光瑞大師之親筆書信及禮品，亦云須將此親送達賴。蓋余為使甲斐氏謁見達賴，協助其完成任務，轉達法主意旨所使出之計策。然而，達賴於五六日前為巡視五臺各靈峰外出，至今尚未歸返，故余等在得到「今明兩日之內必歸錫。之後將汝等意旨上奏達賴，使汝等得以謁見」之承諾後告辭返回住處。

據云美國公使羅克希爾[1]氏六月十四日離開北京，登臨五臺，曾兩度謁見達賴，並商量某事。日前，德國武官來此謁見達賴。又據云英國傳教士亦來此謁見。而且風傳英、美、德、俄爭先恐後與達賴互通聲氣。達賴影響可謂大矣！與之相比，我邦宗教界人微言輕，不僅未獲世人尊重，反被世人擯棄，為宣揚佛光效力甚微。如今達賴以支那皇帝導師之名得到北京政府全力支持，備受歡迎，各國亦爭相與之接近。為取悅達賴不惜投入鉅資與精力，爭相接近達賴之各國意圖皆不出政治範圍之外。然而作為一個法王，以其慧眼面對萬人注目，於各國環繞之包圍圈中亭亭而立，絕不媚俗，相反卻使世界不嫌遠近前來為其叩頭之態度，豈非一宗教人士須認真學習之偉大昭示？吾人親見達賴勢力坐大，不能不為日本宗教人士之效力之微痛感羞愧。

十一日　向多田鼎、山田月樵、曉烏敏三位法兄寄出信件。

十二日　下午一時，余為謁見達賴，偕甲斐寬中氏前往達賴駐錫之菩薩殿與其親切交談，並獻上西本願寺之禮品與一封書信。達賴見余再次由北京至此，為達賴自身，亦為東亞佛教盡心盡力，特對余之辛勞表示感謝。又表明冀望在將來與西本願寺並肩攜手，謀求弘法利益之意旨。並對所贈之貴重刺繡禮品再三表示謝意。甲斐寬中氏則闡明自身乃西本願寺使者，並說明法主之意旨。余從旁一一翻譯。今日余感到非常滿足，尤以獲得盛情接待給余不少面子而深以為自得。

當日甲斐氏謁見達賴後即踏上歸途。蓋甲斐氏因福島中將正在太原遊歷，亟須面見將軍彙報謁

1　羅克希爾（一八五四－一九一四，William W. Rockhill），即柔克義，美國外交官、漢學家。一八八四年起活躍於美國外交部門，同年來華，在北京美國駐華公使館先後任二祕、一祕。一九〇五年至一九〇九年任美國駐華大使。對古代中國和南洋、西洋的交通史，曾做深入的研究。——譯注

見達賴之始末。中將十分關注今日之事，利用夏季休假旅行時間順帶調查達賴及其他情況，故特來太原府，探知與達賴會面之情狀，之後由上海回國。余因負責與達賴聯絡，故放棄與中將會面，讓甲斐氏代為報告則可。

三十一日 收穫同行者之一甲斐氏之報告：「西本願寺兄弟、大谷尊由大師為與駐錫五臺山之達賴喇嘛會面，於昨日三十日午前十時左右抵龍泉關，並將於本日下午六時半如約駕臨此山。」余立即將此信息通知達賴幕僚。不久達賴使者至余寄居之顯通寺精舍，告曰達賴大喜，並詢問如何安排與兄弟會面之事宜。余認為於支那官員，尤為於俄國密探逗留五臺之際，應儘量遮人耳目，避免公開會見為宜。並提出為獲得相互結成圓滿關係、促進未來應有發展之美好成果，其前提應儘量避免舉行華而不實之盛大禮儀。最終約定不按原本儀式規定，即不在客殿、菩薩殿（過去康熙、乾隆兩帝臨幸時曾權充駐蹕行在）公開會見，而在距此地四里左右、位於溪中之觀音洞（往昔六世達賴倉央嘉措曾一時在此幽居念經，乃有因緣之寺院）祕密會面。觀音洞頗幽靜，乃一處超拔寺林，離脫俗臭、適於坐禪靜觀之清幽境地。

今日（達賴果然不與幕僚一道，而係其一人攜隨從祕密離開菩薩殿[2]。時值下午三時半。此時恰好余與顯通寺前任方丈怡淳大師結伴，擬赴十五里開外迎接兄弟大師。當余等走出顯通寺大門，自小路拐向郊外時與前往觀音洞之達賴相遇。達賴身穿黃袍，騎馬，身邊有七、八名隨從，見余後數度以目視余。余因事先已知此事，故倉皇下馬，脫去喇嘛夏帽，以此示禮。渠策馬離去。余等則

---

[2] 無下括弧，原文如此。——譯注

隨其後徐徐向前。達賴精於馬術，須臾間即遠在五、六里開外，最終不見蹤影。余等沿河行走十五里，至章嘉呼圖克圖擁有之倉庫一帶等候兄弟大師光臨。數小時後，大師一行沿河至此。余先表迎迓之意，後祝一行平安至此。一行人名錄如下：大谷尊由兄弟、香川默識、堀賢雄、甲斐寬中、峰旗良元諸法師及支那僕人三名，共計八位。

一行人乘坐三籠搭轎，行李等由騾子馱運。兄弟著洋式旅行裝，長髮，分梳在左右兩側，宛若一位輕車簡從之貴公子。隨行皆仿效兄弟大師，亦著洋裝。

一行人於下午六時半平安上山，之後進入余安排之顯通寺精舍。顯通寺前身乃後漢時代道觀，明帝永平十年（六十七年），攝摩騰、竺法蘭自西域初傳佛教於洛陽時，曾登臨五臺山，將其定為未來弘通佛教之靈境，由此道觀成為佛寺，此即本寺創建之來由。

據云如今五臺山中屬青衣派之寺廟有二十三座，屬喇嘛寺之寺廟有二十五、六座，但皆頹圮不堪，寺僧如同商僧，全無有德有識且可教化民眾之學僧，更無往昔譬如清涼大師澄觀、至相大師杜順等具有活力之僧侶。灰燼之餘火，僅供僧人衣食無憂。據余觀察，於此衰頹之五臺諸寺中僅喇嘛教雖有腐敗，然信念尚存。故當下之五臺山乃喇嘛教之五臺山，而非青衣派之五臺山，青衣派僧侶普遍化為喇嘛教僧侶，依靠蒙古參拜者之布施聊以苟延殘喘。其現狀實為可悲可憫。

明治四十一年（一九〇八）八月日記

一日 今日余至菩薩殿，向有關人士呈送有關大谷尊由兄弟一行抵達五臺之公文。為此運作的德爾瓦堪布堪稱勞苦功高。

二日　十一時半，德爾瓦堪布來詢是否再做告別會面，並說：若無須告別會面，則今日擬贈法王當地土產，聊表心意；若再做會面，則另擇時間奉上回禮。只請恕三日當天無法會見，四、五兩日皆可安排，悉聽尊便。若為今日，可待接貴通知後容余再做時間安排。達賴破例將告別會見時間延長至上午十一時[3]，並決定四日下山話別。

會見時，兄弟著「七條袈裟」[4]，香川默識、堀賢雄二氏著素絹「五條袈裟」[5]，甲斐寬中、峰旗良元二氏著洋式大禮服[6]。五位乘坐搭轎，在支那僕人相伴之下，悠然行至菩薩殿。一行人進入較昏暗之休憩場所，不久侍者來請，進入客殿庭院。中門入口有藏兵把守，庭院內西藏地方政府中樞大員列隊歡迎。余著蒙古喇嘛服裝，在前引導兄弟一行步入客殿。

此時達賴已坐於炕床高椅上。兄弟進房後行至與達賴相向擺放之椅子處，向達賴行目禮、附掌後即落座。之後先發話向達賴請安：

「日本國京都西本願寺法主曩遊印度、西域與支那各省，足跡無往不至。然因西藏路途遙遠，山河萬里，遊歷不便，故迄今未曾訪問貴國，至為遺憾。此度法王駐錫五臺，欲待秋季晉京，聞之

3 作者此處時間交代不清，甚或有誤。經反覆核對原文，懷疑德爾瓦堪布來訪時間很早，並非上午十一時半，或會見不在當日，因此具體會見時間無法落實。下一段落起文突兀，時間交代亦較模糊。以上姑按邏輯推理譯出。——譯注

4 原文為「七條袍服」，現代日語辭典不收此詞彙，疑為「七條袈裟」。該袈裟係「三衣」之一，由七幅布料橫綴製成，後面使用綾羅錦繡華美布料。僧人在布施、聽講、禮誦時穿著。亦稱「郁多羅僧」、「入衆衣」等。——譯注

5 原文為「五條裳附」，現代日語辭典不收此詞彙，疑為「五條袈裟」。該袈裟係「三衣」之一，由五幅布料縫合製成，亦稱「安陀會」。在印度乃作業或就寢時穿著，而在日本已然形式化，成為普通僧衣之一種。——譯注

6 為原文Frock Coat之音譯。指男性白天穿著的禮服，上衣雙排扣，長度及膝，與條紋褲搭配穿著。現為男性正裝。——譯注

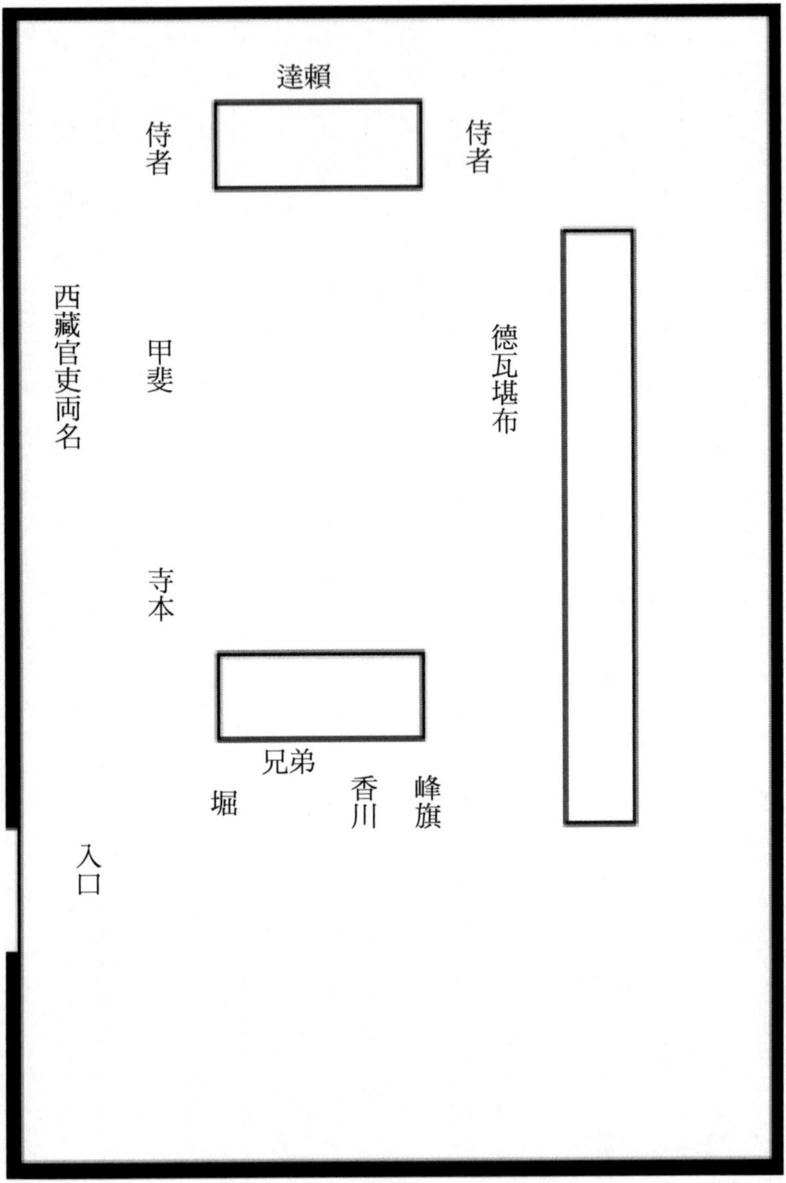

座位圖

不勝傾慕。是以我法主遣余至此向法王請安。今日得以親拜尊容，無勝榮光。」

達賴作答。

繼而兄弟有言，達賴亦答之。

如此數次往復，會見得以圓滿結束。

會見時達賴之翻譯乃謝堪布，兄弟大師之翻譯乃甲斐氏，雙方皆使用漢語。

兄弟一行對此次會見極為滿意。達賴亦將兄弟作為國賓極表歡迎，會見中提供茶果飯食。當有人將盛於大盆、以酥油[7]調味之米飯獻於達賴時，達賴先用指頭拈起放入口中，嘗試是否有毒。繼而兄弟以及余等順次嘗之。一行人雖昧於西藏禮儀，但余等仍按儀軌試食。此乃西藏極表敬意之儀式。正式會見結束後兄弟一行徐徐步出客殿。余特獻哈達於達賴，達賴亦欣喜撫摩余頭。會見結束時間乃下午一時五十分。

三日　兄弟一行整日參觀五臺山。

四日　上午Rotsuawa・rosanchunne使者來訪，曰擬上午九時半舉行告別儀式，達賴欲歡送諸位。一行人喜不自勝。

兄弟大谷尊由大師及香川默識、堀賢雄二氏由內自外穿著白衣、黑衣與輪狀袈裟[8]，精神抖擻步出顯通寺精舍。兄弟今日委託余擔任翻譯。足證大師對此次會見極其滿意。

7　原文為奶油加引號。——譯注

8　寬幅六公分左右的輪狀袈裟，及首垂胸，係外出時穿著之簡便袈裟。為天臺宗、真言宗、淨土真宗教派所穿用。——譯注此時菩薩殿中眾多中樞堪布，包括德爾瓦堪布、Sorupon堪布、Raman堪布正列隊歡迎。余引導兄弟步入客殿。達賴已落座相待。今日室內裝飾一新，放有兩架報時大鐘，裝飾有橘子大小般之寶玉，以使在昏暗之房間不致延誤時間。

以下乃余翻譯達賴與兄弟對話之紀錄：

兄弟曰：「前日得以親拜尊顏，披瀝心志，且深蒙關愛，余不勝榮光，謹此深表謝意。今日欲離此地回錫北京，特專此答禮，並乞照准。」

達賴曰：「前日承惠贈禮品、經典等，萬分感謝。想來吾等與貴國佛教相同，但因疏隔久遠，聲氣不通，幸而前年承寺本先生數度惠傳東本願寺之大札，故始知貴國佛教與西藏佛教乃發源於同宗之不同分流。今次得以面謁受西本願寺法主派遣，且最受法主信任之兄弟臺下，於東西佛教而言，實乃欣甚之事。予遇此極佳因緣，深感契合吾意，今謹表歡悅，以代謝辭。」

兄弟曰：「謝辭甚不敢當。惟願今日會見所結之金蘭足可為佛教做出貢獻。若將來法王猊下為研究醫術或其他而選任派遣專才赴日，本願寺雖力所不及，但仍希望為法王效力。」

達賴答曰：「遣使赴貴國考察文明制度，以資開國革新之勸，與去年予駐錫塔爾寺時寺本先生所勸相同，誠為如今敝國自處所需之事項。只因當下手邊無優才可選。既無適才，則即令派往貴國，亦無任何效用，且關乎予之體面。若他日可選出人才，當不吝關照為盼。惟希貴國學僧與西藏喇嘛能彼此往來，於護持教法而言，將有諸多助益。」

兄弟曰：「據聞猊下預定今秋晉京，但不知定於何日啟程。竊以為晉京時與支那皇帝之會見必將萬事如意。只是又不知將滯錫北京幾月。若晉京後直接返藏，則我大法主將礙難渡清向猊下請安。敢問是否滯留北京？」

達賴答曰：「晉京雖已成事實，但至今未從山西省太原府接獲任何有關晉京時間之通知。又，晉京後或滯錫北京，或直接返藏，於今亦未有定奪，故恕礙難作答。」

繼而達賴又問曰：「敝國新教建立之前，喇嘛教分裂為數派，過去之所謂舊教者混沌不清，雜亂紛呈。然而自宗喀巴出，上述狀況為之一變，直至於舊教之上建立新教。不知貴國宗教如何？」

兄弟答曰：「大日本國佛教其派分十二宗，但皆屬『聖道難行自力救濟』教派，無法與時俱進，獨淨土真宗適應時勢，可謂『淨土他力派』。其勢力凌駕諸宗，與貴國黃教相似。」

達賴曰：「關於貴、敝兩國宗教形態中之勢力消長，東西方皆有萬法歸一之現象，豈不奇乎？察教法之趨勢，可知追星逐月，一統諸派，新教不能不興起。我黃教於西藏、蒙古之地，恰與淨土他力派於貴國相同，機運高漲，豈不甚奇乎？予聞之心甚喜。前日賜予之經典究竟內容為何？屬何經部？」

兄弟曰：「其經典乃他力教正依經典，係闡述彌陀及其極樂世界之學說，由印度之龍樹、無著、天親與震旦之曇鸞、道綽、善導，以及日本之源信、源空等七高祖之論述輯撰而成，皆闡述彌陀他力往生之理。其餘七卷乃淨土真宗開山鼻祖親鸞聖人所撰述之教行信證。」

達賴曰：「依貴說大體瞭解貴國佛教情狀為何。敢問大師何日出發，又經何路歸國？」

兄弟答曰：「今日中午十二時自五臺山出發，經太原府乘火車回國。」

達賴問曰：「自北京經何路回國？」

兄弟答曰：「自北京經山海關，再自遼東經由朝鮮回國。」

達賴曰：「大師！此次穿越山海數萬里，特來此五臺靈峰見予。予深謝大師之厚意。此因緣將深銘心底，不敢有忘。惟望歸國後能將予意傳至法主臺下。今為大師一路平安及健康祈禱。」

言畢，達賴自椅子站起，雙手捧二丈餘長潔白哈達，置於兄弟雙掌之上，謙恭說道：「以此象徵將予之誠意獻於大日本天皇陛下。願法主猊下轉交天皇陛下。……」

繼而又捧出一條哈達，曰：「以此奉獻於西本願寺法主猊下。」

再而又手持一條哈達，曰：「以此奉獻於日本駐北京公使，並代為請安。」

復而又手持一條哈達，曰：「值此話別之際，以此贈予大師留作紀念。不成敬意，希見諒。」

言畢，達賴又將自己曾穿戴一次之西藏袈裟、裙褲與尖帽，[9]以及銅佛像、經典等託兄弟獻於法主，曰：「此類物品甚為粗陋，但其中包含予之心意。祈願法主能穿此法衣，為佛教鞠躬盡瘁，奮鬥不止。」

此外達賴還向兄弟大師贈送藏產氆氌與線香，曰：「禮輕義重，此贈大師。」

兄弟不時點頭，答曰：「所託之事，歸國後當事無巨細稟報天皇。亦當向法主同樣稟報。願法王萬壽無疆。」

儀式至此結束，時值上午十時十分。

達賴與兄弟對此會見均感極度滿意。幕僚等亦異口同聲曰：「會見圓滿結束。」

---

9 原文排字恐有誤，無法查找到該詞彙意義。今按邏輯推理譯出。——譯注

＊
＊
＊

兄弟結束會見後返回住處，吃完午飯於下午一時離開顯通寺赴太原府。余乘馬送出十五里。據聞兄弟一行至太原府後考察往昔曇鸞大師駐錫之古蹟——雁門遺址。考察結束後徑直前往北京，之後歸國。

余送畢兄弟後於歸途遇驟雨，故躲入棲賢寺避雨，待放晴後方策馬返回顯通寺。

兄弟一行人在會見時大感意外。蓋會見時達賴獻哈達於大日本天皇陛下及駐北京公使等，表達敬意毫無遺漏。此細節實出於意料之外。不獨兄弟一行有此感覺，而且於當日擔任翻譯之（余）亦大吃一驚：達賴如此信任日本，最終藉獻哈達表現出其敬意。余為此花費十一年時間，希冀聯絡東亞佛教之努力終於開花結果。與此同時，亦可為國家在不遠之將來做出貢獻，其方法、手段可謂進一步得到落實。思之余不禁一驚一喜。兄弟一行人至此對余之言詞、態貌等亦與昨日相比為之一變，咸對予禮貌殷勤。余為國家與護法殫精竭慮之精神逐漸為人們所認可。

五日　兄弟一行下山返國後，吾等寄居之顯通寺頓時清靜許多，一行人中僅甲斐氏留下處理剩餘事務。此時天氣晴朗，殘暑威猛。

六日　今晨五時余在侍者陪伴下騎馬至觀音洞，向達賴告別並獻哈達。觀音洞位於菩薩殿以南十五里處，乃匍匐於懸崖峭壁之奇樓也。寺洞甚狹隘，然地處幽靜，空氣尤為清新，故達賴喜好盤桓於此。曩昔六世達賴喇嘛曾入此洞，長久念經，故此洞又為有緣法之古剎。

余面見Raman堪布，曰擬回京，特來告別。堪布為余來訪大喜，立即會見，曰：「即令閣下無法三度光臨五臺，而於今後逗留北京期間，無論關乎達賴有何事發生，吾等亦會寄書信於閣下，以通聲氣。自得知閣下心意後予深感獲得特別助力。就此告別！期待今秋九月相會於北京。一路平安！」堪布對余表現出最深厚之情意。余託堪布向達賴轉送哈達並請轉告分別之情意。堪布爽諾。余約定再會日期後策馬返回。返回住處時甲斐氏尚未起床，仍在熟睡之中。

七日　上午八時離開五臺山顯通寺，踏上返京之途。

今日白晝天氣晴朗炎熱，入夜後半月清麗，輝耀碧空，且涼風徐來，催生秋意。

明治四十一年（一九〇八）九月日記

九日　十時二十三分在北京西直門外車站乘火車赴宣化府延慶州居庸關，一個半小時後抵該地。

二十七日　著手翻拓居庸關刻字共五十五幅[10]。然自九月九日開始至今僅拓有東側關內壁面部分共五十五幅。自昨日開始翻拓西側壁面刻銘五十五幅。以此時間計算，欲全部拓完須延宕至十月初四。然達賴喇嘛定於二十八日自五臺晉京，故余為做聯絡須至車站或保定府迎接，無法再於此地逗留數日。為此將後續工作委託三名工匠，余於今日離開居庸關返京。自來居庸關至今前後經過十五日。一如成語所說「光陰似箭」，居庸關之谷川亦流水潺潺，似在訴說宇宙現象之無常，每日皆給予吾等以深刻啟示。其溪流聲今不可聞，因不堪此思慕之情，故擬將此古代文字之研究結果寄往北京圓明園（或閣？）[11]發行之《燕塵》月刊雜誌發表，以聊慰我心。

10　原文數量記述混亂，今按原文譯出，但共拓幾幅不得而知。——譯注

11　原文如此。——譯注

明治四十一年（一九〇八）十月日記

八日 由六條胡同本願寺分寺移居雍和宮。

十日 達賴喇嘛為謁見兩宮於今晨離開黃寺，赴萬壽山。晨起微雨，秋氣甚寒。

明治四十一年（一九〇八）十一月日記

二日（陰曆十月初九） 達賴喇嘛凌晨五時離開黃寺，入安定門，自鼓樓大街後門進入。八時謁見西太后。西太后聽達賴陳言，親自將重要部分一一記錄。侍者擔心因此可能出現諸多誤會，導致對西藏局勢不利，故暗拽達賴衣袖，使其儘早離開玉座。達賴因此心懷不滿，但因係萬壽節大典，故強忍退出。

西太后贈予達賴禮物如下：

珍珠念珠一串

「福」字御筆匾額一幅

珊瑚如意一個

當日跟從達賴謁見西太后之堪布有：

德爾瓦堪布（蒙古喀爾沁旗人）

通司（藏人）

Kunderin札薩克

Soiben堪布

阿旺堪布（俄屬布利亞特人）

Chopa堪布

三日　昨日余至黃寺，宿於達賴侍從Jamubarujamuso喇嘛住所，以打探達賴動向，並再次將須注意之事項告知達賴：

一、達賴苟欲親掌西藏統治權，在完善可達至其目的之諸手段前須圓滿維持與支那政府之關係；

二、因有必要圓滿維持與支那政府之關係，故須與西太后結成親密關係；

三、為西太后萬壽節念經，以祈求無量壽福祉；

四、因支那政府強制要求，達賴須行跪禮，乃過去所未有，然於精神而言，達賴終究為喇嘛教法王，故須為救濟可憐之西太后而講求東亞之和平手段，能忍則忍之；

五、與西太后接近，乃為防止俄清接近之布局，故須在接受與西太后合影之照片後返藏，此乃權宜之計；

六、為西藏獨立，需要西藏國民自身產生改革西藏之意識。亦亟須派人赴海外專攻新學，亦派西藏學生至日本，乃當前之緊急要務；

七、籲請達賴為余再度入藏簽發護照（此事自余從青海返回後已獲達賴批准）。

此外，余還建議達賴在返藏途中巡幸滿洲及蒙古東部等地。其地名如下：

一、塔拉汗旗、札薩克旗、巧列旗、阿窩瓦旗、奧愚諾特旗、品特旗、坡瓦旗、巴林旗、克什克騰旗、內蒙旗[12]；

二、喀拉沁五旗、喀拉沁大王府、蒙古沁、土默特、胡札薩克、喀拉沁馬公府[13]；

三、東北部：烏珠穆沁、呼倫沁、阿魯呼倫沁、郭爾羅斯、杜爾伯特、札賚特、呼其特、阿巴嘎、阿巴嘎納爾[14]；

四、西南部：蘇尼特、內哈爾哈諾一部、回子部、茂明安、烏喇特、鄂爾多斯、阿拉善、青海諸旗[15]。

＊＊＊

達賴致信我公使館，諮詢可否在謁見皇帝時上奏以示抗議，或是否當屈服於清政府之壓力，換

---

12 上述地名原文分別為：「タラハンホショ（Tarahanhosho）、ジャサクホショ（Jasakuhosho）、チョレートホショ（Choretohosho）、アヲワンホショ（Aowanhosho）、オグノートホショ（Ogunotohosho）、ピントホショ（Bintohosho）、ポーワンホショ（Powanhosho）、パリンホショ（Barinhosho）、クシクテンホショ（Kushikutenhosho）、ナイモンホショ（Naimonhosho）。」——譯注

13 上述地名原文分別為：「カラチン（Karachin）五旗、カタチン（Katachin）大王府、モンゴルチン（Mongoruchin）、トメット（Tometto）、ホージャサック（Hojasakku）、カラチン（Karachin）馬公府。」——譯注

14 上述地名原文分別為：「ウジュムチン（Ujumuchin）、ホルチン（Horuchin）、アルホルチン（Aruhoruchin）、ゴルロス（Gorurosu）、トルパト（Dorupato）、ジャライト（Jaraito）、ホチット（Hochitto）、アパガ（Apaga）、アパガナル（Abaganaru）。」——譯注

15 上述地名原文分別為：「ソニット（Sonitto）、內ハルハノ（Haruhano）一部、回子部、モミンガン（Momingan）、ウラト（Urato）、オルドス（Orudosu）、アラシャン（Arashan）、青海諸旗。」——譯注

言之，即何種做法於現時更為有利。余將達賴之藏文信件文意譯成日文，呈伊集院公使聽取意見。藏文如下：

【原編者按：日記中無藏文，僅有譯文。】

順治九年（一六五二）達賴五世羅卜藏嘉木錯參朝禮儀一節

達賴喇嘛賜座舊例中記載：皇帝賜見與賜宴樂時其坐臺高，與皇帝玉座相近。然於今座席低矮，與玉座相鄰甚遠。諸多堪布等見之心中大有不平，紛紛對此責難。

以上藏文中「諸多堪布等見之心中大有不平」云云，指二日即陰曆十月初九萬壽節前一日，達賴入紫禁城為西太后念經，祈禱寶祚萬歲，而當日賜予達賴之座席距西太后甚遠，規格低於過去達賴五世，故扈從西藏堪布等見之認為極其有損達賴顏面，結束儀式退出後交口責難清政府。因而將此事告知我公使館，請公使代向清政府進言。十日在萬壽節觀見時待遇稍有好轉。

伊集院公使將達賴意旨告知袁世凱，告誡清政府以威勢壓制達賴對支那之西藏政策不利，可在許可範圍內優遇達賴。

十四日〔光緒三十四年（一九〇八）十月二十一日〕 光緒帝於今日下午六時半駕崩（上諭於十五日發布）。

與皇帝駕崩之同時，清政府立醇親王之子溥儀為皇嗣，繼承大統。據云時年三歲。

十五日　凌晨三時，一百零八名雍和宮喇嘛入紫禁城為皇帝誦經弔喪。同日未時西太后駕崩。西太后乃因病駕崩，但有謠言稱西太后曾與奸臣等勾結，待自己駕崩後立即毒殺皇帝。而政府先對本國民眾及外國通報皇帝駕崩之事項，再發布西太后駕鶴西歸之消息，此間之蹊蹺亦不得不讓人產生疑念。流言滾滾，但未獲確報。

城內居民聽聞兩宮駕崩消息後，紛紛至錢莊兌換銀票，為此錢莊多有倒閉破產者，人心極其不穩。

十六日　上諭布告發出，稱西太后駕鶴西歸。據云各國公使館多人至我公使館，就出兵一事打探日本動向。

據云下午三時許皇后殉死，妃嬪二人服毒自殺。

達賴希望二十二日左右回藏，並為此做好準備。但因兩宮駕崩，故今日余勸達賴應主動為皇帝、西太后誦經，以盡聖職，並須表示滿藏間親密無間之情誼。

十四日經余斡旋，達賴中樞堪布Raman與川島浪速會面。Raman堪布於當日十時訪問川島公寓，余充任翻譯。受達賴委託，Raman堪布贈川島十一面觀音鑄佛一尊。余與川島一道勸告Raman堪布：西藏之獨立乃為佛教保護與西藏自身，故達賴應立即返回西藏，改革維新，以求自立。須設兵制，採礦山，同時向日本派遣留學生。

二十一日　下午二時余應達賴邀請至黃寺與其見面。入夜後余與Raman堪布就派遣留學生之事，以及達賴簽發護照使余得以安全旅行西藏各地之事進行協商。此外，還約定在達賴離京返藏期間，達賴將派遣有實權之堪布級藏官赴日等。

當夜宿於Rabuchanbajamubarujamuso[16]喇嘛住所。

布里亞特蒙人阿旺堪布（參寧堪布・德爾智）常侍奉在達賴身邊，今日主動至余客廳與余會面，相談甚歡。似乎渠於前些年為挽救達賴招致失敗[17]後之頹勢，也為達賴本人，脫離俄國國籍來此幫助達賴。渠勸余可將日本少年派至西藏留學。余則談及挽救在亞洲之佛教之衰頹乃佛教徒之應盡義務。渠告余切望今後經常會面。渠年方五十四歲，身材中等，臉膛開闊柔美，頭顱亦大，作為一介布里亞特蒙人，富於判斷力，堪任謀畫大事。

今日英國少校W. F. Oconnor（W. F.鄂康諾）氏來公使館訪阿部氏。余與鄂康諾氏乃故交，故提出務求一見。阿部氏遣信使至余住處，告知其意旨。

鄂康諾氏曾任英國西藏侵略軍參謀，在經營西藏方面頗有名氣。余於一九〇六年夏自拉薩赴印度時首次遇見鄂康諾氏。

二十一日　與英軍少校鄂康諾氏及錫金王子庫馬爾氏會面，重溫往日情誼，並著重談及西藏問題。鄂康諾氏詢問俄國在西藏問題上正施以何種策略接近達賴，對此余做詳細說明：在達賴帳下有一俄屬布里亞特蒙人阿旺堪布，正追隨達賴左右。鄂康諾氏大為驚愕，見余如此瞭解達賴集團，有豔羨之情。余希望鄂康諾氏頒發護照，以便今後自印度入藏。鄂康諾氏最初再三拒絕，但見余態度誠懇，且有故交，故終於答應向渠提出書面報告，屆時再做通融。

16 應該就是前文所述的達賴侍從Jamubarujamuso。——譯注

17 指達賴受阿旺誘惑出逃俄國一事。——譯注

十一月二十三日　今日向鄂康諾氏寄出書面申請[18]，內容如下：

尊敬之W. F. Oconnor（W. F.鄂康諾）少校：

對日本佛教徒而言，比較與研究喇嘛教與佛教乃最為有趣之事業。數年前，余為此曾旅行西藏拉薩。然余所遺憾者乃當時未能完成余所鍾愛之研究。為再次達至此目的，余希望以最短路徑經由印度政府管轄之大吉嶺、甘多克與錫金之其他村鎮及印占尼泊爾進入拉薩。余於數年前經過西藏時曾得到少校閣下之多方關照，是以請求閣下能酌情為余及余僕人發出簽證，以便安全通過各邊境。余高度評價閣下於此事為余做出之善意幫助。

您最忠誠之朋友寺本

一九〇八年十一月二十三日於北京

Dear Sir,

Pecking, Nov, 23th, '08

The comparative study of Lamaism and buddhism is the most interesting enterprise for Japaness Buddhists. Some years since I made a jouney with this purpose to Lhassa Tibet, but I am sorry to say that

18 原文為英文。——譯注

I have not yet completed the cherished study. So again with the same view, I wish to go into Lhassa, and shortest route to journey by way of Dorjeeling, Gantok and other towns of Sikim and Nepal of India, which are under the control of the India government. Accordingly I approach you from whom I received so much courtesy when I crossed Tibet a few years ago and request you to be good enough to give a pass for me and my servants so that we can safely cross at frontier. Any kind consideration in your part in this matter will be highly appreciated.

I am, dear Sir,

Yours truly

E.Teramoto

Major W.F.O' Connor

二十八日　下午至黃寺協商達賴派遣使節一事。最終雙方決定派遣使節兩名及翻譯一名，並預定儘快成行，四十日左右往還，且希望於達賴逗留北京期間使者自日本返京。當夜投宿侍從官宿舍。

二十九日　會見青木少將，協商達賴派遣使節一事。但在具體做法上雙方展開激烈爭論，無法妥協。最終只得拍電報給福島中將，請求裁決。

三十日　下午五時半至黃寺，就確定派遣使節一事宿於該寺。入夜後會見Raman堪布協商細節。Raman說明為避免支那官憲猜忌，可待達賴離開五臺後再派遣為宜。

明治四十一年（一九〇八）十二月日記

一日　今晨離開達賴身邊[19]，返回雍和宮。路過嵩祝寺門前書肆購買西藏醫書《四根本》（*Sman. kyi. Rgyud. bshi*）。此乃來自印度之譯本，四卷，書價一兩八錢。

二日　新帝於今日即陰曆十一月九日上午十一時十五分在乾清宮起轎，臨幸太和殿，舉行登基儀式。是日各王公大臣、文武百官皆入紫禁城，行叩拜祝賀禮節。

宣統皇帝登基時內閣攝政王醇親王恭讀詔文，使其廣布天下。詔文由滿、漢兩文製作。

曾就達賴使節逗留日本之費用（兩個月）問題與有關人物聯繫，今日為明確是否照准向以下人物發出催促信：

大隈伯爵一封

松浦伯爵一封

戶水寬人博士一封

又向以下諸位大師通知達賴近況與使節派遣計畫：

大谷光演法主一封

大谷瑩誠大師一封

下間賴信大師一封

19　原文如此。——譯注

達賴使節訪日之事一度決定下來，但在參謀本部與西本願寺之間因合同發生齟齬，一時間此事只好中止。雖說甚至使節出發日期亦已敲定，但事屬無奈只能如此。余身處兩方之間，就此難言之事與達賴聯繫時的確煞費苦心。因余與達賴過從甚密，故以目前皇帝與西太后西歸，支那政府對諸局勢關注嚴密，最好暫緩出發為由，方得以緩頰准允。十二月十日、十一日為此事大費周章。

十八日 因暫時中止派遣使節，多少傷害達賴感情一事，余建議伊集院公使為緩和藏方情緒，應邀請Raman堪布、Kancyonsuiben以及侍從Jamubarujamuso三位參加晚餐會。晚餐會於下午七時開始。伊集院公使、青木少將、小田二祕、高尾翻譯與余，共八人到會。席間藏方轉交達賴致日本天皇之哈達一條，贈公使西藏寶劍一柄及麝香若干。

達賴與支那政府之間曾就西藏行政權問題相互爭執已久，最終達賴希望能獨立支配西藏，前提為如過去一般進行朝貢，但於必要之政治場合，能不經駐藏大臣之手直接向北京上奏，而如今兩宮駕崩，清國已無暇與達賴聯繫，故達賴只能在未解決任何問題之情況下返回西藏。

達賴決定於二十一日離開北京返回西藏。臨行前，達賴喇嘛給余發來親筆路條：

朕達賴喇嘛之弟子、名Tobutanzobato者雲遊西藏內地各處時，若須任何物品，當盡一切可能給予滿足，並給予人身保護。且不許攔路阻截或扣押行李之情形發生。

西藏戊申歲（一九〇八）十月二十五日書達賴印

【原編者按：達賴此處將寺本視為自身弟子並賜予藏名土登索巴（牟尼教忍），亦即第十三世達賴喇嘛之藏名土登嘉措（牟尼教海）之接頭詞。藏曆十月二十五日（日曆明治四十一年（一九〇八）十二月十八日、陰曆十一月二十五日）乃黃教開山鼻祖宗喀巴誕辰日，達賴於北京滯錫期間仍與各臣下一道舉行拜謁儀式，並為之念經。】

二十日　達賴明日將離開北京。為做告別，余今日至黃寺向達賴敬獻哈達，亦向各堪布獻哈達。達賴擬按以下日程返藏：

十二月二十一日離京，至保定府住一宿。

二十二日離保定，至鄭州住一宿。

二十三日離開鄭州。

明治四十二年（一九〇九）正月上旬至西安府，逗留數日。

二月下旬至西寧塔爾寺，逗留數月。

七月下旬離塔爾寺，返回西藏。

二十一日　上午七時，達賴自黃寺啟程，入安定門內，於前門火車站小憩後搭乘七時半之火車向保定府進發。

博迪蘇貝子、那桐、達壽等為達賴送行。

歸國

明治四十二年（一九〇九）正月日記

九日　為第三次探訪西藏暫時回國。今日下午五時三十分離開北京前門車站。伊集院公使、松井大尉、川島浪速、松本君平、二十二仁鎧，以及各報社記者至車站歡送。同日，服部宇之吉氏及其他在北京大學師範系任教之日本教師因期滿同車回國。

十日　夜間睡於車內。清晨六時半在眺望白雪皚皚之曠野時列車抵達山海關前湯河車站。在該車站換乘其他列車於三十分鐘後抵達秦皇島碼頭。海邊一帶已結冰，鐵船「山東丸號」噴吐白煙停泊於棧橋旁。棧橋乃升向海中之堤防，上面鋪有鐵軌，可通火車，旅客上下車頗感方便。

十二時船隻駛離秦皇島。海上寒風大，浪稍急，余雖適應海上生活，但因昨晚未吃未喝，此時飢寒交迫，無法忍受，故向在甲板兜售商品之支那人購買梨子、橘子後連吃數個，不料待船隻駛入大海數里後即嘔吐，甚覺不快，只好上床休息。自明治三十一年（一八九八）夏從神戶渡海至上海暈船後，連續十幾次渡海至中國一次未因暈船嘔吐，而今年此次渡海再次嘔吐。想必係去年四月至今年十二月二十一日達賴離開北京止不分晝夜工作，尤於嗣後八十餘日心力交瘁，為宗教與國家耗盡全部精力，以致形消影瘦，氣力衰竭，大腦竟略微產生錯覺所致。余不懼暈船，但因神經衰弱，病體不堪，終有如此船上嘔吐。

十一日 凌晨三時半至芝罘港，下午一時駛離該港，海面風平浪靜。

十二日 上午九時抵大連港，至西本願寺分寺訪問。

十三日 因風急浪大滯留大連港。

十四日 上午八時自大連港出發。

十五日 上午十一時三十分抵仁川港，下午四時半駛離該港口。

十七日 上午八時至釜山，訪問東本願寺分寺。下午五時駛離該港口。

十八日 清晨七時駛入長崎港，下午四時駛離該港。

十九日 上午八時至門司港，十二時駛離該港。

二十日 下午四時駛入神戶港，五時三十三分乘坐特快列車赴京都。

附錄

附錄一　西藏《大藏經》總目錄序

真宗大學圖書館所藏藏文《大藏經》係余自支那帶回並贈予該校。

明治三十一年（一八九八）七月一日余於探險西藏途中順訪北京，明治三十二年（一八九九）三月離開北京，自上海溯長江經四川成都，於同年六月二十七日至「第一關門」打箭爐，在此始與本寺院之留學生能海寬君相遇。能海寬君較余晚四個月離開日本，但先至此地。余乃獨自「化緣」終有此旅行，未期能在此萬里異域與相同抱負者會面，不禁喜歡乃深廣佛緣之使然。因而相互起誓：不願同生，但願共死，並一道於同年八月十一日至「第三關門」巴塘。然終為猙獰兇惡之康巴族人所阻，不僅未能入藏，反倒在四名騎兵監視之下被送出該地。之後能海寬君一人留在打箭爐，而余則再次「籌措錢糧」，於同年十一月二日與能海寬君告別，自此又穿行於崇山峻嶺之間。

明治三十三年（一九〇〇）夏北京一帶發生義和團事變，八國聯軍焚毀天津，攻陷北京，故光緒皇帝與西太后遠避西安府，一時妖雲四起，遮蔽東西方天地。是年秋，余接受政府命令於北京從軍，開始與攝政王醇親王以及洵、濤兩親王及慶親王等交往，略為國家效力。同年九月十七日獲特別恩准，得以在處理軍務之同時，自由研究軍隊之精神教育與西藏語。為此進入安定門外之黃寺與資福院，一面鑽研喇嘛教，一面做進藏之準備。兩寺當時已為團匪掠奪破壞，一片荒涼衰頹景象，院內喇嘛大部逃亡，殿堂廟宇咸罹兵燹，殆於燒光，幸虧我軍及時趕到，方免於灰飛煙滅之災難。然而尊貴佛殿此時已遭破壞，府庫亦被掠奪，一派鮮血淋漓之慘狀。歐美軍隊身逢亂世，醉生夢死，只顧酒色與財寶，無一士兵關注如此淒慘之修羅場居然有此珍貴無比之聖典——《大藏經》。再則歐美軍隊視佛像為偶像崇拜，任意加以破壞，甚至有士兵以佛像眉間白毫[1]為目標開槍，致使佛面洞開灼焦。我軍亦非全無不當之處：士兵見此既非歐洲文字，又非支那文字之異種文字聖典，因無人知曉此即記載尊貴如來金言之無價《大藏經》，故任其拋灑於庭院，毫不顧惜以足蹂躪之。余見此慘況無可奈何，只能默然視之。然而發現此無價珍寶，卻使余一驚一喜。因而當即與院內住持喇嘛聯繫，終得以將其買下。之後余以榮獲特別恩准，得以研究藏語之因緣將其運回國內。此事終達天聽，命余獻其部分經典於宮內，並製作藏文《大藏經》目錄。余遵命恭敬奉獻紺紙金泥之《甘珠爾》[2]部與朱印字版之《甘珠爾》部及雜部。嗣後由宮中轉託東京帝國大學圖書館保存。而其餘部分則贈予真宗大學圖書館。

贈予真宗大學圖書館之西藏《大藏經》係余自資福院購得，其中《甘珠爾》部為一百零六函，共一千六百部，其部分經卷由數卷構成。另包括《甘珠爾》部藏文與漢文之目錄各一函（共兩

1 佛眉間之白毛，據說會放光，故有時在製作佛像時於眉間鑲嵌水晶等以代表白毛。——譯注

2 此前注釋對《甘珠爾》做過簡略說明，現補充說明如下：《甘珠爾》乃西藏《大藏經》兩大部之一的「佛說部」。原來的意思是「轉化為藏語的佛陀之話語」，但後來理解成「翻譯的佛說」。由屬顯教的律部和經部、屬真言（密教）的坦特拉（Tantra）部（經部）構成，經部的一部分和律部收錄有小乘經典，經部的大部分則收錄有大乘經典，坦特拉部收錄有金剛乘經典，總經典數達一千餘件。大、小乘經典之大部在九世紀前葉，其餘許多經典在十一世紀前後之後被譯為藏語。現經典以那爾坦寺之輯成為基礎，但經典之排列因各版本之不同而有不同。——譯注

函）；《丹珠爾》[3]部為二百五十二函，共五千零一部，外加《宗喀巴全集》二十函與《章嘉全集》七函。此外還有未編入目錄之西藏、蒙古典籍數百十部及雕有西藏、蒙古字符之方形或圓形刻板二十枚等。此《大藏經》各卷之重量當不下十八、九公斤，長二尺四寸，厚七寸左右。各函內外皆裝飾精美，尤以各函首尾所附之佛菩薩及天部之畫像皆施以色彩，粉以金銀泥，精美至極，其美之絢爛足以炫目。

贈予真宗大學之《甘珠爾》部與《丹珠爾》部係刊行於康熙二十六年（一六八七）至二十七年（一六八八），有御製序文。此外，《丹珠爾》部另有雍正二年（一七二四）閏四月二十四日御製序文，在過去之《丹珠爾》部外，又增補編入喇嘛教改革家宗喀巴所著之《百千法語集》（gSung-hBum）二十函與章嘉二世羅賴畢多爾吉所著《百千法語集》七函，集《丹珠爾》部之大成，使之無「顯、密」之遺漏。另須說明，西納爾坦（Snar-thang）版與德里格（hSDe-dge）版無此增補。

東京帝國大學圖書館所藏部分係余自黃寺購買，乃明太宗為報皇考、皇妣生育之恩，將西藏原本翻刻刊行之複製品，附有永樂八年（一四一〇）三月九日之《御製藏經贊》。之後經一百九十六年，永樂版得以再版，有「大明神宗萬曆三十三年十二月吉日奉旨重刊印造」序文。此時僅有《甘珠爾》部，而《丹珠爾》部尚未出版。除此萬曆版《甘殊爾》部外，尚有明武宗正德三年（一五〇

3 補充說明：《丹珠爾》乃西藏《大藏經》兩大部之一的「論書部」。一般理解為「翻譯成藏文之書籍」，但其中也含九世紀前後藏人的著作，收錄有對「佛說部」諸經典加以注釋的書籍、各學派之佛教哲學書籍、與「五明處」（古代印度的五種學問）有關的論述典籍和注釋書籍等佛說之外的書籍，總計三千多件。與大乘佛教有關的書籍多半在九世紀前葉、其他的多半在十一世紀前後之後被譯為藏語，自普屯（一二九〇－一三六四）經系統編撰並編出目錄後，各版本之結構基本都遵從該體系。——譯注

八）御製抄寫之紺紙金泥《般若經》、《律師戒本經》等，以及其他數部抄經等，總共贈出二百九十三函。東京帝國大學之收藏部分有同類經典重複而缺本多之缺點，不如真宗大學之藏本完整。此《大藏經》雖分有三函，記載藏文、蒙文與漢文目錄，但各自之間缺乏對照，故不適於國人閱讀。不僅如此，此三種目錄譯文不一致之處亦不在少數。蓋此三種目錄最初由藏文編目，繼而由不熟識漢文之蒙人譯為漢文，故各目錄間譯文、經題多有不一致之處。余為去除此不便而適於國人閱讀，以藏文目錄為基礎重新編製此對照目錄。

余原擬做總目錄時將梵文對照目錄一道編入，但規模宏大之《大藏經》如今已不在手邊，缺乏對照之便，故只能暫時割愛，擬俟他日得便再將梵文目錄增補編入。眼下只好在此目錄中各藏文經題下空出「一行」，以做提醒。

蓋西藏《大藏經》各卷之首原有藏、梵兩文經題對照。此編目若將藏文一一音譯為梵文經題，明示梵文之依據，則便於立即還原為梵文，看懂梵文之經題，但因上述原因於今只能割愛。

以上敘述余乃如何獲得並寄贈西藏《大藏經》之經過，以此作為總目錄編撰之序言。

眼下正值曠世少有之親鸞聖人六百五十次忌辰，余姑獻此西藏《大藏經》總目錄以做紀念並略表報恩之誠。

明治四十四年（一九一一）春四月

寺本婉雅　識之

附錄二 呈送達賴喇嘛之原稿

去年九月初六余承恩賜，得以謁見文殊皇帝一族[1]中至高無上之達賴大喇嘛於貴吉祥圓滿之獅座之前，並呈送大日本國東本願寺大法主大谷光瑩臺下之親書與經典。余由此完成使命，深感無上榮光，並感覺此於東亞佛教聯絡方面乃空前之幸事，茲謹表謝意。

當今世界所建國者凡二十二國[2]，其中可稱最強大之國家有八國。日、清、英、法、德、美、義、俄是也。世界之趨勢由此八國左右，餘十四國僅能仰此八國之鼻息而稍可維持其國命。然苟從人種分類，英、法、德、美、義、俄六國屬歐羅巴人種，自誇為白種人，正在睥睨世界。而日、清兩國屬亞細亞人種，人稱黃種人。黃、白兩人種於風俗、習慣、宗教等方面完全不同。苟從宗教分類，世界二十國皆屬外教，而日、清則屬內教。二十國中，英、美、德奉耶穌教，屬所謂之新教，而法、俄、義三國信天主教，屬所謂之舊教。新、舊兩派雖相分離，然其祖則咸為耶穌基督，所奉經典《新約》、《舊約》兩部並用。歐洲新、舊兩派相互傾軋年深日久，兩教開啟戰端已逾百年，

1 原文如此，應為文殊菩薩。——譯注
2 原文如此。——譯注

於國家有大弊害，於宗教實相悖於標榜博愛之意旨。此類史蹟比比皆是。奉舊教之國民心性狹隘，冥頑不化，而奉新教之國民心性稍闊達，是以舊教之國民於舊教之外絕不妄信他教，而新教之國民依各自之智識亦有信奉他教者，國家亦不嚴加干涉，提倡信教自由。此與人智之發展當有莫大關係，亦給國家之體制造成極大差異。各國為政者對國民之進步與體制之發展必須嚴肅體認與對待。

藏人所知之「Laro」一詞指伊斯蘭教，現以國教身分存於土耳其國，然其對世界並未產生任何影響。而婆羅門教如今在英國支配下正蠢蠢欲動，但其作為國家宗教則不出印度人種之外。與此相對，佛、耶兩大宗教於世界上實可稱國家宗教與世界宗教。奉此兩大宗教之國民，一舉手一投足即可對世界產生重大影響。佛、耶兩大宗教可謂黃、白兩人種之宗教。黃、白兩人種之優勝劣敗關乎東西二洋之隆替興亡，同時關乎佛、耶兩教徒之命運消長大矣！信奉斯教之國民豈可不為此警醒而奮發?!

大日本帝國作為佛教國家位於拉薩東方，自支那北京出發三日、自南海普陀山出發二日、自印度出發十日可至我國，實可謂與清國一衣帶水之鄰邦。

自始祖神武天皇即位起至如今天皇陛下止共一百二十一代，凡二千五百六十六年。於釋迦涅槃後二百八十九年神武天皇開始建國至今，皇統連綿，萬世一系，各國難以比儔，永遠位處東方日出之地。

距今一千三百餘年前欽明天皇御宇時，百濟王始獻佛像、經典，佛教自此開始東傳。此事遠在西藏王松贊干布年代之前。佛教傳來後與我國體契合，輔國利民，開啟人智，賢人聖哲由此迭出。宣揚斯教，護益黎民，內可裨益國家，外可抗禦敵侮。在此期間，我神聖天子成沙門比丘者，前後共三十八代，各朝祖師亦熠熠煌煌，層出不窮。渠等興盛教學，樹立法幢，所吐氣息堪與蘭菊爭香，所開宗派迄今計有八宗。此薪火代代相傳，各祖師為國民心靈之教育與文學藝術等百業發展鞠躬盡瘁，普薰十方，隱然已成為涵養日本思想之源泉。

我國現存寺廟七萬二千零八十座，沙門計十萬七千零三名，信徒三千餘萬人。於啟智、布教、利國方面自詡不落後於世界，國民各自孜孜不倦，銳意進取，努力修業。

我國與清國乃一衣帶水之鄰邦，友好往來始於唐代以前。唐代之西安有我邦人榮登官位，輔佐唐朝，支那之和尚亦來錫我國，宣揚佛教，留下史蹟甚多。如今我國與清國乃結盟國家，處於唇亡齒寒、輔車相依之關係，東亞之安危正承擔於日、清兩國之雙肩。斷不可忘記為文殊菩薩之化身與佛教之保護者——滿洲皇帝之寶祚無窮而祈禱，乃保障東亞和平之一大要件，亦關乎佛教命運之消長。苟未能保護最強大國君之安全，則又如何得以永久保持斯教之存在？我國期盼清國之保全，祈願滿洲朝之寶祚萬歲，豈可不有重大之意義歟？去年日俄戰爭即表明我國為保護清國之立場，亦顯示出黃、白兩人種與內外兩教徒之優劣，得以一洗過去由於白人之蹂躪給東洋黃色人種帶來之污名而擺脫其侮辱。東洋人如今已可昂首挺胸與白色人種抗衡。

話雖如此，然反顧黃色人種之內質，則可發現其中含有國民背離、紛擾無息、時常落後於世界大勢之現象，此實乃可悲又可懼之常規陋習。太陽已升臨東方，此時若不開啟門戶，則其屋內勢必黑暗。佛陀撒播十方眾生之博愛又豈能為西藏人民所獨占？如今必須開啟門戶而遠行，亦須擊打福音之法鼓，教化世界之外道。飢餓之人們正等待於戶外。起行而乘坐甘露之法雲，豈非佛徒之偉業？

我大法主臺下夙有宏願，於明治初年親自巡錫歐美各國，觀察各國宗教現狀，調查外教傳播方法，歸朝後於內部力除舊弊，創新法度，建學校，舉人才，為宣傳佛教鞠躬盡瘁；於外部派遣有為青年赴海外，翻譯法典，建造寺院，布教於外國，播殖佛教於天下。如今美、德、英各國之佛種已稍萌芽，每年四月初八必舉辦釋迦誕辰紀念會，外國教徒研究佛典已多有年月。

又，我大法主臺下擬特派人進藏瞻仰拜謁，然時常有恐貴國人民視之為俄國人，或途中攔截，或加以殺害，故空有其意前後已有九年之久。余亦嘗為充任其使命之一人。於今有幸遇見達賴國師巡錫在此，得以親拜於麾下，何喜如之哉?!惟願自今往後以此因緣可以排除往日之隔閡，永汲一源同教之河水，相互披瀝胸襟，作為同一釋迦弟子，共謀東西佛教之聯絡，增進友誼與往來，將如來之教法普及於天下。

欲謀自強富國之策略，宣傳佛教於世界，則須先派人赴海外，考察各國文物制度。苟蟄居屋內不出，則無法詳查外界情況。苟昧於外界情況，則無法守其於屋內。欲抗衡外道，則已須先學外道。作為清國之屏藩，欲開啟西藏國民之智識，永遠弘揚宗喀巴之教法，則（必）須破除舊有陋習，呼吸新鮮空氣，以此刷新傳統宗教。值此「前門驅虎、後門進狼」之非常時期，若不做出一大英明決斷，施以適當舉措，則恐有千歲之恨、噬臍之悔。出洋考察則不如考察同一宗教國家。如今清國皇帝已派出人才至締盟友邦之我國，考察學習我國文物制度、宗教，人數逐年逐月增多，其數已達一萬有餘。清國商人與我國貿易者亦多達數萬，於港灣市場建屋宇，開商鋪，使日清交誼日益敦厚。支那各省之學堂，大凡未聞其教習不出於我邦人。百聞不如一見，貴國若派人視察我國，則諸事百般一目了然。

又，苟蒙有人將考察宗教、政治等文明制度之結果編撰成冊，獻於大國師之座右，則大國師自可足不出戶，詳細瞭解日、清兩國之現狀，亦可滿足急欲文明開化之清皇帝之御意。

以上僅諫蕪辭，呈愚意，言語不遜，筆意不文，尚乞千萬慈悲為懷，不以為忤。亟盼賜覆於我大法主臺下。專此為禱。

垂鑑不莊

明治三十九年（一九〇六）十二月十五日
光緒三十二年（一九〇六）十一月初一
西藏曆丙午忤十月三十日
佛滅二千八百五十五年

大日本國東本願寺大法主派遣布教使
寺本婉雅恭呈

【原編者按：以上二文[3]摘自《Note Book of Tibetanism II.E.Teramoto. at the Temple of kumbum, Siinin of Kanshu》。】

3 指附錄一和附錄二。

附錄三 於日軍總參謀部演講之提綱

明治三十八年（一九〇五）
十月三十一日下午三時半開講

第一章 西藏略史

第一節 喇嘛教之勢力及其版圖：西藏、支那、蒙古、滿洲、印度
第二節 西藏國情況、拉薩、札什倫布之狀況、天山南北路等
第三節 西藏國王達賴喇嘛、副國王班禪額爾德尼
第四節 政權與教權政教合一
第五節 法皇治下之西藏地方政府及其四大臣、兵權等
第六節 支那政府對西藏之政策：古、中、今之政略
第七節 當今西藏狀況、法王之願望與對清政策之走向獨立、反叛

第二章 蒙古略史

第一節 蒙古狀況、風俗、氣候及蒙古之都市

慮、邊疆之不穩、俄軍侵入伊犁、英國對清國西藏之政策、英國要求達賴返藏、俄國之抗拒

第十四節　西藏事件之解決、東亞之和平、新日英同盟、同盟之效果、印度人民眼中之日英同盟

第三章　蒙古、西藏問題之解決、清朝之希望、日英同盟之實際效果、東洋之永久和平

第四章　結論

第一節　藏王返藏之策略、召喚蒙古哲布尊丹巴呼圖克圖、深謀之責任、就違反敕令向清帝之回覆、安居朔外

第二節　阿嘉呼圖克圖與清帝、阿嘉呼圖克圖與達賴、達賴之返藏希望與憂慮

第三節　滿洲問題與蒙古問題

若日本不能單獨解決，則應與外國協商後共同解決此問題。從現狀與國家長遠利益考慮必須如此。

附屬問題

第一條　蒙古鹽湖採掘一事

第二條　軍馬改良、寒冷地區使用之馬匹、滿洲以外之日本勢力、該勢力之效果

自第一章至第四章之事件與附屬問題[1]

轉生化身之理想、達賴與清帝之關係、達賴乃觀音之化身、清帝乃文殊之化身、哲布尊丹巴乃金剛菩薩之化身、班禪喇嘛乃佛陀之化身、喇嘛教之興亡盛衰關乎清朝之存廢、清皇室對喇嘛教之態度關乎西藏、蒙古是臣服或反叛、西藏、蒙古服從清朝之原因僅在喇嘛教、俄國之蒙古鐵路將通往大庫倫↓北京之間與大庫倫↓青海、西藏之間，以西鐵路將自伊犁經土耳其斯坦[2]至阿富汗西南部，通西藏東南部

Mongolian Provinces

1. Kokonor Aimakus-24Hosho
2. Arakshs 〃 -1 〃
3. Obüru -49 〃
4. Toroko -36 Aimak
5. Haraha -54 〃
6. rut or Uriyastai -80 〃

----

6. Provinces 244 Hoshos.

1 原文編排如此，令人困惑。——譯注

2 即中亞。——譯注

達賴於光緒三十年五月八日離開塔爾寺。六月一日至Chedanba。六月十九日至那曲。七月二十九日離開Chedanba。八月十八日返回塔爾寺。五月十七日達賴在阿旺堪布勸誘下逃回西藏，至那曲，挑選牛馬。五月二十七日前抵達Chedanba。達賴在青海五旗命烏拉準備行裝。二十七日當天就《阿彌陀經》做一場演講。青海五旗王贈送五十兩銀塊三十錠，馬巴十匹，以及糧食若干。

附錄四　西藏祕國逸聞（摘錄）[1]

（一）翻越五千五百公尺左右的Anglo-Thaksin山

明治三十八年（一九〇五）二月十一日離開Cattaro山山麓，沿溪澗向西南方向行走十里。再西行二十里，始覺逃離種種危險、大有勝利在望時我已身處高山之上。此山與日本山脈不同，視野十分開闊，但眼前景物朦朧難辨。由於山的高度在不覺間逐漸增加，待我爬到山頭時又不知是何原因大腦十分疼痛，且頭暈目眩。一行人此時也都說「頭痛，頭痛」，情況令人擔憂。過去有人為此瞎掉眼睛而成為盲人。原因很簡單，因為放眼望去四周皆雪山和冰川，太陽直射其上反射後進入瞳孔，視網膜就此燒壞。

我離開塔爾寺時經我師父（Sopasanbo法師）提醒，事先準備了一副用黑馬尾巴毛編成的毛編眼鏡，上路時戴此眼鏡幸而未被陽光灼傷。另外，在行經空氣稀薄的高原時若多吃高脂肪食物，比如肉類或酥油等則一定會危及生命，所以一行人在出發前都會相互提醒：「昨晚有沒有過量食用肉

1　自此部分開始作者使用現代日語寫作。——譯注

類啊？請小心！」走著走著，不知何時起駱駝和馬都因疲勞過度開始無法行走。之前這些駱駝和馬從塔爾寺開始就一路不辭路途遙遠與我們結伴同行，每天早晨一起出發，每天晚上待架好帳篷後與我們一道露營，但時至今日體力已無法支撐，有的駱駝與馬開始掉隊。此時有人在遙遠的身後呼喚我們。我們回身詢問發生何事，一位布里亞特人說自己的同伴墜馬身亡。我們大吃一驚，想掉轉馬頭去看望一下，但此時坐騎已無論如何不願返身踏步向前。我想馬匹已經非常疲勞，故急躁地想從馬上下來。這時一位策馬在前的蒙古人提醒我：「不能太快下馬！而應慢慢地下馬！」此時我才注意到自身的情況。頭痛也好，馬不走也罷，都是空氣稀薄惹的禍。

是否因為我們已經登上五千五百公尺左右的Anglo-Thaksin山，所以空氣才會如此稀薄，人馬才會如此痛苦？此時我才明白蒙古人為什麼要勸阻我不要一下子從馬上下來。之後我拽著馬慢悠悠地返回後方一看，一位布里亞特人已經鼻孔流血，倒地身亡。一如前述，這位布里亞特人曾在俄羅斯某學校接受教育，此時正接受俄國政府的祕密任務，攜帶大量金錢，花費約半年時間從北方蒙古的庫倫（烏蘭巴托）來到這裡。我將這位男子的頭髮和攜帶的佛像遞還給同事，並一道為死者殷切祈求冥福，將他放置在岩石上進行天葬（風葬）。大夥兒此時才注意到是因為空氣稀薄才死了人的，於是爭先恐後地說道：「輪到我了，輪到我了。」之後在馬上為死者念誦真言六字：「唵嘛呢叭咪吽。」

在此高原每日行走二十五里左右，但隨著空氣逐漸稀薄，最終竟發展到無法行走的程度，放眼望去非積雪即冰河。此外，給動物食用的草料等也早已告罄，有時只能在溪邊弄些枯草，或餵些大米與豆子。駱駝因是反芻動物，所以還好對付，而馬就麻煩了，不僅食量超常，而且在此華氏零下二十度的冰天雪地裡所起的作用幾乎為零。因其無法再行走了，故只好槍殺了之，雖然這麼做有些殘忍。

我們每日凌晨三點左右從營地出發，到晚上總是在溪澗邊搭帳篷露營，但那些地方均無草木可供生火燒水做飯。所幸這一帶有商隊路過，隊伍一年往返西藏一趟，行經之處必留有馬、駝糞便，所以可以收集這些糞便作為燃料，用以燒化冰雪飲用。因為天氣太冷，所以還有更令人費解的事情：夜間，那邊帳篷有人邊晃動出鈴聲，邊誦讀經文，而這邊帳篷卻有人發出呻吟聲。湊近一看，發現一名男子伸出舌頭，而其他男子則摁住該男子舌端，一面說：「請忍耐些！請忍耐些！」一面用小刀割舌以放血。此事自己不好做，故只好請同伴代行，但不知此舉所起作用為何。據說鮮血從切割開的舌端迸出後，呼吸就會變得順暢許多。但若鮮血流出不暢，則此人過不久將死去。另外，此方法若不好用，則可用鋒利的刀子刺穿手腕靜脈，如此一來鮮血即噴湧而出。但倘若此時的出血情況也不好，則被手術的人也離死不遠。實際上這時行將就死的人心中亦很明白。大夥此時除了掩面而泣，別無其他任何辦法。在這裡我才第一次深刻地意識到，陰陽相隔有時僅在一線之間。

離開青海時師父Sopasanbo曾對我有所告誡。他是博士[2]，在那一帶不僅是學者，還是佛畫畫師，同時也是醫生兼天文學家（曆算）。若不如此，就不可能獲得博士稱號。此Sopasanbo博士說：「你在去西藏的途中一定會遇上危險。為預防萬一，你必須多帶些蒜頭去。」所以我在出發時帶了許多蒜頭和蘭州出產的多油脂煙葉及少量燒酒。此燒酒與日本燒酒多少有些區別，但不管怎麼

2　原文如此，何博士不詳。——譯注

說還是帶了些去。可是到後來這些燒酒根本起不到什麼作用。煙草也未起太大作用。而蒜頭卻發揮了很大作用。我將蒜頭放入口中十分鐘後，蒜頭即顏色發黑，形如鐵塊。吐出後又放入一個，之後不知什麼原理呼吸即大為順暢。不過蒙古人含蒜頭卻沒有效果，大部分的人只能吐血受罪。後來才聽說平日攝取鹽分多的人才有效果，而蒙古人日常攝取鹽分少，所以含蒜頭無效。蒙古人平常確實不多攝入鹽分。據他們說，放鹽吃肉不算吃肉。我們這些人後來也像蒙古人一樣吃肉不放鹽。不過這段時間吃肉時又變得不能不放鹽。

總之這種狀態持續了數日，不知從何時起呼吸開始又變得順暢起來，而蒙古人也一樣，有時又開始口念六字真言，但有時也不念。我們明白現在人已到達海拔低處。

此時我生平第一次考慮到生命的問題[3]。過去我從師父那裡多少學到些東西，但根本沒有自己的想法。當時我攜帶著十隻駱駝和一些旅費，行走時坐在一隻駱駝背上，要經常躲避防範，以不讓蕃族人發現。而更為擔心的是身上攜帶的銀子。銀子叫馬蹄銀，形狀恰如馬蹄，堆放在一起，既高且重，無法隱藏。我獨自一人，不知如何是好。

卸載貨物時必須讓駱駝跪下來，且兩個人必須同時從兩個方向卸載貨物，所以身上攜帶的東西對方立刻就能明白。因此如何攜帶金錢的確是一個問題。尤其是去拉薩，我自認為應該能對付過去，但從這次的情況來看，此問題仍舊很難解決。還有一個問題，就是準備了從青海到拉薩的食物。因為途中用金錢也買不到食物，搞不清楚攜帶的這點食物是否能堅持到目的地，所以沒有辦法

3 自此開始原文語意較曖昧，現經最大努力譯出，但仍請讀者在閱讀時增加一些想像力。——譯注

只好在途中儘量節約。一天，有個蒙古人對我說：「我的食物袋中已沒有多少東西，能否通融一些糧食給我？」因為途中有錢也買不到糧食，所以我惴惴不安，不知如何是好，心想好容易才逃過蕃族的劫難，這下又要為此問題感到為難。因此我決定只有犧牲自己。在達到這種認識之前，我經歷了非常苦惱的過程。此地為「世界屋脊」，海拔在五千五百公尺左右，無論如何不能按照自己的想法恣意妄為，所以只有將自己全部貢獻出去。在到西藏之前我一直非常苦惱。

(二) 高原關口的艱險

之後從五千五百公尺的(Anglo-Thaksin)高原下山，經十五天旅行來到黑水卡[4](黑水在漢語中也記載為潞江或怒江，位於薩爾溫江上游)關口，這時又讓人產生天險難逾的感覺。即使是從俄羅斯方向來此闖關也極其艱難，倘若不是意志堅定的人肯定無法逾越此關口。幸好我在途中加入了由北方布里亞特人和東部蒙古鄂爾多斯人等組成的商隊。加入時我說自己是阿嘉呼圖克圖的弟子，長久居住在北京，而對自己是日本人一事則三緘其口。但似乎我的謊言已經敗露。這一帶野獸奇多，該商隊人人都攜帶最新式的武器，而我也需要攜帶一支。到晚上必須搭帳篷露營，入夜時則必須輪流值班，擔任步哨。如果這附近一帶有人煙或有土著，那麼對我們來說則有極大危險。因為人煙代表著我們可能會受到蕃人的襲擊，所以反倒是沒有人煙為好。事物總是相對的，沒有人煙則有

4 全長二千四百一十四公里，上游為發源於中國西藏高原東部唐古拉山脈的怒江。怒江向東南流去後進入緬甸，成為薩爾溫江，最終注入馬他班灣。流域附近幾乎為高山地帶，多大峽。——譯注

野獸，大凡沒有人煙的地方豺狼就多。此地的豺狼多半約有日本所見的牛頭犬[5]五倍大小。還有犛牛，英語叫「Yak」（原為藏語），有時會三、四百隻成群出動，若被其包圍則非死即傷。而且這些動物過去未領教過槍炮的厲害，所以無論開多少槍都站立原處紋絲不動。另有一種形似斑馬但非斑馬的白臀鹿，也是成群結隊地出現。犛牛用槍打可以捕獲，但其肉無法食用，對我們毫無作用。不過也許是物盡其用吧，這一帶土著從犛牛尚小時開始飼養，長大後使其成為翻越高原搬運貨物的好幫手。此外就是蕃人的不時襲擊。

商隊中有一名達賴喇嘛的弟子，布里亞特人，名叫Narinkanpu，經常以使者身分往返於青海和鄂爾多斯之間。此人似乎一到某地即去官府彙報我的情況。於是整個商隊經常被呼喚到衙門前排隊。因事出無奈，被叫後我們只好將行李交代給僕人，儘量裝瘋賣傻地列隊在衙門前面。之後又被分列為兩排，一一接受訊問。訊問不外乎以下內容：你從哪裡來？屬什麼旗？因何目的從此處往何處去？到拉薩後預定去哪個佛學院？最後衙門的人來到我身邊。當時我想當然地認為，作為商隊的同伴直到今天相互之間已親密無間，應該有人會對我寄予同情，代我支吾搪塞一下，回答是同伴。可沒有想到，排在隊首的一個人卻回答：「我不知道那個人是哪裡的人。」我想這下完了，一起從青海到這裡，同甘共苦這麼久卻不替我說說話。於是官員就開始用藏語多方問訊。我回答：「我是蒙古人，藏文的書可以讀，但不能說。」於是官員又問：「你出生在蒙古什麼地方？」我回答：「我出生在滿洲東北部的哈爾沁旗，小時候去北京，之後又去南海普陀山學習，再後來進入北京雍

5 原文為bulldog，即鬥牛犬。——譯注

和宮，每月向理藩院拿一點工資過活。因為是蒙古人，當然會說蒙語，但因為小時候長期在外，所以說得不好。」我之所以這麼說，是因為想西藏官員大概不懂蒙語，但沒想到當地既有懂蒙語的官員，也有懂漢語的官員。於是他們又問：「北京的雍和宮在哪裡？」由於我在明治三十一年（一八九八）夏天進入雍和宮學習蒙語，之後又曾勸誘雍和宮法主阿嘉呼圖克圖訪問日本，所以對雍和宮的情況十分熟悉，根本不至於驚慌：「我是拉薩色拉寺法主阿嘉呼圖克圖的弟子。阿嘉呼圖克圖在塔爾寺也有公館，我曾經在那裡待過。」於是西藏官員又說：「也許是這樣。但從你的口音判斷不像是漢人，也不像是蒙人，總覺得你是洋人。你的眼神和漢人不同。脫掉你的帽子看看。洋人頭髮是褐色的。」聽到這話我心裡咯噔了一下，心想這下可算玩完了。

我在北京時得到清朝皇室的信任，並追隨統轄內蒙古寺院的阿嘉呼圖克圖，經常出入於北京的宮室，甚至進入西太后的內廷佛殿，與阿嘉大喇嘛一道誦經念佛。而我現在面對的僅是凡夫俗子，被他這麼一問，不免有些躊躇，但接著我就打定主意，決心為此一搏。再說其他人明天就要出發，如果與這些人分手，那麼我將進退不得。剎那間我想起，人在說謊時多少會對精神產生一些影響，若表露出來立即就會被發現。我不能對此有絲毫表現。我必須有豁出去的精神，必須超越自我，達到無我的狀態。接下來我變得極為坦然，但這種冷靜的態度僅限於外表，內心仍舊是恐慌的，大概這就是人的本能所使然吧。我今天在此被殺也實屬無奈，但想想走到今天，也沒有給故鄉的父母寫過一封信，至少應該把今天的情況說明一下，哪怕是一句話也好。想著想著，一股歉疚和思念之情湧上心頭。我之所以有豁出去的感覺，說白了，還是出於低層次的考慮。在被敵人四面包圍的今天，若能從更高的層次控制這種心情，讓自己騰飛於廣闊的天地，那樣才能做到安之若素，毫無恐懼。思忖間官員又說了：「怎麼看你總覺得怪怪的。」因此我就問：「有什麼怪的？若覺得怪，我就待在這裡幾天也行。您可以派使者去雍和宮，若不行，派人到青海打聽打聽也行。那裡有阿嘉呼圖克圖的公館。在這段時間不能殺我，我就在這等待。」官員回答：「我們沒有辦法等待那麼長的時間。」我說：「那就按你們的意思辦吧。不過我想知道，到底是誰說的我是洋人。」回答是那個布里亞特蒙古人。我在確定所說無誤後對布里亞特人說：「你憑什麼說我是洋人？在派人到阿嘉呼圖克圖那裡確認我是否洋人之前，請你和我一塊留在這裡。如果做不到這一點，那麼就請你和我一起去拉薩。」之後此君含糊其詞，不知所云。官員至此不勝其煩，說：「你可以走了。」（下略）

附錄五 追憶青藏高原巡禮

（一）青海湖記憶[1]

撫今追昔，二十多年前的往事如同一場夢，實可謂彈指一揮間。又猶如木槿花開，本來只有一個早晨的生命，卻能苟活至今，又可謂不可思議。近些年來我不時聽到人們熱衷於夏季登山，不禁回想起過去的青藏高原巡禮。

我是在陰曆十一月二十八日親鸞大師的忌日，先經過支那、新疆、青海[2]的安多峽谷和喇嘛教改革家宗喀巴誕生地塔爾寺的佛學院，再顛躓在無人高原，踏上巡禮西藏拉薩的路程的。此時寒風刺骨，群山白雪皚皚，我策馬在一望無際的曠野不斷向西奔馳。因過於寒冷，溫度計早已損壞，故無法測量溫度。我上下身都包裹著毛皮衣物，腦袋裹纏著狼毛頭巾，腰插利刃和手槍，且肩扛步槍，在一名牽拉數頭駱駝和馱馬的學生兼僕人（唐古忒族，名嘉措）的陪伴下，再雇一名準噶爾人

1 此小標題係譯者所加，因後文有小標題（二）、（三）部分，故在此根據文中內容加小標題。——譯注

2 原文順序如此，先到新疆後到青海的關係可參見後文注釋。——譯注

為嚮導，一面小心防備土匪可能的襲擊，一面必須在每天凌晨四點早起，白天在山地上顛躓行走，夜晚在雪地中搭蓋帳篷，聊以消除旅途勞頓。

有時深夜被寒風吹醒，我俄然凝視四周，但僅看見白雪堆積一片，除了皚皚白雪之中有幾個黑點存在之外，沒有任何礙眼的東西。在此瞬間，我只有錯愕和奇異的感覺。仔細端詳，原來是帳篷被大風吹去，降雪深達數尺，點點黑影正是我熟睡的僕人和嚮導的腦袋，還有就是踞坐而睡被掩埋在雪中的駱駝。我從雪堆中抬起腦袋，叫醒熟睡在左右的僕人和嚮導後，他們迅速躍起，執槍備劍準備應敵，結果卻是虛驚一場，令人有賊來何處歟之感歎。事後我重新想起此事時也有滑稽之極的感覺。不過，這僅僅是巡禮過程中令人感覺酸楚的一件事情。

在杳無人跡的雪原行走數日後到達青海湖畔。青海湖地處盆地，四周群山流下的溪水滯留於此無法流出。青海湖碧水亙古蕩漾，環繞一周需要二十多天的時間，湖邊流傳著漢人西進後帶入的西王母神仙傳說，據說至今還沒有人在這神祕的湖中搖槳泛舟。冬季視線所及皆茫茫冰原一片，無法掬水。湖中有兩個島嶼南北縱列。大島在北，小島在南，從北邊眺望，似乎只見一個島嶼在湖心浮動，而從南邊環視湖岸，又感覺確有兩個島嶼縱列南北。過去地理學書籍記載僅有一個島嶼，東西方地理學家也未有人發現此一問題，我將此新發現報告給日本地理學會。

我們一行決定在青海湖畔逗留，希望能在育肥馱馬和駱駝的同時，等待從南北蒙古各方向到西藏巡禮的隊伍到來。在這隊伍之中，有在離開安多塔爾寺時認識的僧俗相混的三十多名蒙古信眾，也有在距塔爾寺兩天路程的東科爾城相遇的若干朝拜者。東科爾城是進入青海、位於藏漢邊境的偏僻關口，城邑很小，有二百多戶唐古忒人和漢人在此雜居，既有土司，也有衙門，是出入青海的門戶。過去我的已故朋友能海寬君子然一身從四川成都漂流至此，曾多方準備單身負笈進入西藏，但一離開東科爾城，即面對茫茫無際的草原和人跡罕至的雪山，所以進藏是一種難以企及的願望和絕對不可能的事情。經試驗後能海寬君只能強忍遺憾的淚水，再度打道回府。若干年後，能海寬君又因壯志勃發，無法抑制，故又轉道雲南省，從大理府出發，溯金沙江而上，最終卻死於阿敦子蠻族之手，與歷史上的真如[3]法親王一樣，成為為法不為身的祭品。每當對照求真求道者的崇高品行，我不禁思如泉湧，有一種高山仰止的感覺，更何況能海寬君是我的同志加好友。

在青海湖畔搭建帳篷，放養馱馬，等待同行的巡禮隊伍的時間內，我開始研究青海一帶的地理、動植物等。在遙遠的北方，蜿蜒著高聳入雲、頭戴白帽的山脈，此山脈就是從迦濕彌羅[4]國向喜馬拉雅山延伸的北方山脈[5]，一直向東延伸。祁連山似乎在此畫出一條直線，將中亞與西藏高原分在南、北兩個方向[6]。古代小月氏即崛起於此山山麓，之後西征，占領了巴克特里亞（大夏）[7]

3 真如（七九九年至八六五年左右），日本平安初期真言宗僧人，俗名為高岳親王，係平城天皇之子、嵯峨天皇皇太子。先在東大寺學習三論，後跟隨空海學習密教。日本貞觀四年（八六二）入唐，在繼續向印度取經的途中為求法獻身。——譯注

4 迦濕彌羅（梵語Kasmira），又作羯濕弭羅國、迦葉彌羅國、個失蜜國，係位於西北印度犍陀羅地區（的）東北、喜馬拉雅山山麓的古國，大致範圍在現在的克什米爾地區。中國漢代時稱為罽賓，魏晉南北朝時稱為迦濕彌羅，到隋唐時代改稱為迦畢試。——譯注

5 此處頗費解，作者在青海湖觀察四周情況，似無法將西南方向的喜馬拉雅山脈看作是北方山脈。——譯注

6 此語亦不確。——譯注

7 大夏即希臘人在中亞所建立的巴克特里亞（Bactria）國。巴克特里亞敗亡於大月氏只是學者中的一種說法。另一種說法認為他們是為西徐亞人所滅。——譯注

地區，成為大月氏後又進一步南下[8]，在印度文化史上開始了特殊的活動。亦即，祁連山既是月氏族的發祥地，又是在西元一世紀時作為佛教保護人興起的迦膩色迦[9]王祖先的搖籃地。天山南路正好位於此山脈，求法僧玄奘法師在返回支那後依然將足跡印記在這條道路上。

而後清朝將青海一帶地區劃入新疆，並將住在青海附近的唐古忒人封為酋長，授予「臺吉」官爵，使之世襲管理新疆內地。然而事實上此地屬高原地帶，幾無人煙，荒草茫茫，且空氣稀薄，並沒有太多可值得管轄的居民，如今只有少數準噶爾人居住，也可以見到過去準噶爾人的古蹟和歷史殘影。從唐末到明清時代曾叱吒風雲一時的準噶爾人於今已衰頹不堪，與瀕臨滅絕的我北海道阿伊奴人不相上下。觀察此民族興亡變遷的軌跡，可以看出三界無常流轉的真相，令人悲哀。

春夏期間，四周冰山積雪消融，匯入青海湖，湖水碧波萬頃，縹緲悠遠，水深而清澈，有海闊天空之情趣。兩座島嶼浮動於湖心，島中有喇嘛寺，流傳著一個浪漫的故事：據傳在唐朝貞觀年間，西藏開國明主松贊干布重臣倫布迦爾因與王妃文成公主有染受大王猜忌，被挖去一隻眼睛，從拉薩出逃後，隱居在此島上，以喇嘛身分念佛誦經終其一生。夏季期間湖面風大浪急，無法泛舟，所以當地土著至今未有一人嘗到過乘舟的快樂。

---

8 此說與中國的歷史認識有異。中國學者認為，月氏是西元前三世紀至西元一世紀的一個民族名稱，早期以游牧為生，生活在北亞地區，經常與匈奴發生衝突，其後西遷至中亞。這時月氏開始發展，慢慢具有國家的雛形。大月氏由於位處絲綢之路，控制著東西方貿易，因此逐漸變為強大。到後來被匈奴擊敗，一分為二：西遷至伊犁的，稱為大月氏；南遷至今日中國甘肅及青海一帶的，稱為小月氏。——譯注

9 迦膩色迦（Kaniska，七八年至一〇二年在位？），貴霜帝國君主，不但是一位軍事家、政治家，而且是佛教的保護人和發揚光大者。在佛教的護法名王之中，他的作用僅次於阿育王。——譯注

島內寺廟中如今有許多喇嘛。他們利用冬季結冰時間往來於冰面，或將一年的口糧運入寺內，或與湖外進行其他聯繫。據說湖邊居民這時也會渡過冰面，將牛、羊、馬等家畜趕入島內放養，以躲避盜賊的劫掠。又據說環繞青海湖一圈須二十多天時間。此湖不負眾望，碧水亙古不變，波光粼粼，神韻縹緲，但至今未有一人測量過水深，調查過湖底棲息的魚群種類。

我們一行人為排遣湖畔帳篷內的無聊生活，有時會踏著月光，來到冰凍的湖面，用碎冰器鑿戳堅冰。鑿下三尺左右就會出現一個冰穴。之後空氣侵入湖水，月光照耀幽暗的湖面。眼瞅著湖面開始出現波紋，並可以聽到刺溜溜的聲音。疑惑間突然有數條大魚躍出，高高地在空中翻個筋斗又落在冰上，活蹦亂跳三兩下後就凍死在冰面。這時我想起過去所讀的二十四孝故事，不禁感到好笑。故事中某孝子為生病的母親臥冰求鯉，傳為美談，但按今天冰上捕魚的方法來看，冬季捕魚相當簡單，並非像孝子談中所說是一樁痛苦的差事。因為結冰已久的湖面一旦被鑿，冰面出現洞穴，大量的空氣就會迅速侵入水下，而眾多魚群這時就像久旱逢甘霖一般麇集在冰面窗口下方，待過去不暢的呼吸一下子舒暢起來之後就躍出冰面。

此魚與鯉魚、鮒魚相似而又有不同，多半有一尺多長，肉片間有許多枝形小骨，極少脂肪，也許是因為水清無鹽，湖中缺乏有機物餌料所致。而肉片間多枝形小骨或與風急浪大有關。我入藏後才知道，拉薩市南端吉曲河棲息的魚類與青海湖的魚類完全相同。以肉類為主食的高原居民對此類魚種幾乎不感興趣，倒是住在西部的回民年年冬季都到青海湖來，用如此簡單的天然方法捕魚，並在除去其內臟、鱗鰭風乾後販賣給在甘肅的漢人。

青海湖以西地區即如今的新疆，在隋唐時代有唐古忒族和西藏有史以來的其他民族曾在此叱吒風雲，並以此為舞臺與漢民族一道上演一幕幕的政治交往情景劇；在明末清初，勇敢的準噶爾人也曾在此多次與藏軍交戰，並稱王稱霸一時，但現在其殘存部落規模極小，過著游牧民的帳篷生活，空留有往日其祖先留下的英名。準噶爾人是蒙古族的一支，崇信喇嘛教，風俗語言與蒙古人毫無二致，但性格極為柔順，經常往來於藏蒙之間，或從事溝通藏蒙交易的營生，或充任蒙古巡禮隊伍的嚮導，依靠些許收入，在荒涼猶如洪荒時代的高原燃起炊煙，過著寂寞淒涼的生活。

我的嚮導也是準噶爾人，名叫索德納木，年方五十有餘，為人質樸老實。他是個虔誠的佛教徒，頸上掛著護身符，手中不離念珠，但腰插彎刀，肩扛火槍，前進時時常口誦「唵嘛呢叭咪吽」六字真言，其身姿亦頗有英氣。

青海湖以西地區大多數是無人鹽鹼地帶，東西綿延千里，一望無際，必須行走一個多月時間才能穿越。夏季地下會噴出鹽水，形成處處鹽水盆地。冬季乾燥後又化為一片白花花的鹽海，一蓬蓬蘆葦的枯葉僅能從鹽泥中勉強抬起頭來。我們一行人將鹽分結晶體收集後裝入麻袋，以供旅途使用。如此豐富的天然寶藏竟然被遺棄在闃無人煙、猶如洪荒時代的大原野上，至今未見有任何國家的一位人士來此對其進行開採。如此遼闊的高原，蘊藏著如此豐厚的天然資源，足可證明人類在任何地方都可以存活。巡禮隊伍在這無邊無際的鹽田地帶旅行，時常為缺乏飼養馱馬的草料發愁，所以只能讓馱馬啃食匍匐於鹽田的枯蘆葦或矮小的灌木果腹。而缺乏馬匹的飲用水源則更為令人頭痛。幸好是在雪天旅行，人與馬或駱駝都能舔食積雪，或烹煮鹽雪解渴。

而青海湖南部山澗幽谷地帶則青草繁茂，如今尚有部分唐古忒族、土谷渾族、喀木族[10]等遠古原住民星星點點地分布在此，過著帳篷生活。他們飼養犛牛、羊和馬等家畜作為主食，並在各酋長的領導之下聚成不同的部落，以戰爭或盜賊為能事，平日游牧於無人高原地帶，以威脅劫掠藏蒙巡禮隊伍為業。這一情況過去如此，如今亦無改變。支那政府和達賴喇嘛王權對此鞭長莫及，只好任其在四處形成一個個獨立王國。

青海湖東南方向的山岳地帶位於四川省成都府的西陬，多崇山峻嶺，深谷幽澗，人稱「德里格地」，古代唐古忒部落首府即位於彼地，現存有喇嘛教總寺院。彼地人情、風俗中瀰散著濃郁的宗教氣氛，屬罕見的文化地帶，教徒們散居於無數的大寺小廟，自唐貞觀年間以來幾乎成為半獨立王國，由大喇嘛和土司進行管理。到清代為止一直實行每三年派遣一次使節赴北京朝覲納貢的制度。著名西藏《大藏經》（《甘珠爾》部、《丹珠爾》部）在彼地也有自己的版本，世稱「德里格版」。

青海湖一帶的地理風俗一如上述，要隻身南北縱貫青藏高原極為困難，如同夢想。如欲縱貫此無邊無際、杳無人煙的大高原，非組織一個龐大的旅行隊伍不可。因為事實上存在以下幾大障礙：

（一）蕃族襲擾；

（二）因季節很難使用馬匹；

---

[10] 此喀木族演化成如今何少數民族不詳。《續資治通長編・卷四百七十四》有以下紀錄：「復攻喀木族，討平之。翌日北下蘭州，三日至擦珠川，攻楚隴薩、卜宗二城，拔之。」——譯注

（三）黃河上游河水氾濫以及冰川存在；

（四）空氣稀薄。

以下一位德國學者的遭遇，可證明以上話語所言不虛。

事情發生在此後我第三次入藏之時。當時我住在塔爾寺佛學院宿舍，德國地理學家塔菲爾博士到此調查青海湖一帶的地質、地理情況。有一天他特地來找我，我告訴他青海湖有兩個島嶼，他聽後十分高興，鼓起勇氣也調查去了。幾個月後他又到塔爾寺來找我，頭上紮著繃帶。我大為不解，問他到底發生了什麼事情，他說碰到了青海湖的土匪。據他描述：

「某天夜晚在湖邊搭好帳篷睡覺後，半夜突然帳篷墜落在地，驚醒後欲起身觀看，但因為綁繩是在外面被砍斷的，人在帳篷內如同網中之魚無法外出，也施展不開手腳，所以只能掏出睡覺時也不離身的手槍向外射擊。土匪聽到轟然的槍聲頓時四散逃去。之後我鑽出帳篷逐個追擊，連發數槍。因槍聲過於激烈，故土匪紛紛驚慌潰逃。這時從遙遠的地方順著寒風傳來一陣呼叫聲。我頗覺奇怪，興奮地趕將過去，一看原來是我的僕人被土匪按在地上。在昏暗的月光下兩人正在搏鬥，僕人因被按住，無法使用防身用的步槍，故只能緊緊地抓住槍身並將其藏在膝蓋下方，以不讓土匪奪去，同時還發出聲響，呼喚我的幫助。

事後才知道，剛才僕人因緊張忘記使用步槍，在扛著槍亂跑時被後面的土匪追上，並被按在地上，導致上面所說的月光下的奪槍之戰。在僕人發出哀鳴，即將死於土匪之手時恰好我趕到，從後面對土匪開了一槍。此一槍不偏不歪，正好擊中土匪。之後僕人似有重生的感覺，驚喜異常，對我千恩萬謝。可是最終清理現場後發現，我們的口糧、馱馬、駱駝、經費等悉數被土匪搶走，我自己的額頭上也挨了一刀，但有幸能撿回一條性命，總算是不幸中的萬幸。不過旅途中所用物品被劫掠一空後，我們再也無法繼續在無人草原地區行走，甚至連食物也無法得到保證，所以只能數日忍飢挨餓，好容易才到達土司署廳，將事情的經過敘述一遍後得到補充的糧食。之後再到北京德國公使館聯繫，獲得進一步的援助後才得以再次來到此地探險。」

我激賞該德國人為學術研究所做出的勇敢、忠誠的行為，並略備薄酒預祝他再次探險成功。一九一六年，塔菲爾博士發表了有關青海、新疆地質地理研究的著作，卷帙浩繁，如今正裝點著我東京大學和京都大學學者的研究室。博士父親在德國經營旅店業，博士希望我在旅德時能到該旅店住宿。此時西藏達賴國王中止了訪問俄國的計畫，並打算從蒙古返回西藏，正好駐錫在塔爾寺，所以根據博士的希望，我安排博士謁見了達賴。博士欣喜不已。當時達賴身邊的達官顯貴及侍從還不知如何使用照相機，所以我勸博士最好為達賴照相後送照片給達賴。博士也覺得此事極為光榮，給達賴照相後送照片給他。

博士那時尚未接到任何有關第一次世界大戰結束後的消息，正為自己的親人是否遇上災難或已戰死而擔心。另外，有關我們一行遭遇土匪襲擊的事情待下一期刊物再詳細敘談。

（二）關於嚴冬時節使用馬匹困難一事——西藏巡禮

穿越青藏高原南北的時間以秋季十月至翌年四月為宜。由於此間的旅程距離過長，所以蒙古巡禮隊伍必須使用馱馬、駱駝作為大陸航行中的「舟船」。巡禮隊伍中的成員遠的來自北方的庫倫和東部的興安嶺，到西藏朝聖是他們一生的光榮和虔誠信仰的表現，所以在出發時他們會在親戚和妻兒兄弟面前流下永別的淚水，繼而與眾多的同行者一道，須在半年左右的時間內披星戴月，沐風櫛雨，雪中露宿，在吃盡千辛萬苦之後才得以在此青海湖邊聚集。根據慣例，他們在等到四面八方的隊伍在此會集並相互協商之後，又會組織起一支更大的巡禮隊伍向西藏進發。有時在這支更大的巡禮隊伍中經常會混入偽裝成朝聖隊伍的土匪，給大隊伍造成極大的傷害，所以大隊伍為防備不測，總是對一些可疑的巡禮小隊伍保持距離，不管他們如何哀求也不允許他們加入大隊伍。何況當時西藏國採取鎖國的政治方針，所以要參加到巡禮隊伍中則更為困難。我們一行恰好是在西藏政府嚴格實行鎖國政策的時候來到青海湖的，所以不管我怎麼保守祕密，也難以偽裝來自不同國度、有著不同生活習慣的現實，結果是他們也不讓我們同行。幸好準噶爾人嚮導索德納木熟知我是塔爾寺阿嘉呼圖克圖大喇嘛的弟子兼該寺院的執事，經他做出保證，好容易巡禮大隊伍才允許我們一行人加入隊伍。

巡禮隊伍使用的蒙古產駱駝與阿拉伯和非洲的駱駝不同，一到夏季即全身脫毛，露出微黑的皮膚，如同果實的內皮，以及露出一副形銷骨立的身材，並不適合運輸旅途中所需的糧食和行李，但從十月中旬開始這些駱駝又陸續長出新毛，到十一月下旬毛髮完全恢復如初，並從十二月開始到正月體力、精力轉為旺盛，進入交尾期。人們利用這個時期可以讓牠們派上旅行用場。因此為遠征高原地區一定要等到下雪後才能出發，這已成為當地慣例。想來元朝成吉思汗必定是在冬季遠征歐洲。從而又可推知蒙古人是何等勇猛，何等能在冰天雪地作戰的不屈不撓的民族。

在青藏高原旅行時除駱駝之外不可使用馱馬。馬匹僅適用於短距離旅行，遠征時畢竟不堪敷用，何況在嚴冬華氏零下十度左右的冰原上。再說為在茫茫雪海的旅途中運輸可夠人吃數個月的糧食，人們已無法再裝載可供馬匹充飢的草料，馱馬只能靠啃食些許灌木枯葦果腹，因此馱馬出發時不管如何膘肥體壯，一個月後也一定皮包瘦骨、憔悴不堪，甚至幾斤的貨物也無法馱載。豈但如此，而且可能無法自由行走，跟不上同行的駱駝。

這時若放置馱馬於曠野不管，則其有可能被野獸襲擊，所以巡禮隊伍大凡會在左右為難的時候，一邊念禱六字真言，一邊開槍射殺瘦馬。我們一行在這種時候也會釀成相似的悲劇，造就殘酷的罪孽。冰天雪地的高原旅行，此類罪惡難以避免。

與此相反，同樣在雪地遠征，駱駝每天消耗的秣料極少，而且因為是反芻動物，所以若讓一匹駱駝搭載有兩三匹馱馬才能搭載的秣料，就可以綽有餘裕地維持半年時間的遠征。將駱駝珍視為萬里遠征的大陸之舟，過去如此，今天也沒有改變。馬匹雖敏捷輕快，但不堪雪中的數月旅行，而駱駝乍一看步履遲緩，形同牛步，但遠征千里尚有餘力，此事難道不能成為我們人生旅途中的一大啟示？

（三）黃河上游之氾濫與冰川

青藏高原是黃河的發源地，山澗溪流匯入散布此地的無數大小湖泊，此湖泊被世人稱為「星海」。星海溢出的溪水進一步流向東方，形成所謂的黃河流域。春夏期間高原冰川消融，冰水浩浩蕩蕩奔騰千里，水勢湍急，大有天馬行空之氣勢。其聲轟然可以撼動山岳，其潭之深似有怪龍潛淵。人們欲渡河卻無橋樑與獨木，為航行亦無舟楫與船筏，巡禮隊伍的馱馬與駱駝欲渡過此激流非常困難，而為躲避土匪襲擊又會因此在各處遇上激流天險。隊伍無一日可安寧，無一夜可安睡，終日戰戰兢兢，如履薄冰。苟遇河必溯源於上游，先投擲砂石使馱馬從此岸遊過急流到達彼岸。馱馬因恐懼欲逃散，但遇人強逼只能前行，有時大抵十四馬中有一匹立足不穩墜入河中，最後人們只能眼睜睜地看其順流漂去。對巡禮隊伍而言，損失馱馬與駱駝將給路途遙遠之旅行帶來極大的不便和困難。所以巡禮隊伍為避開此類天險障礙會特別選擇冬季雪天旅行。雪天旅行雖然途中枯草極少，對餵養駱駝和馱馬極為不便，但沒有春夏時期的河水氾濫和冰川消融，所以可以避免橫渡急流等各種危險。這時綿延各處的崇山峻嶺全部變成雪山冰原，大川巨溪也完全凍結，巡禮隊伍只要遠溯河源渡水即可。不過馱馬和駱駝因身負數百斤的重物，渡冰河時也極為危險，所以不能掉以輕心。此時巡禮隊伍會發出總動員命令，收集並運來沙土和沙礫，鋪陳在冰河上方，造出一條二尺餘寬的沙路，之後各自牽拉馬口或駱駝嘴巴，小心翼翼地徒步從此岸走到對岸。有時冰薄坍塌，馱馬等即墜落河中，又隨急流漂去。雖說冬季橫渡冰河比在夏季河水氾濫的時候容易，但有時也會發生以上危險，故其旅行之難，絕非歐美旅行者可以想像。

跋涉雪山，穿越冰河，忍受寒風，睡臥雪中，氣喘吁吁並奄奄一息地在世界最高的臺地挪動腳步，的確是一種用語言無法形容的艱難旅行。更何況在五千五百公尺左右的Anglo-Thaksin高原還有比冰河、雪山更為危險的「敵人」在等待著所有隊員，那就是稀薄的空氣。因篇幅，我們打算在下一期再繼續敘述。（一九一五年七月三十日）

附記：有關僕人嘉措的事蹟刊登在〈進藏記錄〉（《無盡燈》第十四期，第三－九頁。）上。先生之未亡人琴子老夫人至今仍健在，據說當時生活在京都車站前某旅館內。

附錄六　我的西藏之旅[1]

A. 塔菲爾　著
寺本昌雄[2]　譯

「這麼說您是去西藏了吧？也就是說您去了拉薩？」
「在那裡您見到斯文・赫定[3]了嗎？」
「不管怎麼說，總見到達賴喇嘛了嘛。」

大凡德國的有識之士總會向從西藏回來的人提出以上三個問題。因生意突變，我必須再次返回西寧。對我來說這毋寧是求之不得。因為我來西藏的最大目的之一就是可以見到達賴喇嘛。

1 此文乃寺本婉雅兒子寺本昌雄譯自艾伯特・塔菲爾（Albert Tafel），《我的西藏之旅》（*Meine Tibetreise*）（BAND 二）下卷〈德國斯圖加特（Stuttgart）出版社，一九一四年〉，〈第八章　新旅程〉（VIII Neue Fahrt），八五－九四頁。——譯注
2 譯文中注（一）－（五）為原著者所加。——原注
3 斯文・赫定（Sven A. Hedin，一八六五－一九五二），瑞典地理學家兼探險家，曾考察過中亞、西藏等地，因發現樓蘭等古代遺址對中亞研究的發展作出巨大貢獻，著有學術報告、旅行記等。——譯注

一九〇六年十一月月末的一天，我向蘭州府進發。我需要將過去留在那裡的備用器具，至少是銀製品帶回來。我不在的這段時間，蘭州府「殖民飛地」人口迅速增加，現在包括孩子在內，總人口已超過十人。在曾任F. V.李希霍芬（F.V. Richthofen）口譯工作的保爾・斯普林加德[4]的斡旋下，一批由比利時的多位礦山技師、化學家以及一名專攻纖維織物的教授等組成的專家小組，今天剛好從歐洲到達此地。另外，據說德國公司的工程師們為將中亞七大奇跡的浮橋改建成鐵橋（中亞鐵路大陸橋之一部分——譯按）也將於近期到達這裡。新時代的微弱氣息也已吹入甘肅省首府。在我到達這裡的兩三周前，街道已裝飾上燈籠（即路燈——譯按）。這些燈籠使用的是老河口？（？——原夾註）的沙拉油[5]油燈。燈火透過花紋紙光亮奪目，將支撐燈籠的燈柱照得輪廓分明。白天燈籠旁站立著穿制服的員警，而這員警也是新時代的產物之一。

最後要補充的是，教授歐洲學問和語言的學校也已建成。態度和藹的英國傳教士將這種學校稱作「大學」。最近剛有兩名日本教員被錄用。在我進入這座城市之前，該校的一名學生——說是學生，但已有二十五歲了——對我說，過去長期不為人知的支那古代科學證物，最近已從蘭州府庫中被發掘出來。據他說，支那在數世紀前向歐洲傳播過數學和工業[6]，而今天又大力使之重生。這是

4 保爾・斯普林加德（Pall Splingaert，一八四二－一九〇六），即林輔臣，出生於比利時首都布魯塞爾附近的農村，一八六五年八月來到中國，一八八一年被李鴻章任命為首任肅州（今酒泉市）稅務司司長，顯赫一時，人稱「林大人」。林輔臣在中國娶妻生子，有三兒九女。一九〇六年林輔臣返回比利時，為支持鐵橋建設，於同年五月帶三名工程技術人員返回中國。然而在返回途中，林輔臣不幸染疾病故。後來塔菲爾所說的該鐵橋由德商天津實業泰來洋行經理喀佑斯承建。——譯注

5 沙拉油，原文如此，疑為酥油。——譯注

6 工業，原文如此，疑為手工業。——譯注

因為歐洲在此基礎上有了發展，而當時的支那卻受到滿人的影響，對這些知識棄之不問。他一再強調，蘭州現已化作各類學校和大學之城。

打理完生意，我又向西寧府進發。西寧河河谷上方道路狀況良好，坑坑窪窪已被完全填平，阻礙人們行走的石塊等也被搬離。而這一切全拜達賴喇嘛從烏蘭巴托・庫倫訪問此地所賜。嗣後兩三個月又滴雨未下，所以道路能夠保持當時的良好狀態。不光石塊，而且許多供奉佛陀、當地的土地神、支那神的門樓等也被全部清除。豈但如此，甚至在西寧河河谷兩卡（德語原文為Chia。是否意思為卡？卡為稅卡。若為卡，其讀音當為ch'ia——原夾註）上方，亦即城市下方二十五里石頭小路之間，歷經數世紀阻塞道路的各處堅固城牆也被拆除一空，以便迎接高貴聖人的到來。

不過，我在旅途中碰到的民眾似乎對達賴喇嘛頗顯激憤。據說是不知道西藏騎兵的暴行已經止息。事情的起因是藏人在拆毀某支那寺院時嫌效率不高，乾脆放把火連同佛像一燒了之。另一個原因是碾伯縣（德語發音類似碾伯縣——原夾註）縣令穿官服迎接達賴，達賴侍衛認為此等穿著太不像話，故策馬將縣令撞倒，並用鞭子抽打。蘭州居民對此聖人也絲毫未有感激之情。蕃子（蕃即西藏及西藏人。蕃子、蠻子乃其蔑稱——原夾註）即達賴喇嘛外出時總是坐「馬車轎」。遇上達賴時陝甘總督上前問候叩頭，達賴一次也不下轎答禮。這件事讓支那人難以接受。達賴到西寧府時決定暫住在城外東面，在接到「安邦」[7]（滿語，指滿人出身的駐藏大臣等——原夾註）的邀請後才

7 清朝派駐西藏地方的行政長官，全稱「欽差駐藏辦事大臣」，又稱「欽命總理西藏事務大臣」。設正、副各一員，副職稱「幫辦大臣」。雍正五年（一七二七年）始置。其實有清一代「駐藏大臣」一詞的使用並不規範，或者說並不是一個專有名詞。有時它僅指駐藏幫辦大臣，有時它又指駐藏辦事大臣和幫辦大臣，有時它指的是駐藏總理事務大臣。其中不完全是滿人，也有部

打算移居到衙門內。可是麻煩事接踵而至。為了讓達賴進城，安邦就必須拆掉城門。為何如此？因為達賴無法忍受穿門而過的屈辱。實際上亞洲皇帝或天子都好這口。對他們而言，只有「跨越」，而沒有「穿越」。光緒皇帝在一九〇〇年從北京避難西寧府[8]時，為跨越如此巨大的城牆，下屬不得不巧妙地構築坡道，讓皇帝與西太後坐轎通過坡道進入城內。城門上祭有門神，但即使是瞬間片刻，門神也不能俯視皇帝或天子。因為在天子或皇帝與天之間，不允許存在任何仲介物。支那皇帝不僅自身是神，而且是最高的神，換言之即神中之神。他可以創造其他的神明，並擁有承認或拒絕這些神明的權力。除天之外，不能有其他東西站立在他的頭上。達賴喇嘛對自己也有相同的主張，也要求下屬需要有相同的考慮。

我從蘭州府返回西寧府後，花費數周時間組織起下一批的商隊。利用等待的時間，我騎馬去塔爾寺，希望實現多年來拜謁最高喇嘛達賴的願望。

在途中各地我聽到更多對此聖人不利的傳言。支那人和柴達木蒙古人一樣，堅持認為達賴的舉動在道德上存在很大問題，有關他的緋聞也一而再、再而三地在當地人中口口相傳。有必要補充記述的是，當地還有一座西寧府為紀念北京來的賓客董福祥[9]而建立的寺廟，我曾在該廟舉辦過一次

分漢人。——譯注

8　原文有誤。兩宮為避八國聯軍之亂西逃時只到達西安，並未到過西寧。——譯注

9　董福祥（一八四〇－一九〇八），清末著名將領，官至太子少保、甘肅提督、隨扈大臣。一八六四年組織漢民民團反清，後在陝北被左宗棠部劉松山擊敗，投降清軍，所部改編為董字三營，先後從劉松山、劉錦棠剿滅陝西、甘肅、西寧（今屬青海）等處回民起義，升為提督。一八七五年又隨劉錦棠進兵新疆。以收復烏魯木齊等地及平定南疆阿古柏騷亂有功得到左宗棠賞識。一八九〇年擢喀什噶爾提督。一八九五年率部至甘肅剿滅回民起義。後調任甘肅提督。一八九七年奉調防衛京師，所部編為榮

聚餐會。席間該府高官和縣長等歎曰，達賴喇嘛可以用厚顏無恥和欲壑難填這兩個成語來形容。為招待這樣的聖人，自己最終將淪為乞丐。比如，聖人一行才駕到一百五十人，而西寧府每天卻要無償供應三百隻羊和一車車的穀物、大米、麵粉等給巡禮團。官吏被要求對僧侶團有求必應，而居民就不幹了，他們大發牢騷，說當時鎮壓回民叛亂的官軍也比這幫僧侶要好上數倍。府衙為了巡禮團拖著疲憊的身體捱到西寧府時能立刻吃上熱飯，不惜向當地居民徵用了數千個炊具和食具等。可是不用說巡禮團是不會使用這些東西的。過後炊具所有人欲將自家的鍋要回去時，至少要將相當於炊具價格一半的錢交給衙門（其價格的另一半由政府官員承擔）。

達賴喇嘛當時率領一個特別的（北京政府的——原夾註）使節團離開北京城（或為烏爾迦[10]之誤[?]——原夾註），於十月末到達塔爾寺，之後又從此地返回北京。在此高級使節團逗留期間，安邦、總督、知府等為取悅達賴喇嘛，都將自己的府邸騰出後移居僧院。儘管表現如此，但達賴還是讓安邦等了十天才允許他們見上自己第一面。西寧府獻上的禮物甚至被退回兩次，該府並被告知：如此粗陋的東西豈能獻給達賴？官員忍無可忍，說支那人因此大失面子。之後將「蠻子」作為達賴的代名詞也是因為有以上事情的發生。

數周後安邦也僅限於兩天見一次達賴，而且拜謁形式令人痛苦不堪。拜謁時達賴舒服地坐在很高的座床的蒲團上，安邦則誠惶誠恐三度行叩頭禮後，才敢問貴體如何，有何需求等等。達賴不直

祿所轄武衛後軍。——譯注

10 烏爾迦（Urga），蒙古人民共和國首都烏蘭巴托的舊稱。——譯注

接回答安邦，而是先對服侍於左右的人說話，之後侍者再將達賴的話譯成漢語。毋庸贅言，西寧府官員都翹首期盼達賴能儘早一天離開此地。他們給達賴起個外號叫「靈鬼」[11]。意思是雖聰明，但是一個充滿邪惡的妖魔。

為了在會見達賴時有個好的氣氛，我準備了各種各樣的禮物。在天氣連續晴好的一個冬日下午，我離開了西寧府，向距離塔爾寺很近、漢回兩族雜居的魯沙爾村進發。我未向任何人談及自己的目的，因為說了支那官員會找我的麻煩。後來證明這個判斷是正確的。另外，我還儘量不引人注目，僅帶一個僕人前往，留在身後的馬夫們則以為我一定去了丹噶爾[12]。深夜時我到達目的地，但塔爾寺也好，魯沙爾村也罷，都是人山人海，幾無立錐之地。我為找一個數英寸寬的馬廄居然費了老大的勁。當地居民居住的黏土小屋極其低矮，不管怎麼看都不像是人住的房子，倒不如說是沙丁魚罐頭更為合適。

翌日清晨，我在某回教商人的幫助下，見到一位既老且肥的蒙古喇嘛。這位胖喇嘛一看就知道十分狡猾，住在距寺院門前不遠的低矮木板小屋內，穿著寬大的土黃色法衣。房屋的格子窗貼著色彩鮮豔的色紙，窗子面對附屬於一層樓僧房的四方形小院。此喇嘛是大喇嘛的口譯兼顧問，在與蒙古和支那聯繫時必定在場。對我來說，該喇嘛就如同上帝為我訂製、為實現晉見達賴喇嘛目的的牽線人。第二天，我開始不斷地去他的房間遊說。去他屋裡，見他總是坐在靠窗的一個凹處，研讀一

11 原文乃假名音譯加注「lingui」。揣摩該詞發音與文後的意思，可以認為原語似乎是「靈鬼」。——譯注

12 丹噶爾位於青海省湟源縣，地處黃河北岸，西海之濱，湟水源頭，距西寧府四十公里。——譯注

本大部頭的經書。小屋和前庭充滿著僧院的靜謐和安寧，令人心靈沉靜，有時耳邊會傳來隔壁房間僧人抑揚頓挫、高低起伏的頌經聲。有時會有衣裳襤褸的乞丐出現在門前，大聲而又哀婉地叫道：「喇嘛大人，請發發慈悲！我來這個聖域的途中遇上盜賊，食物和金錢都被盜賊搶走。」於是某個弟子就會到廚房拿出一塊麵包（原文如此，疑為饅頭一類的食物——譯按）或糌粑，無言地將它放入在門前等待的乞丐攤開的袋子裡。

遺憾的是，我的蒙古喇嘛並不理解我作為一個外國異教徒，為何會如此渴望拜謁達賴喇嘛。他認為如果我是某國高官，或是攜帶密旨探訪達賴的信使又另當別論，並多次強調：「你是否攜帶貴國國王親筆信？」我怕他誤解，提醒他：「我不是高官或信使，也會有一種好奇心。而這好奇心就是我想見達賴喇嘛的唯一理由。」

這個大爺喇嘛洋洋得意地對我說，每天都有四、五百人男女老少，要來這並經過大喇嘛即小皇帝（一）[13]——他用這個詞彙稱呼達賴——面前。這些人都是希望得到祝福，也就是希望大喇嘛賜予摩頂的信徒。他們不分階級、地位都會帶上禮物，即使是面帶污垢、背過身子穿過人群的松潘縣[14]和Nugorokku族的農民女兒或牧羊女，也會帶上數磅酥油和些許銀子，再不就是帶上薄如蟬翼的白絹，也就是哈達。我每天下午都看見祈福者聚集在朋友家後門的過道上，或跪拜或祈禱，排著

---

13 原注（一）：實際封號的時間比文中的時間整整要遲一年。而且支那皇帝在北京第一次僅賜予達賴喇嘛一等宗室爵位「和碩親王」的稱號。和碩親王簡稱親王，指清朝宗室和蒙古外藩中內紮薩克蒙古爵位的第一等爵。宗室唯皇子、皇兄弟可以獲得此爵位。在外紮薩克蒙古中為第二等爵位，僅次於「汗」。——譯注

14 原著以印歐語言寫就，而原譯者沒有把握確定為何地方。原譯有夾註，表示或為松潘之意。——譯注

長隊在等待。他們通常要辛苦等待一個多小時，才能兩人一組地緩緩進入寺院正殿。而這時達賴喇嘛則穿著長長的法衣，頭戴高高的黃色尖帽，站在最下面一級臺階上，右手拿著一根細棍子，一本縫有封皮的經典從棍子的前方垂下[15]，一一為脫去帽子、俯伏著地、口中念念有詞的信徒摩頂祝福。這時手持長鞭的司法僧站在一旁維持秩序。如果誤過恩典時間的信徒，不想在自己的背上留下帶血的蚯蚓狀傷痕，則只能站在百步開外，默默地觀看儀式的進行。

信眾認定被此神聖的大喇嘛觸摸，不，哪怕只是大喇嘛將氣息吹拂在自己身上，則在轉生時也將獲得巨大利益。不僅如此，現世的罪孽也能得到赦免，還能防災避難。所以對塔爾寺來說，摩頂儀式確實是一樁無本萬利的好生意。比較低級的神佛化身，不，哪怕只是出身某寺的低級佛爺即小佛爺，為了得到達賴喇嘛的祝福，也必須奉上價值十兩以上銀子的禮物。若是酋長或豪族則至少需要二十兩銀子。為了達到斂財的目的，達賴政府甚至成立了專門的「財物審定委員會」。

話雖如此，但達賴在塔爾寺的生活卻極有規律，每天都充滿著各種修行的安排。他和其他喇嘛高僧一樣，將大部分時間都用來研讀經典，在規定的時間出現在大禮拜堂。為去禮拜堂，他必須步出位於山頂的寺院公館，走在由法務官和寺院高僧組成的莊嚴佇列的正中間，並在手持飄散香氣的焚香盒的隨行僧簇擁之下，神情莊重地從坡道緩緩走下。

某天下午，我有機會在一個巨大的舞蹈廣場，觀看僧侶的辯經大會和考試情況。在隔著圍牆或蹲在鄰近民房屋頂上觀看的成百上千僧俗眾人的嚴密注視下，五百個年輕僧人正密匝匝地列坐在

15　原文如此。——譯注

地毯上。他們戴著番紅花汁染成的黃帽子，身旁是面向廣場的列柱大廳，其中有三名專攻佛學的學僧正滿懷期待地坐在那裡。圍坐在他們身旁的是一臉嚴肅的老喇嘛和老活佛。只有一名膚色黝黑、中等身材的禿頭僧侶，內穿繡金氆氌布坎肩，外穿紫色袈裟，再加套一件相同顏色的外罩，在各處匆忙地走來走去，用洪亮的聲音引用經典和釋義，將問題不斷地向畏葸的考生「砸」去。每當改變一個話題，他都會用右手擊打原已伸直的左手，使自己的掌聲響徹大廳四方。這時他的一隻腳還會頓踏地面，讓已有的聲音更添氣勢，迴響大廳。這些動作全然出自古老的喇嘛教教義——以拍手威壓三界，以頓腳為辯經（辯論）者踢開地獄之門。考生如果答錯問題，這位僧侶就會突然轉用不快的聲音讓他噤聲，並嘲笑他。有時為了羞辱考生，僧侶還會翻個跟鬥從考生頭上飛過，讓觀眾忘記自己身處何種場合而開懷大笑。在列坐的高僧正中還坐有一位留著上翹小鬍子的精力充沛的考官。他，就是達賴喇嘛。

提及最高活佛，誰都會聯想起口角浮泛迷一般微笑和耽於冥想、端莊沉穩的佛陀偶像姿態。然而現在在我眼前的卻是一位意外地活潑好動，以命令的口吻講課，沒有任何與眾不同之處的喇嘛僧。而且這位僧侶，在我伸長脖子試圖超越前面觀眾後不久，會和其他僧侶一道，將黝黑的瞳孔射向我這一方，形成了數百條視線，饒有興趣地觀看我的一舉一動。所以，至高無上的尊嚴在他們身上已蕩然無存。

辯經持續了三個小時。我發現觀眾當中混雜著幾名來到西藏的歐洲傳教士。他們朝達賴喇嘛的方向不斷叩頭，最終讓自己的臉龐塗滿了黑乎乎的泥沙。歐洲人往往將達賴喇嘛稱作西藏和中亞的法王，將他的宮殿布達拉宮喻為梵蒂岡。然而對喇嘛教徒來說，達賴喇嘛則超越法王。他不僅是最高的精神領袖，而且絕對不會犯任何錯誤。對崇拜者來說，他豈止是一位超級聖人，甚至可以躋身於洞察一切的最高聖人的行列。剛才我做過說明，他被視為蓮花手菩薩，也就是觀世音菩薩的化身。人們普遍認為，他代表著佛陀的本質，換言之即業已企及佛教最高境界（二）[16]的終極人物。

尚且，這個無與倫比的高僧如今還逗留在塔爾寺。對外界和我而言，這是一個千載難逢的獲得會見的好機會。達賴喇嘛近幾年在與俄屬蒙古（布里亞特）僧侶交流時受到刺激，向在鄰居印度的英國人發起挑戰，但當數個英軍聯隊（一個聯隊相當於其他國家軍隊一個團的建制——譯按）開始向充滿傳說的布達拉宮進攻時，他放棄了抵抗，以必須精進禪思為由逃離祖國（實為故鄉——譯按），最終根據支那政府的意思被迫移居到這個邊境之地——塔爾寺。這件事顯示出達賴喇嘛不過是一個很不完美的凡人。話雖如此，但大多數西藏人仍認為他是菩薩，是一個帶有肉身的神。喇嘛中有許多人只是對他的魯莽行為和欲遠逃俄羅斯的舉動表示反對。而在高官和實力派中，他的威信受到的傷害最深。達賴喇嘛為恢復自身的威信（我是這樣讓自己相信的），認為有必要在塔爾寺以異常的熱情鑽研和探討佛教，這樣就可以向世人解釋，從拉薩的出逃只不過是去西部的一次簡單旅行。達賴今後如能一心向學，反省過去的錯誤，改變長期以來沉迷於支配欲望而盲信自身力量的態度，那麼在不遠的將來就能恢復失去的地位，從而自上而下在心裡都會再次產生對他的崇敬之情。這樣一來，他就能夠與其主子——支那和滿洲的皇帝簽訂條約。但這僅僅是一種良好願望，實際

16 原注（二）：第五世達賴喇嘛始終認為自己應該是非常特別的化身。而現在的達賴喇嘛，除被視為蓮花手菩薩之外，還被視為死神，即六二九年即位的西藏王松贊干布的化身，以及被視為籠罩在傳說中的凱薩爾王等的化身。順便一提，當地人一般認為烏蘭巴托的哲布尊丹巴就是凱薩爾王愛馬的化身。

上，甚至在塔爾寺喇嘛高僧當中，對他的奸詐與陰險報以的歎息聲也始終未有止息。看來達賴喇嘛怎麼也不能適應聖人的生活。與紮什倫布寺的班禪喇嘛不同，達賴喇嘛似乎認為自己首先是一位西藏的政治領袖，其次才是一位高僧。

達賴喇嘛原是蒙古的尊號之一，在一五七五年由阿爾坦・格贊・汗——支那語是俺答大汗——首次授出，之后在一六五〇年由康熙皇帝正式頒布[17]。此稱號的意思是「如大海一般偉大的喇嘛」。西藏人不知道這個名稱的原意，而將達賴理解並稱作「卓越的勝者」。如今存世的達賴，本名叫阿旺羅桑・土登嘉措，意思是「能言善辯而心靈高貴的釋迦牟尼教海」。他是第十三世達賴喇嘛，一八七五年或一八七六年出生在據說是一個貧困樵夫的家庭，這個家庭位於距拉薩以南達布地區朗敦不遠的一個貧困村落之中。（三）[18]

第十三世達賴喇嘛極其早熟、聰慧且工於心計。這從他在位時間長達十八年以上這一事實就可看出。據說他的四名前任都是在任職時間將滿，即在位時間將達到十七年之前「死」去的。他們在十九世紀一整個世紀，與攝政王和支那的「安邦」聯手，支配著拉薩，控制著西藏政府的印璽。而土登嘉措即第十三世達賴喇嘛則有幸並極其聰明地在攝政王的幫助下，成功獲得許多支持者並得到

17 原文有誤。康熙皇帝生於一六五四年，歿於一七二二年，故康熙不可能頒佈該尊號。此尊號應由順治皇帝頒佈。——譯注

18 原注（三）：到十九世紀初期，喇嘛高僧，特別是達賴喇嘛和班禪喇嘛的轉世靈童毫無例外均為貴族子息。滿洲和支那政府察覺到此事潛藏著政治風險，試圖對此要職的遴選進行民主化改革。乾隆皇帝於一七九三年發出敕令，非難以上慣例，明確表示高僧的魂靈不可能總是輪迴於各貴族家庭之間，並發佈政令，規定在尋獲新的轉世靈童時應到平民家庭廣泛尋找；必須選定三名候選人；最後以金瓶掣簽的方式決定誰是真正的轉世靈童。此項政令的實施在很長一段時間存在許多障礙，但最終在一八一二年還是按照支那政府的指令選出了新的達賴喇嘛。

他們的回應，在自己被趕下臺前逆勢反擊，發動政變。從一八九四年監禁攝政王之後直到一九〇四年，他幾乎擁有西藏的全部權力，統治西藏政權至今。（四）[19]

當達賴喇嘛結束討論，再次帶領華美的隊伍，開始順著坡道向寺院住持公館返回時，十二月份的冬日已隱藏在塔爾寺的後山，收斂起它的最後光輝。此時暮雲四合，徹骨的寒氣籠罩大地，許多僧侶因寒冷凍得鼻青臉腫，所有的僧人都急匆匆地將腳塞進長靴，並將外套罩在頭上，像蝙蝠一樣瞄準自己的巢穴，迅速地從我身邊飛過。此後不久雖未入夜，但僧院中彎彎曲曲的小路早已不見人影，其靜謐與神聖的氣氛，不能不給所有到訪寺院的客人留下刻骨銘心的感覺，只有無數野狗的狂吠聲才些許打破了這種寂靜。

我在魯沙爾村租住的旅館，過去洛克希爾（W.W.Rockhill，美國外交官兼東洋學學者，尤其精通西藏學，一九〇〇－一九〇八年任駐清公使）也曾住過。當晚我在這狹小的房間迎來了一位令人愉快的客人，並與之共進晚餐。此人是日本人寺本婉雅，在寺院內每日穿著蒙古僧服，起居並活躍在達賴喇嘛身邊。他的夜訪著實讓我大吃一驚。之後我們夾雜著漢語、英語和法語長時間地東聊西扯，不覺已過夜半。寺本婉雅乍一看像是個純粹的西藏人，故能逛遍西藏的大型寺院，並能不費太大力氣從柴達木進入拉薩，遍查西藏聖寶。尤為難得的是，他能夠不費吹灰之力就住進寺院生活起

19　原注（四）：坊間風傳現在的達賴喇嘛可能是最後一任達賴喇嘛。因為在西藏的東部和中部都有先知預言，達賴喇嘛只能轉世十三次。一般認為，不管發生什麼事情——只要確保西藏能再次歸屬支那——支那的掌權者都將傾注一切力量，反對這個討厭的法王轉世。之所以這麼說，是因為一旦活佛被確定下來之後，在法律方面自不待言，而且在現實政治生活中也無法剝奪其權威。

居。有如此獻身精神和聰明才幹的研究人員，恐怕日本政府在隨時瞭解亞洲大陸內部情況時就如同探囊取物。

數年前，僧人河口慧海作為日本人首次進入西藏，並在那裡短暫逗留。他冒充是一名支那醫生，但很快就身份敗露，被達賴喇嘛斥為「反叛者」。與此相反，寺本不僅公開了自己的日本人身份，而且之後還被達賴喇嘛及其身邊近臣聘為中亞以外[20]事務的外交顧問。寺本還完全融入支那人的生活，諳熟他們的行事習慣，擅長與支那官員交際，常常主動參加他們的品酒會（Trinkrate Spielen），在歐洲人完全未知的整個中亞領域，確實可謂是最高權威之一。當時他住在塔爾寺阿嘉呼圖克圖老佛爺公館。此阿嘉老佛爺在兩年（實際上是五年）前應日本佛教徒邀請訪問日本，現作為蒙古東部某寺院的住持出差在外。

為禮尚往來，我在白天辯經大會結束後到寺本清潔舒適的僧房回訪他。從他那裡得知，達賴喇嘛在前一個晚上說可以見見那位陌生的西洋人，也就是我。達賴似乎在期待我最好是一名某國使節，會給他帶來某些資訊，並為此做好了準備，讓我可以在正午等時間拜謁他。

一名拉薩出身的僧人在約定的時間到旅館接我，之後為掩人耳目，帶著我和僕人翻山越嶺，複後從側門進入寺院的住持公館。黃色的巨大正門前有兩名漢族民兵在巡邏值勤。守衛隊長，當然也是一名僧侶，叫我們在某房間暫時等待一會兒。之後那位拉薩人又陪我們進入後面的建築物，一行人登上很陡的狹窄樓梯。這時小門已打開，我們進入後又被迅速關上。我的僕人一直跟到這裡，但

20 原文如此。似與下文相矛盾。——譯注

到這裡後他不能進去，只能在外面等待。繼而我進入一間又低又矮的房間，首先映入眼簾的是有許多包裹淡紅色和藍色氆氌布的木柱。房間靠格子窗和陽臺採光，從陽臺可以清晰望見遠處的溪谷、寺院鎏金的尖塔和金色的屋頂。

接著一名年邁的喇嘛出現在柱叢之間，接近我後把我帶到令人窒息的狹窄空間中央。我透過柱叢，終於看見在畫滿整牆佛畫的牆壁前面，有一個人坐在近一公尺高的座臺上方，身姿宛若佛菩薩。他身體前傾，饒有興趣地看著我，顯得既年輕又有活力。就在此刻，我已站立在北至西伯利亞冰漠、南至印度熱帶平原數百萬民眾因恐懼、感激而跪拜的菩薩面前，站立在西藏和蒙古的法王面前，站立在佛教級別最高的神的面前。在我此生的這個瞬間，當不知有多少佛教皈依者以何種目光對我豔羨不已！

就這樣，我也加入了得以親見童話王國國王的歐洲一流公民的行列。這件事不僅對我，而且對達賴喇嘛來說，都必定是一件值得大書特書的事情。達賴喇嘛身穿一件非常普通的紅色法衣，不同之處僅在於做工特別精細，繡有許多金色絲線。他還穿著一件寬肩厚毛背心，乍一看上半身非常強壯，但其實只能算是中等身材。他兩臂皆裸，在左腕關節處戴有一串簡單的數珠，宛如手環，此外並無任何裝飾物。尤為醒目的是，他的腕部和臉部與其說是淡褐色的，不如說是略顯蒼白的，大概是少曬太陽的緣故。他三十歲剛出頭，蓄著上翹的濃密髯子，似乎有半個月未理髮。我看到他臉上有皰瘡愈後留下的疤痕。從德國人的審美角度而言，達賴絕對說不上是一位西藏美男子。信徒們評價他有一副又濃又黑並帶曲線的漂亮眉毛，但我看不出他的眉毛有什麼特別之處。

在我點頭致意並接近達賴時，他戴上了黃色尖頂法冠，但嘴唇不動，只是緊盯著我，並凝視著我穿的歐式黑色上衣。從他的眼神我可以立即看出他對我有著極大的好奇心，但表面上卻裝出一副漫不經心、拒人於千里之外的自大表情。我想將絲綢哈達獻給達賴，但執事立刻從我的手中接走。達賴詢問了我的健康和工作以及是否攜有國書等。對達賴施予我的榮耀，允納我的拜謁要求我表示感謝，但我不能不據實回答我是德國人，沒有攜帶國書，僅僅是旅途中順便參拜一下而已，等等。於是達賴立即插話：我早就知道你是德國人，而且知道德國在什麼地方，就在俄國和英國的後面。這時一位蒙古僧侶將達賴送給我的禮物拿來，放在高大的座台旁邊。另一位被稱作尼爾巴堪布（侍從僧）的執事則交給我一束西藏產的薰香和五、六丈長的氆氌布（在江孜製作的紅色毛紡品，達賴送禮時必有此物），以及一條長一點七五公尺、寬六十公分的在當地非常名貴的絹布。這塊絹布織有西藏真言密教的梵文文字（陀羅尼），似乎是在拉薩特別定製的。這顯然是達賴喇嘛專用的哈達，打那以後我再沒見過與此相似的物品。之後，達賴讓我回國後見到本國「國王」時轉達他的問候。這句話給我留下一種印象——他非常和藹可親，能言善辯。我想既然收到這麼多的禮物包括哈達，就必須說些好話，並順便將話題轉到政治方面，以略微詳細地瞭解達賴喇嘛的態度，但我並不成功。我聽到的不外乎是老生常談，如為世界和平感到高興，也想將佛教教義傳播到西方世界等等。我不由地產生一種感覺：莫非達賴本人對周圍的情況未有充分認識才無法談些什麼。他說話時多半聲音低沉，所以喇門堪布（侍醫官堪布）會將他的話重複一遍。當我提出希望能為達賴喇嘛照張相時，達賴臉上顯出一種非常驚愕的神情，並斷然拒絕。而達賴喇嘛的近侍則自始至終催促我儘快結束會見。最終我站在高大的座台前，深深地低下頭。這時，我突然感到他的指尖觸碰了我的頭髮。似乎他錯誤地理解了我的歐式告辭方式，以佛教徒熱望的摩頂方式作為餞別。拜謁剛結束，就有四名僧人靠近並將我包圍起來，幾乎是連拉帶拽地將我從柱叢間送到門口。就在這時，我看到達賴喇嘛依舊保持身體前傾的狀態，目送我的離去。

事後我再次得到寺本氏的幫助，終於獲得為達賴喇嘛照相的許可。當時照相術尚未普及，喇嘛們受傳統思維定勢的影響，始終認為一旦照了相，有本事的魔法師或某國類似坦塔爾斯[21]的魔鬼就會在達賴喇嘛不注意時乘虛侵入他的衣服或鞋底內部，將惡靈附著在他的身上，最終致達賴於死地。他們堅信，所有的東西一旦被照了相，惡魔就會益發逞威，易於蔓延。

拜謁結束後我飛也似地返回西寧府，立即著手組織下一個商隊。（五）[22]

---

21 即（希臘神）Tantalos、（羅馬神）Tantalus或（英國神）Tantalus，指希臘神話中小亞細亞某地的國王——宙斯（Zeus）的兒子和尼俄伯（Niobe）之父。因擁有巨富十分傲慢，背叛諸神和洩露諸神的秘密而被打入地獄，在冥界備嘗永劫的飢渴。當水淹至下巴，口渴時想喝水但水立刻退去，想伸手拿垂掛在頭上的水果，水果也立即離去。——譯注

22 原注（五）：毋庸置疑，當時達賴喇嘛已在印度拍過照片。有關達賴喇嘛的資料，請參閱洛克希爾（Rockhill）所著*The Dalai Lamas of Lhasa*, T'oung Pao（一九一〇），一一〇四頁。Jschke H.A.在其著*Handweterbuch der tibetischen Sprache*, Gnadau（一八七一）中說：「這是一幅魔神的照片。為了咒殺魔神，就必須將它投入活祭的火中燒死。他的別名叫『靈鬼』（Lingga。此注音似為原作譯按印刷錯誤。——譯按）。」

附錄七　探訪西藏期間之往來書信（抄）

文件箱蓋內記載：明治三十六年（一九〇三）因第二次探訪西藏不在家時家嚴為余整理。
寺本婉雅。

（一）石川舜臺[1]

敬啟者　伏惟吾兄貴體安好。日前承數度賜信，詳情悉知。原擬一一作覆，惟因事多竟未能覆，敬請海涵。藏國之行情況如何？時在念中。此地能海寬君擬經四句後由重慶入藏，預計近日可出發。是否亦可獲得成果於今礙難預料，但吾兄二人或可於彼地相見亦未可知。

上月二十日攝光院殿下遣使謁見韓國皇帝。此為答謝上上月二十三日皇帝及太子贈予京城別寺三千日元，特遣攝光院副使小栗憲一渡韓，是以有前述謁見。

1　石川舜臺（一八四二－一九三一），加賀（石川縣）人，明治時代僧侶，生於真宗大谷派寺院，學於東本願寺高倉學寮。一八七二年和大谷光瑩等一道考察歐美。歸國後組織教團，推進學制的近代化，並在中國、朝鮮積極傳教。著有《真宗安心論》、《大經講話》等。——譯注

因東京巢鴨監獄聘請耶穌教牧師進獄輔導，本山提出抗議。《萬朝報》亦刊載評論，認為以上行為於君主國至為不當。小僧曾投書大隈伯爵，提請注意此事。不料內務大臣向管長[2]發出飭令，要求處分小僧。管長詢問後認為此舉並未違規，已擬寫回覆內務省之報告。此乃近期發生之事件。內務省如何應對尚不得而知。

以上僅報告吾兄外出時發生之事件一二。時下尚祈珍攝為盼。草草

十月二十七日

信封正面：清國北京日本大使館

背面：京都烏丸本願寺M31・10・28郵戳

（二）第五師團司令部證明書

陸軍翻譯寺本婉雅

受東本願寺之請託，此人擬於擔任軍務翻譯之餘暇研究西藏經典。若此人於翻譯、整理西藏經典目錄時有任何需求，請予以方便為荷。

又及：此人就軍隊精神教育與宗教之關係亦有心得。若各部隊有此方面需求，不妨提出，此人當有求必應。

2 佛道等一宗一派之長。——譯注

明治三十三年（一九〇〇）九月十七日

第五師團司令部

第五師團司令部用箋。寺本婉雅右下蓋「理八印」[3]。信封正面寫有「各部隊」。

（三）南條文雄

（一）敬覆者　去年十二月十七日饋贈之《西藏圖考》一帙六冊於今年二月八日自加藤義三處妥收。……[4]養父逝去之時……正值艱難進藏之際……依本邦之情況……新法主臺下……本山……小生……皆以閣下為求大法，鞠躬盡瘁、死而後已之精神，積極進取。……

三十三年三月八日

信封正面：清國四川省重慶日本領事館

背面：東京市　町區下　番十三番地

上海16 MAR，宜昌3 APR，郵戳M33・5・4上海東本願寺轉遞

（二）……於北京逗留期間，承蒙多方關照並寄贈諸多珍貴禮物，一行人皆表衷心感謝。出發

3 原文如此，經查不知何意。——譯注

4 自此開始各省略號均為原文所有。——譯注

時，守備隊一中隊申請舉行「歸敬式」[5]。下午兵站司令部舉行追悼會。二十九日自通州出發，十一月一日上午安抵天津。連枝兄弟、淺野以及奧村宿於領事館，而小生則與白尾、鈴木宿於兵站派出所。……據報紙報導，上月十五日夜韓國京城王宮發生火災……兼探病與慰問火災。……

十一月一日

信封正面：北京第五師團監督部

背面：天津帝國領事館11・1郵戳

（三）敬覆者　去年歲末歸國後因痔瘡病發……於京都就過去所說藏譯經典一事亦未自白尾（此次其身分為佛教實物管理員）處獲得任何消息。敬希閣下按大札所言，回國後憑藉可靠證明接收之並寄往東京，以使帝國東洋學會亦能參閱。小生希將其保存於今年九月之前預定遷址之真宗大學圖書館。去年予歸國時存放之裝有參考資料之箱子亦希原樣保存。據云藏譯《阿彌陀經》已到手……自忖喇嘛僧之訪日將成為我國興起西藏文學研究之絕好契機。於彼期間敬請大力協助。期待閣下歸國之日，即能成為於我國開啟研究西藏文學新紀元之時……承賜教大小二經藏譯之一斑，感激莫名。與梵文小經所合之

5 指淨土真宗等為在家修行的信徒舉行的將剃刀靠在信徒頭上，模擬「剃度」皈依佛門的儀式。——譯注

處……大經之藏譯亦……德國人Wentzel[6]氏「四十八願」[7]英譯……藏英字典……

五月二十一日

信封正面：駐清國北京日本第五師團監督部翻譯官……

背面：同正面M34・5・21郵戳

（四）……據昨日桑門環氏云，得知藏譯《大藏經》或在第五師團司令部倉庫。駐北京斯師團監督部部長或於下月二十四、二十五日左右返回，屆時極可能赴貴所在地出差。因未有人提議可待部長歸國時帶回，故予不無擔心其有被人取走之虞。雖說獲此經已有把握，但終歸有此擔心，故請當下對此深思熟慮為盼。小生明日赴姬路……

七月十八日晨

（五）敬啟者　昨日大駕光臨……因發現Jaeschke[8]西藏文典一冊，今寄上……

八月六日

---

6 原文只標記德國人名Wentzel，未標記姓，故不知其人及其業績為何。——譯注

7 指《無量壽經》中所說阿彌陀佛尚作為法藏菩薩修行時訂立的成佛條件中的四十八項許願。淨土教特別重視第十八項許願，也稱彌陀夙願。——譯注

8 原文標注或過簡或有誤，何人不詳。——譯注

（四）無信封

（五）信封正面：本鄉區森川町一番地（浩浩洞鄰）寺本婉雅

背面：同上M34・8・6郵戳

（六）敬啟者　日前承來訪，深以為謝。之後寫信寄於真宗大學主管關根氏，闡明西藏經典與閣下之最初關係，委婉提出希特別關照允准借閱此經等。昨日下午訪清澤氏，在清澤處恰好遇見關根氏，再次闡述其中原委。清譯氏答覆，此事須經上方裁決，並提議可由小生寫信寄於上方，委婉陳述個中原委。下午五時後尋訪府上，但閣下不在。今晨赴淺草拜謁新門[9]氏，交談話題甚廣。據云臺下[10]於收閱去年閣下帶去之親筆信後，曾特意二度將閣下書信寄往京都，而就閣下留學一事，無論自本山之角度，抑或自經費之角度，皆有可擔憂之處，故希再度提請京都方面加以關注。臺下並命予寫信寄上方，故予當盡速寄出。上午十時左右返家時順道再訪貴府，閣下又不在家，至為遺憾。今日下午至夜晚小生有事須赴橫濱，故奉上此信。眼下（正午）已將長信寄往京都上方，故請再稍等

9　何人不詳，疑為江戶幕府著名人物新門辰五郎之子。新門辰五郎（一八〇〇－一八七五），原姓町田，江戶幕末的俠客兼城市消防隊長，住江戶淺草。舜仁准後退隱淺草寺後新造一門，辰五郎負責看守此門，故改姓為新門。新門於一八六四年開始出入幕府，擔任德川慶喜的護衛，後又擔任京都禦所、二條城的防火工作。——譯注

10　指上文的新門氏。——譯注

待。敬希留意，此次可獲得多少本山路費及資助等尚不明了。若最初不能明確金額，而按上方命令行事，則恐日後將頻頻發生意外之事，故今後仍請多多留意。有關西藏經典發現一事，過去認為乃以本願寺派川上貞信君為第一人，然斯君於戰爭結束歸國後一直身處國內，故經典之發現自然與川上君無關。閣下之發現，終使我學人即令身處國內亦得以全文閱讀西藏經典，其功至偉，今後仍以繼續熱心研究西藏文學為盼。今日與新門氏交談，予想其中原委與閣下之志向渠業已洞察。小生亦對閣下能一以貫之不違初衷深感欣慰。今後須坦然言及須言及之事，望無須遮掩，實話實說。無論面對何人，皆應不厭其煩，將事情之本末詳細說出。此乃小生之婆心，切望理解。此類事原不擬命筆，而希面談，故昨今兩日二度登門，然皆不得見。又恐明日亦無機會，而後日（十日）及大後日（十一日）兩日下午予因事外出，是否因此閣下來訪又不得見？是以不憚其煩，走筆如上。予堅信閣下坦蕩磊落，如光風霽月，並望專心療養，而後益為西藏文學研究做出貢獻。於此殘暑未消之際，尚祈珍攝為盼。

小生欲抄寫閣下譯之西藏經典目錄，不知可否借予使用五日為限？此乃欲說明之事項中之一大事項。

小生明瞭西藏經典目錄不可示於他人，待小生抄寫完畢，當盡速奉還。

信封正面：本鄉區森川町一番地寺本婉雅

背面：同上M34・9・23郵戳

（七）恭賀新禧　客歲十二月二十三日大札已於九日妥收……自去年四月之後小生未能收穫有關能海氏之任何消息。同人兄弟登儀自去年十月歸國後至今亦未談及能海氏。今年東京亦十分寒冷……京都大法主因馬車失態身負輕傷，故新法主於十日歸省……想來皇帝及太子已回鑾。於此寒冬，尚祈珍攝為盼……

信封正面：清國北京　雍和宮內

背面：同上M35・1・13

（四）福島安正

敬啟者　恭祝閣下貴體益發康健。昨日承大駕光臨，聽聞閣下經歷後頗覺受益良多，心情為之暢爽不已，乃近來所未有。今日赴外務省，內田政務局長不在辦公室，故留下一書信。方便時請閣下徑往渠辦公室面談。

即此

六月一日

信封正面：淺草東本願寺內

背面：牛込矢來M33・6・1

此外另有一信函，因本著作中已有引用，故未收錄。

（五）安藤嶺丸[11]

敬啟者　君胸懷大志，而卒然為二豎所侵，心中有何感念由想可知。茲告今日面見三浦子爵與山口將軍，據云君此次於北清所立之功、君為達賴喇嘛來訪本邦所付出之開創性貢獻幾付諸東流，究其原委，一為奸詐利己之小人所為，而身為教府之本山則自始至終不明真相，故擬由與本山關係密切之山口將軍出面曉諭本山，使之秉公論功行賞。三浦子爵命小生通告此意於閣下。

因此事，大草監事將於一兩日內參拜山口中將時轉告三浦子爵意見。詳情如何，容小生於明日參拜後再行稟報。專此。

七月廿七日

信封正面：淺草本願寺內

背面：東京市神田區錦町三丁目錦輝館東亞佛教會總部　無郵戳或遣人面奉？

11　安藤嶺丸（一八七〇－一九四三），東京出生，明治—昭和時代前期僧侶，真宗大谷派傳教士，一九〇二年與各宗派有識之士一道創立佛教青年傳道會，向通訊、鐵道從業人員布教，並組織「鐵道共敬會」。一九一六在東京舉辦釋迦生誕會即「花祭會」。——譯注此外，另有本邦人奧村五百子[12]、谷了然之書信各二通、藤岡勝二、後藤保真各一通，然於此割愛。清朝皇族、高官之書信則悉數刊載。

（六）醇親王[13]

（一）[14]敬啟者　數日未見，時在念中。此間於自邸加洗自拍之照片，終無法如意，不知如何是好。恐貴處尚有多餘之貴國產印影紙，若蒙割愛一卷，是為至幸。高岡為余等所拍單人照片希各印一張，共四張，若無硬紙襯板亦無妨。有人至此敬希攜來。若不便明日本府當遣人往取，勿為此等小事勞煩送此。匆此。

照片頁下欄收有本信。信封背面記載「陰曆二月初七」。上下緘印有「固」「封」二字。

12　奧村五百子（一八四五－一九〇七），日本明治時代狂熱的婦女運動家與社會事業家。係肥前（佐賀縣）唐津東本願寺派僧侶了寬的女兒、圓心的胞妹。明治維新後支持江藤新平，主張「征韓論」，在日本西南戰爭時援助叛軍首領西鄉隆盛，因此與丈夫離婚。一八九九年至一九〇一年中國義和團事變時遊說東本願寺向中國派出慰問使者，並於一九〇〇年加入慰問團。之後立志照顧傷兵和遺族，於一九〇一年二月與對俄主戰派人物近衛篤麿一道創立「愛國婦女會」。在日俄戰爭期間曾到滿洲慰問日軍。——譯注

13　醇親王即愛新覺羅・奕譞（一八四〇－一八九一），清道光帝第七子，咸豐帝同父異母兄弟，母為道光帝莊順皇貴妃烏雅氏（一八二二－一八六六）。其大福晉為慈禧胞妹，二子即後來的光緒帝，五子即後來的攝政王載灃，孫溥儀則是清朝末代皇帝。身後諡「賢」。——譯注

14　此信恐係日譯，此間譯文或與原信件文字不符。——譯注

（二）[15]再啟者　今接來信，備悉一切矣。單人照相一節緩一二日。敬派人至貴處攜取。惟印

影紙則本日令來人帶回。意在速行印出。仍欲奉贈。

閣下瀏覽如印影紙未備，三五日仍當遣人往取，不敢勞於親送也。

泐此即問

近祺

名正具　陰曆二月初八

醇親王、濤公、順承郡王紅紙名刺三張

信封正面：寺本先生啟

背面：無字

（三）敬啟者　前曾兩致信函，均承應允深為欣悅，並聞有

寺本先生親臨一節，亦曾攔過，未蒙允准。今於一二日間有小事，冗冗敢請

寺本先生於陰曆二月十六日十時來府茶會面談，藉以暢聆雅教，萬勿辭卻。矣

（？）及印影紙照相篇並希陰曆二月十六日帶來為兩便也。泐此謹侯日祉。

名正具　陰曆二月初九

15 原信為中文書寫，無標點。譯文中標點係譯者所加。下同。以下「？」表示原書或排字有誤。——譯注

（名刺三張同前）

信封正面：字寄寺本先生啟

背面：無字

（四）敬覆者　適接到貴處三函，均下（？）容一二日報命。此問寺本大人日祉。

名正具　大清光緒二十七（一九〇一）三月二十四日

醇親王名刺一張

信封正面：監督部右字寄覆（小字）

背面：陰曆三月二十四日

（五）敬啟者　前承囑寫字幅。今已寫成，謹行奉趙（？）並請問日祉，兼問阪田大人近好。

名另具

醇親王名刺一張

信封正面：寺本先生啟

背面：無字

（六）逕覆者　頃別數日，想起居安善為念。聞歸國有期，欲至敝邸面會，欣慰何如。今請於華曆五月十三（日曆六月二十八）日下午三時到此一談也。並問

寺本先生日祉。

名另具

五月十一日

醇親王名刺一張

信封正面：寺本先生啟　右有「內信函」三小字

背面：滿洲文字

（七）醇親王府

逕覆者　頃接來柬，得悉一切。先生所薦之朱錫麟一節，多承美意，於世事甚為方便也。因本府出洋參隨人員全由兩權處斟酌指派，本府不得自專。其朱錫麟一事，或由本王見全權面商，或先生見全權托薦之事。特此覆知，余容面述。

醇親王府　具

四月二十日

信封正面：寺本先生安啟
背面：無字
先生親筆書寫「六月六日接收」。

（八）昆岡[16]

今接來信，內云均已悉知。晤談一節，定於陰曆十二月初九即貴國明治三十四年（一九〇一）一月二十八日下午三時恭候。

封內有昆岡紅紙名刺一張
信封正面：寺本大人閣下
背面：護封於光緒二十六年十二月初六

（九）世續[17]及陶大均[18]

（一）敬覆者　今奉來示，領悉一切。昨日面見貴國二位大人，說明前談之事。或云暫緩辦理

16 昆岡（？－？），清宗室，同治壬戌科進士，光緒二十一年（一八九五）任禮部尚書協辦大學士，體仁閣大學士。——譯注

17 世續（一八五二－一九二一），字伯軒，索勒豁金氏，隸內務府滿洲正黃旗。清末軍機大臣。光緒元年（一八七五）舉人，歷任內務府郎中，擢武備院卿，授內閣學士。光緒二十二年（一八九六）為總管內務府大臣兼工部侍郎。——譯注

18 陶大均（一八五八－一九一〇），十四歲時以官費留學日本，專修日語。先後供職於橫濱領事館和東京使館。一八九一年北京

為妥，或云另有回音。現在尚未接到回音。俟有回音，再行奉聞。專此布覆。敬頌

升祺

名另具

陰曆三月初七

（二）敬覆者　明日有要緊公事，不克恭候。擬於十一日上午准九時造貴府面談。可否之處，

祈賜回音。此覆。敬頌

升祺

名另具

陰曆三月初九

世續名刺一張，其背面印有「住東牌樓燈草胡同西口內路北」。

信封正面：寺本大人臺啟

背面：無字

同文館組建東方館後回國任教習。清廷甲午戰爭失敗後，以通譯身分與李鴻章同赴日本簽訂《馬關條約》。回國後入李幕府，任職於天津直隸總督署。李鴻章調任兩廣總督後，大均赴京任總理各國事務衙門上行走。為中國近代史見證人。著有《中日戰紀》二卷、《戊戌政變紀要》一卷、《庚子劫餘錄》三卷、《平龕文存》四卷、《劫餘委遊草》一卷、《平龕公牘》五卷、《平龕日記》十三卷。——譯注

（三）敬覆者　見世尚書曾將足下往見事告之世公，言如在家必可見也。請足下自行定日告彼可也。此上，祗請日祉。

寺本仁兄大人閣下　　陶大均拜上

信封正面：寺本殿親展

背面：以鉛筆注「四月廿二日接收之」

（十）那桐[19]

示悉，遵於陰曆三月十四日九時在舍恭候

駕臨。此覆　即頌

寺本大人日祉

那桐頓首

19 全名為葉赫那拉·那桐（一八五六－一九二五），中國近代史上的一位重要人物。葉赫那拉氏，滿洲鑲黃旗人，晚清「旗下三才子」之一。光緒、宣統年間先後任戶部尚書、外務部尚書、總理衙門大臣、軍機大臣、內閣協理大臣等，並兼任過京師步軍統領和管理工巡局事務。一九〇〇年，八國聯軍侵犯北京，慈禧西逃，那桐充任留京辦事大臣，隨奕劻、李鴻章與聯軍議和。《辛丑條約》後任專使赴日本道歉。清帝退位後遷居天津。——譯注

寺本婉雅年譜

西元	年號	月	年齡	事蹟
一八七二	明治五年	三	一	生於愛知縣海東郡大野村，長男。父名寺本惠實（天保十二年十二月十八日生，大正四年十一月九日歿），母名寺本富惠（天保十四年一月三十日生，大正九年二月二十五日歿）
一八七七	明治十一年		六	妹吉惠（三女）出生（昭和二十二年四月二十六日歿）
一八八一	明治十四年	十二	十	妹壽惠（四女）出生（明治三十九年一月八日歿）
一八八三	明治十六年	九	十二	妻，琴子，生於群馬縣吾妻郡草津，長女，父名内堀善作，母名内堀照
一八八四	明治十七年	八	十三	京都市下京區稚松小學高等科畢業
一八八七	明治二十年	九	十六	進入真宗大谷派高倉大學寮兼學院學習。此前或到中京區烏丸姉小路長安寺跟隨仁科惠證大師學習本宗教義，或到下京區高倉路萬年寺跟隨儒學家酒井重綱先生學習四書
一八八八	明治二十年	七	十七	京都府立中學（高倉大學寮與此合併）預修科課程結束

西元	年號	月	年齡	事蹟
一八九二	明治二十五年	七	二十	京都府立中學畢業
一八九三	明治二十六年	七	二十一	蟄居真宗大谷派高倉大學寮旁聽、接受考試（細川講師主講《選擇本願念佛集》，廣陵嗣主講《序分義》）
一八九四	明治二十七年	七	二十三	地點同上，英國講師主講《愚禿鈔》，某嗣主講《法事贊》
一八九五	明治二十八年	九	二十四	進入真宗大學第二部學習
一八九八	明治三十一年	六	二十七	臨畢業前退學，為探險西藏離開京都
		七		到達清國上海（二十二日出發，二十五日到達天津）
		八		離開天津到北京。之後跟隨雍和宮仁欽尼瑪喇嘛學習蒙古語與喇嘛教，跟隨雍和宮沃塞嘉措喇嘛學習藏語；跟隨王先生學習漢語；跟隨吳汝綸先生學習《易經》
一八九九	明治三十二年	三	二十八	東本願寺大谷光瑩法主親筆信寄達達賴喇嘛 從矢野文雄公使處收到致駐藏大臣文海的書信 收到矢野公使、橋口太郎壽氏的贐詩。同日離開北京 到達上海。在船上給石川舜台大師寫信 通過深澤氏介紹，訪問文廷式先生。搭乘「大井川號」船
		五		到達重慶 到達成都
		六		到達打箭爐
		七		到理塘

西元	年號	月	年齡	事蹟
		八		到巴塘
		十		離開巴塘，不得已踏上歸途
		十		到打箭爐。十一月二日離開，與能海氏話別 到重慶，在此過新年
一九〇〇	明治三十三年	三	二十九	離開重慶歸國
		四		到達神戶
		八		擔任陸軍翻譯（奏任官）
		八		義和團事變。隨軍隊一起出發
		九		出入於清皇室，與醇親王、慶親王、肅親王、李鴻章等交往。 又為恭迎皇帝、西太后回鑾，跟隨醇親王等並加入達賴代表一行到西安，為國事奔忙
		十二		被允許在擔任軍務翻譯的同時，自由研究西藏經典 在黃寺和資福寺發現西藏《大藏經》，並獲贈此經於慶親王
一九〇一	明治三十四年	二	三十	由於為清皇室斡旋有功，慶親王為表感謝，贈送《貝葉經卷》並簽名
		四		接受醇親王、濤親王、洵親王的大量贈品和親筆墨寶等
		六		勸誘雍和宮法主、蒙古雙親王大喇嘛阿嘉呼圖克圖一行訪問日本，為此辭去官職
		七		法主一行來日本 訪問東本願寺，參加京都帝國大學畢業典禮。東上後在東京接受佛教團體的歡迎，並赴皇宮向天皇請安（七月二十八日）等，為日本對日蒙親善、在義和團事變中保護喇嘛教所做的貢獻表示感謝。此間（逗留日本期間）寺本先生臥病在床
		九		得到小村外務大臣等的支持，被任命為駐北京公使館（外務省派遣）西藏、蒙古研究員

西元	年號	月	年齡	事蹟
		十一		離開神戶
		十二		到達北京，入住雍和宮，在此度過新年
一九〇二	明治三十五年	一	三十一	兩宮鳳輦還京
		一		作為護送阿嘉呼圖克圖去蒙古的使者返回，二月抵京。據說進入西藏一事就是在那時決定的
		三		兩名阿嘉弟子來京。據傳先生請假至十月。阿嘉使者返京。據告舊曆十一月將赴西寧，邀請先生一同前往。具體日期當派使者另告
		六		光緒帝親拜雍和宮。此日將三幅西藏醫學解剖圖照片寄南條文雄大師，委託轉贈真宗大學
		七		北京城內霍亂猖獗，暫時回國
		十		離京都赴北京（九月末雍和宮催促來京）
		十		抵達北京
		十		撰寫〈西藏國名之意義〉一文（刊載於《無盡燈志》雜誌）
		十一		離開北京
		十二		抵達多倫諾爾。逗留期間於十二月七日至十二日跟從阿嘉遊匯宗寺等 離開多倫諾爾
一九〇三	明治三十六年	二	三十二	抵達塔爾寺。住阿嘉公館，研究藏語、蒙語。翻譯藏傳佛經與佛祖傳記
一九〇四	明治三十七年	五	三十三	與塔爾寺代表等追趕在自西藏出逃的達賴喇嘛身後。六月下旬到Nechu（那曲），七月末途經Chedanba（達賴喇嘛於五月十七日越過國境，在那曲休整，於七月二十五日抵達Chedanba，於二十七日在臺吉諾爾講經） 抵達臺吉諾爾

西元	年號	月	年齡	事蹟
一九〇五	明治三十八年	二	三十四	離開塔爾寺赴西藏
		五		到達拉薩。歷訪色拉寺、哲蚌寺以及各大寺院等
		六		離開拉薩
		七		抵達札什倫布寺，逗留Dashikansaru 離開札什倫布寺 在Chunbi村拜訪Charles Bell氏，受到隆重款待，休息三日 後沿英印軍隊侵藏路線考察 抵達Gangtok，拜訪錫金國王弟弟Maharaji Kumaru殿下，相談甚歡 離開Gangtok。翌日抵達卡林蓬（Kalimpong），再翌日至大吉嶺（Darjeeling），逗留數日
		八		抵達加爾各答，受到竹原精一的隆重款待 離開加爾各答 在西姆拉見到駐印武官東乙彥少佐和東京帝國大學教授大森房吉博士。於此前後時間拜訪總督George Curzon，受到歡迎 也得到英國外務次官Frazer、祕書官Weldon兩氏的隆重款待 歸途中順訪新德裡、阿格拉（Agra）各城市以及禮拜佛陀伽耶後在加爾各答乘船
		九		到達上海 歸國
		十		到達神戶，受到本山使僧滋野井師的迎接
		十		向小村外務大臣彙報
		十二		向大本營發出報告書。之後由總參謀部印發刊行。於此前後還向皇后陛下進講此事
一九〇六	明治三十九年	一	三十五	申請更名為婉雅（幼名為圓芽）

西元	年號	月	年齡	事蹟
		三		翻譯出版《十萬白龍》（古代宗教梵教聖典之一部）
		四		撰寫《西藏、蒙古探險記》及《西藏志書》（內附西藏精確地圖一張），並在大隈伯爵的幫助下，委託早稻田大學圖書館館長市島春城出版 在兒玉源太郎、福島安正、小村壽太郎、大隈重信各位的幫助下，為研究西藏喇嘛教，第三次踏上赴清國的旅途，離開神戶
		六		到北京
		八		離開北京，經過太原、西安，到達西寧
		九		到塔爾寺，尋訪Danbadorujejain喇嘛（阿嘉的師傅）、Sobosanbo、Haruchinmanba、Ishinima大師等，同時開始翻譯《西藏喇嘛教史》，並研究蘭查文字和帕克巴（譯注：舊作巴思巴）文字。十九日僕人嘉措回家
		十		達賴喇嘛到塔爾寺 會見Shamaruzon喇嘛。由舊師Sobosanbo喇嘛引見 Shamaruzon喇嘛接受達賴囑託，為達賴提供法事諮詢，此時逗留於該寺 應達賴邀請謁見達賴（講述日本佛教歷史和世界現狀） 用藏文記述《日本史概要》和《日本佛教史概要》呈送達賴，並勸說達賴觀光日本 達賴喇嘛向東本願寺法主回信一封，贈送藏文《八千頌般若經》一卷、釋迦佛銅像一尊
		十一		此間（？）安排A.塔菲爾氏謁見達賴
		十二		塔爾寺法主阿嘉呼圖克圖返回。之後與達賴意見不合
一九〇七	明治四十年	五	三十六	訪阿嘉，轉達達賴真意。二人似已諒解但不付諸實行

西元	年號	月	年齡	事蹟
		六		達賴遣密使Jamiyandanba大堪布為正使，Rosantanjin喇嘛為副使赴北京，使其攜帶致青木宣純氏的密信 安排英國人Shield謁見達賴 面見逃往Shokorutan河並在那裡住下的阿嘉並曉諭之，使其承諾向達賴低頭認錯 阿嘉、達賴一事圓滿解決。總督、辦事大臣、鎮台、府臺等歸任
		九		東本願寺法主親書寄到，立即呈送達賴。之後藏譯該信件 達賴回信收到，二十一日寄往京都 阿嘉應北京宣召離開塔爾寺 翻譯《日俄條約》謄本與英譯本以及七月三十日來自北京的電報文〈關於中止西藏改省的意見〉後呈送達賴 前往北京的密使報告事情已辦理成功 敕令到，宣達賴巡錫五臺
		十一		謁見達賴，出席餞別儀式，Raman堪布及以下官員贈送禮品 離開塔爾寺，到西寧
		十二		抵達蘭州
		十二		到西安
一九〇八	明治四十一年	一	三十七	抵達北京。二十日在大連會見青木宣純少將。二十四日離開大連
		二		回到神戶。向東本願寺彙報。返回故鄉 赴總參謀部拜會福島次長，並進行彙報。翌日到福島私邸拜訪 接外務省和總參謀部來信
		四		到達神戶。九日抵達北京
		五		離開北京，沿西太鐵路赴太原，三十一日到五臺山

西元	年號	月	年齡	事蹟
		六		謁見達賴喇嘛，呈送東本願寺法主的親筆書信、禮品、觀音像及福島中將的親筆書信、禮物（手槍）等。另向達賴下屬諸堪布等贈送禮物 拜謁達賴喇嘛，達賴委託將覆信和禮物轉交東本願寺法主和福島將軍，並就晉京一事有所請託。達賴及達賴下屬各要員贈送禮物。同日離開五臺山，經定州到北京 會晤青木少將，就西本願寺大谷尊由師與達賴會見一事協商 拜訪阿部代理公使，就與達賴聯繫一事進行商談
		七		離開北京，陪同甲斐寬中君經定州到五臺山 安排甲斐氏謁見達賴。甲斐氏回京 就會見場所問題與達賴懇談。達賴對此遷就
		八		大谷尊由兄弟及其他四名成員外加中國僕人登上五臺山 兩次會見達賴後一行下山 翌日拜訪達賴話別。又一翌日回京
		九		離開北京，至居庸關，拓六種文字壁文五十五幅 到達北京，以達賴使者身份拜訪各國公使
		十一		達賴赴萬壽山 達賴謁見西太后 至黃寺告誡達賴（內容涉及與Raman堪布、川島浪速一道就西藏獨立問題進行商討一事） 光緒帝駕崩。翌日，雍和宮一〇八名喇嘛到紫禁城念經 皇后殉死。達賴表明希望二十二日返藏 勸達賴為西太后念經 應達賴邀請到黃寺拜見達賴。接受Dorujeff來訪 與鄂康諾少佐和錫金王弟弟Kumaru殿下暢敘久別之情 就經由印度入藏一事請鄂康諾開出通行證

西元	年號	月	年齡	事蹟
		十一		至黃寺協商向日本派出使節一事 就此事與青木少將發生激烈爭論，向福島中將發出電報 西本願寺與總參謀部之間意見未能統一，此事最終未能成功 勸說伊集院公使舉行晚餐會，達賴幕僚三人，公使、青木少將、寺本等五人，共八人參加。達賴送來禮物，說預定二十一日返藏。寺本收到旅行證明書，上面有寺本的藏名 Tobutansopa 為告別向達賴及各堪布獻哈達 達賴踏上返藏的旅途
一九〇九	明治四十二年	一	三十八	離開北京回國 之後進入研究生活，根據西藏的資料，發表許多有關西藏的研究著作和編著等
一九一五	大正四年	二	四十四	被任命為大谷大學教授，教授藏語和佛學（直至逝世）
		九		被任命為京都帝國大學文科大學講師，開始教授藏語。昭和二十年退職
一九三九	昭和十四年		六十八	應「滿洲國政府、內蒙古自治政府」邀請，建議普及喇嘛教
一九四〇	昭和十五年	十二	六十九	病逝

跋

橫地祥原

在此對正文與附錄做些補充說明，以作為編輯後記。

關於正文第一章，現有出版物中除《能海寬遺稿》〔真宗大谷大學刊行，大正六年（一九一七）〕外並無與其相類似的其他書籍。《能海寬遺稿》係於能海大師逝世後第十七個忌日，夙為同行的各先生以能海師呈報南條師的報告為基礎，經嚴密校訂編輯而成。有關四川、西康的地名標注雖多少有些出入，但於內容而言，則全無補充之必要。

編者時常惋惜，若《能海寬遺稿》能對逗留北京半年與在重慶過年時的情況記錄得更詳細一些則該多好。譬如，據年譜記載，能海大師曾拜師於北京大學堂校長吳汝綸先生，然而《能海寬遺稿》記錄並未提及此事，僅存有一幅題記為張繼〈送晊師詩〉的畫頁。張繼詩是：「九星壇下煎差別，五老峰頭覓寺居。作得新詩旋相寄，人來請莫達空書。」

卷首照片中三位喇嘛合影相襯紙後有下列一段文字[1]，藉此可以窺知當時先生的心情：

明治三十二年（一八九九）十二月二十二日　無隱子曰：離去西藏拉薩已一月有半，途中多無水之處。至甘肅之一月間道路險阻。後於進藏約須？[2]月之途中一處名曰Yijiyano之地遇見一行喇嘛。渠等於五星[3]之前信仰勃發，故遠離故鄉，飄然巡禮於支那靈山之間。本來無一物而亦無文字，惟稱無意之咒文而已。然渠等信念與禮佛之堅定，凜然不可侵矣。年長者名曰Wantino，四十六歲。次長者名曰Yidebuzeba，三十五歲。年幼者名曰Shichuto，二十六歲。弟見渠等一行感慨無量，乃邀渠等入我寓所慰勞數日。相互暢談異域之山水風情，親如屬焉。一日諭彼，遂攝其相。渠等觀己相而一驚，乃給其照一張，渠等大喜而直辭禮，飄然去而不知所行。噫噫焉。

此外，曾就江翰老人的《慎所立齋存稿》、文廷式先生的《文道希先生遺詩》、《雲起軒詞鈔》等查證於阪出祥伸先生，然皆無果而終。惟文廷式先生不久將到日本旅行，思之乃興味悠長之事。

1 原文無標點，現標點係譯者所加。——譯注

2 「？」為原文所有。——譯注

3 日語「五星」有兩個意思：一是五顆星；二是中國古代熟知的五顆行星：歲星（木星）、熒惑（火星）、太白（金星）、辰星（水星）、鎮星（土星）的總稱，亦稱五緯（參見《左傳・襄公二十八年》注）。但於此不知何意。——譯注

寺本先生在義和團事變從軍時的日記亦不可考。但黑龍會編撰的《東亞先覺志士記傳》錄有部分先生當時的事蹟於原書房刊行的《明治百年史從書》（卷22-24）中。卷22即上卷，錄有能海寬師與寺本第一次進入西藏東部的事蹟；卷23即中卷則按以下順序錄有義和團事變中的情形和達賴喇嘛晉京時的狀況：

①能海寬與寺本婉雅；②寺本婉雅的進京與雍和宮中的俄國教會；③寺本的努力與各皇族的返京；④為大喇嘛觀光日本而斡旋；⑤達賴喇嘛西藏獨立之企圖與藏俄關係；⑥英國入侵西藏；⑦寺本入藏；⑧第三次入藏和與達賴喇嘛約定觀光日本；⑨達賴喇嘛巡錫五臺與日本的歡迎準備；⑩英俄暗鬥與達賴中止訪日（P265-271）。然而此書並未記載西藏《大藏經》是如何被帶入日本的等有關信息。

大谷大學稻葉正就先生撰寫並惠贈的〈入藏談〉〔《無盡燈》第十四卷第三號、第八號、第九號（M42）〕與〈雍和宮短信〉〔《無盡燈》第二號（M35）〕在筆調上略有細微差別，但在內容上與本書無大區別，故本書未收錄。文章雖短小，卻也能準確地表現出在異國他鄉因無任何收入，經濟生活困頓，超越人們想像的一段艱難歷史，但在此還是割愛。

之所以在附錄中編入〈西藏《大藏經》總目錄序〉，是因為想將寺本先生在義和團事變從軍時認為特別值得記述的日記補入。然而此記錄原稿有三種，其內容也有詳有略，情況各自不同。

最初出現在《備忘錄》中的文字是先生在明治四十三年（一九一〇）起草的原稿，題為〈東京巢鴨真宗大學圖書館所藏藏語《大藏經》攜入並贈送之始末〉，簡單記有第一次旅行的記事、發現、購買及運輸藏語《大藏經》、獻於皇宮、受命編撰目錄等事項。還記有阿嘉呼圖克圖訪日、入藏、歸途中在上海分寺接收能海氏的行李並通過南條先生送往其父母家庭，之後在青海會見達賴、打聽能海氏的下落但情況不明等事項，通篇沉浸在追憶能海氏的濃濃之情中。但對從發現到運輸藏語《大藏經》的記述極為簡略。

附錄所收的是翌年的記述，就經典如何奉獻皇宮一事記載最為詳盡。之後委託東京帝國大學圖書館保存的那部經典因關東大地震歸於烏有，最終未能與世人見面即「香消玉殞」。大正二年（一九一三）六月寺本先生在《佛教史學》（第三卷第五號、第六號）上發表〈關於西藏大藏經總目錄之編撰〉一文，文中載有對此之概述。

最後的是以十四頁稿紙寫成的、題為〈西藏《大藏經》攜入日本始末〉的原稿，時間記載為「昭和五年（一九三〇）三月十日」。文中詳細記載了從發現到運送的情況以及當時的狀況。茲抄錄如下（但全文十五頁中缺第十四頁）：

日清戰爭後支那各省排外思想勃然高漲，烏雲低沉覆蓋四百餘州。明治三十三年（一九〇〇）夏排外暴舉終以義和團名義爆發。歐美[4]八國聯軍進入北京，光緒帝與西太后一道出逃，蒙塵西安，東亞天地為之震撼。此時余受政府特別派遣，於北京城從軍，分別兼職於日本公使館與第五師團司令部，於戎馬倥傯之際，與皇弟醇親王、軍機大臣慶親王、外務總理大臣李鴻章、戶部尚書那桐等樞要大臣相互往來，為我國與東亞保全等略有出謀畫策。

4 實際情況是不僅歐美國家軍隊，日本也派兵侵入北京城。——譯注此時北京城由聯軍分管，戰後之秩序雖得以維持，但城內之紫禁城與城外之萬壽山歸俄軍占領，皇宮與萬壽山中祕藏之清朝無價寶藏悉為俄兵掠奪，為皇家當差之八百餘名宦官於皇帝蒙塵之宮城之內因糧路斷絕，瀕臨死亡。加之清朝各代視之為自身菩提場所之雍和宮亦為俄國東正教會占領，教會之神父、長老住進雍和宮管長阿嘉呼圖克圖之館舍，並使其成為自身所屬之數百男女老幼信眾之避難所，佛殿精舍咸化為異教徒之集體宿舍。大半喇嘛聞風出逃，僅存四百餘名喇嘛蟄居雍和宮一隅，宮資亦為理藩院衙門所斷。渠等或罹諸衙門之兵燹，或頃刻彷徨於街頭，最終不得不破壞戒律，或售賣佛像，或處理經卷，忍飢挨餓，徘徊於悲慘之死亡邊緣。余見此慘狀，不忍捨棄之，故與我司令部聯繫，告知眾多喇嘛為飢餓所苦之慘狀，最終交付渠等宦官、眾僧以玄米四百五十擔。

渠等見米後欣喜若狂，其情景實超越余之想像，令余不禁熱淚盈眶。

雍和宮歸俄國教會神父所管，不僅關乎彼宮喇嘛僧眾之死活，而且還意味著清朝之菩提場所與作為蒙古統治術之禮拜廟堂歸於異教徒之手，乃渠等與理藩院無法忍受之大事，而紫禁城、萬壽山為俄軍所轄，更為醇親王、那桐等憂心如焚之清國一大難事。因聯軍之間存有協議，實無法改變八國聯軍管轄之範圍。然余受恩師、雍和宮總管仁欽尼瑪懇請，將眾僧與蒙古諸王之請願轉呈慶親王、醇親王、洵親王、那桐等，以清朝高官協商決議之名義向聯軍請願。日本全權代表小村從人道主義與宗教角度出發，特別是出於清朝對蒙古、西藏外藩之政治關係之考慮，對清朝提出保護紫禁城、萬壽山、歸還雍和宮之請求表示贊成，之後此請願獲得聯軍批准，最終紫禁城歸日兵保護，萬壽山委託美兵守衛，雍和宮於俄國神父與其教徒退出後由總管仁欽尼瑪管轄。同時北京城北部一帶（含紫禁城、雍和宮）歸日軍轄制。管理區居民欣喜異常，視日軍為大德恩人，在一派和平氣氛中同時開店營業，以至於車馬輻輳，生意興隆。至此余又勸說避難城外之醇親王一族返回城內親王府，在與我軍司令部聯繫後派兵保衛醇親王。自此余與醇親王之關係親密無間，蒙允准成為阿嘉佛爺弟子，可與眾僧一道自由出入西太后於宮中之持佛堂念經禮佛，並常與宮中樞要宦官等交通往來，為恭迎蒙塵西安府之光緒帝與西太后返京出謀畫策，甚至與親王派遣之高官等一道祕密前往陝西西安府，奏明日軍對清朝之誠意所在，勸說帝、後明鑑時局，迅速返京……（《西藏典籍之發現》下卷三～下卷二十二，二九七頁）。余返回公使館，在彙報工作之同時與小村全權代表、山口師團長、福島安正將軍（參謀長）聯繫，之後於恩師仁欽尼瑪之斡旋下，最終得以「為清朝皇室效力，政治功績顯著，應予賜賞」之名義，自慶親王、那桐尚書等處獲得此寶典。此外還惠承各要員簽名蓋章，獲贈巴利語《貝葉經》[5]等。復後余獲得司令部批准購入木材，督促工匠製作經箱，最終得以交託軍隊運輸艦將總數達一百餘箱之經卷運回國內。余得之藏語《大藏經》有二種：一為紺紙金泥之《甘珠爾》部與赤字小版之《甘珠爾》部及雜書，一為赤字大版之《甘珠爾》部與《丹珠爾》部……。余按以上途徑自慶親王處獲得藏語《大藏經》，但余之故鄉並無書庫一類之設施可保存如此卷帙浩繁之聖典，且余須再次入

5 也就是寫在貝樹葉子上的經文，源於古印度。在造紙技術還沒有傳到印度之前，印度人是用貝樹葉子書寫東西，佛教徒們也是用貝樹葉子書寫佛教經典和畫佛像的，《貝葉經》的名字由此而來。它是研究古代西藏文化、語言文字、佛教、宗教藝術等方面的重要原始資料。——譯注

藏，故委託當時淺草分院之輪值住持大草氏代為保管，直至余返回日本。大草氏後與東京巢鴨真宗大學圖書館館長月見覺了氏聯繫，最終改由該圖書館保管。……（後略）

又，最初擬將《探訪西藏期間之往來文錄（抄）》翻拍成照片，但後來改變計畫，將其放入附錄中。此參考文獻可反映出當時之時代背景，故予以刊載。

照片（P8）[6]所示「西藏醫方明[7]圖三圖之一」中夾有致南條文雄博士之信件，現予刊印，供參考。

謹呈：

此三圖乃安置於雍和宮醫學殿之藏人所繪圖畫，據云乃六十年前由西藏國攜入此宮，關乎五明中之醫方明，一向於他廟所未見，極為珍貴，故摹寫於茲。美國公使[8]於上上月十餘日間每日出入於此宮，央求喇嘛准予摹寫，最終以支付相當四十日元之禮金摹寫後離去。此圖可供解剖醫學研究之用，竊以為支那絕無此圖。另寄上藏書一部，其中附有各種與醫方明有關之器械圖，彼此加以對照研究甚為有趣。擬僅將此三圖贈予真宗大學，煩請博士費心妥善安排為盼。切盼盡可能於斯大學裝裱，並妥加保存，以供學人使用。今晨支那皇帝行幸雍

6 原文如此。經查，核對不上。——譯注
7 〔佛〕醫方明為五明之一，指古代印度醫學。——譯注
8 指美國外交官兼東洋學者羅克希爾（W. W. Rockhill）。——原注

和宮禮佛，於各佛殿皆叩首三拜，竭誠盡意。之後入華園便殿用早餐，六時二十五分回輦。今日有肅親王、禮親王、那桐等王公大臣以及三千餘名護衛隨駕扈從，氣氛莊嚴肅穆。小弟子與眾僧一道於殿內躬親拜謁。茲拜託並報知近況如上。

六月二十二日朝八時　匆匆頓首

小弟子

寺本婉雅敬

南條尊師　臺啟

第二章係自蒙古經青海、西藏至印度之遊記，底本為《第二次蒙古西藏遊記日誌（乾坤二卷）》，與第一章相同，編輯前係以毛筆書寫之二冊薄紙文稿。其底本含有原日記，可視為原本，最早乃借自先生夫人琴子先生。然而歷經六十年歲月，其鉛筆[9]痕跡已然淡漠。先生之筆跡於悄然間含有某種自信，為此寫作亦花費兩個夏天，但其間日、漢、藏、蒙、英五種文字交雜，並混有喇嘛語談之筆錄與金石文字之抄本等，而且屢屢句子並未完結。不過之後向琴子先生借來經寺本先生自行刪改之底本，編者當大致心安，故就此完成編輯。然而其中寺本先生略去交還三百盧比借條於C. Bell氏之紀錄等，思之不免令人有遺憾之感。此底本應有其他抄本。此底本似為年譜三十九年三

9 上文說是毛筆，此處又說是鉛筆，不知何筆為是。——譯注

月記事所說交於市島春城[10]氏之原稿。日前編者為慎重起見到早稻田大學圖書館查詢，得到柴田光彥氏之熱心指教。據云該詳細情況春城日記中有所記載，似乎出版一事並非委託早稻田大學圖書館，而是委託市島氏並囑其代為保管原稿。寺本先生將冠有大隈伯爵序言之原稿交付市島氏並將所得稿費充作旅費後即於四月份匆匆出發。之後予訪問受市島委託修改文稿之關如來[11]氏。關氏曾陪伴過寺本先生，現寓居於京都高野。據云寺本先生之抄本似乎尚未問世即毀於關東大地震，其中還附有詳細之地圖。聞之不勝唏噓。

附錄中〈西藏祕國逸聞——於武田家之演講筆記〉（武田長兵衛氏家刊）一文，其出處之原日記與底本中有多處被剪刀剪切之痕跡，現將似為剪去之部分補出重新編輯而成。又，底本之版面表格欄外有朱筆的插圖批示，但如此重要的插圖僅殘存二十分之一左右，而且其為何消失原因不明。故本書刪去一切插圖。

附錄所收〈於日軍總參謀部演講之提綱〉一文於編者而言具有悠長的因緣關係，具體緣由於此省略不贅。總參謀部刊行的題為《西藏遊記》的先生演講報告僅有一冊，我向先生夫人琴子先生借閱後為蘇軍所追趕，從海拉爾出逃時不慎丟失。此次出版的願望之一就是彌補此一缺憾。另外，在繪製地圖和出版方面幫助極大的矢野光二先生，在海拉爾東本願寺舉行一週年忌法會時也曾說過希

10 市島春城（一八六〇—一九四四），隨筆家，本名謙吉。一八八一年從東京大學中途退學後投入大隈重信陣營，協助大隈創立改進黨和東京專門學校（早稻田大學的前身）。之後任《讀賣新聞》主筆、早稻田大學圖書館館長及理事，與高田早苗、坪內逍遙一道被稱為「早稻田大學三尊」。——譯注

11 關如來（一八六六—一九三八），新聞記者兼美術評論家，本名嚴二郎，別號履長、自然庵。——譯注

望務必出版此遊記。從此〈於總參謀演講之提綱〉一文可以看出彼書之結構。

第三章中幾乎原樣收錄原始日記。因先生有時病臥不起，留有多處空白，於此無法補充。此書能夠收錄有關塔菲爾先生的記事，作為編者其喜何堪。我在學生時代曾在舊書店找到《觀照志》一書，讀過其中先生撰寫的〈追憶青藏高原巡禮〉一文，至今已有四十多年。我一直想塔菲爾氏一定寫過一些什麼東西。

同樣是德國人的中亞探險隊長威廉‧菲爾希納（Von Wilhelm Filchner）[12]博士寫過《亞洲風暴》（*Sturm über Asien*, Berlin, 1924）一書，於此割愛。在該書第九章〈達賴喇嘛的策略〉、第十章〈寺本婉雅〉、第十一章〈在英國的保護下〉、第十二章〈獲勝者——達賴喇嘛〉這四（個）章（節）中，寺本屢屢以達賴喇嘛最高顧問的身分出現。但或是從此之後轉為第三者筆錄的原因——其時真實的寺本先生已在日本江州鄉下不斷發表研究論文，而書中的寺本卻或是幫助達賴躲避趙爾鵬[13]的軍隊，使其最後逃往印度，或是在達賴喇嘛從印度返回後，與阿旺德吉（也稱參寧堪布、阿旺堪布或德爾智堪布）一道交替擔任外交顧問——故我未將其作為資料收入本書。

又，第十三世達賴喇嘛致現如上人的親筆信（第一號）內容過去長期不為人所知。今刊其大意如下：

---

12 威廉‧菲爾希納（Von Wilhelm Filchner，一八七七－一九五七），德國探險家。一九〇三年至一九〇五年，率領探險隊前往西藏。從西藏歸國後，菲爾希納被賦予探查南極洲的任務。南極威茨德爾冰架即由其於一九一二年一月發現。——譯注

13 此「趙爾鵬」疑為「趙爾豐」之誤。趙爾豐（一八四五－一九一一），清末大臣，一九〇五年任建昌道，率兵入西康平定土司叛亂。次年加侍郎銜，任督辦川滇邊務大臣，實行改土歸流。一九〇八年任駐藏大臣，率兵入藏，屢敗受英國操縱的叛軍，阻止了英帝國主義北進的陰謀。——譯注

敬啟者　此奉東方大日本國教主大谷光瑩（漢字注音）臺下。拙僧業已面謁所派遣之近侍寺本婉雅（漢字注音）本人。另於（光緒）三十二年十一月十一日惠賜之書信與漢文聖典《三經七祖聖教》及於（明治）三十九年（一九〇六）十一月十一日惠賜之親筆信悉妥收。得知貴國佛教與敝國出自同一源流，喜何以堪！拙僧常懷愛慕之情而素無拜芝之機，思之不免戚戚然。今後為成就弘揚佛法之夙願，敬希臺下隨時不吝賜教。拙僧以為西藏雖處偏遠之地，然為達致使佛法永駐之悲願，重要者乃集結所有之機會，故苟有高見，尚祈毫不遲延賜告為盼。

附贈：
哈達一條（白玉色）
咒纈一片（紅色）
鍍金釋迦佛座像一尊
八千頌般若經（藏文刊本）

丙午十一月六日*14

14 *藏曆。——原注

吉總・阿旺羅桑・土登嘉措・晉美旺秀・卻勒南巴加娃・白桑布

達賴喇嘛

有此因緣，故第十四世達賴喇嘛猊下特意撥冗為此書作序，我在此深表謝意。也因為這種關係，達賴的親密友人卡茲・索納姆・托普吉（Kazi Sonam Topgei）專程從美國來到印度，不惜為本書的出版做出特別的努力。對他的幫助在此也須表示誠摯的感謝。

第四章是由先生記錄在筆記本中的三冊日記整理而成。但先生寫給曉烏敏、佐佐木月樵、多田鼎三位大師有關信仰問題的長篇書信，以及有關居庸關城牆文字研究的詳細提綱於此全部割愛。因為有關居庸關城牆文字的研究成果於當年歲末發表在北京圓明園發行的《燕塵》雜誌（數年後轉載於《佛教史學》第二十卷第三號至第十二號）上，再後來經修改又發表於《曼荼羅》雜誌。此外，我們對先生在當年八月大谷尊由與達賴會見時所做的種種紀錄也進行了內容壓縮。

先生於明治四十二年（一九〇九）一月離開北京歸國後立即對〈蒙藏經營私議〉一文進行改寫，出版後將其分發給志士仁人。其主要內容如下：

（一）對俄戰爭與藏、蒙之關係

（二）向達賴說明我國國體之尊嚴

（三）東本願寺與達賴教主

（四）達賴教主與阿嘉管主之反抗

（五）進入朝廷之運動費達四百二十萬兩
（六）駐錫五臺之達賴國王與日本之聯繫
（七）達賴國王進京
（八）給達賴國王之忠告
（九）我國之滿洲政策與蒙古之關係
（十）達賴國王日本觀光計畫
（十一）達賴巡錫蒙古東部之計畫
（十二）達賴特使訪問日本之計畫中止
（十三）我公使館與達賴國王之默契
（十四）駐京期間達賴與俄國之關係
（十五）俄國沙皇與達賴國王之關係現狀
（十六）日本對清政策中藏、蒙地位定位問題
（十七）俄清接近與清國議會
（十八）西藏問題與日、英兩國之關係
（十九）我國於西藏、蒙古之直接利害關係
（二十）結論
（二十一）達賴喇嘛與我之關係
（二十二）我之第三次進藏準備

其中，有的部分是根據第三章、第四章的旅行日記及先生準備第四次（若略去青海之行則為第三次）進藏的情況編寫。從內容上說與前述旅行日記無大差別，故不在此贅述。但天有不測風雲，先生在明治四十二年（一九〇九）最終給自己的大陸生活打上句號，未能使自己成為經營蒙藏的人士。不過先生因始終秉持佛教教義「自作燈明」的信念，最終使自己成為一盞千秋萬代始終不滅的歷史明燈。

我一度向先生詢問，此一生有大半的時間在支那大陸度過的動機何在。我記得在昭和五年至六年（一九三〇－一九三一）間曾陪同先生出席駒澤大學舉辦的某某界佛教學會，在火車上先生對我說：「我年輕時曾珍惜每一分鐘時間學習各種功課，同時也練習劍道。在日清戰爭時我意識到，武力不能實現永久的和平，惟有佛陀的慈悲才能促進相互的覺醒，而這就是佛教徒在當下必須儘快完成的任務。不久，我父親給我四百日元的資助，讓我得以實現自己的願望，也是為我的信念和熱情所感動而致。」

結束本書的編輯工作，我念茲在茲的是，沒有先生夫人琴子先生的大力協助就不會有此書的問世。琴子先生為了此書的編輯，將自己的貴重資料毫不顧惜地交給他人，甚至將自己保存多年的珍貴遺物借給出版社。

山口先生近來身體不好，但還是抱病為此書作序。在得到序文的那一天我們回憶起了寺本先生。山口先生說，寺本先生確實是一個感情深摯的人。聽後我大為感動，認為兩位先生的心靈交集之處不在此書，又在何處？

此外寺本昌雄氏也與琴子先生一樣，給予我各種各樣的幫助。我甚至好幾次因為編輯的需要，讓琴子先生的孫子給琴子先生拍了近照。

我還要向前述各機構、各位先生的合作再次表示深摯的感謝。也須在此向在各方面給予幫助的安藤後雄、稻葉正就、片野道雄、川岸清、難波田徹、西川信雄、藤岡了一、皇升茭、村田忠兵衛、矢野光二、山田重正各先生表示深摯的感謝。

最後要為芙蓉書房出版社上法快男會長、加藤昭雄總編輯為尊崇先生的真意，保留使用原資料中的舊體字等，在各方面付出的誠意表示敬意和謝意。

昭和四十八年（一九七三）十一月二十八日

史地傳記類　PC0923　日本人中國邊疆紀行3

藏蒙旅行記

作　　者 / 寺本婉雅
主　　編 / 張明杰、袁向東
譯　　者 / 洪晨暉、胡稹
責任編輯 / 楊岱晴
圖文排版 / 楊家齊
封面設計 / 蔡瑋筠

發 行 人 / 宋政坤
法律顧問 / 毛國樑　律師
出版發行 / 秀威資訊科技股份有限公司
114台北市內湖區瑞光路76巷65號1樓
電話：+886-2-2796-3638　傳真：+886-2-2796-1377
http://www.showwe.com.tw
劃撥帳號 / 19563868　戶名：秀威資訊科技股份有限公司
讀者服務信箱：service@showwe.com.tw
展售門市 / 國家書店（松江門市）
104台北市中山區松江路209號1樓
電話：+886-2-2518-0207　傳真：+886-2-2518-0778
網路訂購 / 秀威網路書店：https://store.showwe.tw
國家網路書店：https://www.govbooks.com.tw

2022年12月　BOD一版
定價：690元

讀者回函卡

國家圖書館出版品預行編目

藏蒙旅行記 / 寺本婉雅著 ; 張明杰、袁向東主編 ;
洪晨暉, 胡積譯. -- 一版. -- 臺北市 : 秀威資訊科
技股份有限公司, 2022.12
面 ; 公分. -- (史地傳記類 ; PC0923) (日本人
中國邊疆紀行 ; 3)
BOD版
譯自 : 藏蒙旅日記

ISBN 978-986-326-918-2(平裝)

1.遊記 2.旅遊文學 3.西藏自治區 4.內蒙古自治
區

676.669　　110009133